OEUVRES COMPLÈTES

DE PIERRE DE BOURDEILLE

SEIGNEUR DE

BRANTÔME

IMPRIMERIE GÉNÉRALE DE CH. LAHURE
Rue de Fleurus, 9, à Paris

OEUVRES COMPLÈTES

DE PIERRE DE BOURDEILLE

SEIGNEUR DE

BRANTÔME

PUBLIÉES D'APRÈS LES MANUSCRITS
AVEC VARIANTES ET FRAGMENTS INÉDITS
POUR LA SOCIÉTÉ DE L'HISTOIRE DE FRANCE

PAR LUDOVIC LALANNE

TOME QUATRIÈME

GRANDS CAPITAINES FRANÇOIS

A PARIS

CHEZ MME V^E JULES RENOUARD

LIBRAIRE DE LA SOCIÉTÉ DE L'HISTOIRE DE FRANCE

RUE DE TOURNON, N° 6

M DCCC LXVIII

EXTRAIT DU RÈGLEMENT.

Art. 14. Le conseil désigne les ouvrages à publier, et choisit les personnes les plus capables d'en préparer et d'en suivre la publication.

Il nomme, pour chaque ouvrage à publier, un Commissaire responsable, chargé d'en surveiller l'exécution.

Le nom de l'éditeur sera placé en tête de chaque volume.

Aucun volume ne pourra paraître sous le nom de la Société sans l'autorisation du Conseil, et s'il n'est accompagné d'une déclaration du Commissaire responsable, portant que le travail lui a paru mériter d'être publié.

Le Commissaire responsable soussigné déclare que l'Édition DES OEUVRES COMPLÈTES DE PIERRE DE BOURDEILLE, SEIGNEUR DE BRANTÔME, *préparée par* M. LUDOVIC LALANNE, *lui a paru digne d'être publiée par la* SOCIÉTÉ DE L'HISTOIRE DE FRANCE.

Fait à Paris, le 30 avril 1868.

Signé JULES MARION.

Certifié,

Le Secrétaire de la Société de l'Histoire de France,

J. DESNOYERS.

LES VIES

DES

GRANDS CAPITAINES

FRANÇOIS[1].

M. le mareschal de Termes a esté un très-grand capitaine, lequel, après la partance de M. d'Essé fut envoyé en Escosse[3] pour tenir sa place et le mesme rang qu'il y tenoit, et très-bien s'en acquicta. Et notera-on en luy que possible gentilhomme de sa qua-

M. le mareschal de Termes[2].

---

1. Nous avons pour ce livre la suite de la copie de la dernière rédaction, copie corrigée de la main de Brantôme. Le manuscrit qui est à la Bibliothèque impériale est coté actuellement 3263. Sur la première page on lit ce titre : *Troisième livre des hommes illustres et grandz capitaines.* Voyez au tome II, la note 1 de la page 283.

2. Paul de la Barthe, seigneur de Thermes, né à Couserans, maréchal de France (1558), mort sans postérité le 6 mai 1562. Il y a des lettres de lui, à lui ou sur lui dans les mss. 8632, 8636 de la collection Béthune.

3. Il y remplaça en 1549 d'Essé. Voy. le texte de ses pouvoirs datés du 13 mai 1549, dans la collection Béthune, n° 8634, f° 69,

lité n'a esté plus souvent lieutenant de roy que luy. Au partir d'Escosse[1], le roy Henry estant bien adverty des menées que fesoit le pape Jules IIIe, l'envoya en ambassade vers Sa Saincteté à Rome; si que le pape, se doubtant, dict : « Comment! le roy ne « m'a point envoyé icy un ambassadeur, mais un « capitaine, le meilleur des siens. Il faut prendre « garde à moy, car il a mieux la mine de me faire « la guerre que de me faire une ambassade. » Aussitost après, le roy l'envoya son lieutenant général avec le duc Octavio[2] dedans Parme, où il y fit si bien, qu'après un long siège fourny de grandes forces et du pape et de l'empereur, il falut qu'il se levast sans autre plus grand effect. Il fut aussi lieutenant de roy dans Sienne[3] avec M. le cardinal de Ferrare, et y acquist beaucoup d'honneur en la révolte et en la conqueste pour le roy. Les Espagnolz luy en attribuent beaucoup, et les Siennois s'en contentèrent beaucoup, pour la bonne assistance qu'il leur fit.

De là il fut lieutenant de roy en Corsegue[4], où il fit aussi bien qu'aux autres coups; et la réduisit en l'obéissance du roy, et y soubstint plusieurs et guerres et combatz que les impériallistes et Genevois, fort voisins et seigneurs de l'isle, luy livrarent. Enfin, il la conquesta et garda si bien, que, quand le roy Henry la rendit par le traité de paix[5], il la rendit entière et en l'obéissance du roy. Puis fust lieutenant de roy en Piedmond en l'absance et par provision, non sans mescontentement et mutinerye d'aucuns

---

1. En 1550.
2. Ottavio Farnese. Le siège eut lieu en novembre 1550.
3. En 1552. — 4. En 1553. — 5. En 1559.

grands et moyens; mays tout s'appaiza, M. de Montluc en parle dans ses Mémoires, et force vieux capitaynes le peuvent dyre[1].

Et pour la cinquiesme fois il fut lieutenant du roy dans Calais, et de toute la conté d'Oye[2], et en l'armée qui luy fut donnée pour entrer en Flandres et y faire le dégast; où la fortune le favorisa un peu au commancement, pour avoir pris Bergues et Donquerques; mais aussitost, venant à changer, le conte d'Aiguemont, le plus hazardeux pour lors et le plus vaillant capitaine qu'eust le roy d'Espaigne, luy livra bataille et l'emporta[3]. Ce ne fut toutesfois sans que le bonhomme n'en rendist bon combat, tout mallade qu'il estoit il y avoit huict jours, et mesmes ce jour là bien fort : en quoy n'en fut nullement à blasmer, car en tel estat de maladie et en bien combattant il fut pris prisonnier en homme d'honneur, et blessé. Comme j'ay ouy dire à feu M. le connestable, quiconque soit le capitaine ou le général d'un' armée et qu'il perde une bataille, un combat ou une rencontre, mais qu'il y meure ou qu'il y soit prisonnier (j'entendz de la bonne façon), encor que la perte soit de conséquence, mais sa mort ou sa prison expient tout.

Ce ne fut pourtant que plusieurs en France n'en murmurassent que tout à coup, après une si grande perte de bataille de Sainct-Quantin, ceste-cy de Gravellines vint seconder l'autre. La France s'en cuyda

1. Thermes remplaça le duc d'Aumale en 1555. Voy. Monluc, *Commentaires*, t. II, p. 154 et suiv. (édit. de Ruble).
2. Dans le Boulonnais (Pas-de-Calais).
3. La bataille de Gravelines (14 juillet 1558).

aucunement effrayer; mais M. de Guyze l'asseura, par la fiance qu'on avoit en sa valeur et par une armée qu'il avoit sus bout, et par la prise de Thionville[1], la plus forte place (ce disoit-on alors) qu'eust le roy espagnol, là où mourut ce grand mareschal Strozze; et le roy en bailla l'estat à M. de Termes pour les anciens services et mérites.

Pour la sixiesme et dernière fois il fut amprès lieutenant de roy à Paris, au commancement des premiers troubles, là où l'on dit que, voyant prescher en ceste ville, la principalle du royaume, et plusieurs insolences qui s'y faisoient, et considérant plusieurs préparatifs qui s'y dressoient pour ruyner la grandeur de ceste grand' France et invincible qu'il avoit veu de son temps, il mourut de regret; et d'autre malladie qu'il avoit de longue main (dont M. de Montluc en parle en son livre) luy ayda bien. En mourant, comme sage et prévoyant capitaine, il y prédit beaucoup de misères que nous avons veu despuis.

Ainsi mourut ce grand capitaine, couronné en sa vie de si belles charges et de beaucoup d'honneurs, plus certes que de biens; car il est mort pauvre, mais gentilhomme de bonne part et de bon lieu de Gascoigne, et fort homme de bien. En ses jeunes ans, ainsi que j'ay ouy dire à ses nepveux de Bellegarde[2] et Boisjordan, il tua un gentilhomme à la court, aymé du roy; pour cela falut vuider et le royaume et tout. Le malheur fut pour luy que, s'es-

---

1. En 1558.
2. Peroton de Saint-Lari, baron de Bellegarde.

tant mis sur mer pour aller trouver M. de Lautreq au siège de Naples[1], et au retour de la desroutte de l'armée tournant encor par mer, il fut pris par quelques fustes de corsaires, et demeura long-temps à la chaisne, où il endura beaucoup de maux; car despuis il ne fut jamais bien sain; et après il fut rachapté et se mit aux guerres du Piedmont, èsquelles il se fit si bien signaler partout où il se falloit trouver, qu'à la battaille de Cerizoles il fut conducteur et principal chef de la cavallerie légère, qu'il conduisit si bien et la mena si à propos à la charge, que l'on en vit l'effect que les histoires en content[2] sans que j'en parle, et y fut prisonnier. En ceste carte que j'ay dict cy-devant[3] (où est portraicte ladicte battaille) avoir veu au cabinet du feu roy Henry d'Angleterre, il y a en un endroict, près d'un bois, ce mot d'escrit : « Icy estoit le sieur de Ter- « mes, qui, rendant un grand combat avecques sa « cavallerie légère, est porté par terre et faict pri- « sonnier. »

On disoit de luy en Piedmont : « Sagesse de Ter- « mes et hardiesse d'Aussun. » L'Espaignol de mes- M. D'Aussun[4]. mes en disoit autant : « Dieu nous garde de la sa- « gesse de M. de Termes et de la prouesse du sieur « d'Aussun! » qu'on tenoit dès ce temps-là un très-vaillant et fort hardy et hasardeux capitaine.

Sur ce, j'ay veu faire des demandes à la court parmy nous autres, ausquelz d'eux on eust mieux

---

1. En 1528.
2. Voy. entre autres Monluc, année 1544.
3. Voy. t. III, p. 215.
4. Pierre d'Ossun, mort en 1562. Voy. t. III, p. 395, note 1.

aymé ressembler, et ce qui est plus souhaitable, ou la sagesse ou la hardiesse, en un homme de guerre. Certainement en un jeune homme la hardiesse est plus convenable que la sagesse; car jamais jeune homme sage, et qui a voulu poiser les hazardz et dangers, n'a esté tant estimé comm un fol, hardy et hazardeux; mais après qu'il a passé ses foeuz et premières furies, il est bon qu'il se face sage, s'il veut estre estimé capitaine et se rendre capable d'avoir des charges de son roy. Toutesfois si ne faut-il pas qu'il face tant du retiré et du sage, qu'il n'aye de réserve quelques vieux coups du passé, de follie et d'hardiesse, pour les entremesler avec la prudence et sage conduicte au besoing; autrement la guerre n'en vaudra rien.

Voylà pourquoy les Romains estoient heureux en leur guerre contre Anibal, d'avoir l'espée et le bouclier, Fabius Maximus et Marcellus ensemble. Mais plus heureux sont estez les empereurs, les roys et les grandes républicques, qui ont eu en leurs lieutenans généraux la sagesse de Maximus et la hardiesse de Marcellus en un mesme corps; car autrement, combien en avons-nous veu et leu, qui, ayans ces deux qualités séparées et disjoinctes d'un mesme corps, n'ont faict de si grandes expéditions comme bien joinctes et assemblées! Nous en avons force exemples des anciens, qui nous en crèvent les yeux, et des modernes encores autant. Sans les chercher ailleurs, vous en trouverez en ce livre parmy ces capitaines que j'ay nombrez; et par ainsy je veux conclure que la sagesse de M. de Termes ne luy a empesché nullement qu'il n'eust beaucoup d'hardiesse, et qu'il ne la mist en œuvre lorsqu'il falloit, comme l'a bien monstré aussi M. d'Aussun, qui ne laissa de se monstrer sage capitaine en la nécessité d'un grand affaire et dur combat, avec sa grand' hardiesse, mais non pourtant comme son compaignon.

Voylà ce qu'on en disoit à la court et au camp lorsqu'il mourut, qui fut à la bataille de Dreux, où il estoit l'un des mareschaux de camp, choisy quelque temps avant par le roy de Navarre, qui le sçavoit suffisant, et l'aymoit pour estre de Bigorre son vassal, encor que j'en sçay quelques uns des principaux de l'armée qui ne l'y vouloient recevoir, pour ne l'avoir jamais veu faire ce qu'il sçavoit; car il n'avoit jamais guières bougé des guerres du Piedmont, où il avoit pourtant si bien faict, que, par sa valeur et hardiesse, il estoit parvenu peu à peu à de beaux grades.

Il fut premièrement capitaine d'une compagnie de gens de pied au royaume de Naples, où il monstra belles preuves de son hardiesse; puis aux conquestes et la garde de la Savoye et du Piedmont; puis eut des chevaux légers et une compaignie de gens d'armes, chevallier de l'Ordre du roy, gouverneur de la ville et chasteau de Thurin : belles récompenses certes, dignes de son hardiesse; laquelle il monstra à sa mort encor plus belle et grande qu'en sa vie, car, le malheur luy estant arrivé de faire en ceste bataille une retraicte plus viste et fuyarde qu'il ne falloit, et dont il n'avoit jamais donné subject à la fortune de la luy prester telle ce coup, puisqu'elle ayde tousjours aux vaillans et hardys, estant revenu à soy et ayant repris ses espritz, conceut un tel crèvecœur en soy, qu'il en mourut et esclatta de despit et regret : dont il n'y eut aucun de l'armée qui ne le regretast fort, comme je vis, et ne le louast plus que s'il fust mort dans le champ de battaille : j'en vis dire de belles parolles à M. de Guyze. Bel exemple certes, dans lequel se doibvent mirer les grandz capitaines et vaillans hommes de guerre, quand ilz font de telles fautes! mais il y en a beaucoup qui ne s'en soucyent guières[1], et en font des effrontez, la teste levée en haut et impudente, comme s'ilz eussent faict un acte mémorable. Je me souviens qu'à ceste battaille de Dreux, il y heut force fuiards, autant de grandz seigneurs et capitaines comme de petis, mais au diable l'un qui en moureut de tristesse ni à qui le fiel crevast ! J'en cognois un, qui vit encor, qui lors avoit une compaignie de cinquante hommes d'armes, qui fuist fort bien et assez loing. Au bout de deux jours qu'il retourna au leurre dans le camp, M. de Martigues[2], l'advisant aux piedz, luy dict impudemment devant tout le monde : — « Voylà de beaux et fort bons esprons et la meilleure molète que je vis jamais. N'en avez-vous point ung payre de pareilz dans vos coffres pour me donner, ou ceux-là mesmes? » L'autre n'en fist qu'un peu la mine rouge, et luy dist qu'il luy en donneroit ung payre tout pareilz. Du despuis je l'ay veu braver et fayre du glorieux et du mal contant de n'avoir heu de son

---

1. Les lignes suivantes jusqu'à la fin de l'alinéa sont biffées sur le manuscrit 3263, et de manière à ce qu'elles soient illisibles. Mais la précaution a été inutile, car le texte nous est conservé par le manuscrit 6694, f° 232.

2. Sébastien de Luxembourg, vicomte de Martigues.

roy une charge qu'il demandoit comme s'il l'heust
méritée. Sur ce pourtant il faut pratiquer le proverbe
ancien :

Tout homme qui porte lance et fame qui porte c..
Ne se doibt mocquer de son compagnon.

Car il n'y faut qu'un' heure malheureuse.

Un autre vieux capitaine et ancien chevallier, et
qui d'autres fois avoit très-bien faict, mais là très-
mal, et qui avoit faict comme d'autres, et le pu-
blioit-on divulguement, estant en la table de M. de
Guyze, un jour amprès qu'il fut de retour, non de la
chasse[1], mais de la fuitte, ainsi qu'un gentilhomme
(car je vis cela) discouroit à M. de Guyze de quelques incidens particuliers qu'il avoit veu, et en disoit très-bien, ce vieux capitaine fut si impudent de
luy dire : « Mon gentilhomme, vous en dictes trop :
« dont il me semble que vous estes plus amusé à
« voir jouer l'esbat que le jouer vous-mesme, car
« vous en parlez trop bien. » Le gentilhomme respondit : « Monsieur, sans vous faire tort, j'ay faict
« l'un et l'autre. » Dont M. de Guyze, qui estoit fort
sage, baissant un peu la teste, changea de propos;
mais ceux qui estoient devant cognurent bien que
voulontiers il eust dict : « Et que veut dire cet homme-
« là? je croy qu'il n'a point de sentiment. »

D'autres y eut-il qui ne fuirent pour peu de chemin, mais de six à sept lieux, voire plus (au diable
l'un qui en est mort de deuil !); mais ont faict aussi
bonne et hardye troigne et contenance, comme s'ilz
eussent gaigné eux seulz la battaille. Aucuns sont

1. C'est à dire de la poursuite.

mortz despuis; d'autres vivent encor, qui, se fians au temps qui consomme et efface toutes choses, et croyent fermement qu'il n'en fut jamais parlé et que cela ne fut jamais, et par ainsi se pavannent et piaffent comme roy des poix-pillez[1], aux jeux et farces de jadis, faictz en l'hostel de Bourgoigne à Paris.

A la bataille de Coutras, faicte de nos jours tous fraiz, il y en eut force aussi, des plus fringantz et fendeurs de nazeaux, qui en firent de mesmes; et qui leur sembloit advis qu'ilz n'y seroient jamais assez à temps avec leurs courtes journées et courtes traictes, menassans les huguenotz, bravans, faisans des rodomontades plus que ne fit jamais le capitan Cocodrillo ou capitan Ruyna à l'endroit de Zanny ou Pantalon. Dès la première charge ilz prindrent si bien la chasse et la fuitte, que deux heures après ilz arrivarent aucuns à Aubeterre[2], lieu de seure retraicte, aussi estonnez que trespassez, à ce que m'ont assuré force personnes qui les recueilloient et leur faisoient le bien-veniat[3]; encor ne s'y pouvoient-ilz assurer, tant le poux de la peur les battoit. D'autres se sauvarent en d'autres places, lesquelz n'estoient pas plus assurez les uns que les autres (au diable l'un, qui en a esclatté de regret!), mais[4] laissans couler tout doucement la rougeur de leur honte sur le coup, se sont despuis asseurez et si bien nettoiez leur front de la

---

1. *Pois-pillez*, théâtre ayant pour enseigne des *poids empilés*, et où l'on jouait des farces.

2. Dans le département de la Charente.

3. *Bien-veniat*, la bienvenue.

4. La fin de cet alinéa est biffé sur le manuscrit 3263; nous rétablissons le texte d'après le manuscrit 6694, f° 233.

vergongne qu'ilz y avoient et leur faisoit porter bas, qu'ilz vont maintenant la teste haut levée comme galans qui portent une plume de coq sur un bonnet rouge. Semblables à plusieurs vielles putains qui aiants estéez trouvéez et surprises sur le faict, se voillent pour ung peu du voyle rouge et de verecondie[1], mais amprez qu'aucuns courtz jours ont passé dessus et razez quelques marques de mémoyre, les voylà aller la teste haut eslevée comme si elles n'i heussent jamais touché. Que j'en ay veu en ma vie de telles gallantes, et de toutes quallitez, ensemble de ces hommes et de toutes quallitez aussi, qui aiants faicts de telles fautes lourdes et ignominieuses, n'en ont pas faict plus grande contrition ni repantance, ni recherché la tristesse, et prise bien à cœur pour en bien mourir! Si j'en voulois fayre un discours et les nommer particulièrement, le livre en seroit par trop gros.

M. d'Allançon, tout grand qu'il estoit (car les grandz ont ce privilège de passer mieux ces fautes que les petitz), n'en fit pas ainsi après la bataille de Pavye, que le regret, par semblable faute, gaigna de telle façon qu'il l'emporta à la mort; dont il en fut fort loué. Ce prince fust esté plus honoré s'il eust fait de mesme que fit son grand et brave aycul le comte d'Alançon, à la bataille d'Azincourt, qui estant en la meslée, se poussa si advant qu'il rua un grand coup d'espée sur l'armet du roi d'Angleterre, et du coup luy abbattit une grand'partie de sa couronne, en criant : « Je suis le conte d'Alançon! »

---

[1] *Verecondie*, pudeur; *verecundia*.

Mais il fut incontinent environné des archers du corps du roy anglois Henry, qui, contre la voulonté de leur maistre, le mirent à mort. C'estoit un traict, celuy-là, digne de gloire. Ce n'estoient point se desguiser ny cacher son nom comme d'autres qui le font! Ah! que l'honneur d'un chevallier, d'un capitaine ou d'un homme de guerre est précieux! car si la moindre tasche de poltronnerie tombe sur luy, il ne s'en peut jamais bien laver que par ces traictz de mort que je viens de dire. A quoy doivent bien regarder nos gens de guerre quand ilz sont aux battailles, aux combatz et aux rencontres, et aux gardes des places qu'on leur donne, qu'ilz ne les combattent opiniastrant et les deffendant comm' ilz doivent, et ne les abandonnent, ou ne les laissent par quelques capitulations bien à propos[1]. Dont il me souvient qu'aux seconds troubles, le feu roy Charles envoya ung capitaine dans une place, que je ne nommeray point de peur de descouvrir le moumont[2]. Il avoit esté en son temps un grand fandant, un grand fandant bravasche en Piedmond, et surtout un grand renieur de Dieu. On lui donna à garder ceste place; et le pourveut-on d'hommes et munitions de tout ce qu'il falloit. Vint un petit camp vollant des huguenots qui le vint assiéger. Il rendit la place dans huict jours sans gaster ses poudres, ni munitions, ni les jeter dans l'eaue ou retraictz de peur que l'ennemy s'en presvalust; ains les luy donna toutes saynes et

---

1. Les lignes qui suivent jusqu'à la fin de l'alinéa sont biffées sur le manuscrit 3263, nous les rétablissons d'après le manuscrit 6694, f° 233.

2. *Moumont*, masque.

entières, qui s'en servit très-bien puis après contre nous en un grand siège qu'ilz nous vindrent faire. Qui fut estonné? ce fut le roy, car lorsqu'il partit il luy dit, en reniant Dieu, que quand telle place seroit prise, qu'il se tinst tout asseuré qu'il oyroit dire qu'il estoit mort. Ce fut luy qui en sortit sayn et sauve, mais pourtant qui ne comparut point sitost ; mais laissant apostumer la playe et faire son effect, jusques à ce que, s'estant retiré en sa maison pour prendre un peu d'air et faire emporter dans le vent le bruict qui s'en estoit faict de son desportement, il vint à la court au bout de six mois, qu'on se donna la garde qu'on le vist parestre dans le Louvre à la court, faire une centaine de passades avec' un de ses amys, courtisan, et ayant à sa suite cinq ou six de ses capitaines malotrus et associés en la garde de ceste place, attendant que le roy sortist de sa chambre ; à qui il alla faire la révérence. Son maistre luy donna la petite accolade légère en passant, et puis le gallant fit bonne mine, comme si jamais n'en fust esté nouvelle. Et estions lors cinq ou six courtisans ensemble, qui en vismes le passe-temps et en dismes nostre mot. Luy faisoit bonne mine, mais non si fière que le passé, ny ne juroit pas tant Dieu. Aussi du despuis il s'esvanouit de la court où ses poudres estoient mieux esvantées qu'au pays et en sa maison : et là il acheva ses jours gaillardement, sans souvenance de la faute passée. C'estoit luy qui disoit avant cela souvent, et luy ay veu dire : « que « s'il avoit faict autant de service à Dieu comme il « avoit faict au roy, qu'il seroit au paradis, *visum* « *visu* de luy » usant de ces mots scandaleux. Et Dieu sçait quelz services, telz quelz et légiers, à mode de capitaines vollans. Ha! que j'en ferois une douzaine de pareils contes de cettui-cy! Mais cettui-cy fera pour tous, et fera tous les autres passer par bardot et fayre dire au monde qu'ilz n'ont rabilhé leur faute comme messire d'Alançon, ny M. d'Aussun, ny le viconte d'Uza[1], qui commandoyt à l'armée de mer à La Rochelle, lequel mourut de tristesse pour avoir veu de ses yeux entrer ceste barque chargée de poudre qui fut la perte pour nous de ceste ville, car ilz n'en avoient plus; et touteffois ledict viconte n'y avoit nul tort ny faute, car il n'y a si prévoyant qui n'y fust esté trompé. J'en fairay ailleurs le conte et de la valleur de cedict vicomte.

Venons des grandz aux petitz exemples, comme fit à Rome, il y a bien trente ans, un brave et très-bon tireur d'armes qu'on appelloit Bartholomée d'Urbin, en un traict qu'il fit; dont j'arrivay à Rome pour la seconde fois un an après, qui me fut raconté et lequel est encor aujourd'huy en vulgaire aux vieux qui les y voudra interroger. Ce Bartholomée d'Urbin donc fut en son temps, en Italie et à Rome, un très-bon tireur d'armes, et si bon qu'il emporta la vogue par dessus tous les autres d'Italie. Il vient à si bien apprendre et rendre si bon maistre un jeune gentilhomme milannois, qu'estant en telle perfection il s'en retourna en son pays, où estant se mit à tirer des armes et faire des assautz contre un chascun, qu'il emporta le pris, et nul plus n'osa tirer contre

---

[1]. Voy. La Popelinière, liv. XXXV, t. II, p. 174. Le vicomte d'Uza appartenait à la maison de Lur (ou Lure), originaire d'Allemagne et établie en Guyenne.

luy : adjoustant à ce qu'il avoit appris quelque chose de plus de luy par son esprit gentil et continuel exercice des expériances qu'il faisoit tous les jours; dont il en prit une présumption et outrecuydance, que, ne se contentant de se battre contre l'un et contre l'autre et emporter l'honneur, il projecte (tant il est glorieux) de se battre et tirer contre son maistre; et pour ce, part de Milan un an amprès, et s'en va à Rome; et arriva si à propos un jour que l'on faisoit assautz et jeu de prix fort sollempnel à l'escolle de son maistre, où tout le monde est receu. Il se propose de tirer contre son maistre, qui le prend au mot; et tous deux, ayantz faictz trois assautz, la fortune fut si grande pour le disciple, qu'il donne au maistre deux estocquades franches, dont de despit il rompt son espée, la jette contre terre, se maugrée, déteste ciel et terre, conçoit en soy opinion de ne plus vivre, songe quelle mort se doibt donner. Puis, comme forcené et hors de sens, on le voit de sang-froid, mais pourtant tout collère et transporté, prendre sa cappe, et sortir de sa maison, plusieurs de ses escolliers le suivant loing, gronder et murmurer qu'il n'estoit désormais plus digne de porter armes, veu que son disciple l'avoit battu, ny de plus vivre puisqu'il estoit déshonnoré; et, quelque consolation qu'on luy donnast, sans faire semblant de rien, et ses escolliers et amis qui estoient auprès de luy n'y prenant garde, en prononçant ces dernières parolles, qui furent : « Non, je ne veux plus vivre, adieu, » il se précipite du haut du pont de Sixte en bas du Tybre; et le vist-on misérablement noyer. Quelle humeur, quelle résolution et quel courage d'homme! Ce traict ne tient pas du chrestien : car il ne nous est permis de partir de la garnison de ceste vie sans le congé du grand capitaine, qui est nostre souverain Dieu; et pour ce ne devons louer sa mort: mais le courage et l'âme généreuse sont dignes de toute louange.

Nous avons veu en nostre France quasi un pareil traict du capitaine Hautefort, gentilhomme de Périgord, dont je parleray encor ailleurs, frère du feu Hautefort[1], qui mourut à Pontoise en ces dernières guerres. Ce capitaine Hautefort donc, au voyage d'Allemaigne, vint à avoir une querelle contre un gentilhomme nommé Perelongue[2], Gascon, et vindrent à mettre la main à l'espée, dans le cartier de la compagnie de M. le connestable, où ledict Hautefort l'estoit allé chercher; qui estoit par trop de présumption lors d'aller chercher son ennemy en son cartier; mais il y eut quelques honnestes gentilzhommes qui les séparèrent. Toutesfois le malheur fut si grand pour ledict Hautefort, fust ou d'autres qui le séparèrent, ou de son ennemy, qu'il fut un peu blessé, le moins du monde, en une main, et avec cela

---

1. Edme de Hautefort, qui commandait en second à Pontoise pour la Ligue, fut tué au siége de cette ville par l'armée royale, le 12 juillet 1589. « C'était, dit de Thou (liv. XCVI), un homme sans probité qui s'était déshonoré par ses cruautés et par les meurtres qu'il avait commis dans le Limousin, son pays, avec Jean de Saint-George, son beau-frère, qui avait eu la tête tranchée à Bordeaux sept ans auparavant. »

2. Peut-être le Perelongue qui servait de maréchal de camp dans l'armée huguenote et fut pris au combat de Ver où elle fut défaite par Monluc le 9 octobre 1562. (Voy. de Thou, liv. XXXIII.)

falut qu'il se retirast soudain. Il le fit appeller par le capitaine Bourdeille, mon frère, parce qu'ilz estoient grandz cousins, grandz amis et grandz conféderez dès le Piedmont, d'où ilz estoient les rodomontz. M. le connestable le sceut, qui, sur la vie, fit faire deffence à l'un et à l'autre de ne se battre; et le fit, tant pour une règle de guerre que parce qu'il soustenoit Perelongue, qui estoit son gendarme, ou qu'il ne le croyoit si bon tireur d'armes qu'Autefort, ny si adroict comme on disoit, ainsy qu'il en avoit faict preuve en Escosse, comme je l'ay conté en un coing de ce livre. Le capitaine Hautefort, pour sa blessure et pour la deffence faicte, et voyant que sur le coup il ne pouvoit avoir raison de son homme, il prend en soy un tel desdaing, il ronge en son cœur et en son âme un tel despit et chagrin, que, quasi transporté de son bon sens, se desmet de ses beaux habillemens (car il alloit tousjours brave), et prend ceux d'un de ses moindres valletz; et, ny plus ny moins que nous lisons de Rolland le furieux, lorsqu'il devint tel qu'il fuit les compagnies, hante les champs, vagabonde parmy les bois, et quand ses amis luy pensoient remonstrer ce qu'il faisoit, et l'appelloient capitaine Hautefort : « Qui, moy? respon- « doit-il, je ne suis point le capitaine Hautefort; je « suis le plus grand maraut de ceste armée. Le capi- « taine Hautefort n'a jamais esté sans ses armes : « ast'heure vous ne m'en voyez plus (car il les avoit « jettées) pour me croyre indigne de jamais n'en « porter, puisqu'un tel, impareil à moy, m'a blessé « et n'en puis avoir raison. » Ces verrues luy durarent quelques jours, jusqu'à ce que le temps ayant faict son devoir à les faire à demy passer, un jour le capitaine Bourdeille, son grand amy, vint à luy, qui les luy fit passer toutes, luy remonstrant (à mode que la belle Bradamante se vit remonstrer à son bon esprit lorsqu'elle se voulut tuer pour l'amour de son Roger) qu'il valoit mieux qu'ilz allassent tous deux attaquer une belle escarmouche devant Yvoy[1], où ilz estoient, et se monstrer à son roy en brave estat de luy faire service, et y recevoir ou une belle playe ou une mort honnorable, que de faire ceste vie fantasque en attendant le jour de sa raison[2]. Il creut mon frère. Tous deux montarent à cheval, vont attaquer leur escarmouche, se battent et se meslent; dont Hautefort fut tué et mon frère blessé, et son cheval tué entre ses jambes. Il se retira tellement quellement, avec un grand regret d'avoir perdu son bon cousin et compaignon d'armes. J'ouys faire après ce conte à mondict frère au retour de ce voyage, qui s'estoit faict porter en lictière à Paris pour un' autre grande harquebuzade qu'il avoit receue en la ville de Cymay[3] dans une espaule, dont il cuyda mourir. J'estois lors fort petit au collège, et retins fort bien ce conte; et l'ay ouy confirmer despuis à plusieurs autres gentilzhommes et capitaines. Voilà de terribles humeurs de personnes, lesquelles on ne sçaroit tant blasmer qu'on ne loue d'advantage leurs cœurs généreux et nobles âmes, pour ne vouloir consentir ny souffrir en elles nulle tasche salle de leur hon-

---

1. En 1552.
2. C'est-à-dire le jour où il pourrait avoir raison de son adversaire.
3. *Cimay*, Chimay.

neur : ce sont des coups de basteleurs que tout le monde ne faict pas.

En ce discours j'ay veu faire une demande et dispute à sçavoir mon[1] : s'il est permis de punir des poltrons qui ont fuy des battailles, combatz, et rendu des places par peur et poltronneries; dont j'en ay veu discourir à des plus grandz théologiens, qui disoient que, s'il faut regarder à Dieu, ilz n'estoient nullement punissables; pour quant au monde, ilz s'en rapportoient à ce qu'il en pourroit dire; « car, di-
« soient-ilz, Dieu ne tient-il pas les cœurs des hom-
« mes en sa main, auxquelz il met et imprime la
« vaillance, le courage et la peur comm' il luy plaist?
« Pourquoy veut-on donc faire un homme plus vail-
« lant que Dieu ne l'a faict? Ou que si Dieu l'a faict
« vaillant de sa nature et naissance, bien souvant,
« pour ses forfaictz et fautes, luy oste le cœur et
« ceste hardiesse; si que cela s'est veu assez ordinai-
« rement, que les plus vaillans hommes du monde,
« et qui avoient très-bien faict, estre habandonnez
« de Dieu, tellement que, saisis d'une peur, pé-
« choient et failloient en un' extrême poltronnerie
« (ainsy que j'en ay veu et allégué des exemples) : et
« en cela sont les miracles et voulontez de Dieu de
« les punir ainsi, car aucuns y en a-il aussi qui sont
« si présumptueux de leurs vaillances et de leurs
« bras, qui leur attribuent toute la gloire, et non à
« Dieu. Ainsi, par telle manière, Dieu les punit : en
« quoy telles gens se doivent tousjours bien recom-
« mander à Dieu, qui leur veuille maintenir tous-

---

1. *A scavoir mon*, à une question, à un doute.

« jours ce don de vaillance; et trouve-on qu'il n'y
« a gens au monde qui se doibvent tant recomman-
« der à Dieu et le prier que les gens de guerre, au
« moins ceux qui ont attaint quelque grade et per-
« fections; car il n'y a honneur au monde qui soit
« tant subjet à se casser et moins à se remettre que
« le leur. D'avantage, si l'on veut bien prendre au
« pied la saincte Escriture, il est à présumer que
« Dieu n'ayme pas tant les vaillans et hardys que
« l'on diroit bien, puisqu'ilz ne sont destinez et
« proffez que pour tirer sang et tuer; ce qu'il abhorre
« fort, et que luy-mesme a voulu et dict que quand
« on te touchera à une joue, pare l'autre, pour en
« avoir de mesme. L'homme vaillant ne sçauroit
« faire ce traict, et son ame hardye ne le sçaroit per-
« mettre, ouy bien la poltronne et paureuse [1]. Aussi
« Dieu, en telz effectz et expéditions de guerre, pré-
« voyant les grandes cruautez et meurtres qui se fai-
« roient, retire la bride par la peur aux trop grandes
« vaillances, afin qu'elles ne facent leur exécution
« cruelle. Tant d'autres secrets de Dieu y a-il que
« nous ne sçavons pas, lesquelz nous voyons à plu-
« sieurs faire des poltronneries; et, pour ce, c'est à
« luy de disposer des hommes, de leurs corps et de
« leurs ames, et les punir à sa mode et selon son
« vouloir, et non au vouloir des hommes. D'avan-
« tage, ce n'est point un commandement de Dieu
« ni de son églize que de commander la vaillance
« en l'homme, comme d'autres biens et vertuz, aus-
« quelz, si l'on pèche, ilz sont punissables et de Dieu

---

1. *Var.* paoureuse (manuscrit 6694, f° 235).

« et des hommes, mais non pas pour avoir failly en
« vaillance; et vouloir contraindre un homme à es-
« tre plus vaillant qu'il n'est, car Dieu ne dict pas *tu*
« *seras vaillant*, cela sent son Turc et barbare, qui
« envoyent leurs soldatz et gens à la guerre à coups
« de baston. C'est donc mal faict de les traicter ainsi;
« la façon en est deffendue de Dieu, et la punition.
« Bien est-il vray que si un général ou un autre
« chef d'armée, un capitaine ou un soldat, commet
« une trahison à son prince, il est punissable ; car il
« manque de sa foy, il use de perfidie, il fauce son
« serment, met en proye et au cousteau son prince,
« sa province et ses gens : c'est un acte très-mes-
« chant; Dieu l'abhorre et ordonne aux hommes la
« vangeance et la punition très-rigoureuse. »

Tant d'autres raisons ay-je veu alléguer d'autres fois à ces théologiens, sur le subject de quelqu'un que j'ay veu une fois en telle peine, dont je me passeray pour ce coup d'en mettre icy par escrit d'avantage.

Pour quand au monde, certainement ilz sont punissables; car il ne faut qu'un poltron, ou deux, ou trois, en une bataille, qui du premier choc de la charge prendront l'espouvante; et se mettant à fuyr crieront que tout est perdu, les autres s'enfuiront : voylà une déroutte grande et une bataille perdue. Si les grandz chefz ou aucuns chefz particuliers et capitaines en font de mesmes, encor pis; car chascun suit son chef et capitaine, comm' on l'a veu en plusieurs batailles de nostre temps; et ceste bataille perdue, possible tout le royaume ou tout l'estat du prince pour qui elle se jouoit, perdu. De mesme en est-il de ceux qui ont les places en garde et les villes d'importance, quand ilz les rendent par poltronnerie et par peur, d'autant qu'il ne faut qu'une place bien soustenue pour soustenir tout l'effort d'un grand empereur ou roy, et l'envoyer à néant, comme fit M. de Guyze celuy de l'empereur Charles devant Metz; que, s'il[1] fust esté pris, la France eust eu beaucoup à souffrir. Tant d'autres et infinies raisons allèguent les grandz sur les punitions, que je n'aurois jamais dict.

C'est pourquoy le grand roy François fit punir et desgrader des armes le capitaine Franget[2], qui rendit si mal à propos Fontarrabie, après que M. du Lude l'eust si bien et si long-temps conservée et deffendue.

Le roy Henry fit aussi punir M. de Vervin pour Boulloigne[3]. Fut pourtant après sa mort donné un arrest pour son innocence; cependant il en pâtit, à tort ou à droict, cela s'est disputé long-temps : aussi le capitaine Sallignac pour le Castellet[4]; mais celuy n'endura que la prison et la honte, et se sauva pour un peu de faveur de M. le connestable (ce disoit-on

---

1. *S'il*, si Metz. — 2. Voy. t. II, p. 414, 415.

3. Jacques de Couci, seigneur de Vervins, gendre du maréchal du Biez, avait rendu Boulogne aux Anglais, le 14 septembre 1544. Lui et son beau-père furent arrêtés lors de l'avénement de Henri II à la couronne, et condamnés à mort, le premier le 21 juin 1549, le second le 26 juin 1551. Vervins seul fut exécuté. Ils furent réhabilités par des lettres patentes de Henri III datées du 1er octobre 1575.

4. Le baron de Solignac (et non Salignac) rendit le Câtelet au comte d'Aremberg le 7 septembre 1557. — Voy. F. de Rabutin, *Guerres de Belgique*, livre IX, et une lettre de Henri II à Humières dans Béthune, n° 8653, fol. 71.

lors). M. le mareschal d'Estrozze, amprès sa routte[1], fit trancher la teste au seigneur Alto, conte, pour avoir rendu et mal à propos, sans coup frapper, au marquis de Marignan, la ville de Luzignano en Toscane, de pusillanimité et faute de cœur. Il fit aussi pendre le guidon de la compagnie de la Mirande, pour avoir le premier tourné le dos le jour de sa battaille, et avoir esté la première et principalle cause de la perte de ceste misérable journée, parce qu'il estoit le premier à la teste et première poincte de la battaille, et tournant teste en arrière, fut cause que toute la cavallerie se desbanda; dont s'ensuivit la totalle perte de la battaille, car elle combattit très-mal et fuist fort, pour pratiquer là le proverbe italien : *Un bel fugir tutta la vita escarpa*[2]. L'infanterie ne fist pas ainsin; aussi fut-elle mise quasi toute en pièces, qui là pratiqua aussi l'autre proverbe : *Un bel morir tutta la vita honora*[3].

Nostre roy Henry dernier troisiesme, par la solicitation de la reyne sa mère, fit constituer prisonnier le sieur de Saincte-Souline[4], pour avoir manqué au secours de son général, M. d'Estrozze, à Sainct-Michel et à La Tercière, et son procès s'en alloit faict, et en danger de mort, sans la faveur de ses amis, par lesquelz il se purgea.

J'ai ouy conter à M. l'admiral le grand que s'il eust

1. A Marciano; voy. t. I, p. 294, 295.
2. Une belle fuite sauve (*escarpa* pour *scappa?*) toute la vie.
3. Une belle mort honore toute la vie. — Les mots, à partir de *un bel fugir* jusqu'à *un bel morir*, omis dans le ms. 3263 et dans toutes les éditions, nous sont donnés par le ms. 6694, f° 236.
4. Joseph Doineau de Sainte-Soline. Voy. de Thou, liv. LXXV.

tenu sur la chaude-colle Mirambeau[1], le gentilhomme qui rendit le chasteau de Luzignan aux troisiesmes troubles par une simple sommation, la plus forte place de France, qu'il luy eust faict trencher la teste; (lequel j'ay veu despuis faire aussi bonne mine que s'il l'eust tenue un an entier) : disant mondit sieur l'admiral qu'il le falloit traicter ainsi pour servir d'exemple à ceux qui, ne pouvans estre induictz par l'honneur à bien faire, qu'ilz le fussent par la craincte du supplice, ou du deshonneur ou desgradement des armes. Aussi dict-on qu'il n'y a vaillance et résolution plus grande que d'un poltron, quand on luy a une fois mise et bien advant enfoncée dans l'âme, ainsi que j'en ay veu deux ou trois en ma vie, lesquelz estoient si poltrons qu'ilz aymoient mieux recevoir et endurer toute injure et déshonneur que venir au combat contre leurs ennemis; mais, de force de crier après eux et de leur mettre le cœur dans le ventre, se résolurent si bien qu'ilz firent rage et vainquirent leurs ennemys, ny plus ny moins que l'on voit un canon ou une harquebuse, quand sa charge est bien battue et pressée de sa baguette, faict plus grand effort et faussée que quand ell' est par trop gaye. Il y a plusieurs de telz complexionnez, qui de leur naturel ne sont pas trop hardys ny vaillans à faire bien, mais veulent estre mastinez, poussez, menassez et contrainctz, et après ont le diable dans le corps.

Il n'y a pourtant que les prouesses et actions qui

---

1. François de Pons, baron de Mirembeau, rendit Lusignan aux catholiques en 1569, peu de temps après la bataille de Moncontour.

procèdent de l'honneur naturelle. Voylà pourquoy je loue fort ces Ægyptiens qui, ayantz estez preschez et enivrez sur l'immortallité et béatitude de l'âme par leur philosophe¹, en furent si ravis et curieux de sentir l'effect, le plaisir et la joye, que la plus grand' part d'eux (pauvres fatz qu'ilz estoient!) se tuoient pour en venir là ; si bien que le pays s'en alloit quasi despeuplé, sans pouvoir trouver remède de les en empescher, jusqu'à ce qu'on alla faire une loy et ordonnance : que quiconque se tueroit ainsi, aussi tost seroit après sa mort pendu ignomigneusement, et serviroit d'espectacle vilain au peuple par telle penderie, dont ilz se désistarent : et ce que toutes les menaces et deffences n'avoient sceu faire, l'appréhention de l'honneur tasché et vilipendé le fit.

Les Espagnolz, si bons maistres de la guerre, font bien punir aussi les leurs qui font de ces poltronneries ; comme fit le duc d'Albe, et Alvaro de Sando, qui fit pendre les principaux chefz qui avoient rendu au mareschal de Brissac Montcalvo mal à propos, et en Flandres aucuns des principaux du terze de Sardaigne, qui furent cause de la routte du comte d'Arambergue². Tant d'autres exemples y a-il. Je ne parle point des Turcz, car s'ilz faillent, ilz sont coustumiers à perdre aussi tost la teste, voire la porter eux-mesmes au Grand-Seigneur pour la leur faire voller.

Or c'est assez s'estre esgaré de son grand chemin ;

---

1. Il s'agit d'Hégésias, philosophe de l'école cyrénaïque. — Voy. Valère Maxime, liv. VIII, ch. IX.
2. Voy. tome II, p. 179.

j'y retourne et le batz et le trace comme devant. Je parleray un peu de M. de Montluc, encor que son livre qu'il a composé l'exalte assez, en racontant tant de beaux actes qu'il a faictz en son temps, et que ce soit chose superflue que d'en escrire d'advantage; mais pourtant, d'autant que j'ay veu plusieurs grandz capitaines le blasmer de quoy il se loue si fort qu'on diroit que c'est luy qui a tout faict aux guerres où il s'est trouvé et les autres rien, jusqu'à dire qu'il n'est pas possible qu'il en ayt tant faict; je dis qu'il se peut faire qu'il se soit si bien acquitté de tout, ou en partie, de ce qu'il dit, car il estoit un Gascon, brave, vaillant et bouillant; et qui est de cet humeur, il ne peut estre autrement qu'il ne face tousjours bien, s'il ne meurt à my-chemin. Sur quoy j'allégueray le tesmoignage de feu M. de Guyze le grand, sur un conte que je vays faire de luy, que j'ouys, et y estois présent.

Aux premières guerres civilles, MM. de Caumont[2],

M. de Montluc[1].

1. Blaise de Monluc, maréchal de France, né vers 1500, mort au château d'Estillac en juillet 1577. La meilleure édition de ses *Commentaires*, qui ont paru pour la première fois en 1592, in-fol. est celle que vient de publier M. A. de Ruble pour la Société de l'Histoire de France.

2. Les quatre frères dont parle Brantôme, fils de Charles de Caumont, seigneur de Castelnau, étaient : François de Caumont, mort sans postérité, vers 1562. — Geoffroi, qui fut d'abord abbé de Clairac et d'Uzerche; il épousa (1568) la veuve du maréchal de Saint-André, et mourut en 1574. — François, seigneur de Castelnau, tué à la Saint-Barthélemy, avec son fils ainé Armand; il avait épousé, le 15 mai 1554, Philippe de Beaupoil, dame de la Force, veuve de François de Vivonne, seigneur de la Châtaigneraie, oncle de Brantôme. Son second fils, Jacques Nompar de Caumont, échappa miraculeusement au massacre, et devint plus

quatre frères, estoient de la religion et à couvert, sans porter autrement les armes, comme aucuns faisoient de mesmes, et les appelloit-on huguenotz réallistes[1], d'autres les appelloient poltronnesques ; et qu'on regardoit de mauvais œil plustost que les meneurs de mains et qui faisoient les factions ; tant la vaillance a en soy de vertu de se faire aymer de soy-mesmes! Ces quatre frères donc favorisoient fort les huguenotz et les retiroient en leurs maisons, d'où sortoient tousjours quelques insollances. Desquelles M. de Montluc impatient, les visita, comme il en parle en son livre[2]. Sur quoy M. de Caumont l'aisné vint à la cour pour s'en plaindre au roy et à la reyne, et le peindre pour le plus grand larron, volleur et massacreur qu'il en fust point ; et en demandoit la raison, laquelle Leurs Majestés remettoient tousjours de jour à autre, jusqu'à ce que M. de Guyze, après la battaille de Dreux, vint à Bloys pour baiser les mains au roy, où Sa Magesté se rendit aussi. Un jour entr'autres, ainsi que M. de Guyze eut disné publicquement en sa table de grand maistre, avec force vieux capitaines, grandz et autres gentilzhommes, voicy M. de Caumont qui luy vint dire qu'il luy vouloit dire un mot s'il luy plaisoit. M. de Guyze, se doubtant de quelque chose, se leva et luy dist, si c'estoit quelque chose qu'il voulûst que tout le monde le sceust, ou de secret. L'autre luy respondit qu'il ne s'en soucyoit pas que tout le monde le sceust et

---

tard duc et pair et maréchal de France. — Jean, seigneur de Montpouillan, mort sans laisser de postérité de Jeanne de Gontaut, dame de Brisembourg.

1. *Réalistes*, royalistes. — 2. Voy. t. II, p. 441.

l'ouyst : et pour ce, M. de Guyze approchant de la fenestre de la salle, il dist à ceux qui estoient là présens : « Approchez-vous, messieurs; » et puis presta fort librement l'audiance à M. de Caumont. Il commança à luy demander raison comme lieutenant de roy, et à deschiffrer M. de Montluc comme il voulut, et de plusieurs sortes d'injures, et mesmes de ses volleries, rançonnemens, pilleries, meurtres et cruautez. Il y eust M. de Charry[1] qui ne se peut tenir, et dist : « Monsieur, je suis icy pour maintenir « M. de Montluc, et comme la maison de Caumont, « passant par deux fois devant avec mon régiment, « m'a faict tirer sept ou huit mousquettades, et m'ont « tué et blessé mes gens. » Ainsi que M. de Caumont luy voulut respondre, M. de Guyze soudain dit à Charry : « Taisez-vous, Charry; je sçay comment « prendre la parolle d'un homme de bien et servi- « teur de roy, comme Montluc, en son absence. « Poursuivez, monsieur de Caumont; » qui, après avoir allégué force callumnies contre ledict seigneur de Montluc et demandé raison de luy, se teust. A qui M. de Guyze respondit seulement : « Monsieur de « Caumont, je m'estonne comment vous demandez « raison d'une chose dont vos desportemens vous ju- « gent et condempnent, lesquelz le roy et moy avons « bien sceu; et toute la raison en cela que le roy « vous pourroit faire, ce seroit vous donner la pu-

---

1. Jacques Prévôt, seigneur de Charry. Il s'était distingué à la défense de Sienne, et Montluc en parle souvent. Le 30 décembre 1563, il fut tué à Paris par Chatelier Portaut, dont il avait tué le frère. Voy. de Thou, liv. XXXV. Brantôme a raconté le fait en détail dans le livre des *Couronnels françois*.

« nition que vous désirez tirer de Montluc, si vous
« estiez creu. Je m'estonne de mesmes comment vous
« osez dire tant de mal de luy, qui est un très-bon
« serviteur de roi, comm' il a tousjours monstré, et
« qui, de plus, est un des bons et braves capitaines
« de son royaume, et qui a faict couler plus de ruys-
« seaux de sang en servant tous les roys ses maistres
« que vous et vos trois frères n'avez faict de gouttes ;
« car un chascun sçait, et l'a-on veu, que votre es-
« pée, que vous avez là (en la luy monstrant du
« doigt), et celles de vos frères, n'ont jamais saigné
« homme, et toute la différance qu'il y a entre M. de
« Montluc et vous autres, est qu'il mérite beaucoup
« et vous autres peu, et que vous austres estes plus
« riches de bien que luy, et luy plus riche d'hon-
« neur. Par quoy vous devriez avoir honte d'avoir
« mis en advant toutes ces callomnies contre luy
« que venez de dire ; et pour ce, un' autre fois, cor-
« rigez-vous en. » Et là dessus M. de Guyze brize et
s'en va trouver la reyne. Il entendoit par les trois
frères de M. de Caumont, M. l'abbé de Clérat, qui
despuis la mort de son frère quicta la robe longue et
prit l'espée, et espousa madame la mareschalle de
Sainct-André, qui pourtant estoit un fort honneste
gentilhomme ; l'autre estoit le seigneur de Feuillet,
maryé avec madame de Brisambourg en Xaintonge,
honneste gentilhomme aussi ; et le quart, M. de La
Force, qui espousa madame de La Force en secondes
nopces, vefve de feu M. de La Chastaigneraye mon
oncle, esgal en biens à mondict oncle, mais inesgal
certes en vaillance, courage et beaux faictz, encor
qu'il fust bien mettable gentilhomme. Il fut tué au

massacre de Paris, et son filz aisné avec luy dont madame de l'Archant[1], leur demy-sœur, fut iniquement et injustement accusée, et cestuy-cy qui vit aujourd'huy, laissé pour mort près de luy; mais il se sauva dans l'arsenac, chez M. le mareschal de Biron : et fust esté grand dommage, car il est un honneste gentilhomme et bien advancé en grades près de son roy, tout huguenot qu'il est.

On s'estonna fort des parolles que mondict sieur de Guyze profféra ce coup là audict sieur de Caumont, car c'estoit le seigneur du monde le moins injurieux et offançant; et luy-mesmes le dist bien le soir après, et qu'il avoit ainsi parlé en despit de luy et contre son naturel; mais il luy faschoit fort d'ouyr ainsi parler et détracter d'un si homme de bien que M. de Montluc, et pour ce coup varia de son naturel. D'autres s'estonnarent aussi de M. de Caumont, que, nonobstant que M. de Guyze l'eust ainsi accommodé, montant à cheval dès l'heure mesme pour aller devant Orléans l'assiéger, M. de Caumont l'alla conduire une lieu loing, et, en prenant congé de luy, l'asseura qu'il luy estoit serviteur; et M. de Guyze l'en remercia bien honnestement, et s'offrit à luy, et qu'il estoit à son commandement. Et en s'en tournant à Blois, un quart de lieu après avoir laissé M. de Guyze, il rencontra le capitaine Hautefort, avec force autres capitaines ses compaignons, qui suivoient

---

1. Diane de Vivonne, dame d'Ardelay, femme de Nicolas de Grémonville, seigneur de Larchant. Elle était fille de Philippe de Beaupoil, femme de François de Vivonne, seigneur de la Châtaigneraie et d'Ardelay, laquelle, après la mort de son mari (1547), se remaria à François de Caumont, le père du maréchal.

M. de Guyze. Ledict Hautefort soudain mit la main à l'espée, et luy donna un grand coup sur la teste, et sur ce mesme subject dont il avoit parlé que ses maisons n'avoient point faict la guerre; et Hautefort disoit que si, comme Charry l'avoit dict, et qu'on luy avoit tiré et blessé de ses gens en y passant auprès. M. de Caumont dist après qu'il avoit esté blessé par supercherie, et ledict Hautefort nya; dont, et pour le coup et pour les parolles, en sortit si grande querelle qu'enfin Hautefort tua Caumont dans sa maison, par l'intelligence et menée du capitaine La Pezie, très-vaillant soldat et déterminé Périgordin.

Voylà le bon office que M. de Guyze fit à M. de Montluc en prenant si bien la parolle pour luy. Aussi l'aymoit-il fort; mais il le tenoit trop bizarre et incompatible, et qu'il ne le falloit guières hanter qui le vouloit aymer (disoit-il), comme je luy ay ouy dire. Il servit pourtant très-bien le roy en ses premières guerres civiles : aussi y gagna-il très-bien la pièce d'argent; et luy, qui auparadvant n'avoit pas grandes finances, se trouva à la fin de la guerre avoir dans ses coffres cent mill' escus. Dont pour ce ne voulut avoir la totalle extermination des huguenotz (disoit-on), d'autant qu'il tenoit ceste maxime : qu'il ne falloit jamais abattre du tout ou desraciner un arbre qui produisoit de beaux et bons fruictz. Il fut fort cruel aussi en ceste guerre, et disoit-on qu'à l'envy ilz faisoient à qui le seroit plus, luy ou le baron des Adretz[1], qui, de son costé huguenot l'estoit

---

1. François de Beaumont, baron des Adretz, né en 1513, au château de la Frette (Isère), où il mourut le 2 février 1587. Voy.

bien fort à l'endroict des cathollicques; et disoit-on qu'il y apprenoit ses enfans à estre telz, et se baigner dans le sang; dont l'aisné[1], qui despuis fut cathollique, ne s'espargna pas à la Sainct-Barthélemy, et un autre jeune qui fut page du roy. L'aisné mourut au siège de La Rochelle, en contrition du grand sang qu'il avoit respandu.

Aucuns alors faisoient comparaison dudict M. de Montluc et M. des Adretz, tous deux très-braves et vaillans, tous deux fort bizzarres, tous deux fort cruelz, tous deux compagnons de Piedmont, tous deux fort bons capitaines; car, si peu que le baron fit la guerre pour la religion[2], il fit de très-beaux et bons exploictz de guerre. Soubz luy il fit trembler le Lionnois, le Forestz, Vivarez, l'Auvergne, le Dauphiné, le Languedoc, la Provance un peu, bref ce pays de par de là; et le craignoit-on plus que la tempeste qui passe par de grandz champs de bled, jusques là que dans Rome on appréhenda qu'il armast sur mer, qu'il la vint visiter, tant sa renommée, sa fortune et sa cruauté volloient par-tout. Et ne fit jamais si mal pour sa réputation, que, puisqu'il s'estoit mis en ceste dance, bonne ou mauvaise, qu'il ne la continuast jusqu'au bout, sans changer de party et se révolter à l'autre; dont mal luy en prit; car ainsi qu'il y branloit et qu'il fut descouvert, il fut pris prison-

Le baron des Adretz.

---

l'article que MM. Haag lui ont consacré dans la *France protestante*.

1. Claude de Beaumont, mort en 1573. — Son frère Laurent, page de Charles IX.

2. Il ne combattit pour la cause des huguenots que pendant la première guerre civile (1562-1563).

nier par MM. de Montbrun, de Mouvans, de Sainct-Auban¹ et autres siens compaignons, qui pourtant tous luy obéissoient et defféroient paradvant pour sa suffisance : et là fut la diffinition de sa réputation, car despuis il ne fit jamais si bien pour le party catholique comme pour le party huguenot. Voyez comme la fortune porte faveur à aucuns subjectz plus qu'aux autres! Il surpassa en cruauté M. de Montluc, quand ce ne seroit que celle qu'il exerça à la tour de Montbrison : ayant pris dedans cent ou six vingtz tant soldatz qu'autres par composition et sur sa foy, il les fit amprès tous précipiter du haut en bas et acravanter². Cela est écrit³. Ilz s'excusoient tous deux qu'il falloit estre un peu cruel, et que la guerre le permettoit ainsi. Si ce baron eust faict pour le roy comme pour les huguenotz, il fust esté mareschal de France, comme je l'ay ouy dire à la reyne, aussi bien que M. de Montluc, lequel, par ses grandz services qu'il avoit faict à la France et à ses roys, le fut à Lyon lorsque le roy tourna de Poulloigne, qui, voulant tendre à la guerre et point à la paix, envoya le mareschal de Raiz en son gouvernement de Provance pour y faire la guerre et ayder à M. d'Uzaiz⁴ pour la faire en Languedoc. M. le mareschal de Bellegarde, nouvellement faict aussi, fut envoyé à Li-

---

1. Charles du Puy, seigneur de Montbrun. — Paul Richiend, seigneur de Mouvans. — Jacques Pape, seigneur de Saint-Auban.
2. *Acravanter*, écraser.
3. Voy. Théodore de Bèze, *Histoire ecclésiastique*, liv. XI; *L'Histoire des triomphes de l'Église de Lyon*, 1562, 8; et de Thou, liv. XXXI.
4. Jacques de Crussol, duc d'Uzès.

vron en Dauphiné. Tous deux n'y firent grand brouet. Le mareschal de Montluc en Guienne, sur la valeur duquel le roy se fiant, et sur ses beaux faictz du passé, creut qu'en un rien il auroit exterminé les huguenotz de par de là, comme de faict il avoit promis d'y faire tout ce qu'il pourroit de rage, et pis que jamais. Le cœur estoit bien encor entier et vigoureux en ce bon vieillard; mais ce bon bras et ceste belle force de jadis y failloient du tout : si bien que le roy luy ayant envoyé douze cens reistres et le régiment de M. de Bussy, qui montoit à deux mil hommes, et très-bons, il s'excusa de les prendre ny de faire la guerre, pour sa vieillesse, indisposition et aage caduc; et le vis quand il le manda au roy et à la reyne, et en chargea M. de Bourdeille mon frère, qui, en pensant faire quelque bon service au roy, le régiment de M. de Bussy se révolta soubz main, par la menée de son maistre de camp Bussy, mal contant qu'on l'avoit failly de tuer à la court, et qui voyoit Monsieur n'attendre que l'heure de partir de la court pour prendre les armes. Et pour une nuict ce régiment avoit complotté de couper la gorge à tous les reystres et les piller. Et tout cecy conduisoit Sainct-Seval[1], grand favory de M. de Bussy, despuis tué à Anvers, un très-digne et très-habille homme de guerre; mais, par le moyen du sergent-major, dit le capitaine Page, borgne, le tout fut descouvert à mon frère, lequel le révéla aux reystres, maistres et capitaines principaux, qui, despitez, voulurent mettre tout ce régiment en pièces ainsi qu'il mar-

---

1. De Thou l'appelle Sesseval.

choit; mais mon frère ne le voulut point et l'en destourna. Et, pour les contenter et obvier à tout, il prit des principaux capitaines autheurs de l'entreprise, comme le capitaine Vintamille, le capitaine Maigret, le capitaine La Coste et quatre ou cinq autres, et les donna prisonniers à M. de Montpensier, à qui le roy avoit commandé de luy mener toutes les forces; car Monsieur estoit desjà sorty de Paris, et estoit en campagne armé. Toutesfois ilz n'eurent point de mal, sinon les prisons de Poitiers, qu'ilz gardarent un mois; et moy je suppliay la reyne de les en délivrer, par la prière de mon frère, qui ne leur demandoit rien pour son intérestz, sinon pour celuy du roy. Les autres capitaines et soldatz, après avoir remercyé mon frère de la vie, se desbandarent, qui deçà, qui delà, dont aucuns allarent trouver leur maistre de camp, et d'autres non; car il y en avoit qui n'estoient nullement de consente, ains bons partisans du roy. Voylà pourquoy mondict frère fut fort loué de n'avoir voulu ainsi deffaire et mettre en pièces totalement ce régiment, lequel fut donné à M. de Lancosne, brave gentilhomme, auquel M. de Bussy, portant despit et envye[1], luy fit la guerre, et un jour le surprit et luy deffit quelques gens, parmy lesquelz se trouva le capitaine Page; et fut pris et mené à M. de Bussy, qui, le voyant, après l'avoir appellé cent fois traystre et infidelle, luy voulut donner de l'espée dans le corps; mais il en fut empesché par quelques capitaines des siens, et par ledict capitaine Page mesme, qui le pria de luy donner la

---

1. *Var.* Portant despit et envye qu'il avoit (ms. 6694, f° 39).

vie, au nom de la personne du monde qu'il aymoit le plus. Bussy, frappé au cœur de ce mot : « Va « donc, dis-il, chercher par tout le monde la plus « belle princesse et dame de l'univers, et te jette à « ses piedz, et la remercye, et dis-luy que Bussy t'a « sauvé la vie pour l'amour d'elle. » Tout cela fut « faict.

Encore M. de Montluc. J'ay faict ceste digression pour monstrer comme M. de Montluc, s'excusant sur son indisposition, remit toutes les forces entr'autres mains, et oncques puis ne se mesla de guerre, et puis mourut au bout de deux ans, aagé de quatre-vingtz ans[1] et en aussi bon sens qu'il eut jamais. Il fut en l'aage de soixante-unze ans blessé d'un' harquebuzade au nez, ainsi que luy-mesmes alloit à l'assaut à Rabastain[2], faisant du jeune en cela comme lorsqu'il n'avoit que vingt ans. Quel cœur généreux qui ne se rendit jamais! Je luy ay ouy dire que s'il n'eust eu ceste blessure, qui estoit grande, il eust pensé estre invincible jusques à cent ans; mais elle l'avoit bien miné et fort gasté sa santé; et le disoit à M. de Guyze au siège de La Rochelle un soir, dont j'en fairay ce conte, car il est plaisant.

C'estoit donc le soir et la nuict que nous commançasmes à bastir le fort Sainct-Martin, qu'on nommoit Sainct-Martin à cause que le capitaine Sainct-Martin-Brichanteau[3] le gardoit avec quatre compaignies qu'il avoit à luy. Ainsi donc qu'on y travailloit,

1. Dans sa soixante-dix-septième année.
2. Rabasteins (Tarn), en 1570.
3. Jean de Brichanteau, seigneur de Saint-Martin de Nigelles, premier arquebusier du roi, mort vers 1584.

se présenta un soldat gascon sur le rampart, qu'on vist un peu à la lueur de la lune, qui commança à causer en son gascon et demander s'il n'y avoit point là quelqu'un de son pays à qui il peust parler. Tous les princes et seigneurs, pensans que l'ennemy sortist pour empescher la besoigne, et qu'on y mèneroit les mains, l'on avoit commandé expressément que nul parlast ny respondist. Toutesfois ce compaignon, pour parler et demander incessamment, importuna tant, que moy, estant près de M. de Guyze, je luy dis qu'il fist parler le Bernet, gentil soldat parmy nos bandes et qui n'estoit encor capitaine, et qui sçavoit bien parler et rendroit bien le change à l'autre, et que ce seroit autant de plaisir. Ilz commançarent donc s'entresaluer et s'entreparler à qui mieux mieux; car celuy de la ville parloit très-bien et tousjours son gascon; lequel, de prime abord, après quelques menus propos, luy alla demander ce que nous bastissions là, si ce n'estoit point la tour de Babel. Du despuis en amprès, nous prismes, au moins aucuns, mauvais augure sur ce mot de nostre siège, et qu'il iroit en confusion, et ne fairions rien qui vaille, pour se confondre en trop divers advis et factions; et allégasmes souvant le dire prophétiq de ce soldat, qui, poussé par je ne sçay quel destin ou instint, le profféra. En après il demanda quelz seigneurs et princes il y avoit là, et si M. de Montluc y estoit; l'autre luy respondit qu'ouy. Soudain il réplicqua : « Et lou naz de Rabastain, comment va? » L'autre luy respondit que bien, et qu'il estoit encor assez gaillard pour faire la guerre à tous les huguenotz, comm'il avoit faict. « Ah! dit l'autre (tousjours

en son gascon), nous ne le craignons guières plus
« en son touré de naz; » car le bon homme en portoit tousjours un, comm' une damoyselle, quand il
estoit aux champs, de peur du froid et du vent qu'il
ne l'endommageast d'avantage. J'estois près de luy
quand l'autre parla ainsi, et dist à M. de Guyze que
ce coup luy avoit bien porté du dommage, et lui fit
le conte de sa blessure de ce siège de Rabastain, et
que sans ce coup il estrilleroit les huguenotz aussi
bien que jamais. Puis l'autre continuant ses propos,
il va louer fort M. de Guyze, qui, après avoir tué son
ennemy M. l'admiral, s'estoit contenté, et puis s'estoit monstré fort humain envers aucuns huguenotz
à la Sainct-Barthélemy et en avoit sauvé plusieurs. Il
loua de mesmes fort aussi M. de Longueville; et en
entrant plus advant en raisons, il va représenter les
changemens du monde et de la fortune, en disant :
« Il n'y a rien que nous avions le roy Navarre, ares[1]
« il est pour vous autres; nous avons eu le prince
« de Condé, ares il est pour vous autres; et, qui plus
« est, nous avons eu la *carraque*, ares ell' est pour
« vous autres. Quel revers de fortune! » Et disoit
cela si naïfvement en son gascon, que, si je le pou-
vois bien mettre par escrit par bonne ortographe,
comme je le parlerois, il fairoit bon l'ouyr. Ceste
carraque estoit une nauf[2] vénitienne, la plus belle et
la plus grande qui s'est peu veoir, car ell' estoit de
douze à trèze cens tonneaux, avec cela très-bonne

1. *Ares*, ores, maintenant.
2. *Nauf*, nef. D'Aubigné parle de cette carraque, année 1570,
liv. V, ch. xxv et xxvii.

voylière. Le capitaine Sore[1], Normand, l'un des
bons hommes de mer (et des capitaines pentionnaires de M. l'admiral) qui fut de ce temps, voyre qui a
esté despuis, il la prit, l'ayant trouvée qu'elle avoit
passé le destroict de Gibartal, et tiroit vers la cotte
d'Angleterre. Ell' estoit plus armée en marchandise
qu'en guerre, et fut menée à La Rochelle et en
Brouage; qui ayda fort aux huguenotz puis amprès à
le[2] prendre, pour avoir mis sur la hune, qui estoit
très-ample et large, quelque pièce qui endommageoit
fort ceux qui deffendoient la bresche. Elle fut par
amprès toute désarmée et laissée là dans le port,
qu'on trouva fort à propos pour boucher l'entrée du
port de La Rochelle, où estant remorquée par les
gallères, fut là eschouée et mise à demy fondz, et
chargée de quelques pièces d'artillerie qui endommagearent fort l'entrée dudict port; et nous servit
beaucoup contre ceux qui vouloient entrer dedans,
fors deux fois, que deux barques conduictes par le
capitaine Arnaud, bon marinier, entrarent chargées
de poudre bien à propos, et au proffit des Rochellois, car ilz estoient au tapis[3] pour les poudres. Voylà
la comparaison ridicule que faisoit ce soldat gascon
de ceste carraque avec ces grandz princes; qu'autres ne trouvarent bonne et s'en offençarent, d'autres en rirent. Ainsi finit le parlement de ces deux
soldatz, qui dura longtemps et donna grand plaisir
à toute l'assistance qui estoit là; et tousjours s'en-

---

1. Jacques Sore, sieur de Flocques, amiral des Rochellois.
2. *Le*, Brouage.
3. *Être au tapis*, être à l'extrémité.

tr'envoyoient quelques harquebuzades, en se disant l'un à l'autre qu'il n'en falloit point avoir de peur, car il n'y avoit point de balles, et que c'estoit salve de plaisir; mais il y en avoit de bonnes et qui siffloient fort bien à l'entour de nos oreilles. Je sçay qu'il y a plusieurs qui diront que je faictz beaucoup de petits fatz contes dont je m'en passerois bien; ouy bien pour aucuns, mais non pour moy, me contentant de m'en renouveller la souvenance et en tirer autant de plaisir.

Pour retourner encor à M. de Montluc, il servit fort bien à ce siège, car il estoit un fort digne homme de siège, pour en avoir veu beaucoup en son temps, dont il n'en pouvoit oublier les façons; mais pourtant, après prou de peine, la ville ne fut prise; je diray en son lieu pourquoy. Ce bon homme fut fort heureux en lignée et très-malheureux à la garder [1].

Il eut Marc-Anthoine son filz aisné, brave et vaillant jeune homme, qui mourut à l'assaut d'Ostie près Rome; il avoit esté nourry page de madame de Guyze, despuis madame de Nemours, laquelle j'ay veu se gloriffier de si belle nourriture.

Le second fut le capitaine Perot, très-vaillant aussi, courageux et ambitieux; il fut tué à Madère,

---

1. Monluc d'un premier mariage avec Antoinette Ysalguier eut quatre fils, savoir : Marc-Antoine, tué devant Ostie en 1557; Pierre-Bertrand, dit le capitaine Perrot, tué, en 1568, à la prise de Madère; Jean, chevalier de Malte, puis nommé (1571) à l'évêché de Condom dont il se démit en 1581; Fabien, chevalier de l'ordre du roi, capitaine de cinquante lances, gouverneur de Pignerol, tué à Nogaro (Gers), en 1573. Monluc n'eut que des filles de son second mariage avec Isabelle de Beauville.

isle de Portugal ; l'ayant pris par force et d'assaut, et voulant forcer le chasteau, il receut une grand' harquebuzade dont il mourut, et fut là enterré : et les François qui estoient là s'en retournarent; dont ilz furent fort blasmez d'avoir laissé là le corps, et de quoy ilz ne l'emportarent avecqu' eux ; car, après qu'ilz furent partys, les Portugaiz le désenterrarent et luy firent force vilainies et oprobres, à celuy, dis-je, qu'ilz n'osoient auparavant arregarder au visage. Les François s'amusarent un peu trop à faire leur butin et pillage (ce disoit-on), et adviser à leur prompt retour, sans songer à la conservation de l'honneur du corps mort de leur général. J'estois à la court lors, venu de fraiz du secours de Malte, quand les nouvelles y arrivarent : beaucoup en blasmarent plusieurs capitaines françois, en quoy ils ne firent pas de mesmes comme firent ces braves capitaines et soldatz espagnolz qui emportarent le corps de leur M. de Bourbon avecqu'eux, quand ilz se retirarent de Rome, mais très-officieusement, par une grande piété, le mirent dans Gayète en toute seuretté, comme j'ay dict cy devant[1]. Si ce capitaine Perot eust vescu, il eust faict de grandes entreprises et prises sur l'Espagnol et Portugais, car il y avoit de grandz dessains. Il m'en conta aucuns lorsque je m'en allois en Espaigne, et le trouvay à Bayonne en passant; il faisoit construire deux fort beaux navires. On me parla fort de luy, et l'attendoit-on en Espagne et Portugal en bonne dévotion, s'il y fust allé lors, pour luy donner la touche. Mais il tarda son

---

1. Voy. tome I, p. 281.

voyage près d'un an; car, qui veut dresser telz voyages il faut qu'il soit bien fondé de moyens ou appuyé de quelques grandz; autrement il ne tient pas longtemps, comme je pense, et n'eust faict cestuy-là. Je sçay bien ce que je luy en dis à mon retour d'Espaigne et Portugal, et ce qu'on disoit de luy. M. le visconte d'Orte y estoit présent, qui nous donna à soupper à tous deux, l'ayant encore trouvé là, par fortune, qu'avoit passé il y avoit sept mois. Pour fin, ce fut un très-grand dommage de cet homme là, car, quoyqu'il en fust, son brave courage le poussoit à attenter beaucoup. Il laissa un filz fort jeune [1], lequel n'a rien dégénéré en valeur au père; il l'a tousjours bien monstré partout où il s'est trouvé, despuis que fort jeune il a commancé à porter les armes, et pour sa fin en ce siège d'Ardres, où, après avoir faict plus qu'un Cæsar en une saillie qu'il fit sur l'Espaignol, deffaict deux ou trois corps de garde, nettoyé une grand' part des trenchées, et traisné quelques pièces dans le fossé, fut emporté d'une canonnade, au moins ses deux cuisses; et mourut en telle opinion, qu'un chascun a dict depuis que, luy vivant, la place ne pouvoit estre prise, comme despuis ell' a estée fort aisément. Grande gloire pour luy, qui luy demeure engravée sur sa sépulture!

Le tiers filz de M. de Montluc fut le chevallier de Monluc, fort gentil, le plus beau et le plus adroict de tous et en tous exercices, damerct, et avec cela très-brave et vaillant comme ses frères. M. le grand

---

1. Blaise de Monluc, tué au siége d'Ardres en 1596. Son frère cadet, seigneur de Caupène, était mort avant lui (1595).

maistre l'extimoit fort. Lorsque nous en[1] partismes, il demanda son congé à mondict sieur le grand maistre, qui luy donna mal aysément, parce qu'il n'avoit encor servy et faict son temps; mais il le dispensa, et luy dist, lorsqu'il prit congé de luy : « Allés, « faictes mes recommandations à M. de Montluc « vostre père, et quand vous serez en vostre pays, « arrestez-moy une cinquantaine de gentilz cadetz « gascons, jeunes et délibérez comme vous, afin que « quand je vous manderay, me les amenez. » Voylà la bonne opinion qu'avoit ce grand maistre de luy. Il ne fit jamais guières bien son proffict despuis que M. de Montluc luy eut osté l'espée pour le faire évesque et tenir l'évesché de Condom, qu'il ne vouloit pas perdre, mais la mettre entre bonnes mains comme les siennes, car elle valoit beaucoup. Il la tint quelque temps, ayant pourtant tousjours son cœur plus au monde qu'à l'office de Dieu, et puis mourut de malladie.

Le quatriesme et plus jeune fils fut Fabian, dict M. de Montesquiou. M. de Montluc son père luy donna le nom de Fabian, pour l'amour de feu mon oncle de La Chastaigneraye, qui estoit son parrin, et parce qu'ilz s'entr'aymoient fort. M. de Montluc porta impatiemment sa mort[2], et changea de nom à son filz qui s'appelloit François du nom de son parrin mon oncle, et luy bailla nom de Fabian; d'autant, disoit-il, qu'estant une fois de là les montz, il avoit veu et cogneu un jeune gentilhomme italien qui se

1. *En*, c'est-à-dire de Malte.
2. *Sa mort*, celle de la Châtaigneraie.

nommoit Fabian, et avoit vangé la mort d'un sien parrin tué par un autre; et par ce, par bizarrerie et opinion, il cuydoit que son filz, portant le nom de Fabian, luy serviroit de bon augure, et vangeroit la mort de son parrin M. de La Chastaigneraye. Mais rien de tout cela ne s'ensuivit, car, cependant que l'enfant croissoit, le temps, père d'oubliance, emporta au vent l'amitié et la souvenance de mon oncle; et se rendit grand amy de M. de Jarnac. Quelques fois il n'est pas bon de tant promettre.

Ce Fabian fut, comme ses frères, un très-brave et vaillant gentilhomme; il l'a monstré en force endroictz signalez. Il fut, comme le père, fort blessé à l'assaut de Rabastain d'une grande arquebuzade à la bouche, dont il en cuyda mourir; mais il s'en guérit, avec un peu de difformité à la bouche, laquelle pourtant se passa; et s'en remit en sa première beauté, car il estoit beau et agréable : et, quelques années après, estant encor renouvellée la guerre des huguenotz, il fut tué, dont ce fut grand dommage. Il laissa de luy, deux honnestes, gentilz et braves enfans; l'un dict le seigneur de Montesquiou, et l'autre dict le seigneur de Pompignan[1], tous deux très-braves et vaillans gentilzhommes, ne dégénérans nullement à leur brave et valeureuse race : grand dommage du seigneur de Pompignan, qui, accom-

1. Adrien de Monluc-Montesquiou, prince de Chabanais, comte de Cramail, lieutenant général au pays de Foix, mort à soixante-dix-huit ans, le 22 janvier 1646. Il est l'auteur de la *Comédie des proverbes*, souvent réimprimée. — Son frère cadet, Blaise de Monluc-Montesquiou, seigneur de Pompignan, mort en Hongrie en 1602.

paignant en Hongrie ce brave M. de Nevers[1], y mourut de malladie; mort peu digne de sa valeur, qui l'appelloit à une plus honnorable : telle estoit sa destinée; qu'y fairoit-on?

Voilà la lignée illustre du pauvre M. de Montluc, laquelle il a veu devant soy toute mourir advant sa mort, qui fut une grande désollation pour luy; avoir si bien engendré ses enfans, nourrys, eslevez, poussez et agrandis, et tous se perdre au plus beau de leur aage et fortune!

Il eut deux frères[2], l'un, M. de Lyoux et qu'on appelloit le jeune Montluc, qui fut aussi un brave gentilhomme et fort habile. Mais qui l'a esté plus que les deux frères, ça esté M. l'évesque de Valance, fin, délié, trinquat, rompu et corrompu, autant pour son sçavoir que pour sa pratique. Il avoit esté de sa première proffession jacobin; et la feue reyne de Navarre Marguerite qui aymoit les gens sçavans et spirituelz, le coignoissant tel, le deffrocqua et le mena avecqu'elle à la cour, le fit cognoistre, le poussa, luy aida, le fit employer en plusieurs ambassades; car je pense qu'il n'y a guières pays en l'Europe où il n'ayt esté ambassadeur et en négotiation, ou grande ou petite, jusques en Constantinoble, qui fut son premier advancement, et à Venise, en Poulongne, Angleterre, Escosse et autres lieus. On le tenoit luthérien au commancement, et puis calviniste, contre

1. Charles de Gonzague de Clèves, duc de Nevers.
2. Joachim, dit le *jeune Monluc*, seigneur de Leoux et de Longueville, chevalier de l'ordre du roi, lieutenant du roi en Piémont, mort en 1567. — Son frère aîné Jean, évêque de Valence et de Die, mort à Toulouse le 13 avril 1579.

sa proffession épiscopalle; mais il s'y comporta modestement par bonne mine et beau semblant. La reyne de Navarre le deffroqua pour l'amour de cela. Ce n'a pas esté le premier qu'elle a deffrocqué, tesmoing son dernier prédicateur, qui estant jacobin, on l'appelloit frère Girard, après maistre Girard, et puis elle le fit évesque d'Olleron[1]. De ces temps il y eust quelques évesques d'une volée soubsonnez tenyr un peu mal de la catholicque; ce M. de Montluc, évesque de Valance; l'évesque de Uzays, de la mayson de Sainct-Gelays, tous deux gentishommes; M. de Marillac, évesque de Vienne; M. l'évesque de Bayonne, Lymosin, de la maison du Fraizest, noble, longtemps ambassadeur en Allemagne[2]; et puys cet évesque d'Oléron, maistre Gyrard; tous sçavans et grands personnages en tout pourtant.

Or, c'est assez parlé de toute ceste race bonne des Monlucs; si fairay-je, avant finir, ceste digression sur luy; et diray comme je discourois un jour avec un grand capitaine de par le monde, et prince, du livre de M. de Montluc, lequel m'en dist de grandes louanges, tant de sa vaillance que de sa suffi-

1. Gérard Roussel, évêque d'Oléron de 1542 à 1560.
2. Jean de Saint-Gelais, évêque d'Uzès en 1531. Il embrassa le protestantisme, se maria et fut déposé par le pape vers 1560. — Charles de Marillac, archevêque de Vienne de 1540 à 1560. — Jean de Monstiers de Froissac, évêque de Bayonne de 1550 à 1565. La *Bibliothèque historique de la France* l'appelle Jean du Moustier, seigneur de Fresse (ou de Fresne). Il a composé une histoire (en latin) de la guerre de François Ier et de Charles-Quint (1542-1544), imprimée dans le *Politica imperialis*, de Goldast, publié à Francfort, 1614, in-fol. Dans cet ouvrage il est désigné sous le nom de Joannes Fraxineus.

sance et de ses beaux effectz de guerre, le me disant pourtant par trop vantard, bien qu'il eust faict plusieurs fautes en ses factions, dont il m'en remarqua deux fort grandes qu'il fit au siège de Sienne : l'une, de quoy il s'y oppiniastrast jusques à l'extrémité, que luy ny les siens n'en pouvoient plus, et que certainement c'estoit un acte d'un très-vaillant et généreux simple capitaine et soldat, mais non d'un général ny d'un guerrier considératif et pollitiq; car, puisque le roy luy avoit mandé expressément par M. de La Chappelle des Ursins d'adviser bien à ne réduire à l'extrémité sa ville, ny au dernier morceau, ny à la discrétion de ses ennemys et perte de l'honneur et la réputation du roy (comme luy-mesme confesse avoir failly en cela), il y devoit autrement adviser qu'il ne fit; car si M. le marquis[1] et le duc de Florance fussent estez aussi cruelz et sanglantz comme ilz furent gracieux et courtois, ou qu'il eust eu affaire à de grandz capitaines qu'on a veu sévères, rigoureux et poinctilleux, comm'un M. de Lautrec et d'autres, ou bien au pape Jule, vers lequel les Siennois ayant envoyé pour leur capitulation, ilz en eurent fort mauvaise responce, leur reprochant leur obstination, et qu'ilz se retirassent au duc de Fleurence et luy baillassent la carte blanche; en quoy ne faut doubter que, s'il ne fust mort deux jours après[2], M. de Montluc et tous les Siennois estoient vandangez ou bien fracassez, quoy qu'il avoit résolu donner la bataille dans la ville. Cela est bon, si le marquis n'eust sceu ses nécessitez, famine et pau-

1. Le marquis de Marignan. — 2. Le 23 mars 1555.

vretez, et les eust voulu emporter et assaillir de force ; mais, les sçachans perdus et à la veille de la faim et de la mort, il n'avoit garde de combattre des gens désespérez qu'il tenoit la corde au col et à sa miséricorde. Voylà pourquoy il ne devoit se mettre ny luy ny ses gens si au bas, et eust mieux faict et acquis plus d'honneur advant que combattre la faim ; cependant qu'il estoit en force et en vigueur, devoit capituler ou entr'ouvrir quelque parler d'accord, et voir la composition qu'on luy eust présenté, ou bonne ou mauvaise, et selon l'acepter ou du tout jouer à la désespérade, faire une furieuse sortie sur l'ennemy, selon l'opinion de plusieurs grandz anciens capitaines et modernes qu'il vaut beaucoup mieux de s'advanturer et tenter fortune où elle peut favoriser, que de ne la tenter point, voir devant ses yeux sa destruction toute aparante et certaine. Ç'estoit ce que devoit faire M. de Montluc, ainsi que fit en ce mesme temps le capitaine Bernardin Corse[1], lequel, estant assiégé par André Dorie dans Saint-Florent, en Corse, avec d'autres, tant François qu'Italiens, et ayans tenus jusqu'à la totalle extrémité de faim et toute nécessité, vinrent à composition avec ledict prince Dorie, qui leur promit toute bonne guerre de bagues et vies sauves, fors au capitaine Bernardin, qu'il vouloit résolument avoir pour en faire à son plaisir. Ce que voyant, désespéré de sa vie, il se résoult avecq'une trentaine de ses meilleurs

---

[1]. Bernardino Corso. Il avait été excepté de la capitulation, ainsi que tous les hommes proscrits par la république de Gênes. Voy. de Thou, liv. XIV. San-Fiorenzo capitula, en 1554, après trois mois de siége.

et résolus soldatz, de sortir les armes en main, et de se sauver ou mourir bravement, ce qu'il fit; car ayant combatu et forcé trois corps de garde l'un après l'autre et tué force ennemis, ilz eschapparent, bien sanglantz pourtant et couvertz de force playes; et se sauvarent là part où estoit M. de Termes, lieutenant de roy, qui ne peut assez admirer la valeur et le courage de ces gens de bien. Ainsi devoit faire M. de Montluc, ce me disoit ce grand prince, ou du tout sans venir à ce dernier poinct de la nécessité ou de la miséricorde; car lorsqu'on respiroit bien encor bravement, il est à présumer que luy et les Siennois en eussent obtenu plus advantageuse capitulation, par octroy de quelque espèce de leur liberté et de leurs privillèges, ainsi que moy-mesmes je l'ay ouy ainsi dire dans Sienne à plusieurs honnestes seigneurs et dames de la ville; et aussi que la loy de la guerre le porte ainsi, de donner plustost miséricorde et faire grâce par pitié aux perdus et abbatuz, qu'à ceux qui sont debout et ont encor les armes en main. Certainement, si M. de Montluc fust esté assuré de quelque secours, ou du roy ou de M. d'Estrozze, cela alloit bien, et ceste oppiniastreté eust porté grand coup, et eust esté très-utile et honnorable; mais en estant désespéré, il falloit se contenter de la raison, et se résoudre qu'une utile composition, lorsqu'ell'estoit à bon marché, eust mieux mis à son aise et en liberté ceste honneste républicque.

Nous lisons que ce grand capitaine Marius[1], lors-

---

1. Voy. Plutarque, *Vie de Marius*, ch. XXVI.

qu'il fut envoyé contre les Teutons et Ambrons, au lieu de les combattre de prime abord, il se retint coy, contre son naturel pourtant, et temporisa, endura force bravades et injures de ses ennemis, et force parolles picquantes des siens propres, pourquoy il ne les menoit pas au combat. « Tout beau, « leur dist-il ; nous ne sommes pas icy pour gaigner « des triumphes, des victoires et des gloires parti- « cullières, mais pour sauver la républicque romaine « et toute l'Italie ; à quoy faut plus adviser qu'à vos « dires et généreux courages, et lorsqu'il faudra « donner nous donrons. » M. de Montluc de mesmes ne devoit tant adviser à sa gloire particulière, qu'y fut grande certes, comm'à sauver la républicque de Sienne par une plus utile et commode capitulation que celle qui se fit par amprès, plus par pitié qu'autrement, et mesmes après avoir rendu de si beaux combatz et faict de si belles escarmouches et soubstenu force grandz assautz, et principallement celuy du fort de Camolia, où les ennemys furent si bien frottez, et y ayant perdu deux fois plus de gens que nous. C'estoit alors qu'il falloit parler d'accord, et, les armes braves en la main, capituler ; si que l'ennemy, possible, en fust esté aussi ayse d'y entendre que de s'amuser plus au siège, sans plus tenter fortune ny les hasardz à si mauvais marché ; et alors ce fust esté le coup de la bonne capitulation. Et ce fut ce que M. le mareschal de Tavanes conseilla à Monsieur, frère du roy, après la bataille de Montcontour, comme j'ay dict ailleurs : « Nous les avons « bien frottez, dist-il, ast'heure faictes la paix. »

Mais M. de Montluc ne se voulut contenter de la

raison; ains voulut retenter fortune, tant il estoit
avide d'ambition et de gloire; ainsi qu'il y a eu et a
tous les jours de grandz capitaines qui ayment mieux
un pousse d'honneur pour eux qu'une coudée de
bien et de gloire pour autruy : bien contraires à Catulus, collègue et compaignon de Marius en ceste
guerre des Cymbres, lesquelz, ayantz passé les Alpes
et s'estant montrez aux Romains, grandz, hautz, ef-
froyables et horribles, ilz en eurent si grand peur
sur le passage de la rivière de l'Ade[1], si qu'ilz se mirent en fuitte et quictarent le camp d'effroi, maugré
luy; si que, voyant un tel désordre, il alla prendre
l'enseigne de l'aigle d'entre les mains de celuy qui
la portoit, et luy-mesmes marcha devant, la portant,
afin que la honte de ceste retraicte ou fuitte tumbast
toute sur luy, non pas sur son pays, et qu'il sem-
blast que les Romains suivissent leur capitaine et ne
fuissent pas[2]. Il répara puis après ceste honte, car il
gaigna la bataille et les desfit, où il eut bonne part
de la gloire et victoire avec Marius, voire meilleure.

Il n'y a plus aujourd'huy de ces capitaines qui
voudroient rougir et recevoir un tel affront pour le
général. Ceux aussi qui ont cogneu M. de Montluc,
brave et vaillant et cupide d'honneur, voudroient
bien jurer avecques moy qu'il eust mieux aymé crever de cent mille mortz que faire ce traict, et eust
plustost choisy de jouer le personnage d'autres braves capitaines romains qui ont osté les enseignes aux
fuyardz et les ont portés du plus fort de la meslée et

---

1. *L'Ade*, l'Adda; mais il faut lire l'Adige d'après Plutarque.
2. Voy. Plutarque; *Vie de Marius*, ch. XL.

du combat. Il y en a eu, et s'en trouve tous les jours, un'infinité de simples et grandz capitaines qui ont choisy et choisissent plustost ce party que celuy de Catulus.

Je vous laisse donc à penser si M. de Montluc eut toutes ces considérations à se défaire de son honneur pour en garnyr autruy. En tout pourtant il y a du *medium;* car on peut faire et l'un et l'autre. En quoy s'estonnoit ce prince, de quoy le roy Henry ne lui en fist une réprimande, ou bien M. le connestable quand il le vist; car c'estoit un grand capitaine qui considéroit et pesoit bien toutes choses; et mesmes qu'il ne faut jamais attendre le dernier coup de la fortune adverse, ny de la prospère non plus; car gare le revire-marion[1]. Car il falloit, comme j'ay dict, jouer à la désespérade, sortir et mourir les armes en la main (possible qu'on en eust tué d'eux autant qu'eux des nostres), ou bien capituler de bonn'heure.

Venons à la seconde faute, qu'est de n'avoir voulu faire la capitulation de la ville, et l'avoir laissée faire à messieurs les Siennois; et s'estonnoit ce prince de son humeur bizarre, scrupule et cérimonie qu'il voulut observer en cela; car il faisoit tort à son roy et à luy qui le représentoit, et se desvestoit de sa charge pour en vestir messieurs de Sienne; et mesmes qu'estans subjectz du roy, puisqu'ilz s'estoient donnez à luy, et les aymoit et les tenoit pour telz, il les faisoit parler et taire le roy; il les faisoit composer, et luy, son général, demeuroit muet; il les rendoit supérieurs, et luy inférieur à eux; bref, il leur rendoit

---

1. *Revire-marion*, retour de fortune.

l'honneur qui luy appartenoit. Et ne fut sans cause que le roy Henry, lorsqu'il luy discouroit ceste capitulation, luy dist qu'il s'estonnoit que le marquis ne l'avoit desfaict à la sortie, inférant par là que ses subjectz ne pouvoyent parler ne composer pour luy, son lieutenant présent, comme le sceut très-bien dire M. le marquis en faisant ceste capitulation, que ny M. de Montluc ny ses gens n'estoient point aux Siennois, mais au roy, et n'avoient nul pouvoir de capituler pour eux. Mais M. de Montluc, tout ambitieux de son honneur particulier, respondit qu'il aymoit mieux que les Siennois capitulassent pour luy, et que le nom de Montluc ne s'en trouveroit jamais en capitulation. A quoy M. le marquis sceut très-bien respondre qu'il avoit bien rendu en son temps deux forteresses, avec la raison; que pour cela il n'en avoit esté repris de l'empereur, ny moins estimé, et ne laissoit se servir de luy en d'honnorables charges.

Mais quoy! il falloit que ce coup là M. de Montluc se gouvernast par caprice, et se laissast aller à l'ambition et à son honneur; en quoy il n'observa pas ce qu'il sceut reprocher à M. de Terride après son désastre d'Ortez, comme verrez dans son livre[1], le redarguant[2] d'une vaine gloire, que luy, foible, battu et presque desfaict, se tenoit sur le haut bout, et encor à l'endroit de celuy qui estoit pour luy sauver la vie et l'honneur. Possible, si M. de Montluc fut esté aussi rompu en matière d'estat et pratiq

1. Antoine de Lomagne-Terride, un des principaux chefs de l'armée catholique. Assiégé par Montgommery, il capitula dans Orthez, en août 1569. Voy. Monluc, t. III, liv. VII.

2. *Redarguant*, réprimandant.

comme il fut despuis, il n'eust pas tant bravé M. le marquis comm'il fit.

Une autre raison qu'il alléga au roy Henry pour n'avoir capitulé au nom du roy, fut que cela luy servoit beaucoup à ses prétentions qu'il pouvoit tousjours avoir pour recouvrer encores Sienne. Ceste raison est fort foible; car, pour avoir perdu Naples et Milan, qu'il allègue, et autres places, soit par force, par capitulations et traictez de paix, comme le Piedmont, Savoye, ou autres acidens, comme la conté de Rossillon et Nice, pour cela les droictz et prétentions que nos roys y ont dessus ne se perdent; et sont tousjours sur leurs piedz de les attrapper quand ilz voudront, en quelque façon que ce soit : car les plus belles prétentions et plus grandz droictz que les roys et ces hautz princes souverains, sans tant poinctiller sur la justice ny sur l'honneur, consistent sur la poincte de leurs espées; et qui a la meilleure il gaigne la moitié de la partie, voire toute bien souvant; et, comme disoit le bon duc Philippe de Bourgoigne, les reyaumes appartiennent de droict à ceux qui les peuvent avoir par force d'armes ou autrement : à quoy sont fort subjectz les Gaulois ou François, selon Tite-Live[1], qui dict qu'ilz portent leur droict sur la pointe de leur espée.

Ceste raison donques, alléguée de M. de Montluc, pour cela n'estoit valide, non plus que cele de sa vaine gloire et obstentation; car et combien y a-il eu de bons, braves et grandz capitaines qui ont rendu des places par capitulations bien à propos?

---

1. Voy. Tite-Live, liv. V, ch. XXXVI.

sont-ilz estez pour cela deshonnorez le moins du monde? ainsi que firent, du temps de nos pères et de nous, M. de l'Escu pour Crémone, M. de Vandenesse pour Côme, messieurs de La Palice et Montpezac pour Foussan, le conte Sancerre pour Sainct-Disier, M. de Montmorancy pour Thérouane, le segnor Pietro Colomno pour Carignan, Cæsar de Naples pour Vulpian. Tant d'autres que je laisse, pour la briefveté, ont-ilz perdu pour cela l'honneur? Faisoient-ilz capituler les habitans des places? C'estoient eux qui, en leur nom et celuy de leurs maistres qu'ilz représentoient, faisoient le tout comme la raison vouloit; ce fust esté autrement une vraye mocquerie et une grand' honte, car c'estoit proprement contrefaire ceux qui portent des moumons, lesquelz n'osent parler et font parler d'autres.

Certainement, si M. de Montluc et ses gens ne fussent estez au roy, à ses gages ny à sa paye, et que les Siennois les y eussent appellez et soldoyez, ou que d'eux-mesmes fussent allez à eux, come gens voulontaires et mercenaires, comm' il en advint à ceux de La Rochelle en leur siège et autres lieux que je nommerois bien, il estoit très-raisonnable que les Siennois parlassent et capitulassent pour eux; mais là où le nom du roy sonne et s'escoute, il faut, sans aucune considération, que Sa Majesté aille devant, et qu'elle seule se face ouyr, et mesmes parmy une si belle républicque que celle de Sienne, et qu'il fust dict par grand honneur que ce fust esté le roy qui l'eust préservée, par son nom et sa capitulation, d'une totale ruyne, à laquelle l'extrémité du siège l'avoit réduict, non pas Sienne eust sauvé les gens du roy ny son lieutenant; n'estant raison, comme j'ai dict, que les subjectz parlassent pour le roy, et le fissent passer par leurs loix, voulontez et capitulations; ce qui despuis a porté coup, car j'ay veu dans Sienne aucuns et aucunes de la ville se prévaloir de ceste gloire et en faire trophée par telle capitulation; et à perpétuité cela se dira et se lira, à la honte des François, comme j'ay dict cy devant.

Un' autre chose que je trouve fort mauvaise, et en laquelle trouva fort à dire ce prince, de quoy M. de Montluc tarda si longtemps à chasser tant de bouches inutiles à l'extrémité, et que du commancement il ne les chassast, tant pour avoir mangé leurs vivres inutilement, qui eussent beaucoup servy, que pour les avoir jettez à la boucherie, à la fain, aux coups, aux forcemens de femmes et de filles; car si du commancement il l'eust faict, avant que l'ennemy eust sarré la ville à l'estroict, toutes ces bouches s'en fussent allées au loing, et eussent cherché et pris party sans aucun danger : et en telles choses, certes, il y a de la conscience et de l'irre de Dieu.

Feu M. de Guyze, à son noble siège de Metz, ne fit pas ainsi, car du premier commancement, il y mit si bon ordre qu'il n'y resta que les bouches utiles. Ce brave prince estoit en tout considératif, et faisoit bien parestre qu'il craignoit Dieu, qui le favorisa possible plus pour ce subject que pour autre; car et quelle plus grande pitié pouvoit-on voir, que ces pauvres créatures ainsi exposées à toutes sortes de misères, comme le livre le dict[1], et que le roy Henry

---

1. Voy. Monluc, liv. III, t. II, p. 72.

déplora fort? Messieurs de La Rochelle en leur siège n'en chassarent aucunes, bien qu'ilz fussent près par de là de pain : aussi Dieu les assista, comme la fin s'en ensuivit, jusques là que beaucoup de pauvres gens, et hommes et femmes, qu'on n'eust jamais pensé, mirent la main à l'œuvre et aux armes, et leur servirent beaucoup, comme j'en parle ailleurs.

Pour les lansquenetz, de mesmes les falloit chasser dès l'abord, car il voyoit bien que ce sont gens mutins quand ilz viennent à la disette du pain et du vin, et qu'ilz sont meilleurs pour la pleine que pour un siège, comme j'en parle ailleurs, qui peurent faire un grand désordre en la ville si l'on n'y eust remédié à leurs despans; car il en mourut beaucoup.

Certes, pour excuser M. de Montluc, ne faut point doubter que, si du commancement il eust eu loisir de mettre ordre à tout cela, il l'eust faict, tant il estoit prévoyant et pratiq capitaine; mais il ne fut pas quasi arrivé dans Sienne, que le voylà assiégé : si qu'il n'eut le temps de respirer ny mettre ordre, non pas seulement d'aviser aux vivres, mais plustot à la guerre. D'advantage sa grande malladie, qu'il eut et luy dura longtemps, le destourna de toutes considérations. Encor fit-il tout ce qu'il peust, et plus que ses forces n'y bastoient, ni que jamais fit Martin à dancer, comme l'on dict.

D'un' autre chose s'estonna bien fort ce prince, de quoy M. d'Estrozze ne fist souvent des courses, ne donnast des allarmes, des camizades, et enlevast des logis, enfonçast des trenchées au camp du marquis, mesmes sur le déclin du siège; dont il en eust eu bon marché, car il estoit fort harassé et ne bastoit que d'un' æsle, comm' on dict, tant pour la longueur du siège, de la fatigue, du froid, des longues veilles et corvées de combatz, jusques à la fin; car bien souvant les munitions failoient à venir, ou bien fort tard : si bien que M. d'Estrozze, s'il les eust souvant visitez, esveillez d'allarmes, de camizades, de forcement de trenchées et enlèvement de logis, ayans estez ainsi combattuz par le devant des Strozziens, et de ceux de la ville par le derrière, ilz eussent bien songé en eux autrement qu'ilz ne firent, et la capitulation, possible, s'en fust-elle ensuivye meilleure pour les pauvres Siennois; et principallement que ledict sieur Estrozze estoit si près d'eux à Montalsin[1], et ayant encor assez de jollyes forces, non pour donner battaille, mais *para hazer arremetidas* [2], comme dict l'Espaignol, et fatiguer et importuner l'ennemy, à le mettre fort bas; car, pour la cavallerie, il estoit aussi fort, ainsi que M. de Montluc le dict. Le marquis n'avoit que cinquante chevaux légers, quasi mourans de faim et hors des fourrages; M. d'Estrozze avoit la belle compaignée de M. Sypiere, conduicte par ce brave Seryllat, et encor avoit quelqu' autre cavallerie italienne, qui eust fort endommagé l'ennemy : mais rien de tout cela; si que l'on eust dict que vers Montalsin il y avoit suspension d'armes. Dont j'en ay veu fort se mescontenter despuis les Siennois dans Sienne, comme firent ceux de Luzignan en leur siège de M. de La Noue et des hugue-

---

1. Montalcino, à sept lieues S. de Sienne.
2. Pour faire des attaques.

notz du dehors, qui ne les assistarent jamais par aydes et moyens telz que je viens de dire : j'en parle ailleurs.

Ne faut doubter que d'un costé et d'autre n'y ait eu force raisons pour excuser. Celles de M. d'Estrozze, M. de Montluc les dist au roy. Celles de M. de La Noue, il les a dict très-pertinentes à plusieurs, et mesmes à moy; car, de faute de courage et de valleur, il en avoit prou et à revandre.

Je vis au siège de La Rochelle l'heure et le jour que, s'ilz fussent venus cinq cens chevaux et cinq cens bons harquebuziers, mesmes sur le déclin, ilz eussent bien estonné le monde.

Or, pour fin de ce discours, M. de Montluc a esté un très-grand, brave et bon capitaine de son temps : et il le faisoit beau ouyr parler et discourir des armes et de la guerre, ainsi que j'en ay faict l'expérience, moy ayant esté sur la fin de ses jours un de ses grandz gouverneurs, et mesmes au siège de La Rochelle et à Lyon, lorsqu'il fut faict mareschal de France, j'estois fort souvant avec luy et m'aymoit fort, et prenoit grand plaisir quand je le mettois en propos en en train, et luy faisois quelques demandes de guerre ou autres choses; car je ne suis jamais esté si jeune que je n'aye tousjours esté fort curieux d'apprendre; et luy, me voyant en ceste voulonté, il me respondoit de bon cœur et en beaux termes, car il avoit une fort belle éloquance militaire, et m'en estimoit davantage. Dieu ayt son âme! Notez sur ceste fin de discours que ce grand prince allégué n'en ha tant dict qu'à moy.

M. de Montluc, en un recoing de ses Mémoires,

M. le mareschal du Bié[1].

parlant de la guerre de Boulongne et conté d'Oye, parle en bonne façon[2] de M. le mareschal du Bié, et mesmes lorsque, voyant une fois sa cavallerie faire mal et abandonner l'infanterie, il mit pied à terre, tout mareschal qu'il estoit, et avecques une picque au poing se met à la teste pour l'assister et courir sa fortune. Ce discours est gentiment escrit de M. de Montluc. Ce bon et brave chevallier avoit bien besoing d'un tel escrit et publiement de sa vertu et valeur, car il a esté peu favorisé de ceux qui ont escrit de son temps. Je croy que ce fut pour la disgrace qu'il eut à cause de la redition de Bouloigne par son gendre et disoit-on lors qu'il fust esté luy-mesmes en grand' peyne, sans qu'on eust esgard à son honnorable vieillesse et à ses services passez; mais surtout disoit-on le roy luy avoir faict grace, d'autant qu'il avoit esté faict chevallier de sa main, comme le roy son grand père[3] de celle de M. de Bayard. Ce ne fust pas esté beau au roy si son parrin eust esté traicté de ceste façon; si fut-il condempné à une prison, voyre à la mort, disent aucuns. On disoit qu'on luy avoit faict tort. Je m'en rapporte à ce qui en est; mais il avoit esté en son temps un noble chevallier. La succession qu'il receut de M. de Bayard en fit quelque preuve, car le roy François, après sa mort, luy donna la moytié de la compagnie de cent hommes d'armes de M. de Bayard. C'est un grand heur et honneur à toute personne, quand elle succède en la place d'un

1. Oudart du Biez, maréchal de France, mort en juin 1553. Voy. plus haut, p. 22, note 1.
2. Voy. Montluc, liv. II, t. Ier, p. 325.
3. Lisez : son père, François Ier.

autre tout remply de vertus et valeur. Et ceste compagnie ne fut mal tumbée à ce seigneur là, car il l'employa bien. Après qu'il fut mort M. de Sansac en eut la moytié. Voylà comme de main en main elle tumba en bons lieux.

M. le mareschal Brissac [1].

Il faut que je parle ast' heure du grand mareschal de Brissac, messire Charles de Cossé. M. le mareschal de Brissac fut noble en tout, de vertu et de race. J'ay ouy dire que ses prédécesseurs estoient du royaume de Naples et vindrent en France, et le bon roy René de Scicille les y mena (autres disent le roy Charles VIIIe), et les ayma et favorisa fort; si bien que, de succession en succession et de père en filz, sont estez tousjours gouverneurs du chasteau d'Anjers, la plus belle forteresse de France, fors despuis ceste guerre de la Ligue, que le conte de Brissac, aujourd'hui mareschal de France, la perdit de la façon qu'on la treuve aux histoires de nostre temps[2].

Ce grand mareschal dont je veux parler fut nourry et eslevé avec MM. le Dauphin et d'Orléans, enfans de France, desquelz madame de Brissac[3], une très-

1. Charles de Cossé, comte de Brissac, maréchal de France, lieutenant général des armées du roi en Piémont, mort à Paris le 31 décembre 1563, à cinquante-sept ans. C'était une tradition peu fondée que celle qui attribuait aux Cossé une origine italienne. Cossé est une seigneurie dans le Maine, qui a donné son nom à leur maison.

Il y a de nombreuses lettres du maréchal de Brissac dans la collection Béthune. Voyez, entre autres, les volumes 8659, 8660, 8665, 8680.

2. Le château fut surpris par les protestants en 1585. Voy. de Thou, liv. LXXXII.

3. Charlotte Gouffier, femme de René de Cossé, seigneur de

sage et vertueuse dame, estoit gouvernante en leur enfance et de Mesdames. Sur tous les deux il fut fort aymé de M. le Dauphin[1], si bien qu'à venir croistre grand, et l'estat de sa maison dressé, il fut son premier gentilhomme de sa chambre, d'autres disent son premier escuyer, qui estoit lors bien plus grand estat et plus estimé qu'aujourd'huy. La chanson le confirme :

Mon escuyer Brissac, je la vous recommande.

C'estoit une fille de la cour, belle et honneste, et de bonne maison, comme j'ay dict ailleurs[2], que je ne nommeray point, encor qu'il n'y ait point de danger, car il ne l'aymoit qu'en honneur; la chanson le porte ainsi :

Brunette suis, jamais ne serai blanche.
Monseigneur le dauphin malade en sa chambre,
Sa mye le va voir, bien triste et dolante :
« Si vous mourez, monsieur, à qui me doibz-je rendre?
— Mon escuyer Brissac, je la vous recommande. »

Voylà ce qu'en dict la chanson :
Estant donc M. le Dauphin mort, cet escuyer Brissac, ayant avec grand regret laissé le corps mort de son maistre en son cercueil, part droict vers le camp d'Avignon, résolu de vanger la mort de son maistre sur les ennemis de tout ce qui pourroit tumber à la mercy du tranchant de son espée, et par-

---

Brissac, père du maréchal de Brissac, gouvernante des enfants de France.

1. Le Dauphin François, mort en 1536.
2. Voy. t. III, p. 174.

donner à peu, tant qu'il auroit jamais de vie au corps.

Ce malheur luy servit, car possible il se fust amusé par trop près de son maistre et à sa faveur, comme j'ay veu aucuns; si qu'il ne fust jamais esté ce brave capitaine qu'il a esté despuis.

Ce desir doncques de vangeance, avecques son cœur brave et ambitieux, le poussa si bien aux périlz de la guerre, les cherchant et recherchant en tant d'hasardz, que bientost il acquist le renom parmy les François d'un très-brave et vaillant gentilhomme françois; si bien que, guydé aussi de la fortune, il eut beaucoup de belles et honnorables charges les unes après les autres.

Il eut une compaignie de chevaux-légers, de gens-d'armes, fut couronnel général de la cavallerie légère en France, fut couronnel de l'infanterie françoise devant Parpignan. Il luy arriva certes quelque disgrace à Vitry, sur la deffaicte, désordre et fuitte de ses chevaux-légers; mais il s'en sceut fort bien desmesller et faire sa retraicte de loup, tournant tousjours visage, ainsi que M. du Bellay le dict en ses *Mémoires*[1], lequel il faut plustost croyre en ce faict que Paulo Jovio, qui en parle en ces propres motz[2]:
« Brissac, s'estant d'un ardant courage combattu sur
« la cavallerie de Francisque d'Est, et ne pouvant
« soubstenir l'impétuosité de la foule des ennemis,
« quand le combat incontinant fut commancé, se

---

1. Voy. du Bellay, année 1544.
2. Voy. P. Jove, liv. XLV. Suivant son habitude, Brantôme a emprunté le texte de la traduction de Denis Sauvage.

« prit à refuy vers ses gens, et fut si très-fort pressé,
« qu'il fut contrainct de rompre l'ordonnance de ses
« gens de pied par tumultueuse course, sans retenir
« la bride à son cheval; par laquelle advanture tout
« le bataillon des François fut dissipé en un moment
« de temps : que si San-Petro Corse ne se fust pré-
« senté avec ses harquebuziers et n'eust faict teste,
« Brissac mesmes eust esté acablé au gué de la ri-
« vière. » Certes la routte et le désordre y fut grand,
mais non tel que le dit Paulo Jovio, et faut plustost
croyre M. du Bellay.

Tant y a, en toutes les charges qu'il a eues il s'en
est si bien acquicté qu'on l'a tenu despuis pour un
vaillant capitaine; ses mémorables actes en firent la
preuve, lesquelz je ne m'amuseray point à escrire,
car on les void assez en nos histoires françoises, et
sur-tout dans les Mémoires de M. du Bellay et de
M. de Montluc. Il y a eu le sieur de Beauvin[1], l'un
de ses segrétayres, qui en a fait un fort beau livre
de luy, qui le loue et l'exalte un peu trop, attribuant
qu'il avoyt tout fait, sans en défayrer que peu aux
autres, tesmoingt la prise de Cazal faicte par M. de
Salvoyson; mays, avec toutes ses louanges et vertus, il luy fait tort de le rendre si importun à demander si assiduelement argent au roy, veu que le
revenu de Savoye et du Piedmont vaut aujourdhuy
plus de seize cens mille escus, qui estoyt assez bastant d'entretenir toutes les compagnies qui estoyent
en Piedmont, avec quelque cent mille escus que le

1. Boyvin du Villars, dont les mémoires publiés de son vivant
en 1607 et 1610 ont été réimprimés dans les grandes collections
de mémoires.

roy eust pu envoyer dadvantage. Ses actes pourtant ont esté telz et si hauts, qu'ilz le firent mareschal de France, et lieutenant de roy en Piedmont, non sans bonne faveur pourtant que je ne dis pas; et là il s'acheva à se parfaire un très-grand capitaine, et tel qu'on l'a renommé parmy nous et les nations estranges. Il y garda très-bien et très-sagement ce que son roy luy mit entre mains; ce qui est advenu très-rarement à nos capitaines françois en nos conquestes de delà les montz; mais fit bien mieux, car il en alla prendre sur l'autruy et le joignit au nostre, encor que durant sa charge il y ayt eu de grandz capitaines de l'empereur, ses lieutenantz à Milan et Piedmont, auxquelz a bien faict teste, et des meilleurs capitaines particuliers et soldatz; car la fleur des imperiallistes s'y accouroit, comme des nostres s'y accouroit aussi.

Les trois grandz capitaines furent Ferdinand de Gonzague, le duc d'Albe et le duc de Sesse[1], sans en compter d'autres. Vertu contre vertu se faict bien plus parestre[2]. Il ne les a jamais craintz ny laissé ses entreprises pour eux, et leur a donné beaucoup d'affaires.

Quand la guerre de Parme s'entreprit, don Fernand estoit lors gouverneur de l'estat de Milan. On l'accusoit pour lors que c'estoit luy qui fit l'entreprise sur la mort et la penderie de Pierre Louys Freneze[3]. Ce fut une terrible estrette.

1. Gonzalve Fernand de Cordoue, duc de Sessa.
2. Cette phrase fait un vers; je ne sais si c'est une citation.
3. Pierre-Louis Farnèse, premier duc de Parme et Plaisance, assassiné à Plaisance le 10 septembre 1547.

C'estoit un homme qui entendoit bien les tours de passe-passe, non de maistre Gonin, mais de Machiavel. Il fit attrapper les braves soldatz que M. de Brissac envoyoit et faisoit couler file à file au commancement de ceste guerre, qui s'alloient jetter dans Parme et dans la Mirande[1], et les fit tous assasiner et jetter dans l'eau ou assommer, selon qu'on les rencontroit, encor que ce fust en bonne paix; dont il en fut fort blasmé. Toutesfois, pour ses raisons il alléguoit qu'il n'est pas permis, soubz titre de bonne paix, faire acte d'hostilité, encor qu'il soit caché et en cachette mené. Il ne le garda guières sans qu'il luy fust bien tost rendu; car, estant empesché devant Parme, le roy mande à mondict sieur le mareschal d'ouvrir la guerre à outrance en Piedmont, pour faire desmordre Parme.

Il ne demanda pas mieux, car il luy en vouloit dès la mort de M. le Dauphin, son maistre, de laquelle il estoit fort accusé, comme j'ay dict[2]. Par quoy, aussi tost commandé aussi tost faict, et lui raffle Quiers et Sainct-Damien[3] en un rien; ce qui fit desmordre et sauver Parme; car ledict don Fernand, en ayant esté adverty, et que s'il ne venoit en Piedmont, M. le mareschal le luy prendroit tout, voyre Milan, pour un besoing, comm' on dict, il s'en tourna, ayant pourtant laissé devant Parme quelques gens de guerre soubz le marquis de Mus et autres capitaines, tant papistes que impériaux, qu'on ne craignit guières pourtant; et fallut quicter tout :

---

1. En 1551. Voy. les *Mémoires* de Boyvin du Villars, liv. II.
2. Voy. t. I, p. 249. — 3. En septembre 1551.

par ainsy Parme fut en repos et seuretté. De ce qui se fit amprès entre M. de Brissac et dom Fernand, j'en remets les curieux au livre de M. de Montluc et autres.

Tant y a que l'autre n'emporta rien sur M. de Brissac, mais luy beaucoup sur l'autre, tant la fortune luy fut heureuse de bien garder le sien et d'en prendre encor sur l'autruy, ainsi qu'il fit quand il prit quelque temps après Yvrée, passage très oportun pour entrer au duché de Milan et Italie, et qu'il conquesta le val d'Auste et la ville de Bielle[1], dont les habitans se rendirent à luy de peur et voulontairement, ayant sceu la prise d'Yvrée, en luy priant de vouloir entretenir leurs privilèges et franchises; ce qu'il leur accorda fort libérallement; et fit bien mieux, car, au lieu que les Espagnolz leur faisoient payer tous les ans vingt mille escus de tribut, il les en deschargea de dix, et les quicta pour les autres dix; ce qu'ilz promirent avec très-grand aise, et luy jurarent toute fidellité.

Ainsi faut-il traicter doucement ses subjectz nouvellement conquis, comme fit le roy Louys XIIe à ceux de Milan, et le roy Henry à ceux de Sienne; les Siennois, dis-je, qui luy gardarent aussi toute fidellité jusques à l'extrémité.

Ceste conqueste de M. de Brissac ne fut pas petite à son maistre; non moins fut aussi celle de Cazal et du marquisat de Montferrat, comme de Sainct-Salvador, Valance et force autres places. Et, qui plus est, venant le duc d'Albe là dessus, et menaçant et

1. A huit lieues N. O. de Verceil.

promettant de reprendre dans un rien une grand'
partie du Piedmont, M. de Brissac s'y opposa si bien,
et y mit un si bon ordre à tout son pays et ses places, que l'autre, ayant un' armée de plus de trente
mill hommes, n'y peut rien gaigner, mais desmordre Sanjac[1] qu'il tint assiégée trois sepmaines, tant
ce mareschal y avoit pourveu, et de bons et vaillans
hommes et de toutes autres munitions de guerre,
mieux certes, et plus prudemment et sagement que
quelques gouverneurs de provinces que nous avons
veu, qui, par faute d'ordre, ont perdu à leurs maistres de très-bonnes places, comme nous en avons
veu vers ces temps.

Amprès que le duc d'Albe désassiégea Sanjac, M. le
mareschal ne fut pas plus heureux au siège de Conis; si bien que, si les François leur reprochoient
Sanjac, ilz nous reprochoient Conis : à beau jeu
beau retour; et ainsy ilz se rendoient la jument.
Mais on disoit alors que Conis estoit une place fatalle contre les François, qui du temps du roy François avoit esté assiégée fort et ferme, et faillie; et
si n'y avoit que gens de la ville et des environs,
car ilz s'estoient faictz neutres; et de mesmes du roi
Henry.

Par ainsy ce que les astres ont prédestiné, les hu-
mains, avec leur grand effort, n'y peuvent rien. Il y
a aussi des places qui sont ainsi par le ciel ou le
destin, fattalles contre les puissances humaines,
comme furent jadis les murailles de Troye, qui tin-

---

1. Santia, prise par les Français en 1554, fut assiégée inutilement par le duc d'Albe l'année suivante.

drent dix ans contre toute la Grèce bandée à l'encontre d'elle.

D'autres places et villes y a-il qui d'elles-mesmes sont si mal basties de la fortune, et si malheureuses, qu'ordinairement elles sont subjectes à prises et reprises, sacz et ruynes.

Qui sera curieux contemple et considère un peu combien de fois, aux guerres de Lombardie, Pavye a estée battue, rebattue, prise, reprise, saccagée et ruynée; en nos frontières de Picardie la ville et chasteau de Hedin; tant d'autres, qui me seroit aisé spéciffier s'il n'estoit que j'en veux donner le plaisir aux curieux de les rechercher eux-mesmes, qui possible mieux que moy les sçaront espelucher et cribler.

Or, M. le mareschal, ayant pris Valance, la fit desmanteller; mais l'Espaignol, pour l'importance de la vicinance qu'elle avoit près de Milan, la reprit et fortiffia si bien par amprès, que M. de Guyze, tirant vers Italie avec son armée et celle de M. de Brissac qu'y estoit aussi en personne, eut quelque peine de la reprendre; dans laquelle M. de Brissac mit Francisque Bernardin, gentil capitaine, avecqu' une bonne garnison qui fattiguoit fort et Allexandrie qui en estoit près, et Milan non guières loing. Et ainsi que M. le mareschal estoit sur le poinct d'exécuter de belles entreprises sur les places de l'estat de Milan, voire sur Milan mesmes, voycy le désastre venu de la bataille de Sainct-Quentin; alors fallut à M. le mareschal envoyer au roy la moytié de ses meilleures forces, tant françoises que suysses et allemandes, pour secourir le plus pressé et le plus important.

Voylà comment l'occasion belle se perdit de tumber sur Milan; la paix s'ensuivit après; tous beaux dessaings de guerre prindrent congé de ce grand capitaine, qui, au lieu de conquérir des places, en fallut rendre aucunes qui nous avoient tant cousté; et au lieu d'en fortiffier, en fallut démollir et abbattre aucunes, qui furent de grandes pitiez et commisérations à luy.

Je passay lors en Piedmont qu'il faisoit démanteller Villianne [1], et luy allay faire la révérence, le trouvant sur le grand chemin; et me monstrant ceste desmollition, il me dist quasi la larme à l'œil: « Voylà « les beaux chefz-d'œuvres où nous nous amusons « maintenant, après tant de peines, de travaux, de « despances, de mortz et de blessures, despuis trente « ans. » Je tiens de feu M. le conte de Brissac, son filz, que amprès la mort du roy Henry, si ce fut esté en considération d'autre que de madame de Savoye, il n'eust jamais faict ceste restitution; mais il l'aymoit et honnoroit si très-tant (pour beaucoup de raisons que dirois bien), qu'il banda les yeux et à son ambition et au bien public. De là en hors il s'en vint, en France, où il fut honnorablement recuilly du roy François IIe, qui estoit lors à Rambouillet, où je le vis arriver, et fut récompensé du gouvernement de Picardie et puis de l'Isle de France et Paris, où il mourut, non tant chargé d'années, car il n'avoit pas que cinquante-sept ans, comme cassé de malladies, et surtout de gouttes qui le tourmentarent plusieurs années avant que mourir. Encor le

---

1. Veillane.

vis-je devant Orléans après la mort de M. de Guyze, que le roy et la reyne avoient envoyé querir pour commander à l'armée qui estoit là, avec tous ses maux tenir ceste mesme grace et façon de grand capitaine qu'il s'estoit si bien acquise; et le faisoit encor très-beau voir à commander; mais le temps ne luy en dura guières, car aussi tost la paix se fit.

C'est grand dommage quand ces grandz capitaines s'envieillissent et meurent. Et telz je les accompare aux beaux espicz de bledz, lesquelz, quand au beau mois de may ilz sont verdz et vigoureux en leur accroissance, vont orgueilleusement haut, eslevant leur chef et sommet; mais quand ilz viennent à meurir et jaunir, le vont panchant et baissant, comme n'attendantz que la faucille qui leur oste la vie. Ainsi sont ces grandz et braves capitaines, qui, en la fleur et verdeur de leurs ans, haussent la teste, bravent, triumphent; rien ne leur est impossible; mais venantz sur l'aage, tourmentez de maux et malladies, déclinent et tumbent peu à peu dans leurs fosses, ne leur restans rien, si-non leurs beaux noms et renoms qu'ilz se sont acquis. Encore, si, à mode du bled, ilz pouvoient renaistre et se renouveller en ce monde, ce seroit une très-belle et très-douce attente pour eux. Il est vray que la résurrection heureuse que Dieu nous a promis sattisfaict à tout.

J'ay veu discourir à plusieurs honnestes gens qui disoient, que si M. le mareschal a faict de si belles choses en Piedmond, et que s'il y a acquis le nom et titre de grand capitaine, qu'il faut bien qu'il en remercye aussi l'assistance des bons et grandz capitaines qu'il avoit avec lui, comme sa valeur et prudence : ny plus ny moins qu'un bancquier ou marchant signallé, il a beau d'estre habile, prompt d'esprit, entreprenant, remuant et remply d'intelligences et invantions, s'il n'a des facteurs habiles et sublins pour faire valoir, qui deçà, qui delà, le talent de leurs bancques et de leurs boutiques, il ne peut rien faire, car un seul ne peut fournir à tout. Il est vray; mais un chef brave, vaillant et prudent, peut beaucoup aux factions de guerre, comme cela s'est veu en plusieurs histoires, et comme la fable nous monstre d'une bande de cerfz conduictz par un brave lion et courageux, leur chef, deffit une trouppe de lions conduictz par un cerf. Mais que devoit faire M. le mareschal? luy chef et lion, commandant à un' armée de lions qu'il a eu tousjours avec luy, et à eux commandé, comm' à MM. de Vassé, de Chavigny, de Terride, d'Aussun, de la Mothe-Gondrin, de Gourdon, de Montluc, de Francisque Bernardin, de Salvoyson, de Gordes, de Belleguarde père et filz, de Renouard, le conte de Gesne, de Briquemaut, de Tande, Bedeve albanois, MM. de Sautal les deux frères, et l'évesque et tout, qui avec sa crosse et mytre tenoit rang de bon capitaine, de Maugiron, d'Anebaut, de M. d'Anville, couronnel de la cavallerie légère; de Clermont, de Biron, de Ventadour, de MM. de Bonnivet et vidasme de Chartres, couronnelz de l'infanterie françoise ; de Furly, de celle des Suysses; de Caillat, maistre de l'artillerie; des Biragues, le seigneur, qui estoit fort creu en conseil, Ludovic-Charles, et M. le président, despuis chancellier et cardinal, qui de ce temps valoit bien un homme d'espée; le capitaine Moret, Callabrois,

Jehan de Thurin, San-Petro Corso, couronnelz; bref, un' infinité d'autres si très-bons et braves capitaines, qui tous seroient aujourd'huy dignes d'estre généraux d'armées, non pour garder ou conquérir un Piedmond, mais tout un grand réaume. Si je les voulois nombrer, je n'aurois jamais faict, sans conter force autres capitaines particulliers, tant de chevaux légers que gens de pied, comme les capitaines Sainct-André, les deux Molle frères, les deux Richelieu frères, les deux Isles frères, les deux Villemaignes et Taix cousins de Gourdan, de Montinas, les capitaines Bourdeille, Autefort, Rocquefeuil, Aunous, les deux Rivières-Puytaillier, Muns, Buno, Estauges, Bacillion, Cobios, La Chasse, Montluc le jeune, M. le baron d'Espic, maistre camp; bref, une milliasse d'autres que je n'aurois jamais achevé à conter, lesquelz capitaines estoient suivis et accompaignez de si bons soldatz, si braves et vaillans, qu'on n'eust sceu lesquelz trier les uns parmy les autres, tant la fleur du grain y estoit belle et nette. Je metz à part les princes et grandz seigneurs, comme MM. d'Anguien, de Condé frères, de Nemours, d'Albeuf, de Montmorancy, d'Aumalle et autres grandz, qui accouroient en poste aussi tost en ce Piedmont, quand ils sçavoient que ce mareschal devoit faire quelque *journée*, comme dict l'Espagnol : lesquelz tous, comme jay veu, tant grandz que petitz, rendoient si grand honneur, obéissance et respect à ce général comme si ce fust esté un prince du sang ou autre. Aussi luy s'en faisoit bien acroyre, et s'en prévalloit un peu par trop sur eux; car il tenoit si grand rang et authorité, que j'ay veu plusieurs s'en mescontenter, et dire que le roy ne la tenoit si grande et leur estoit plus famillier, et que, pour un simple gentilhomme, c'estoit trop. Aucuns disoient qu'il falloit qu'il le fist ainsi, estant en pays estrange, et que parmy les estrangers il falloit ainsi faire valoir et authoriser[1] son roy, afin qu'ilz y prissent exemple à le mieux respecter, et aussi qu'il en voyoit faire de mesmes aux lieutenantz de l'empereur ses voysins, et qu'il n'estimoit pas moins son roy qu'eux leur empereur.

Si avoit-il si belle façon à tenir ainsi sa réputation et sa prosopopée, comme l'on dict, que plusieurs ne s'en mescontentoient point ; car il estoit très-beau seigneur, de fort bonne grace en tout ce qu'il disoit, commandoit et faisoit; parloit bien, mais peu, ce qui desplaisoit fort à aucuns.

J'ay ouy dire à ceux qui l'ont veu que bien souvant on les a veuz jouer aux eschetz, M. de Bonnivet et luy, despuis le disner jusqu'au soupper, sans profférer une vingtaine de parolles. Voylà une grande taciturnité !

Tout cela luy changea quand il fut en France et à la court; car il se rendit plus accostable, plus famillier et affable. Aussi j'ay ouy dire à feu M. de Lansac, qui estoit un vieux regestre de la court, que le feu roy François I disoit que telz grandz de son royaume, quand ilz arrivoient à la court, ilz y estoient venus et receuz comme petitz roys, c'est-à-dire qu'il n'y avoit que pour eux du premier jour à estre révérentiez, honnorez, caressez, recherchez, tant des grandz

---

1. *Authoriser*, donner de l'autorité.

que d'un chascun de la court; le second jour, qui estoit le lendemain, comme princes estoient venus, commançans un peu à décliner, en leurs recueilz, honneurs, respectz et caresses; le troisiesme jour ilz n'estoient plus que gentilzhommes, qui deschoient du tout de leur grand bien-veniatis et de leurs honnorables entrées, et estoient réduictz et réglez au petit pied, comme le commun des gentilzhommes. J'ay veu souvant telles expériences, et s'en voit tous les jours; les courtizans, qui l'ont practiquée et veu pratiquer, m'en sçaroient bien que dire.

Je vis arriver mondict sieur le mareschal à la court, qui estoit lors à Rambouillet, comme j'ay dict cy-dessus, qui fut fort bien receu du roy François II, et bien embrassé et caressé et respecté de M. de Guyze, qui lors gouvernoit tout, et de tout le reste de la court, tant de seigneurs que dames, fort honnoré et admiré; et luy, sans s'estonner, faisoit fort bonne mine et monstroit grand'grace, comm' il l'avoit certes; mais pourtant, au bout de quelques jours, il esprouva le proverbe du roy François que je viens de dire : car la court a cela, que de ne faire cas que des grandz favorys; et les autres ont beau estre accomplys de toutes les valeurs, vertuz et honneurs du monde, *niente*. Si bien que ce grand mareschal, qui estoit le premier en Piedmont, falut qu'il endurast en France et à la court beaucoup de compagnons près de soy, encores bien aise.

Il arriva fort bien accompaigné de force gentilzhommes et capitaines du Piedmont, bien faschez d'avoir quicté où ilz se trouvoient le mieux. Il les faisoit tous bon voir, et estoient fort braves et bien en poinct, mais non si proprement que les courtizans qui d'eux-mesmes sont invanteurs de belles façons de s'habiller, ou bien merveilleux imitateurs de celles qu'on leur porte (je parle autant pour les gentilzhommes que pour les dames). Voylà pourquoy nous trouvions un peu grossièrement habillez ces courtizans piedmontois, et sur-tout trouvions fort à redire sur les hautes et grandes plumes en leurs bonnetz.

Ilz voulurent faire au commancement la mine d'estre rogues et bravasches et hautz à la main; mais bientost cela leur passa. Dont il me souvient que, trois mois après leur arrivée, un jour à Orléans, où les estatz se préparoient[1], estans dans un jeu de paume deux gentilzhommes de M. de Randan, dont il en avoit nourry un page qui s'appelloit Pusset, de la Beauce, et n'y avoit que six mois qu'il l'avoit jetté hors de page, arrivarent deux capitaines de Piedmont estans là avec M. de Brissac, qui, estans entrez là dedans, dirent par un' arrogance piedmontoise aux autres que c'estoit assez joué, et qu'ilz vouloient jouer. Les autres firent responce qu'ilz vouloient achever leurs parties, qu'ilz ne quictteroient point le jeu. Sur quoy le jeune La Rivière Puitallier[2], qui estoit l'un des deux, voulut mettre l'espée au poing; les autres deux, Pusset et son compagnon, coururent à leurs espées qui estoient soubz la corde. Ce Pusset entreprit La Rivière, et le mena et pourmena

1. En 1560.
2. Daniel de la Rivière, sieur du Puitailler, blessé mortellement devant le château du Duhet (Charente-Inférieure) en 1570. « C'étoit, dit d'Aubigné (année 1570, liv. V, ch. xxvii), le plus diligent et plus laborieux caval léger qui fût au service du roi. »

si bien et si beau, qu'il le laissa sur la place, blessé de trois ou quatre coups d'espée sans en recevoir aucun, dont il en avoit deux sur la teste, qui luy parurent toute sa vie : l'autre chasse l'autre hors du jeu de paume, qui estoit couru au logis de M. de Brissac pour avoir secours de quelques uns qui menaçoient de tuer tout; mais ilz ne trouvarent personne, si non La Rivière blessé; dont ses compaignons furent bien marrys, et se mirent après à la chasse des autres. M. de Randan, en ayant eu le vent, alla à eux très-bien accompaigné quasi de la pluspart des gallantz de la court (car il gouvernoit paisiblement MM. de Guyze), arriva à eux, qui les fit retirer plus viste que le pas en leur logis; dont n'en fut autre chose.

Nous allasmes le soir, quatre ou cinq que nous estions, voir souper M. de Guyze, où il y avoit M. de Nemours, M. de La Rochefoucaud, M. de Randan son frère, MM. de Givry, Genlys, et force autres gallans de la court, et qui disoient des mieux le mot. M. de Randan en fit le conte en pleine table, et luy, qui estoit des mieux disans et de la meilleure grace, ne sceut point enrichir le conte de malheur.

Je vous jure que je n'ay jamais veu fouetter homme comme ce La Rivière et les capitaines bravaches du Piedmont le furent ce coup là de parolle, et comment de jeunes pages les avoient estrillez, et que les autres avoient là oublié leur pallestrine[1] piedmontoise. De rire, on ne vist jamais tant rire, ny de dire mieux le mot, à l'envy l'un de l'autre; madame de

---

1. *Pallestrine*, escrime, de *palæstra*.

Guyze et autres dames avecqu' elle en ryoient bien aussi.

M. de Guyze, qui estoit sage et modéré, ryoit bien aussi un petit soubz son bonnet, et blasmoit fort les deux capitaines du Piedmont de leur témérité d'avoir voulu chasser deux gentilzhommes de leur jeu ; ce qu'un prince n'eust pas voulu faire, ny luy-mesmes. Par ainsi se passa la souppée aux despans des capitaines de Piedmont.

Ce capitaine La Rivière despuis se rendit un trèsbon capitaine, et tel qu'aux troisiesmes troubles, estant capitaine des gardes de Monsieur et capitaine des chevaux-légers, fit fort la guerre en Xaintonge aux huguenotz de là, et eut belle réputation et fortune. Mais, après leur avoir faict beaucoup de maux, ilz l'attrapparent près de Xaintes, dans les taillis du Douet, en une embusquade qu'ilz luy avoient dressée, et fut tué d'une grand' harquebuzade.

Pusset, qui l'avoit si bien estrillé, fut amprès aux premiers troubles l'un des enseignes couronnelles de M. de Randan, où il se fit beaucoup signaller ; et quelque temps amprès se battit en estaquade[1] à Joinville (qui est à M. de Guyze) contre le seigneur de Querman[2], breton, qu'il blessa fort heureusement d'un grand coup sur la teste, et luy point. Ce seigneur de Querman estoit un jeune gentilhomme brave, vaillant et des riches gentilzhommes de Bretaigne, lequel se noya dans la Seine près Paris, en se baignant avec M. de Guyze, qui se pensa noyer luy-

1. *Se battre en estaquade*, se battre en champ clos.
2. Il était fils de Maurice, seigneur de Kerman (ou Carman).

mesme le pensant sauver, estans tous deux fort jeunes.

Pour retourner encor à M. de Brissac, il faut noter de luy une chose digne à poiser, qu'en Piedmont, parmy sa grand' grandeur et ses grandz respectz, jamais par-tout il ne se fit appeler *Monsieur*, sans queue, comme nous avons veu plusieurs en France, qui, abusans un peu de leurs grandeurs, permettoient fort bien, voire le commandoient, qu'ilz ne fussent appellez que *Monsieur*, simplement, en leurs gouvernements et lieux où ilz avoient authoritez. Par tout le Piedmont on ne disoit ordinairement que *monsieur le mareschal;* bien est-il vray qu'en sa maison aucuns y estans, disoient bien *monsieur* seulement, comme en demandant : Que fait *monsieur?* ou bien : Où est *monsieur?* et autres interrogations qui se font; mais hors de son logis tousjours ce mot se profféroit, *monsieur le mareschal*. Aussi faut-il ainsi parler; car à nul appartient d'estre appellé en France simplement *Monsieur*, que le premier prince du sang amprès le roy.

MM. de Guyze et connestable de Montmorancy l'ancien ont faict tout de mesmes; car il se disoit tousjours : *M. de Guyze, M. le connestable;* et à leurs imitations force autres princes et seigneurs en faisoient de mesmes. Nous avons veu de tout cela les expériences.

Pour fin, mondict sieur le mareschal acheva en France et à la court ses jours caducz et malladifz, tousjours en grandeur, comme il se l'estoit acquise; car il entroit tousjours aux affaires et conseil, et faisoit-on grand cas de ses opinions. J'ay veu la reyne mère, de son temps encor vigoureuse, qu'ell' avoit ses bonnes jambes et qu'ell' aymoit ces longs pourmenoirs, elle tousjours aller à pied et faire aller mondict sieur le mareschal tousjours à cheval, sur un petit cheval fauve le plus doux et posé et beau que je vis jamais, et plus propre pour cela, et luy estant tousjours près d'elle et à ses costez, elle parlant à luy et luy demandant ses advis. De mesmes en faisoit-elle à M. le connestable, qui estoit un grand honneur à eux, et une grand' bonté à elle; car les gouttes de l'un et de l'autre ne pouvoient accompagner la belle disposition de la reyne; lesquelles gouttes à la fin emportarent ce grand mareschal au trespas, comme j'ay dict.

Il eut une belle et honneste femme[1], qui estoit madame la mareschalle, héritière de la maison d'Estellan, grande, bonne et riche maison de Normandie, laquelle il ayma et traicta fort bien, mais non de telle façon que j'ay veu plusieurs dames tenir ceste maxime n'estre bien traictées de leurs marys quand ilz vont au change, et leur ostent le tribut qu'ilz leur doivent pour le donner aux autres. Si bien que j'ay veu souvant faire plusieurs et folles interrogations entr' elles : « Son mary la traicte-il bien? » ou bien dire : « Son mary la traicte tant mal ! » Ceux qui oyent ces parolles et interrogations, qui n'entendent point leur jargon, disent et respondent : « Jésus! ouy, il la traicte tant bien. Il l'ayme fort, et jamais ne la frappe ny ne bat. » Ce n'est pas cela, de par le diable! qu'on veut dire ny qu'on entend; c'est

---

1. Charlotte d'Esquetot.

à sçavoir s'il luy faict bien la besongne de la nuict, et s'il couche souvant avec elle et ne va point coucher avec d'autres. Ainsi ay-je veu jargonner plusieurs de nos dames sur ce poinct; de sorte qu'il faut tenir ceste maxime entre dames, que quiconques le mary soit, qui passe et repasse souvent sa femme par le mitan, sans aller au pourchas ailleurs, il est très-bon mary, encor qu'il la traicte très-mal d'ailleurs de quelques autres façons; car le manger et l'honneur qu'on leur faict, n'est tant leur vie comme le repassement des fesses, ny plus ny moins qu'aux chevaux le bien estriller vaut plus que le foing et avoine. Voylà pourquoy M. le mareschal de ceste façon ne traictoit pas bien sa femme. Mais pour tout, en tout autre traictement d'honneur, de respect et bonne chère, il ne manquoit point[1]. Et quand elle venoit en Piedmont lui rendoit très-bien ce traictement; et puis, quand ell' estoit grosse, il estoit fort aise qu'elle s'en retournast soudain en France faire ses couches; car il y avoit faict plusieurs belles amies, comme en Piedmont la beauté n'y manque, entre autres la señora Novidalle, l'une des belles dames, à mon gré, qui fust de par de là, et de la meilleure apparance et grace; et d'autant qu'elle se voyoit amie du général et lieutenant de roy, d'autant se faisoit-elle valoir et monstrer quelque magesté plus que les autres. Aussi pour telle et pour quasi princesse, M. le mareschal la faisoit paroistre, tant en respectz, honneurs, qu'en pompes d'habitz et autres sumptuositez, jusques aux

---

1. Les vingt-huit lignes qui précèdent sont barrées sur le ms. 3263. Nous les tirons du ms. 6694, f° 247.

dances et muziques : si bien qu'il avoit sa bande de viollons, la meilleure qui fust en toute l'Italie, où il estoit curieux de l'envoyer rechercher et la très-bien appoincter ; desquelz en ayant esté faict grand cas au feu roy Henry et à la reyne, les envoyarent demander à M. le mareschal pour apprendre les leurs qui ne valoient rien et ne sentoient que petits rebecz d'Escosse au prix d'eux ; à quoy il ne faillit de les leur envoyer : dont Jacques Marye et Baltazarin[1] estoient les chefz de la bande ; et Baltazarin despuis fut vallet de chambre de la reyne, et l'appelloit-on M. de Beaujoyeux, comme j'en parle ailleurs.

Pour en parler vray, ce mareschal se monstra grand et sumptueux en tout en son gouvernement ; car enfin un lieutenant général du roy, il faut qu'il soit universel et général en tout. Il eut de ceste belle Novidalle une fille très-belle comme la mère, laquelle fille fut vouée à Dieu[2] et voillée d'un voile à cacher sa grand' beauté pour n'en faire envie au monde ; mais jamais ne s'est-elle peu cacher si bien qu'on ne la voye et recognoisse pour très-belle, et que ses yeux clairs et luysans ne transpercent tout, ne plus ny moins qu'on void le soleil percer de ses rayons et entrer dans une chambre quoyqu'ell' en ayt les fenestres bien closes et serrées de vitrages, jusques aux antres, grottes et cavernes des proffondz obscurs rochers, tant est grande la transparance du soleil ; tout de mesmes est celle de la grand' beauté d'une très-belle dame.

1. Baltazarini.
2. Angélique de Cossé, abbesse d'Estival, morte en 1623.

Mondict sieur le mareschal eut aussi un' autre fille naturelle, je ne sçay de qui, laquelle nous avons veue à la court, qu'on nommoit Beaulieu, belle et honneste damoyselle. Il eut aussi un filz bastard devant qu'aller en Piedmont, lorsqu'il estoit à la court: on m'en a bien nommé la mère, que je ne nommeray point, car ell' est de trop grand estoffe. Il le fit évesque de Coutances[1], et estoit un très-honneste et agréable prellat, et d'esprit et de sçavoir. Il succéda à ceste évesché à son oncle, frère dudict M. le mareschal, et mourut ainsi qu'il s'en alloit estre cardinal. Il estoit aussi un très-sage et honneste prellat, et de fort belle apparance et bonne grace, comme son frère aisné, et de ceste mesme beauté et taille. Je parle ailleurs de ces deux messieurs ses filz et mesdames ses deux filles, et de leurs vertuz.

En la beauté et bonne grace dudict sieur mareschal ne le ressemble pas le mareschal de Cossé, troisiesme frère, car il estoit fort petit; aussi du temps du roy François, on l'appelloit le petit Cossé, comme son père, qu'on appelloit aussy le petit Cossé. Voyez nos hystoyres et celles de Naples, d'un Cossa, favory fort du roy René, dont sont sortys ceux-cy, dit-on.

M. le mareschal de Cossé[2].

Il ne laissa, pour sa petitesse, à estre un bon, sage et advisé capitaine, comm' il l'a faict parestre en plusieurs bons lieux. Il eut deux gouvernemens de

1. Artus de Cossé, fut évêque de Coutances de 1561 à 1587. Il ne succéda pas immédiatement à son oncle Philippe de Cossé, mort en 1548.
2. Artus de Cossé, seigneur de Gonnor, maréchal de France (1567) connu sous le nom de *maréchal de Cossé*, mort le 15 janvier 1582.

places l'un après l'autre, fort escabreux, et sur lesquelz l'empereur jetta l'œil incessamment, qu'estoit Metz et Mariambourg[1]; dont bien luy servit d'estre ce qu'il estoit, et mesmes à Mariambourg; car il estoit là bien à l'escart, et donnoit bien de la peine à le secourir et d'hommes et de vivres. Il avoit la teste et la cervelle aussi bonne que le bras, encor qu'aucuns luy donnarent le nom de *mareschal des boutteilles*, parce qu'il aymoit quelquesfois à faire bonne chère et rire et gaudir avec les compagnons; mais pour cela sa cervelle demeuroit tousjours fort bonne et saine; et le roy et la reyne se trouvoient bien de ses advis, ce disoient-ilz. Aussi l'advançarent-ilz, car ilz le firent surintendant des finances, où il ne fit pas mal ses affaires, et mieux que les miennes, ce disoit-on. Aussi sa femme, qui estoit de la maison de Puy-Greffier en Poictou[2], mal habile pourtant et n'estant jamais veneue à la cour, sinon lorsqu'il eut ceste charge de finances[3], lorsqu'elle fit la révérence à la reyne, elle remercia d'abord Sa Magesté de l'intendance des finances qu'ell' avoit donné à son mary : « Car, ma foy, nous estions ruynez sans « cela, madame; car nous devions cent mille escus. « Dieu mercy, depuis un an, nous en sommes ac- « quitez, et si avons gaigné de plus cent mill' escus « pour achepter quelque belle terre. » Qui rist là dessus, ce fut la reyne et tous ceux et celles qui es-

1. Marienbourg en Belgique, à 5 lieues de Rocroy.
2. Il épousa en premières noces Françoise du Bouchet, fille de Charles, seigneur de Puy-Greffier, et en secondes Nicole le Roi, fille de Guyon, seigneur de Chillou.
3. En 1563.

toient en sa chambre, sans que son mary, qui bien fasché dist assez bas qu'on l'ouyst : « Ah! par Dieu, « madame la sotte, vous vuiderez d'icy, vous n'y « viendrez jamais; qu'au diable soit elle! me voylà « bien accoustré! » La reyne l'ouyst, car il disoit fort bien le mot, qui en ryst encor d'avantage. Dès le lendemain il luy fit plier son pacquet et vuyder[1].

Du despuis il espousa une seconde femme plus habile, la séneschalle d'Agenez; et fit-on de luy un vers, faisant allusion sur son nom de Gonnort; car on l'appelloit ainsi devant qu'il fust mareschal. Le vers est tel :

Nam nec habet famulum, regnat cum cardine turpi.

C'est-à-dire :

Carnavallet règne avecques Gonnort.

L'alluzion faict sur Carnavallet en disant; *nam nec habet famulum*[2], et de Gonnort, par *cardine turpi*[3]. C'est une alluzion bien sentant son rébus de Picardie.

Amprès ceste intendance des finances, il fut faict mareschal de France. Pour sa première curée il fut donné par la reyne pour conseil principal à Monsieur, frère du roy, son lieutenant général, au voyage de Lorraine, où ledict mareschal fut fort blasmé de quoy on ne donna la battaille aux huguenots à Nostre-Dame de l'Espine en Champaigne, car on en eust eu très-bon marché, comme gens qui se retiroient en

1. Brantôme a déjà raconté ce fait dans la *Vie de M. de l'Escun*. (Voy. tome III, p. 49.)
2. Car n'a valet. — 3. Avec gond ord.

grandz désordres et longues traictes; mais là, les ayans attaintz, on leur donna temps et loysir de s'esloigner et tirer de longue, par un séjour de deux jours que l'on fit mal à propos sur la malladie dudict mareschal, qu'aucuns disoient apostée, autres à bon escient. Tant y a que l'occasion s'eschappa belle lors sur ces bandes huguenottes, tant pour leurs retraictes que parce qu'elles estoient foybles, et celles du roy belles et fortes, et aumentées des forces de Guienne de beaucoup, que M. de Terride avoit menées, montant à douze cens chevaux, tant gens d'armes que chevaux-légers, et huict mill' hommes de pied que nous estions arrivez tous fraiz victorieux des trouppes de Poncenat[1], qui avoit cinq cens chevaux et plus de cinq mil hommes de pied, que nous deffismes en Auvergne soubz la conduicte de ce brave et vaillant M. de Montsallez, le jeune Tilladet[2], maistre de camp des légionaires de Gascoigne, fort brave et vaillant capitaine, qui nous menoit, et n'estions pour lors trois cens chevaux et autant d'harquebuziers à cheval, à cause de trois grandes journées qu'il nous fallut faire pour aller à eux en ces aspres montaignes d'Auvergne, et laissasmes le gros derrière : où je ne sçay à quoy tint que nous ne donnasmes ceste battaille à Nostre-Dame de l'Espine; mais j'en vis, ce jour que l'on faillit ce coup, M. de Nemours bien en

1. Poncenat fut battu à Champouilly près de Feurs (Loire) par Jacques de Balaguier, seigneur de Montsalez, en 1567. Il fut tué accidentellement par les siens quelque temps après. Montsalez périt à la bataille de Jarnac.
2. Antoine de Cassagnet, seigneur de Tilladet, tué devant Mont-de-Marsan en septembre 1569.

collère, car il menoit en ce voyage l'advant-garde avec M. de Montpensier, et le conte de Brissac[1] avec son infanterie, à qui ne tint que son oncle ne combattist, car il avoit desjà commancé à deffaire quelques gens dans un village.

Pour excuse dudict M. le mareschal, l'on disoit qu'il avoit commandement de la reyne de n'hasarder point la battaille; sur-tout craignant qu'il n'en mésadvinst à Monsieur, son mieux aymé filz, qui, jeune et tendrelet, ne faisoit que venir à une si grande et grosse charge, dangereuse trop pour luy en un grand choc de battaille.

Voylà comment en fut l'excuse dudict mareschal, lequel, cinq mois après, ne se voulant ayder d'aucunes excuses, fut commandé d'aller en Picardie lieutenant de roy, et deffaire le sieur de Coqueville[2], qui avoit assemblé près de douze cens harquebuziers françois congédiez à cause de la paix de Chartres[3], qui estoient des bons, et quelques chevaux. Nous deffimes tout cela en un rien, et forçasmes Sainct-Vallery, où ilz s'estoient retirez, avec peu de perte des nostres; car nous n'y perdismes que le capitaine Gouas, le second des trois frères; qui fut dommage, car il estoit un très-brave et vaillant gentilhomme : il a son filz, aussi brave et vaillant, qui est aujourd'huy en Provance, gouverneur d'Antibes soubz M. d'Espernon.

1. Timoléon, comte de Brissac, fils du maréchal de Brissac, tué à 26 ans au siége de Mucidan (Dordogne) en mai 1569.

2. François de Cocqueville. Il eut la tête tranchée à Abbeville. Voy. la Popelinière, liv. XIV, f° 55.

3. Elle fut conclue le 23 mars 1568.

Ces trouppes deffaictes, qui vouloient aller en Flandres contre le duc d'Albe, ou, pour mieux dire, pour remuer encor en France avec le prince d'Orange, qui venoit d'Allemaigne à tout une grosse armée, le capitaine Coqueville fut pris et mené à Paris, où il eut la teste trenchée, ayant parlé plus qu'on n'eust voulu du costé des principaux chefz des huguenotz.

Ce prince d'Orange donc, venant en Flandres avec une grosse armée, ce grand duc d'Albe alla au devant de luy, et la rendit par sa sagesse si inutile à celuy qui l'y avoit menée à l'encontre, qu'elle ne luy servit de rien; et elle voulant venir tumber sur nos bras, le mareschal de Cossé, encor en Picardie, y pourveut si bien qu'elle ne nous peut nuyre; fallut qu'elle s'en retournast encor en Allemaigne, comme ell' estoit venue, sans aucuns effectz, ayant accuylly les seigneurs de Mouy, de Janlis, d'Autricourt, et autres gentilzhommes françois de la religion, montant à cinq ou six cens chevaux, et quelques douze cens harquebuziers des bons, tous de la religion, qui n'avoient peu se joindre avec messieurs les princes et admiral lorsqu'ilz vindrent en Guienne, et demeurarent tousjours en Allemaigne, vivans de gré à gré, qui est à noter, à ce que me dirent aucuns d'eux despuis, jusqu'à ce que le duc des Deux-Ponts emmena son armée en Guienne, où estoit aussi le prince d'Orange, non en grand chef de charge, mais en privé, luy et le conte Ludovic. Le mareschal de Cossé eut grand honneur, pour ce coup, d'avoir ainsi destourné cet orage de l'armée de ce prince d'Orange voulant tumber en Picardie, et aussi qu'il osta (j'y estois) le sieur de Bouchavanes[1] de Dorlan, lieutenant de M. le Prince, dont il estoit gouverneur, et brave gentilhomme; il n'y avoit en Picardie autre espine que celle-là qui peust picquer pour les huguenotz contre les catholliques.

Tous ces exploictz fit ce mareschal fort heureusement et avec peu de trouppes, qui estoient les compagnies des garnisons de là, qu'il fit sortir; dont la mienne, qui estoit dans Péronne, en estoit une; et parce qu'ell' estoit assez bonne et belle, il la prit pour sa garde.

Les batailles par amprès de Jarnac, Moncontour, et d'Arné-le-Duc s'ensuivirent[2], où ledict mareschal acquist beaucoup de réputation, tant pour sa valeur que pour sa conduicte et conseil; mais M. de Tavanes faisoit le dessus. Au siège de La Rochelle, lorsque M. le conte de Montgoumery y mena le secours d'Angleterre, mondict sieur mareschal luy seul fut la principalle cause de quoy il n'y entra; car ce fut luy qui conseilla et ordonna de mener les pièces de canon sur le bord de la mer, dont il y en eut une qui donna si à propos un coup dans l'admiral, où estoit ledict sieur conte, qu'il le perça tellement qu'il fallit[3] s'enfoncer, sans que quasi tous ceux du navire y accoururent et s'y amusarent tellement que, sur ceste allarme et empeschement, la marée vint à faillir, et furent contrainctz de tourner à main droicte et aller mouiller l'ancre à une demye lieue de là, et

1. Charles IX lui accorda la vie à la Saint-Barthélemy.
2. *Var.* S'ensuivarent (ms. 6694, f° 248, v°).
3. *Var.* Qu'il s'alloit. (*Ibid.*)

faire bonne mine tout le reste de ce jour et tout le lendemain, mais non sans estre saluez de nos gallères, qui les allarent escarmoucher et appeller au combat; mais n'en voulant taster, leverent l'ancre le lendemain et reprindrent leur mesme route d'où ilz estoient venus. Ceux qui estoient dedans du despuis dirent que sans ce coup, pour le seur, l'admiral et tous les autres vaisseaux entroient dedans, ainsi qu'à voir leur brave contenance et furie altière à leur venir le pouvoit-on bien conjecturer. Que s'ilz y fussent entrez, c'estoit une grand' honte pour nous; car il nous eust fallu, ou lever le siège, comme desjà aucuns en murmuroient, ou, nous y opiniastrans, nous y eussions perdu deux fois plus d'hommes que nous n'y perdismes, encor que de bon compte faict nous y perdismes vingt deux mill' âmes, dont il y avoit deux cens soixante six capitaines, lieutenans, enseignes et maistres de camp.

J'ay veu que j'en avois le roole, qu'un soldat d'esprit par nos bandes fut curieux de le faire, et bien au vray, ainsy que M. d'Estrozze le couronnel, en le lisant le sceut bien confirmer, et j'y estois présent.

Voylà le bon service que fit lors mondict sieur mareschal à son roy, qui despuis, huict mois amprès, le fit prendre prisonnier avec M. de Montmorancy au bois de Vincennes, et puis espouser la Bastille pour seize ou dix sept mois, jusqu'à ce que Monsieur les en fit sortir. De cela j'en ay parlé ailleurs[1].

Du despuis mondict sieur mareschal s'affectionna

---

1. Voyez tome III, p. 362.

au service de Monsieur pour ceste obligation, plus qu'en celuy du roy; mais pourtant, Monsieur le voulant mener en Flandres à l'avitaillement de Cambray, le roy, voyant que cela ne raisonneroit pas bien, qu'un mareschal de France seroit en la compagnie de Monsieur pour faire ceste guerre, et que le roy d'Espaigne le prendroit à mal, luy fit commandement de n'y aller point et le venir trouver, à quoy il obéyst : ce qui tourna[1] despuis à grande gloire à Monsieur; car ce voyage luy fut fort heureux, tant à lever le siège de Cambray et s'en rendre paisible possesseur, qu'à prendre autres places. Et disoit un chascun, voire Monsieur le premier, que si le mareschal de Cossé fust esté avec luy, tout le monde eust dict que c'estoit le mareschal de Cossé qui avoit tout faict, à cause de sa grande expérience, conduicte et sagesse de guerre, et luy eust-on donné tout le los et la gloire, et peu à Monsieur, au lieu que Monsieur la participoit en tout. Je vis la reyne mère un jour à Saint-Mor en dire de mesmes, et qu'à Monsieur, son filz, et à luy seul, estoit deu le triumphe de cela.

Pour faire fin de mondict sieur le mareschal, il mourut, comme M. le mareschal de Brissac son frère, dans son lict, du tourment des gouttes, desquelles je l'ay veu quelquesfois désespéré; dont il me souvient qu'une fois, aux premiers estatz à Bloys, M. d'Estrozze et moy l'allasmes un jour voir qu'il estoit mallade; ainsi que M. d'Estrozze luy demanda : « Et « bien, monsieur, que faictes-vous? — Ce que je

---

1. *Var.* Retourna (ms. 6694, f° 249).

« faictz, monsieur mon grand amy, par Dieu! je me
« recommande à trente mille paires de diables, qu'ilz
« me viennent querir et guérir, puisque Dieu ne le
« veut pas, » Et puis, amprès s'estre un peu allégé
et revenu à sa gaye humeur, nous dist : « Mort-Dieu!
« vous autres qui estes mes bons amys, ne me voul-
« lez-vous pas ayder à avoir raison de ces bourreaux
« médecins, qui ne me veullent pas laisser boire du
« bourru[1]? Et par Dieu! j'en boiray tout ast' heure
« avec vous, en despit d'eux. Qu'on en aille querir;
« vous estes de mes meilleurs amis; s'ilz viennent,
« vous les chasserez. » Et puis, le bourru venu, nous
en beûmes chascun un bon coup, et vous asseure
que ce ne fut pas sans bien rire; mais le malheur
fut que, deux jours après que nous tournasmes le
revoir, il nous fit ses plainctes du mal que le bouru
luy avoit faict sentir despuis, à ce que luy faisoient
accroyre ces marautz médecins, mais qu'ilz mettoient
là dessus leurs excuses et asneries qui ne le sçavoient
guérir; et puis nous dist : « Or bien, il faut prendre
« patience.[2] »

Un jour, devisant avec Monsieur famillièrement,

1. « *Vin bourru* est du vin qu'on a jeté dans l'eau froide pour l'empêcher de bouillir, qui est doucereux et qui a encore toute sa lie. » (Dict. de Trévoux.)

2. Le ms. 6694 (f° 249) portait ce passage que Brantôme a biffé lui-même : « Et sur ce nous allégua ung vieux petit quolibet rithmé qu'il avoit ouy dire en son jeune temps, qui portoit :

> L'empereur Charles-le-Quint,
> Ne portant hotte ne mannequin,
> Avecques ses finesses toutes
> Ne peut jamais guérir ses gouttes.

Voylà une plaisante rithme, mais mal dollée (c'est-à-dire mal et luy disant quelques-unes de ses petites véritez, il luy dist : « Mort-Dieu ! vous autres roys et grandz « princes, vous ne vallez rien trestous. Si Dieu vous « faisoit raison, vous mériteriez d'estre tous pendus. « — Comment pendus ! dist Monsieur, c'est à faire « à des marautz, villains et bellistres.—Ah ! par Dieu, « respondit le mareschal, il y en a eu de meilleure « maison cent fois que vous qui l'ont bien esté. — « De meilleure maison que moy ? replicqua Monsieur, « il n'y en eut jamais. — Et si a, par Dieu ! respon- « dit le mareschal ; Jésus-Christ n'a-il pas esté « pendu, et qui estoit de meilleure maison que « vous ? » Ce fut à Monsieur à rire et à s'appaiser, estant irrité de quoy l'autre luy avoit dict qu'il y en avoit de meilleure maison que luy au monde, comme celle de France par dessus toutes l'emporte.

J'ay parlé cy-devant de plusieurs bons et grandz capitaines qui ont assisté M. le mareschal de Brissac en Piedmont, en ses belles guerres qu'il y a faictes ; si je me voulois amuser ez gestes de tous et à descrire leurs valeurs comme je faicts d'aucuns, je n'aurois jamais faict, et entreprendrois un œuvre par trop grand et impossible à moy : voylà pourquoy ilz m'excuseront si je ne les repasse particulièrement les uns après les autres sur leurs louanges, encor qu'ainsi qu'il viendra à poinct, je ne les veux oublier tousjours par quelques traictz de plume. Voylà pourquoy pour ast' heure je les laisse pour prendre

bâtie). Il en disoit bien d'autres quand il estoit en ses bonnes, et ung peu soulagé de ses gouttes. » Au-dessous des vers Brantôme a écrit : « Je l'ay dit encor en la vie de Charles empereur ». Voyez en effet tome I, p. 24.

M. de Vassé. en main M. de Vassé[1], lequel fut un très-bon et vaillant capitaine. Il eut ce bonheur d'avoir rompu la paix en Piedmont par le commandement du roy, à cause de Parme, comme j'ay dict, par la prise de Sainct-Damian, qu'il surprit et prit par une belle advanture : les histoires, et mesmes M. de Montluc en parlent. Sa valeur fut cause de son advancement; mais M. le connestable en fut bien cause aussi, lequel, quand il fut deffavorisé et retiré en sa maison jamais M. de Vassé ne l'abandonna, et le visitoit fort souvant; ce que ne firent force autres courtizans, auquel ilz estoient obligez. Aussi M. le connestable, retournant à la court après la mort du roy François, l'advança fort et luy fit avoir le gouvernement du marquisat de Salusses, qu'il gouverna et entretint fort sagement, bien qu'il fust haut à la main, collère et bizarre; dont il me souvient qu'aux chevalliers de Poissy[2] que le petit roy François fit, le maistre des cérémonies, M. de Chemans[3] ou de Rodes[4], les accoubla tous deux, M. de Montluc et de Vassé, pour aller et marcher ensemble aux cérimonies, et mesmes à l'offrande. J'ouys feu M. de Guyze dire : « Les voylà bien coublez ensemble, car ilz sont autant « bizarres, hautz à la main et collères, que pas un

1. Antoine Grognet, seigneur de Vassé et de la Roche-Mabile, chevalier de l'ordre du roi, gouverneur de Pignerol.
2. En 1560.
3. Olivier-Brigitte-René Errault, seigneur de Chemans, marié en 1561 à Louise de Scépeaux.
4. Jean Pot, seigneur de Rodes, prévôt et maître des cérémonies de l'ordre de Saint-Michel. C'est en faveur de son fils Guillaume que Henri III créa (1585) l'office de grand maître des cérémonies de France qui fut héréditaire dans la maison de Pot.

« de la trouppe, mais pourtant très-braves et vail-
« lans capitaines. »

Ce M. de Vassé eut une grand' querelle contre le capitaine Montmas, très-vaillant et hardy capitaine. La querelle vint que Montmas ayant eu le gouvernement d'une petite place en Piedmont (dont ne me ressouvient du nom), par la faveur de M. de Vassé, qui, ayant trouvé un serviteur ou soldat de M. de Vassé qui guestoit avec l'harquebuze une beste fauve, il le batit et l'estrilla si bien, que, se venant plaindre à son maistre, ainsi que M. de Brissac se pourmenoit sur le pont du Pau, voycy M. de Vassé qui, collère comm' il estoit, vint à Montmas, et le poussa si rudement qu'il le cuyda porter dans l'eau. Sur ce, ayant esté faict le holà de Piedmont, Montmàs, vaillant comme l'espée, demande le combat, qui luy fut reffusé par M. le mareschal; et ayant pris la poste, le va demander au roy Henry, qui luy reffusa, à cause du serment faict de feu mon oncle de La Chastaigneraye[1].

M. de Vassé, sçachant cela, prend aussi la poste, vient à la court pour se présenter au combat. Le roy le luy reffuse aussi; et, les voulant accorder, il ne peut pour le premier coup, car l'un et l'autre estoient braves et opiniastres. Enfin, un jour le roy prit M. de Vassé et luy dist : « Pour qui tenez-vous
« Montmas? — Je le tiens, Sire, pour un des braves
« et vaillans capitaines que vous ayez en vostre
« réaume, et contre lequel si je me batz et le tue,
« je m'en tiendray très-glorieux. » Le roy, puis après,

---

1. C'est-à-dire après le duel de la Châtaigneraie et de Jarnac.

fit ceste mesme demande à Montmas, qui luy fit mesme responce. (Ilz n'avoient garde l'un ne l'autre de dire autrement, pour l'advantage de leur honneur). Alors les prit tous deux et leur dist : « Puisque vous « avez si bonne opinion l'un de l'autre, vous debvez « estre contentz et satisffaictz l'un de l'autre, et ne « vous amuser point à un combat pour si petit sub- « ject qui ne vaut pas le parler. Par quoy je veux « que vous soyez bons amis. » Et ainsi les fit embrasser, avec commandement de ne s'entre-demander jamais rien. Mais Montmas luy dist qu'il ne trouvast pas mauvais s'il ne parloit jamais à luy ny le saluoit.

Au bout de quelque temps, la fortune voulut que Montmas, ayant eu quelque don du roy au pays du Mayne, près la maison de M. de Vassé, il y envoya un homme pour y faire cet affaire. M. de Vassé le sceut, auquel il fit très-bonne chaire, et luy assista fort en ce cas.

Au bout de quelqu' autre temps aussi, M. de Vassé eut un affaire en Gascoigne près la maison de Montmas, pour un mesme subject de don; Montmas luy rendit la pareille à son homme : et ainsi se rendirent les courtoisies l'un à l'autre; pourtant ne se parlarent jamais.

Du despuis, Montmas quicta le Piedmont, et fut en France maistre de camp de l'infanterie françoise, très-renommé pour estre brave et vaillant, et digne de son estat, qu'il ne garda guières, comme j'en parle ailleurs. M. de Vassé le survesquit long-temps après, ayant laissé après luy une brave lignée d'enfants et très-vaillans, desquelz j'en parle ailleurs. Il ne faut point doubter que si ces deux braves et vaillans capitaines fussent entrez en camp, qu'il n'y eust eu du sang bien respandu.

J'ay ouy faire ce conte précédent à deux capitaines très-honnestes et gallans, qui estoient de ces temps en Piedmont.

Or, parlons ast' heure de ce brave M. de Salvoyson[1], qui a esté en son temps un aussi bon, vaillant, sage et fortuné capitaine que roy de France ayt eu; et s'il ne fust mort si tost comm' il fit, il eust faict beaucoup parler de luy, et à gorge bien desployée. {M. de Salvoyson.}

Il estoit tel que, pour les belles et hautes entreprises qu'il concevoit et exécuttoit et les belles choses qu'il faisoit, plusieurs François, Espaignolz et Italiens disoient de luy, et le croyoient fermement, qu'il avoit un esprit famillier qui luy dressoit tous ses mémoires et dessaings, et les luy conduysoit si bien, qu'aucuns en ay-je veu en Piedmont qui ont creu et affermé que le diable le vint presser de la mort et l'emporta. Mais ce sont abus. Son gentil esprit et entendement grand, son sçavoir, sa vigilance, sa promptitude, sa sagesse, son bon cœur et bon heur, ont esté son seul vray démon et esprit famillier, et n'en eut jamais d'autres. J'en ay veu dire de mesmes et de M. l'admiral et de plusieurs autres grandz capitaines, qui ont faict des choses par dessus l'ordinaire de l'humanité; et le vulgaire[2] ignorant va tout convertir et aproprier à cest esprit famillier.

1. Jacques de Salvoison, d'une famille noble du Périgord. Il avait été obligé, dit de Thou (liv. XV), de s'enfuir en Italie après avoir commis un grave méfait.
2. *Var.* Le vulgue (ms. 6694, f° 249).

Pour quant à sa mort, il mourut comm' un autre, et bon chrestien, mais pourtant désespéré de regret qu'il ne survivoit à ses beaux dessains, qu'il eust bien voulu mettre avant mourir en bonnes exécutions, comm' il pensoit et s'en assuroit, sur plusieurs villes de Lombardie et principallement sur Pavye, qu'il alloit en peu de temps empiéter par le Thézin, dont il en avoit la porte marchandée, ne s'en cachant à aucuns de ses plus privez, ains leur disant qu'il voulloit aller querir et ravoir le chapeau ou bonnet du roy François, qu'il y laissa après sa prise; dont aucuns disent que ce fut à Gênes, qu'on tient le plus vray.

Le conte fabuleux est tel, que, lorsque ledict roy fut pris, on le mena passer dans Pavye, et y accourant tout le monde en presse pour le voir, il leur dist : « Et bien, messieurs, que voulez-vous? Vou-« lez-vous de moy quelque chose? Pour le présent « je ne vous peux rien donner que mon chappeau que « voylà. Je vous le donne; gardez-le bien jusqu'à ce « que je retourne, ou que je l'envoye querir par quel-« qu'un des miens. »

Voylà pourquoy M. de Salvoyson disoit qu'il vouloit avoir le chappeau du roy, que M. de Lautreq, lorsqu'il prit ceste place, avoit oublié et ne l'avoit retiré; mais luy n'y faudroit pas. Aussi disoit-il à ses soldatz, quelques jours advant : « Compagnons, « courage! devant qu'il soit long-temps, je vous fai-« rez aulner le vellours avec la picque. » Le malheur fut qu'il mourut sur ceste belle entreprise; et sa mort fut telle : amprès qu'il eut pris Cazal, dont j'en parleray cy amprès, il faisoit fort la guerre aux Espaignolz qui estoient aux garnisons des environs, et les endommageoit fort; sur quoy ilz s'advisarent de s'assembler en grandz trouppes et d'aller fortiffier une vieille ruyne de chasteau qui avoit esté ruyné autresfois, entre Vallance et Cazal, qu'on nommoit le Castellet, et estoit près de Cazal : ilz travaillarent et remuarent terre si bien, qu'en moins de rien ilz le rendirent en deffence et seuretté.

M. de Salvoyson, ne trouvant pas bon ce voysinage, aussitost assemble les garnisons de Valance, Verue et Cazal, et faict un gros, et vint trouver l'ennemy; et avant qu'il eust loysir de se fortiffier d'advantage força le fort et le prit d'assaut, et tua la plus part de ceux qui estoient dedans; et prend prisonnier le capitaine, qui estoit Espaignol et s'appelloit le capitaine Fornas, qui fut fort blessé au visage. C'estoit au mois d'aoust, que les chaleurs d'esté sont là les plus véhémentes.

M. de Salvoyson travailla et peina tant à ceste faction et à la retraicte qu'il luy fallut faire, à cause des garnisons d'Ast, Cressentin et autres, qui estoient assemblées et en grandes forces pour luy donner en queue; mais il se retira si bravement et sagement, qu'il mit tous ses soldatz, tant François que Suysses, soubz la charge du capitaine Fusberq, que l'ennemy ne leur sceut rien faire, sinon qu'il y prit un gros villain purisy[1] et une fiebvre chaude, dont il en mourut au bout de six jours, en l'aage de trente-sept ans, qui n'estoit que sa fleur et sa vigueur pour exploicter de grandes choses.

1. *Var.* Purezy, pleurésie (ms. 6694, f° 250).

Ceste mort peut bien faire taire ceux qui ont dict que le diable l'ayt emporté. Je ne dis pas que ceste fiebvre chaude ne luy causast force frénézies en la teste, et beaucoup de despitz, maudissons[1] en soy, et désespoir de quoy il mouroit en tel aage, et sur le poinct de faire de grandz services au roy; ce qui a donné occasion à aucuns de parler sinistrement de sa mort. Je ne dis pas aussi que luy, qui estoit curieux de sçavoir tout, qui ne s'aydast autant du naturel que du supernaturel, pour mettre à fin ses hautes entreprises : comme de vray il y a des secretz cachez en la nature que, qui les peut descouvrir et bien sçavoir, il peut faire beaucoup de choses admirables et paroissantes impossibles au monde; et luy qui estoit ambitieux, que, pour ériger et entretenir son ambition, n'y employast toutes les herbes de la Sainct-Jehan, comme l'on dict.

Voylà pourquoy on avoit opinion qu'il avoit un esprit famillier; mais de croyre qu'il se fust donné au diable, c'est une vraye imposture et vray abus. Je pense que ceux qui liront ce discours riront bien de quoy je raconte la mort plustost que la vie; mais à moy tout est de guerre et de pardon, qui ne faictz proffession de coucher bien par escrit ny disposément; mais, ainsi que ma mémoire, mon esprit, mon humeur et ma plume me pousse, j'escritz.

Pour venir donc à quelques traictz de vie dudict M. de Salvoyson, vous devez sçavoir qu'en ses jeunes ans il fut dédié à l'église, et mesme que j'ay ouy dire

---

1. *Maudissons*, malédictions. Le ms. 3263 porte par erreur *maudissans*. Le ms. 6694 donne bien *maudissons*.

qu'il eut quelque prébende en l'église de Cahors. Il estudia si bien aux universitez, et mesmes à Tholoze, qu'il se rendit proffond aux sciences; et avec ses estudes il ne laissa d'estre desbauché, et à porter l'espée et à ribler le pavé, comm' y sont ordinairement les escolliers des grandes universitez : si qu'on n'eust sceu dire de luy, sinon qu'il estoit aussi bon homme d'espée que de lettres, car il sçavoit fort bien la pratique des deux. Le cours des lettres pourtant le faschant, et se présentant le voyage d'Escosse soubz M. d'Essé, il se desbaucha; et s'en va en la compagnie de M. de Negrepellice cheval léger, où pour le commancement de ses armes il se fit fort parestre, si bien qu'en un combat qui se fit un jour, il y alla si advant, qu'il fut pris prisonnier des Anglois, lesquelz le trouvarent si suffisant et si capable en toutes lettres, et si agréable en ses discours, qu'aucuns en firent grand cas au petit roy Edouard, qui, très-sçavant prince qu'il estoit, l'envoya querir et le voulut voir, ainsi qu'un chascun ayme son semblable. Il l'araisonna, et le trouva tel qu'on luy avoit dict, et si fort à son gré, qu'il luy présenta un fort beau party s'il vouloit demeurer avec luy; mais luy, s'excusant sur le serment et affection qu'il portoit à son roy et à sa patrie, le supplia de le mettre à rançon et luy donner congé; et que, son honneur sauve, jamais il ne luy seroit autre que très-humble serviteur en tous endroictz qu'il luy commanderoit. Le roy, amprez l'en avoir remercié et rendu la pareille en honnestes parolles, le renvoya sans rançon.

Partant de là, il s'en alla en Piedmont, où il n'y

fit grand-séjour qu'aussitost il ne se fist cognoistre par ses vertuz et valeurs.

Il fit entreprise sur le chasteau de Milan [1] par le moyen du seigneur Ludovic de Birague [2] et président de Birague, despuis nostre chancellier, qui estoient de la ville, mais qui, seulz despuis la perte, avoient parmy nous demeurez tousjours très-fidelz à la couronne de France. Sur quoy il me convient d'en dire ce petit mot : qu'aux premiers estatz à Blois, et encor beaucoup avant, aucuns, voire plusieurs, crioient qu'il falloit chasser les estrangers italiens de la France, parmy lesquelz y rengeoient ledict chancellier et les Biragues. Le roy, en devisant avec aucuns en sa chambre, dist : « Il faut donc que je quicte mon droict
« de la duché de Milan, qui est mon patrimoine
« aussi bien que la duché de Normandie, Bourgoigne,
« la Guienne et autres de mon royaume? Que si ceux
« de Milan sont estrangers, les autres sont de mes-
« mes. Voylà pourquoy ilz ne le sont. Et dois aymer
« et chérir les Milanois, les Biragues par conséquent,
« qui ont quicté tous leurs biens qu'ilz avoient dans
« Milan, pour demeurer en France bons et loyaux
« serviteurs de la couronne de France. » Et disoit bien mieux, que ces Biragues avoient faict serment de ne se baptizer jamais que dans Milan, quand il seroit françois. Ilz en disoient de mesmes de leur postérité. C'estoit un commung dire, et point croyable pourtant; car ilz sont estez très-bons chrestiens, catholiques et gens de bien.

1. En 1552. Voy. à cette date les *Mémoires* de Boyvin du Villars.
2. *Var.* Certes, très-bon capitayne et sage et qui ha bien fait des services en la France (ms. 6694, f° 251).

M. de Salvoyson donc, par la cognoissance et intelligence qu'avoient les seigneurs de Biragues dans Milan, trouva moyen d'y gaigner une maison, où peu à peu y envoyoit assez facilement armes et gens, les uns après les autres.

Le jour de l'exécution venu, luy le premier y conduisit ses gens dans le fossé comble d'eau (n'ayant esté bien sondé par un sergent siennois que Birague avoit gaigné) jusques à plus de demy-corps, et gaigna le pied de la muraille, là où furent cramponnées les eschelles de corde, si mal pourtant, que, quelque effort qu'ilz fissent pour monter, elles tournoient tousjours de costé; si que jamais ne s'en peurent ayder, non pas seulement pour un seul soldat qui peust monter pour rabiller et raffermir les crampons en haut : en quoy ilz consommarent une si grand' longueur de temps et de la nuict, que, venant à passer la ronde, ell' ouyt murmurer et grenouiller dans l'eau, si bien que, l'alarme s'estant donnée grande, se sauva qui peut (d'autres disent l'entreprise autrement que nos François), et M. de Salvoyson fut pris dans le fossé.

Le cardinal de Trente, de la maison grande de Madruze en Allemaigne, que j'ay veu à Rome un fort honneste et digne prélat, et bon compagnon, à mode du pays, pour faire trinque, estoit pour lors gouverneur de l'estat de Milan pour l'empereur (ou Ferdinand de Gonsagues ayant mesme charge, cela se peut computer aysément), voulut avec la justice cognoistre de ce faict; et pour ce les fit condempner et sentencier, et M. de Salvoyson et tous ceux qui furent pris avec luy, à la mort. Mais M. de Salvoyson comparant devant luy en ceste sentence, va débattre sa cause si bien et beau, et par de si belles et doctes raisons, par lesquelles prouvoit ny luy ny ses compaignons n'estre dignes de mort, puisqu'ilz estoient en guerre, et soldoyez de leur roy pour la faire en toutes formes; et en appella devant l'empereur et la chambre impériale, et prouva son appel si bien que ses dires ayans estés mis par escrit, et ayantz estés poisez et admirez par M. le cardinal et son conseil, qu'ilz ne procédarent plus ayant, ayans remors de conscience, et gaignez par le beau dire, tant bien coloré d'argumens, d'exemples et de raisons, dudict sieur Salvoyson. Et pour ce surcéarent la sentence, et envoyarent tout le procez-verbal à l'empereur, qui, l'ayant faict voir et monstrer à son conseil, et luy présent, trouva le plaidé de M. de Salvoyson si beau et si admirable pour un homme de guerre, qu'il en demeura tout ravy, et luy et son conseil; et fut arresté que M. de Salvoyson et ses François ne mourroient point, ouy bien les Italiens et les consentants de la ville.

Ainsi M. de Salvoyson se sauva et les siens par son sçavoir, et en très-grande estime et des nostres et des estrangers. Son sçavoir luy servit bien là au besoing. Que s'il fust esté un asne, il estoit mort et pendu : à quoy doibvent arregarder les gens de guerre, d'estre sçavans, s'ilz peuvent.

Après ceste entreprise faillie, il ne s'en destourna point tant qu'il ne fist celle de Verseil[1], qu'il ne faillit pas, celle là! mais il fut si fort pressé de la faire

---

1. Elle eut lieu en 1553. Voy. Boyvin du Villars.

qu'il n'eut que le loysir d'y appeller M. le mareschal
de Brissac; et s'il l'heust peu dilayer¹, que l'armée
de l'empereur fust un peu reculée plus loing, l'entreprise fust estée du tout absolue, car il n'y eut que
la ville et le chasteau qui furent pris, et ce fut tout
ce qu'on peut faire que de les piller et saccager à
bon escient; et la citadelle ne peut estre prise, car
elle fit bonne et asseurée contenance : dont Ferdinand de Gonzague en ayant ouy le vent et pris l'allarme, car il n'estoit guières loing de là avec ses forces, s'achemina aussitost, mais non si tost que M. le
mareschal n'eust quelque peu de loisir, à sa teste et
à sa veue, se retirer en grand capitaine, sans la perte
d'un seul soldat, avec son butin de luy et les siens,
qui fut beau et bon². Dans le chasteau fut butiné ce
beau et riche cabinet de M. de Savoye; M. de Brissac eut pour sa belle part ceste belle et rare corne
de licorne³ : aucuns disent qu'il eut aussi le beau et
riche escoffion⁴ de la duchesse, tout garny de grosses
perles et pierreries : mais aucuns disent que ce fut
M. de Salvoyson, comme la raison le vouloit, puisqu'il avoit conduict l'œuvre, et qu'il eut aussi une

1. *Dilayer*, retarder.
2. Il se monta, suivant du Villars, de 60 à 80 000 écus en pierreries et en bagues.
3. Elle avait, dit Boyvin du Villars qui l'emporta sur son dos, 8 pieds et demi et un pouce de haut. Le butin du comte de Brissac, conservé au château d'Angers, dont le fils du maréchal était gouverneur, fut pillé par les protestants en 1585; et lorsqu'on les en chassa, tout avait disparu, dit de Thou (liv. LXXXII), « jusqu'à cette fameuse corne de licorne d'une longueur prodigieuse. »
4. *Escoffion*, partie de la coiffure d'une femme.

planchette d'or qui estoit à l'asquenée[1] de la duchesse quand elle chevauchoit dessus.

Tant y a que son butin valoit bien de quarante à cinquante mill' escus; et après sa mort ses héritiers partagearent ceste riche despouille, qui furent le capitaine Gironde, son lieutenant, et le capitaine Melfe, son enseigne, et un sien jeune frère cadet, qu'on appelloit M. Geoffroy, qui n'estoit venu voir son frère que six mois advant qu'il mourust; dont bien luy en prit, car les autres luy en eussent bien faict petite part. Ilz ne luy trouvarent pas d'autres plus grandz biens, ny moyens, ny argent, car il estoit fort ambitieux, et pour entretenir son ambition il despendoit fort, et surtout en espions; et c'est ce qui faict valoir un grand capitaine et le pousse bien avant; aussi jamais avare capitaine ne fit beau coup.

Versel pris, la renommée de M. de Salvoyson volla par-tout; et pour ce le roy luy donna une compagnie de gens de pied, qui estoit grand cas de ce temps-là, car elles estoient de trois cens hommes, et bien payées et point communes. Mais le roy luy fit une faveur par dessus tous, et peu ouye ny veue, car il luy donna permission de la faire et amasser dans l'armée de M. le mareschal de Brissac, et y battre le tambour comme si c'eust esté dans les champs et villes, et congé à tous soldatz de s'y venir enrooler sans encourir punition des autres capitaines, ny qu'ilz les en peussent empescher ny rechercher, amprès le mois achevé, cela s'entend. Voylà une grand' faveur! Aussi sa réputation luy fit une si belle com-

---

1. *Asquenée*, haquenée.

pagnie, qu'il eut des gens plus qu'il ne vouloit; et tous y accouroient à l'envy les uns les autres, et des meilleurs du Piedmont; car, soubz ce nom des entreprises de M. de Salvoyson, ilz n'en pensoient estre jamais pauvres.

Il fut gouverneur de Verrue, place sur le Pau, importante à cause de Cressentin, sa prochaine voysine que les Espaignolz tenoient; et s'entrefaisoient bien la guerre : mais M. de Salvoyson emportoit tousjours le dessus, comm' il le fit parestre en la surprise de la ville de Cazal, principalle ville du marquisac de Montferrat; et certes ceste entreprise et prise est par trop belle pour la taire [1].

M. de Salvoyson donc, gouverneur dudict Verrue, guières loing dudict Cazal, avoit, par sa libérallité et industrie, gaigné quelques uns de ceste ville qu'il avoit muguetée et veillée de longtemps, de sorte qu'ilz alloient et venoient vers luy et luy donnoient advis de toutes choses; et en tira d'eux si bonne langue, et principallement d'un fructerol [2], les uns [3] disent un maistre d'escolle, qu'il trouva fort propre de faire son faict un jour de nopces sollempnelles et d'estoffe qui s'y faisoient, ausquelles y eut grandes assemblées de seigneurs et dames, tant du pays que d'Espaignolz, et par conséquent force dances, festins, courremens de bagues, masquarades, tournois, combatz, que don Loppez de Figarot [4], gouverneur de la

---

1. Elle eut lieu en 1544. Voy. à cette date Boyvin du Villars.
2. *Fructerol*, fruitier, de l'italien *fruttaruolo*.
3. C'est Boyvin du Villars.
4. *Var.* Lopez de Figuarol (ms. 6694, f° 252). Lopez de Figueroa.

ville, et force capitaines espaignolz et seigneurs italiens avoient dressé en grandes magnifficences. La nuict estant venue, que tout le monde estoit las et endormy, M. de Salvoyson, qui ne dormoit pas, voulut avoir part de sa livrée[1]; et, pour ce, ayant mandé à M. le mareschal quelques jours avant (à qui il avoit conféré son entreprise) qu'il luy fist couler sept ou huict cens soldatz des mieux choisys, le plus secrettement et coyment[2] qu'ilz pourroient, et arrivassent la nuict, et que cependant il se tinst prestz avecques de bonnes forces au matin à sept ou huict heures aux portes de Cazal, pour le favoriser à son escallade et entreprise s'il trouvoit résistance; à quoy M. le mareschal ne faillit. Mais voycy le meilleur : afin que ceux de Verrue ne se doubtassent de quelque chose, et les espions s'en advisassent, il contrefit du mallade, et en dilligence envoya querir les médecins à Cazal pour le secourir, faignant estre en grand danger de sa personne. Les médecins estans arrivez sur le tard, leur visite fut remise au lendemain, les priant d'aller souper et reposer; et cependant qu'ilz sont dans le lict, reposent et dorment bien, il part avec ses gens et eschelles, et avec le moindre bruit qu'il peut, tire vers Cazal prendre sa médecine, où il se trouve un' heure après minuict précisément, que ceux de la ville et garde, las du jour, dormoient leur premier et plus proffond somme. Il commança donc à faire dresser ses eschelles le plus coyement qu'il peut; et les premiers qui descendirent dans le fossé furent le capitaine Cluzeau, de Sarlat en Pé-

---

1. *Livrée*, cadeau fait aux invités. — 2. *Coyment*, sans bruit.

rigord, et le capitaine Pont-d'Asture, dudict lieu de Pont-d'Asture, ausquelz M. de Salvoyson se fioit fort, pour estre braves et vaillans et advisez, lesquelz avoient plusieurs fois avant sondé le fossé et faict un très-bon rapport.

Ceux-là donc sont les premiers qui entrent et mettent les eschelles avec leurs gens, et si prestement et tout bellement tuent les sentinelles, que le corps de garde n'en sentit rien jusqu'à ce que le reste, avec M. de Salvoyzon, montans à la haste, fut sur eux, et à tuer qui peut, les uns dormans, les autres à demy veillans et my dormans. Si bien que les François estans maistres de la muraille et du rempart, le bruict s'esleva par la ville; l'allarme se donne; l'on se rend en la place, en armes qui peut; mais ilz y trouvent nos François bravement campez, et desjà pris leur lieu de combat.

Don Loppez, qui estoit là auprès logé, pensant que ce fussent quelques yvroignes qui se battissent, sans avoir loysir de s'habiller autrement, ne prend que sa robbe de nuict et une halebarde au point et va pour estriller ces gallans; mais qui fut estonné? ce fut luy, quand il ouyt crier: *France! France! tue! tue!* Enfin les nostres, menans les mains de toutes partz, et combattans bravement et repoussans les Espaignolz, ilz furent maistres, et suivirent leur victoire jusques au chasteau, où s'estoient jettez ceux qui avoient peu, et mesmes don Loppez.

M. le mareschal, de son costé, joue si bien son jeu, qu'à poinct nommé (comme advisé et vigilant capitaine) il arrive à la porte, qui luy fut ouverte par nos gens, où estant entré, se rendit maistre absolu de tout le reste de la ville, et assiégea aussitost le chasteau et surtout la citadelle; et les battit si promptement et furieusement, que don Loppez se rendit par composition, combien que le capitaine Sallines, party d'Ast, où estoit sa garnison, pour le secourir, parust en criant pour donner courage : *Aqui esta el capitan Salines con su bandera*[1] ! Mais M. le mareschal et M. de Salvoyson y avoient mis si bon ordre, qu'il ne fit que cela et puis s'en aller.

Par ainsi ceste belle ville, et à mon gré des belles de ce quartier, assise sur le Pau, le roy des fleuves de par de là, et qui avoit tousjours esté si bonne françoise, fut remise en son premier et desiré estat, et M. de Salvoyson (comme la raison vouloit) en fut gouverneur, et les capitaines Cluzeau et Pont-d'Asteure du chasteau, et chascun d'eux récompensez de mill' escus, comm' on leur avoit promis avant le coup s'il se faisoit, qui estoit peu certes pour tel hasard et péril de vie; mais de ce temps l'avarice n'estoyt si grande parmi nos gens de guerre, l'honneur les maistrisoit du tout. Le capitaine Cluzeau me l'a ainsi conté, qui estoit de ma patrie et mon voysin, et qui est mort peu riche.

J'ay ouy conter que, lorsque le roy Henry et M. le connestable sceurent ceste prise, qu'ilz dirent que M. de Salvoyson s'y estoit autrement et plus dextrement gouverné que M. de Burie n'avoit faict du temps du roy François en ceste mesme ville, laquelle ayant prise par l'intelligence d'aucuns habitans qui ne

---

1. Voici le capitaine Salines avec sa troupe.

pouvoient encor oublier le nom françois, et la tenant fort bien, mais n'ayant pourveu à prendre le chasteau, il la reperdit aussitost; et fut pris prisonnier et mené en risée à Milan[1] : dont le roy François l'en reprit et ne l'en estima tant; car s'il eust descouvert son dessaing au seigneur Guy Rangon, brave et vaillant capitaine, qui n'estoit guières loing de là avec de belles forces, et qu'il l'eust appellé, il se fust rendu maistre absolu du tout; mais il s'en voulut luy seul rendre glorieux : aussi lui seul fut rendu mocqué, comme dist le roy, ou bien qu'il n'eust pas l'advis et la prévoyance pour y mettre le bon ordre.

M. de Salvoyson ne fit pas ainsi (dist M. le connestable), car, ou de soy, ou s'estant faict sage et prévoyant à l'exemple de M. de Burye et de son bon conseil, y appella M. de Brissac son général, auquel il faut tousjours déférer, quelque ambition qu'on aye, car bien souvant il en arrive de grandes fautes; et par ainsi tout alla comme il falloit.

Voylà doncques comme ceste belle ville fut prise. Les plus grands partizans de M. de Brissac[2] en donnent la principale gloire à luy, tant de l'entreprise que de la prise, laquelle totale il la faut atribuer à M. de Salvoyson, et à M. de Brissac du grand achèvement et perfection, à cause des prises du chasteau et de la citadelle, où il se porta en grand capitayne. Elle fut rendue quelque temps après par la paix, faicte au grand regret des François et des habitans aussi; dont

1. En 1536. Voyez Paul Jove, liv. XXXVI.
2. Voyez les Mémoires de Boyvin du Villars.

j'ay ouy à M. le mareschal de Brissac qu'il n'y avoit point d'ordre ny raison de la rendre, ny le marquizat non plus, tant pour le droict que le roy y avoit, que pour ne donner à entendre ny à inférer à aucuns que le roy l'eust faict pour achepter paix, comme si le roy eust crainct le prince qui le demandoit. Et le disoit, sur le propos qu'il n'y avoit point raison d'avoir rendu ledict marquizat ny la Corsègue, ny la Toscane, qui appartenoient à quelques petitz princes que le roy eust mangé et avallé avecqu' un grain de sel, par manière de dire, s'ilz eussent songé le moins du monde de les vouloir répéter par les armes. Et disoit que jamais ces articles de paix ne furent bien débattuz, quand on les proposa; car le roy d'Espaigne n'eust laissé, pour ces petitz princes, de faire la paix avec un si grand roy, qui avoit plus de moyen de luy nuyre en un jour que tous les autres princes mal contentz en vingt ans, quant il les eust laissez et plantez là pour reverdir; et si le roy et le roy d'Espaigne eussent estez bien servys de leur serviteurs en ce faict là, ilz les eussent faictz très-bien de s'entendre ensemble, et eussent faict leurs affaires sans se mesler de celles d'autruy, ains les laisser en croupe.

Quand à la Savoye ou au Piedmont, certes disoit encor mondict sieur le mareschal (mais à regret) qu'il y avoit quelque raison de faire la restitution, à cause de madame de Savoye, sœur du roy, qui méritoit, pour son rang, ses vertus et l'affection que le roy son frère luy portoit, quelque gracieusetté, voire bien grasse et ample; et que de l'autre part le roy d'Espaigne affectionnoit le duc de Savoye son cousin, et que pour beaucoup il ne l'eust jamais laissé en blanc ny mescontenté. Voylà pourquoy les deux roys ne se debvoient opiniastrer nullement sur ce subject.

Mais pour quant aux autres petitz princes, ilz n'y devoient nullement toucher, et que de grand à grand il n'y a que la main, mais non de grand à petit, et que les grandz font les loix et les partz aux petitz, et faut qu'ilz passent soubz eux, et que jamais on n'avoit veu les grandz estre facteurs des petitz. Tant d'autres raisons amenoit mondict sieur le mareschal, lesquelles bien débatues, le roy catholiq ne se fust jamais formalisé pour ces restitutions, ny le roy chrestien non plus les devoit quicter, et surtout de ce marquisat de Montferrat; si bien que le roy ne le devoit jamais rendre et le garder à jamais, et le joindre avec le marquizat de Saluces, avec quelques villes du Piedmont qu'il se fust réservé pour se donner bon et libre passage de l'un à l'autre; et par ainsi eust eu tousjours un bon pied en Italie, comme le roy d'Espaigne. Mais, sans aucun respect, nous rendismes tout en demy-douzaine de lignes d'escriture; qui fust une grand' honte à nous d'avoir sceu très-bien conquérir, mais non l'avoir sceu bien garder, à nostre vieille mode et ancienne coustume de nous autres François. Que si l'on veut le prendre de loing, comment nos ancestres conquirent bravement la Palestine et la perdirent-ilz après quelques quatre-vingtz-neuf ans? Le royaume de Naples, Scicille et l'estat de Milan, après les avoir gaignez, nous les perdismes. La Savoye, le Piedmont, le marquizat de Montferrat, Corsègue et Toscane, nous n'en fusmes que petitz gardiens, comme les tenans en dépost; nous rendismes tout. Voylà donc pourquoy il ne faut point que les François se proposent plus de conquestes, puisque nous ne sçavons garder mesmes ce qui est nostre; tesmoingt Cambray, Callais, Ardres, Dorlan, La Cappelle et Amyens, que nous avons veu perdre devant nous, mais par la paix retirées. Si que je croy que si nous eussions conquis les Indes, elles ne seroient à nous il y a long-temps. Ah! que les Espaignolz sarrent bien mieux les mains quand ilz tiennent quelque chose! ilz sont bien de plus dure desserre; nous en voyons les exemples. Si bien que je croy avec quelqu'un qui me dist une fois que, si nous eussions conquis lesdites Indes, comme les Espagnolz, jamais nous ne les eussions gardées, non plus que la Fleuride.

Or, pour revoller encor à M. de Salvoyson, estant gouverneur de Cazal, guières ne chauma qu'il n'y fist bien la guerre et de beaux combatz, entre autres deux. La compagnie des chevaux-légers de M. de Clermont ayant esté deffaicte, bientost il en eut sa revanche; car quelques jours après il monta à cheval et s'en alla deffaire deux cens chevaux-légers de l'ennemy, tout auprès des portes d'Ast. L'autre fut la deffaicte près du Pont-d'Asture, qui fut telle : qu'estant la coustume de M. le mareschal de Brissac de remuer les garnizons des villes les unes des autres et les renouveller, M. de Salvoyson attitra des espions, dont il n'en avoit jamais faute, et de doubles et de simples, et de fidelz et de toutes sortes, ausquelz fit courir le bruit et donna langue comme dans un tel jour assigné le remuement se devoit faire. Par quoy ceux d'Ast, Cressentin[1], Pont-d'Asture et autres places circonvoisines, advisarent de s'assembler et faire un petit gros de douze cens hommes de pied, tant Espaignolz, Italiens que Tudesques, et cinquante chevaux seulement; et se mirent sur les advenues que les nostres devoient passer. M. d'Anville couronnel de la cavallerie légère, estoit lors en garnison dans Cazal, comme la plus proche de frontière de l'ennemy, avec sa compagnie de cent chevaux-légers qui estoit très-belle et bien complette; ne faut dire comment, puisque son père[2] gouvernoit tout. M. de Salvoyson le prie de sortir aux champs et venir avec luy, et qu'il luy fairoit acquerir de l'honneur; ce qu'il fit aussitost, car il ne demandoit pas mieux, comme tout courageux jeun' homme qu'il estoit. M. de Salvoyson pour gens de pied ne prend que sa compagnie, qui estoit très-belle, bonne et bien complette aussi, et la moytié de celle du capitaine Montluc le jeune; et ne voulut, sur la vie, qu'autres soldatz sortissent de la ville, y ayant mis bonne deffence et bon ordre; et mit comme enfans perdus soixante jeunes cadetz, qu'il appelloit ses esbarbatz[3], et en vouloit tousjours avoir en sa compagnie, disant qu'il les fairoit tousjours jetter dans le feu, puisqu'ilz estoient le fœu mesme et n'avoient point peur qu'autre fœu les endommageast. Il aymoit fort aussi des jeunes escolliers qui avoient un peu riblé le pavé des universitez, mais pourtant qu'ilz n'eussent rien délaissé de leurs estudes; car il disoit

---

1. Crescentino, à huit lieues N. E. de Turin.
2. Le connétable Anne de Montmorency. — 3. Sans barbe.

qu'il n'y avoit au monde si bon esmery pour faire bien reluyre les armes que les lettres; il en parloit par l'expériance qu'il en faisoit en luy, et non en autruy.

M. de Salvoyson donc ayant commandé à son lieutenant d'aller attaquer l'escarmouche avec ces cadetz esbarbatz et quelques vieux soldatz meslez parmy eux, estant attaquée et un peu eschauffée, il cognut aussi tost, à la contenance de l'ennemy (aucuns disent que son petit esprit famillier le luy prédist, mais un grand capitaine sans cet esprit le pourroit bien cognoistre comme luy), qu'ilz n'estoient point assurez. Estant à cheval près M. d'Anville, luy dist : « Donnons, monsieur ! pour le seur « ilz sont à nous. » Par quoy, tous donnarent si à propos et de telle furie sur leur cavallerie, l'ayant chargée la première, qu'en un rien elle fut deffaicte et mise en route, et l'infanterie de mesmes; dont il en demeura de mortz sur la place plus de cinq cens, et tous quasi Espagnolz naturelz, et un grand nombre de prisonniers. M. d'Anville y acquist un grand honneur, les nostres y perdirent peu de gens[1].

Force autres belles choses a faict M. de Salvoyson, qui seroient trop longues à descrire, et pour lesquelles le roy le tint en telle estime, qu'après la mort de M. le baron d'Espic, mort à l'assaut de Conis[2], il luy

---

1. Voyez Boyvin du Villars, année 1555.
2. Le fils du baron d'Espic dont a parlé Brantôme, tome II, p. 422. Boyvin du Villars et Monluc l'appellent le baron de Chépy. Il fut tué par derrière, en montant à l'assaut de Coni, en 1557, et le premier accuse positivement de cette mort François de Vendôme, vidame de Chartres.

avoit donné l'estat de maistre de camp en Piedmont, luy donna une place de gentilhomme de sa chambre, et une compagnie de chevaux-légers qu'il vouloit dresser de ces jeunes cadetz esbarbatz, disoit-il ; mais il mourut, comme j'ay dict, sans entrer en possession de ses charges : de quoy ce fut une très-grande perte, car il avoit en son esprit de très-belles et hautes entreprises, desquelles il en pensoit venir à bout, et n'en doubtoit pas moins. Il en avoit sur une douzaine des bonnes et principalles villes d'Italie ; il en avoit jusques en Turquie sur deux, et sur Arragousse[1], qu'il tenoit fort facile : et avoit pour son homme M. le mareschal de Brissac, qui, grand et ambitieux capitaine qu'il estoit, l'aymoit, et luy eust bien tenu la main en tout. Le capitaine Sainct-Martin, de Tholoze, qui estoit avec luy et un de ses confidans, m'en a conté beaucoup de choses.

Ce capitaine Sainct-Martin estoit un très-habille homme, et que j'ay cognu fort famillièrement. Il sçavoit beaucoup de secretz naturelz et supernaturelz, et je croy qu'il les avoit appris de son capitaine. C'estoit l'homme du monde qui contrefaisoit mieux toutes escritures et signetz, tant vieux que nouveaux. Pour cela, il en fut une fois en grand' peine de la vie, qu'on luy vouloit faire perdre ; mais M. le mareschal, cognoissant son mérite, son sçavoir et ses secretz, le fit sortir de prison à Thurin : j'en fairois bien le conte, mais il est un peu trop long. Du despuis nous l'avons veu à la court avec le

---

[1]. Les éditions précédentes portent *Sarragosse*. Je ne sais de quelle ville Brantôme a voulu parler.

baron de Vantenac, l'un de mes grandz amis, et luy avoit ouvert l'entreprise d'Arragouse, et l'allarent descouvrir. Et trouvé ledict baron à Venise, lorsque je tourné de Malte, qu'y alloit; et en tourna, et trouva le tout facile; mais il falloit qu'un grand s'en meslast, à quoy ne peut entendre à cause de la guerre civile, dont ce fut grand dommage, car la chose estoit facile. Si M. de Salvoyson ne fust mort, dans un an il l'exécutoit; car il avoit son homme, M. le mareschal, qui luy aydoit, ainsi que me le dit ce Sainct-Martin, qu'il faisoit bon ouyr parler. Il n'avoit qu'un œil, mais il eust leu une lettre de dix pas, dont pour ce le feu prince de Condé l'en cuyda mettre en peine aux premières guerres.

Bref, ce Sainct-Martin s'estoit faict bon maistre soubz M. de Salvoyson, qui me fit penser que le maistre qui l'avoit apris estoit plus que le vulgaire, et qu'il tenoit beaucoup du ciel. C'est grand dommage quand telles gens meurent advant le temps qu'ilz n'ayent au moins produict de beaux fruictz que leurs belles fleurs nous promettent. Si faut-il que je face ce petit conte de luy, et puis plus.

La renommée de sa vaillance et art de guerre et son sçavoir, avoit si bien raisonné par l'Italie, qu'il y eut une dame de Milan, de bon lieu et d'un grand sçavoir aussi, tentée de la curiosité, comme sont les personnes d'esprit. Il luy prend envye de voir ce M. de Salvoyson, dont l'on bruyoit[1] tant; et pour ce, demande un jour congé au gouverneur de Milan, et un passeport pour aller jusques à Cazal. Elle en-

---

1. Dont on faisait tant de bruit.

voye en demander de mesmes à M. de Salvoyson;
et l'un et l'autre luy octroye fort librement. Elle se
met donc en chemin, et arrive à Cazal. M. de Salvoyson luy avoit faict apprester son logis en une
maison bourgeoise (car c'estoit une dame de qualité),
et commandement fait exprez à un capitaine à la
garde de la porte, quand elle arriveroit, de l'y mener;
à quoi il n'y faillit, et bientost après, elle arrivée,
M. de Salvoyson luy alla baizer les mains, et s'en-
querir d'elle quell' affaire l'y menoit, et en quoy il
luy pourroit servir, et qu'il s'y employeroit de corps
et d'âme fort voulontiers. Elle, qui estoit une belle
honneste dame et fort habile femme, et sur-tout
fort sçavante, luy alla dire que rien ne l'avoit ame-
née là, sinon sa belle renommée et l'envye quell'
avoit de le voir et l'araisonner. M. de Salvoyson cognut aussitost, par sa grace, sa façon, son esprit,
son beau parler, que c'estoit quelqu' esprit divin, et
pour ce se met sur son beau dire et beau discours à
l'exalter, et luy à s'abbaisser; mais, tous deux tum-
bans de propos en propos à l'envy l'un de l'autre,
s'entremirent en telles admirations, qu'ilz en demeurarent tous deux ravys, et à qui donneroit la gloire à
son compaignon. Leur entretien ne fut pas pour ce
jour seul et cest' heure; mais il dura bien huict
jours, pendant lesquelz ne chaumarent de s'entretenir et discourir de toutes sortes de sciences, voire
d'amours. Et puis après ces discours et plusieurs festins que luy fit M. de Salvoyson, elle s'en partit et
retourna vers Milan, où elle se mit à louer M. de
Salvoyson par dessus tous, et à publier ses valeurs et
vertus. M. de Salvoyson en fit de mesmes de la dame,

et par ainsi demeurarent très-bien satisffaictz l'un de l'autre.

Telle curiosité fut jadis à plusieurs d'aller voir Scipion l'Affricain [1] exprez en sa maison de Linterne, dont les reliques insignes et vieilles paroissent encor sur le grand chemin de Rome à Naples, le long de la marine; et tous passans aussi l'alloient voir et luy porter honneur, jusques aux corsaires et brigans, qui, posans leurs barbares cruautez et leurs armes à part, l'alloient en toute humilité révérencier, voir et admirer ses valeurs et vertus [2]. Telle fut aussi celle de la reyne de Saba pour voir Salomon et contempler sa sapience tant célébrée.

Or c'est assez parlé de ce grand capitaine M. de Salvoyson : il en faut parler ast' heure d'un autre.

Or, d'autant que cy-devant j'ay allégué les bons capitaines de mer que l'empereur et le roy d'Espaigne ont eu [3], j'en veux icy de mesmes alléguer aussi aucuns que nos grandz roys François I, Henry II et leurs enfans ont eu. Et commanceray par le premier au seigneur Léon Strozze, prieur de Cappuë, lequel,

M. le prieur de Cappue [4].

1. Voyez Plutarque, *Vie de Scipion*, ch. XLIV.
2. *Var.* Telle fut aussi du grand monde qui affluoyt à Romme pour veoir Tite-Live, autant ou plus que pour la grandeur, pompe et superfluité de la ville (ms. 6694, f° 254, v°).
3. Voyez tome II, p. 29 à 71.
4. Léon Strozzi, prieur de Capoue. Voyez la note 5 de la page 276 du tome II. Il fut nommé lieutenant général des galères sous le baron de la Garde le 31 mai 1543, et lui succéda en juin 1547. Il y a diverses lettres de lui dans la collection Béthune. Cf. n° 8648. — Dans la première rédaction de Brantôme, à la suite de l'article de Salvoyson, se trouvait celui du maréchal d'Estrozze.

peu de temps après que le filz bastard de M. d'Estrozze fut tué au Port Hercule[1], fut tué à Escarling[2], avec un grand regret qu'il eut de ce nepveu bastard, et ce en recognoissant ladicte place d'Escarling, par un paisant qui estoit caché derrière une haye, qui luy tira un' harquebuzade à l'advanture, tellement quellement, car il n'estoit trop adroict harquebuzier; mais le malheur fit qu'il porta. Quelquefois telles gens mallotruz font des coups dangereux qu'on ne penseroit jamais : ainsi fut tué M. de Bourbon par un prebstre; ainsi le prince d'Orange devant Sainct-Dizier par un prebstre; ainsi nostre grand roy Henri III par un moyne. Dieu guide aussi bien les mains de ces gens-là comme d'autres.

Ce prieur de Cappue a esté un aussi grand capitaine de mer comme son frère de terre, de sorte que tous les portz, les costes et les mers de Levant raisonnent de luy, tellement que son nom les remplist encores : et n'ay veu guières mariniers, matelotz, pilottes, patrons[3], commites[4], forçatz, esclaves, capitaines et soldatz, qui ne l'ayent dict le plus grand capitaine de mer de son temps; et bien heureux estoit celuy (comme j'ay veu en plusieurs endroitz du Levant) qui pouvoit dire : « J'ay navigé et combattu soubz le prieur de Cappue : » et encores qu'il n'en fust rien, plusieurs le faisoient accroyre par obstentation, et pour ce en estre plus extimez.

Quand nous allasmes au secours de Malte, on ne

1. Voyez tome II, p. 276.
2. Scarlino, à quatre lieues de Piombino.
3. *Var.* Argouzins (ms. 6694, f° 264).
4. Officiers de la chiourme.

sçaroit croyre combien de telles manières de gens en ces costes venoient aborder, saluer et honnorer M. d'Estrozze son nepveu, par la seule mémoire de ce grand oncle; à quoy il prenoit un très-grand plaisir, car il l'aymoit et l'honnoroit plus que son père, à ce qu'il m'a dict souvant, parce qu'il luy estoit plus doux, et désiroit plus luy ressembler qu'à son père; estant jusques-là si jaloux et envyeux de la gloire qu'on donnoit à son père, qu'il en estoit quasi marry, voire encor jusques-là de dire qu'il avoit esté plus tost capitaine que son père soldat, d'autant qu'il avoit esté dédié à l'Eglise, et que advant dans l'aage il avoit pris les armes, et luy les avoit portées fort jeune. Mais en cela il s'abuzoit, et y avoit bien de la différance; car M. le mareschal sçavoit plus de la guerre en son bout de doigt que le filz en tout son corps, encor qu'il[1] soit mort en réputation d'un bon capitaine, et que je l'ay cogneu tel. Et pour l'aage, ce n'est rien, car il y en a qui aproffitent plus en un morceau de guerre que d'autres en cent repas; car il n'y a que l'esprit et la pratique, et l'aage n'y sert de rien.

Pour parler donc de ce M. le prieur de Cappue, son premier advènement fut lorsqu'il vint servir la France, quand Barberousse vint en la mer de Provance et qu'il assiégea la ville de Nice, là où il alla bravement à l'assaut avec sa trouppe de Florantins bannys, d'un costé, et les Turcz de l'autre; lesquelz, encor qu'il y eust parmy eux meslez force jannissaires, les meilleurs et plus aguerrys soldatz qu'ilz ayent,

---

1. *Qu'il*, le fils.

ne firent point de honte aux chrestiens et à ces Florentins conduictz par ce brave prieur; car ilz[1] entrarent les premiers par leur bresche.

Du despuis le roy François le prit en grand' opinion et amitié; et aussi que son humeur luy plaisoit fort, car il estoit froid, taciturne et de fort douce conversation, et pour ce le roy l'aymoit plus que le seigneur Strozze; et le roy Henry tout au contraire, car il aymoit plus M. d'Estrozze, à ce que j'ay ouy dire à un grand seigneur et à une grand' dame de la court pour lors. Ledict roy François le renvoya puis amprès ce voyage avec Barberousse en ambassade vers sultan Solyman, avec dix gallères. Si fit aussi quelque temps après le roy Henry, là où il fit fort son proffit, et pour s'en servir puis amprès qu'il fut désapoincté du roy; car il y avoit si bien recogneu et remarqué les costes, les mers, les portz, les terrains, les isles, les caps, et mesmes ceux de l'Archipellago, qu'il y porta bien amprès du dommage et de l'ennuy.

Le roy Henry venant à la couronne, mondict sieur le prieur eut la charge de passer dix gallères par le destroict de Gibartal, de la mer de Levant en la grand' mer Océane, pour aller faire la guerre en Escosse, là où il la fit fort bien avec ses vaisseaux; et sur-tout fit très-bien quand il prit le fort chasteau de la ville de Sainct-André, là où il vangea l'assassinat de cet homme de bien de prellat, M. le cardinal de Sainct-André[2] et fit pendre tous ces maraux qui l'avoient si misérablement assaisiné.

1. *Ilz*, les chrétiens ou les Florentins.
2. David Beaton, cardinal, évêque de Mirepoix, puis arche-

Il se fit fort craindre en ceste contrée; et ces grandz vaisseaux et ramberges d'Angleterre ne luy firent grand peur ny mal, encor que ceste mer leur soit plus favorable qu'aux gallères. Sur quoy je m'estonne (il faut que je le die en passant) de quoy les douze gallères du roy d'Espaigne, estans dans l'Escluze, ne firent plus d'effort et d'effect sur Ostande[1] et leurs vaisseaux qu'y entroient tous les jours à leur aise, qu'ilz ne firent : je ne veux pas parler durant l'hyver, car elles y pouvoient perdre leur latin et sçavoir et force; mais l'esté, durant les calmes et bonnaces qui surviennent, qu'il n'y a gallères lors qui ne batte à son aise six et sept vaisseaux rondz, comme j'ay veu ailleurs, qu'à La Rochelle, où je vis l'armée du conte Montgoumery, montant à cinquante vaisseaux, faire la cane[2] à six gallères, qui, les allans de près canonner par le commandement de nostre général, au diable si les autres osarent bouger.

La fortune luy rist fort bien en ceste mer aussi bien qu'en l'autre, jusques à ce qu'il eut un très-grand subject de se mescontenter de son roy[3]. Je n'en ra-

---

vêque de Saint-André, fut assassiné dans le château de Saint-André le 29 mai 1546. Strozzi s'empara de cette place le 30 juillet de l'année suivante. Suivant de Thou et d'autres historiens, les meurtriers du cardinal, qui s'y étaient enfermés, eurent la vie sauve par la capitulation, et ne furent point pendus, malgré l'assertion de Brantôme. On envoya les prisonniers en France où quelques-uns, entre autres le célèbre Knox, furent mis aux galères.

1. Ostende, après trente-neuf mois de siége, capitula le 20 septembre 1604.
2. On dirait aujourd'hui : *caner devant six galères*.
3. Voy. à l'*Appendice* diverses pièces sur cette affaire.

conteray point le subject, car on le sçait assez et qui en fut l'auteur, et le tort qu'on luy fit d'usurper sa charge pour un autre qui ne la sçavoit si bien que luy; pareil traict qui fut faict à André Dorio; par quoy, rongeant doucement son mal tallent, son despit et sa rage, songe de ne s'en vanger contre son roy ny la France, prend résolution de quicter tout et de s'en aller à Malte servir sa religion contre ses ennemys de la foy, contre eux vosmir son venin; et pour ce, par un matin, dit adieu à tous ses amys et capitaines du roy, la larme à l'œil, part du port de Marseille avec deux de ses gallères qui estoient à luy, et prend la volte de Malte. Tour certes par trop généreux pour un mal content et despité! car, pour vangeance, il pouvoit faire du mal; s'emparer de plus de gallères de celles du roy, ravager les costes de France, voyre faire quelque mauvaise veneue à Marseille, s'emparer de quelqu' autre bon port, comm' à la désespérade, faire au pis, comme le plus barbare corsaire de Barbarie; mais il ne fit rien de tout cela, considérant qu'il n'est beau ny honneste de se servir des moyens et des places de son roy et maistre qui luy a donné en garde, pour luy faire par amprès un faux bon et une fascheuse guerre.

Voylà pourquoy aucuns ont bien blasmé André Dorio d'avoir faict comme cela; car auparadvant faire la guerre à son roy il la luy devoit annoncer, amprès s'estre despouillé de toute sa charge et rendu ses prisonniers qu'il avoit, en ce pourtant que le roy l'eust satisfaict de ce qu'il luy debvoit. Aucuns le déchargent pourtant beaucoup. Je m'en raporte à leurs décizions : je pense que j'en parle ailleurs[1].

Durant ces guerres de la Ligue, plusieurs se sont aydez des places que le roy dernier leur avoit données en garde, et de ses moyens et finances, pour luy faire la guerre et jouer fauce compaignie, comme nous avons veu ; ce qu'il sçavoit bien dire et reprocher, et le tort qu'ilz s'estoient faictz, et à leurs consciences et honneur, plutost que ceux qui estoient privez et n'avoient nulle charge publicque ; et à telz ne leur en sçavoit-il tant de mal comm' aux autres. Aussi plusieurs en ont faict tout de mesmes à M. du Mayne, et l'ont quitté et donné les places au roy, qui luy appartenoient ; dont aucuns disent qu'ilz se sont faictz tort, d'autres tiennent que non ; car, pour le service et la recognoissance de son roy il ne [se] peut[2] commettre aucune chose reprochable ny vitupérable. Je m'en rapporte aux bons discoureurs ; aussi qu'il estoit ainsi prédestiné et ordonné du ciel que celuy à qui il appartenoit devoit estre absolu monarque de la France, ainsi que jadis Octave Cæsar le fut de l'empire romain.

J'ay veu fort louer le seigneur de Montespan[3], très-brave et vaillant gentilhomme de Gascoigne, d'un traict qu'il fit en ceste Ligue ; lequel ayant pris conclusion, comme les autres, de se rendre à son roy

---

1. Voy. tome II, p. 30, 31.
2. *Var.* On ne peut (ms. 6694, f° 265).
3. Antoine-Armand de Pardaillan et de Gondrin, marquis de Montespan, mort en 1624. C'est en sa faveur que furent érigées en marquisats les terres de Montespan (1612) et d'Antin (1615).

et le recognoistre, alla trouver M. de Nemours, duquel il estoit lieutenant au pays qu'il tenoit, et luy gardoit trois ou quatre bonnes places. Amprès luy avoir remonstré sa résolution d'aller trouver le roy, et qu'il le voyoit résolu de ne le recognoistre point, qu'il le prioit de ne trouver point mauvais qu'il le quictast, mais non pourtant qu'il luy voulust faire faux ny lasche tour de trahison pour ses villes, car il les luy remettoit touttes entre ses mains : ce qu'il fit avant que partir; et puis ayant pris congé honnorablement de luy, il s'en part sans aucun reproche, et avec beaucoup de louange que M. de Nemours luy donna et belles offres qu'il luy fit. Ceste mémoire d'honneur luy durera pour jamais. Et m'assure que le roy l'en a estimé davantage, comm' il faict, se servant de luy très-bien en ses guerres espaignolles.

Le gouverneur de Vienne[1] ne fit pas ainsi à l'endroict dudict M. de Nemours, qui l'avoit nourry page, eslevé et advancé; car il le trahist, rendit la ville qu'il luy avoit donné en garde, au roy : et si fit bien pis, car il le fit empoisonner, ce dit-on; car il en a l'ame bourrellée de cent mille gesnes, et tousjours en danger de la vie et attente qu'on ne luy

---

1. Dizimieu, commandant l'un des forts qui défendaient la ville de Vienne, le fort Pipet, le livra aux troupes royales le 23 avril 1595. Charles, duc de Nemours, mourut le 13 août suivant à Annecy. « Le bruit, dit de Thou (liv. XCIII), s'était répandu en Savoie qu'il avait été empoisonné par Dizimieu, qui craignait qu'il ne tirât vengeance de ce qu'il avait livré Vienne au roi. » — Il s'agit ici bien probablement de César de Dizimieu, maréchal de camp, gouverneur et bailli du Viennois et de Vienne, grand maitre des eaux et foréts du Dauphiné.

rende la pareille; et si pour cela n'en est plus estimé. Si fairay-je ce conte de moy, pauvre chétif que je suis.

Au commancement des troisiesmes troubles, j'estois en garnison dans Péronne avec ma compagnie de gens de pied; j'euz quelque petit mauvais contentement de mon roy. M. le Prince et M. l'admiral le sceurent. Ilz m'envoyarent M. de Theligny (parce qu'il estoit mon très-grand amy) me présenter beaucoup de bons et honnorables partys, si je voulois me mettre avecqu' eux et gaigner Péronne pour eux, dont j'en serois amprès gouverneur, et qu'ilz me fourniroient force gens pour m'y rendre le plus fort et la garder, comm' ilz n'avoient faute d'hommes. Alors je fis responce que j'aymerois mieux mourir de cent mortz que de faire un si lasche et vilain party à mon roy que de luy trahir une ville qu'il m'avoit donné en garde et garnison, ny de m'en ayder pour luy faire la guerre. Le roy le sceut quelques jours après, qui m'en sceut un très-bon gré et m'en ayma plus que jamais. Voylà comment il se faut acquitter des charges qu'on a du roy, quelques mescontentementz qu'on aye de luy.

Nous volons bien que nos concierges, nos mestayers, nos valletz de chambre, quand ilz sont mal contens de nous et nous veulent quicter, qu'ilz nous rendent compte de ce qu'ilz ont en main, nous donnant les clefz, nous remettent tout par bon conte entre mains. Que s'ilz font autrement, nous les faisons chastier. A votre advis donc, ce que doibvent faire nos roys envers nous qui leur tenons leurs places? Il se fairoit un beau discours sur ce subject et bien enrichy de beaux exemples, que possible l'espérè-je faire en la vie du feu roy Henry[1].

Et pour retourner à M. le prieur de Cappue, j'ay veu une lettre dans le cabinet de M. d'Estrozze, qu'il escrivit à sa partance à ses frères, laquelle, pour l'avoir trouvée très-belle, j'ay advisé de la mettre et incérer icy. Ell' est doncques telle :

« Messieurs mes frères, j'ay esté forcé de quicter le ser-
« vice du roy pour des raisons que vous pouvez sçavoir, et
« que vous entendrez mieux par Jehan Cappon, présent
« porteur, et desquelles je ne vous ay peu advertir plus tost
« qu'à cest' heure, ayant eu à grand peine les moyens et le
« loysir de me retirer. Quant bien je n'aurois autre consi-
« dération que de me vanger du tort qui m'a esté faict,
« j'eusse bien eu de beaux et grandz moyens de ce faire;
« mais je n'ay voulu rien ravir de l'autruy, ains plustost
« laissé du mien. Avec nostre gallère donc et d'un' autre,
« que j'ay gaignée durant ceste guerre, que Sa Magesté m'a
« octroyé, je me retire où je suis obligé de faire service,
« prest tousjours pourtant à rendre conte de ce qui me sera
« demandé, affin que tout le monde cognoisse quel je suis,
« et que vous, mes frères, demeurez avec tel contentement
« d'esprit que mérite l'honneur de nostre maison, à laquelle
« est séant que tout le monde soit informé de nostre raison
« et justice, affin que ne soyons oppressez par ceux qui
« m'ont voulu déshonnorer et nuire à ma personne, sans
« avoir esgard à la fidelle servitude et loyalle affection qu'ay
« tousjours portée au service de nostre maistre, contre lequel
« je proteste n'attenter jamais rien qui vous puisse porter
« dommage ny desplaisir, ny à moy blasme ou répréhension
« quelconque. J'emmaine[2] avec moy le capitaine Mont. Ma

1. Henri III. On n'a point cette vie que Brantôme n'a probablement pas écrite.
2. *Var.* J'admène (ms. 6694, f° 266).

« délibération est de faire la guerre aux infidelles pour le
« service de ma religion. A Dieu, mes frères, je le prie de
« bon cœur de vous donner en France meilleure fortune que
« la mienne. Ce 18ᵉ de décembre 1551. »

Qui lira bien ceste lettre la trouvera très-belle ; ell' estoit en italien. Ainsi qu'il le dist là, ainsi s'en alla-il à Malte, où certes il fit de belles choses contre les Turcs, quand il alloit en cours, ainsi que j'ay ouy encores conter à plusieurs braves chevalliers et soldatz qui estoient avec luy et qui le louoient extresmement ; et porta grand proffict et richesse à sa religion, et à luy et tout : car (comme j'ay dict) il avoit si bien cogneu et remarqué les terres et mers du Turc lorsqu'il estoit aux services de nos roys, qu'il en sceut bien faire son proffit et bonne praticque.

Par emprès la guerre de Sienne et Toscane survint, et pour ce, le roy, le cognoissant d'un très-grand service, l'envoya prier de tourner à luy ; lequel, oubliant tout serment et injure passée, retourna fort voulontairement[1] ; car il aymoit et honnoroit fort le roy, non pas aucuns de ses officiers.

S'il ne fust mort si tost, le seigneur Estrozze, son frère, et luy, eussent faict de bons services au roy ; car ces deux frères s'entendoient, s'entre-aydoient et s'entre-secondoient très-bien ; si que la guerre[2] s'en fust ensuivye plus heureuse qu'elle ne fut.

Ce fut luy le premier autheur de ceste forteresse

---

1. Il rentra au service de la France en 1554, et reçut avec douze galères le commandement général dans toute la Méditerranée. Voyez de Thou, liv. XIV.

2. *Var.* Si que la guerre siennoise (ms. 6694, p. 266).

du Port-Hercule, qui se void encor aujourd'huy très-belle ; aussi les Espaignolz y ont un peu adjousté du leur. De raconter tous les beaux faictz qu'a faict ce grand capitaine, la peine m'en seroit longue et ennuyeuse ; je n'en diray que cestuy-cy entre tous ses plus beaux, lorsqu'il faillit à prendre Barcelonne, luy estant en charge de service du roy.

Parquoy, un jour[1] il part de Marseille avec quelque dix à douze gallères, faict semblant d'aller en Levant par commandement de son roy, les chargeans des meilleurs soldatz, mariniers et capitaines qu'il peut choisir et qu'il cognoissoit bien, dist adieu pour quelque mois, afin que les espions de l'ennemy luy rapportent ainsi et qu'il faict voille vers la volte de Levant ; mais, estant en plaine mer et hors de toute veue, tourne proue vers Espaigne, ayant eu bon advis que dans Barcelonne n'y avoit ny gallères ny gens de guerre que fort peu, car tout estoit allé en une expédition ; et me semble que c'estoit en celle de la ville d'Affrique, comme j'ay ouy dire, ou bien je me trompe : et pour ce, observant bien le temps et la saison que les gallères d'Espaigne à plus près devoient tourner, il accommode et desguise si bien ses gallères à l'espagnolle, avec bandières, armoiries et toute autre sorte d'armement, qu'elles ressembloient du tout gallères impérialles. Et ainsi, par un beau jour d'une feste, vint parestre devant Barcelonne, moictié à voyle, moictié à rame, que ceux de la ville, pensans que ce fussent leurs gallères, accoururent sur le port et le long de la marine,

---

1. En 1551. Voyez de Thou, liv. VIII.

et dedans et dehors, pour leur faire la bien venue tournans de leur guerre, ainsi qu'est la coustume. Mais le malheur fut qu'aprochant du port en faisant bonne mine, il fut recogneu et descouvert par quelque indiscret, comme il y en a tousjours; dont l'allarme s'ensuivit, le port fermé, tout le monde en deffence, si bien que l'entreprise se faillit. Si ne se retira-il pas qu'il ne fist quelque coup et rafflade; car aussitost, voyant son entreprise faillie, il fit jetter les esquifz et frégattes en mer; et en terre, le long de la coste, ilz prindrent un' infinité de cavalliers, de dames et marchans, qui se promenoient le long de la mer et ne peurent gaigner assez à temps la ville. Il garda les prisonniers pour en tirer rançon, et, comme très-honneste et courtois, il laissa aller les dames, cognoissant en son cœur généreux qu'il n'est pas bienséant de faire desplaisir aux dames.

De mesme courtoisie usa M. d'Estrozze son frère, au voyage d'Allemaigne, à l'endroit d'une honneste dame, femme du capitaine et gouverneur de Damvilliers; ce qu'il sceut très-bien remonstrer au marquis de Marignan en la guerre de Sienne, d'autant qu'aucuns de ses chevaux-légers avoient pris prisonnier une dame siennoise, gentile femme, qui s'appelloit la seignore Lucresse; et pour ce de mesmes ses soldatz avoient pris une damoyselle fleurantine, femme d'un capitaine Coro que soudain il avoit faict délivrer; et pour ce, le pria de faire délivrer de mesmes ceste dame siennoise, pour le respect que l'on doit aux dames, à leur user de toutes courtoisies, sans autre forme de capitulation. M. le marquis luy envoya la seignore Lucresse, et consent très-bien avec M. d'Estrozze de ne faire point la guerre aux dames ni les rançonner aucunement; mais bien luy sçait-il reprocher comment du temps du roy François, ayant son armée vers Parpignan, aucuns capitaines servans le roy, et mesmes un seignor Francisque Vimercat[1], prindrent plusieurs dames espagnolles prisonnières, les desvallisarent et puis les rançonnarent estrangement, ce qui ne fut beau ny honneste. Pour lors on disoit qu'aucuns de ces capitaines estoient de la suite de M. d'Estrozze; sur quoy il sembloit que ledict marquis l'en taxast sourdement et luy jettast ceste pierre dans son jardin tout bellement; dont M. d'Estrozze, s'en doubtant, ne luy fit autre response, sinon luy mander que si cela estoit advenu du temps de ce roy François, on n'en sçaroit trouver aucune de ce règne du roy Henry qui n'eust été traictée que très-courtoisement et nullement rançonnée; tesmoing, au voyage d'Allemaigne, la damoyselle de Bourlemont[2], de grand' maison, qui fut prise en un chasteau et menée à la reyne pour estre l'une de ses filles et y estre nourrye en sa court, où elle ayma mieux estre qu'en son pays; et y a esté tousjours nourrye et bien traictée, comme honneste fille, belle et agréable qu'ell' estoit, et l'ay veue telle jusqu'à ce qu'elle fut maryée en la maison de Bonneval, grande maison de Lymosin. Je croy qu'elle vit encor.

Voylà comment ces deux grandz capitaines dirent

1. En 1542. Il est souvent question de Fr. Vimercat dans les mémoires de Boyvin du Villars.
2. Jeanne, fille de René d'Anglure, baron de Bourlemont, mariée à Gabriel de Bonneval, seigneur de Blanchefort et de Salignac.

gentiment leurs raisons les uns aux autres : dont je m'estonne que ce marquis s'allast souvenir de ces dames espagnolles et les alléguer, puisqu'il y avoit si long-temps de ce voyage et que cela estoit arrivé ; mais il s'en alla ce coup très-bien souvenir, pour s'en servir ainsi à poinct ; car quand on vient à ces choses, il faut songer toutes les raisons et argumens que l'on peut pour faire sa cause bonne.

J'ay faict ceste disgression sur les courtoisies que fit aux dames de Barcelonne M. le prieur de Cappue. Il faillit aussi une fort belle entreprise à surprendre Zara en Barbarie, discoste[1] de la mer douze mille, y estant allé avec quatre gallères de la religion et deux des siennes, chargées d'une eslite de braves chevalliers et vaillans soldatz : mais le malheur fut que, le soir mesme de la nuict qu'ilz allarent à Zara, y arriva Salarais Turon, qui avec quelques chevaux, en chemin faisant et passant, tirant vers Alger et y estans logez, survinrent les chevalliers, qui estans descouvertz, furent avec une grand' allarme et force repoussez, et perdirent leur dessaing ; si bien que sans ceste mallencontre eussent pris la place et pillée.

Or j'achève la louange de ce grand capitaine de mer, m'estant efforcé de le louer pour les plus briefz motz que j'ay peu, et mesmes par le tumbeau que luy fit M. du Belay (comm' à son frère) en latin [2], dont la substance est telle :

« Moy, ce grand capitaine Léon Strozze, je ne gis icy

---

1. *Discoste*, distante, de l'italien *discosto*.
2.   « Haud jaceo angusta magnus Leo conditus urna ;
    Non bene tam magnum tam brevis urna capit ;

« dans ce vaze; car un si petit vaze ne sçaroit comprendre
« un si grand homme : la terre ne me comprend non plus;
« mais une gloire plus grande que la terre m'a enlevé au
« ciel comm' un bel astre pour les nautonniers, affin que,
« comme jadis les eaux ont porté et soubtenu mes vaisseaux
« et ployé soubz moy, maintenant il me plaist estre dieu de
« la mer. Allez donc, vous autres qui viendrez amprès moy
« et qui aurez ma charge, allez hardiment sur les eaux, car
« je vous y prépare et dresse un bon chemin et très-seur. »

Ces deux frères eurent autres deux frères, non tant pareilz aux deux premiers, mais pourtant leur approchans, qui furent le seigneur Robert Strozze et M. le cardinal, bons, honnestes et habiles seigneurs[1]. Aussi tous quatre furent-ilz filz d'un brave père, le seigneur Philippe Strozze; lequel, encor qu'il n'ait monstré par plusieurs preuves, comme ses deux premiers enfans, qu'il fust si grand capitaine comm' eux, si a-il esté un très-habil homme, brave et très-courageux, ainsi qu'il le monstra à sa mort : car,

> Nec me terra capit : terra sed gloria major
>   Jam certum nautis sidus ad astra vehit.
> Utque meas quondam late tulit unda carinas,
>   Sic juvat immensi nunc maris esse deum.
> Ergo, age, qui nostris succedes latus habenis,
>   Jam facilem tutus per mare carpe viam. »

(*Joachim Bellai Andini poematum libri quatuor*, 1558, in-4°, f° 45). A la suite se trouvent trois autres pièces sur le même personnage, et une autre sur lui et Pierre Strozzi. Du Bellay a traduit lui-même en vers français la première de ces pièces. Voyez ses *OEuvres françoises*, 1573, in-8°, f° 344, v°.

1. Robert Strozzi, marié à Madeleine de Médicis. Laurent Strozzi, cardinal et archevêque d'Aix, mort à Avignon le 14 décembre 1571. Ils étaient fils de Jean-Baptiste (*dit* Philippe) Strozzi, qui se tua en prison en 1538.

ayant esté pris durant les guerres et tumultes de Florance, ausquelles il s'estoit entremis, plus par la persuasion et quasi contraincte de son filz Pierre Strozze (ce disent aucuns[1] qui en ont escrit, et que je l'ay ouy dire mesmes à des anciens dans Fleurance), qui estoit un homme actif, violant, mouvant et brave, et luy cryoit à toute heure qu'il se falloit esmouvoir pour la patrie; mais estant, de malheur, pris sur ce faict et détenu prisonnier dans le chasteau de Fleurance, plustost que d'endurer les cruelles gesnes pour conffesser ses secretz à la ruyne de ses amys, et encourir une mort indigne de luy et de son parantage, autant généreusement que patiemment se mist contre la gorge (aucuns disent contre l'estomach) un' espée qu'un Espaignol de sa garde avoit laissé par mesgarde; et fut trouvé mort sur le carreau, tout sanglant, ayant laissé sur sa table un petit billet escrit, qui disoit : « Puisque je n'ay sceu « bien vivre, c'est bien raison que je sçache bien « mourir et que je mette fin à ma vie et à mes mi- « sères par un cœur généreux. » Et au plus bas mit encor cet escrit (que ceux qui ont faict mention de sa mort ne le disent point pourtant; mais M. d'Estrozze dernier, son petit-filz, et duquel il portoit le nom de Philippe, me l'a ainsi assuré), ce vers de Virgille[2], prononcé par Didon à l'heure de son trépas :

1. *Aucuns*, c'est-à-dire Paul Jove à qui Brantôme a emprunté presque textuellement, et en se servant de la traduction de Sauvage, ce qu'il raconte ici de la mort de Philippe Strozzi (voy. liv. XXXVI, p. 379).

2. *Énéide*, liv. IV, vers 625.

Exoriare aliquis nostris ex ossibus ultor.

« Qu'il puisse sortir quelque brave de mes os et de mon
« sang, qui vengera ma mort. »

Ainsi que fit Anibal long-temps par amprès contre
les Romains, descendus de leur perfide Æneas, et les
mena beau jusqu'à sa destinée preffixe[1]. Qu'il y en a
eu despuis ce vers prononcé qui l'ont bien pratiqué
de pères en filz au monde! ce qui est un des grands
secrets de Dieu qui soit. De mesmes ont faict messieurs les enfans dudict seigneur Philippe sur la
vengeance de sa mort, et surtout le seigneur Pierre
et Léon Strozze, qui au lieu de quelques gouttes de
sang qu'espandit le père ilz en ont fait couler des
ruysseaux, et de celuy des Espaignolz, Florantins, et
de plusieurs autres leurs adversaires.

M. d'Estrozze dernier [2], son petit-filz, pour l'amour de son jeun' aage, n'eut grand temps à en faire
de mesmes, à cause, quand la paix fut faicte des
deux roys chrestien et catholique, il estoit fort jeune
et peu pratiq aux armes, encor qu'il les eust un peu
portées. Toutesfois ne faut doubter que si les guerres eussent duré, ou survenu comme les guerres civilles, qu'il ne se fust espargné nullement à nuyre à
ses ennemis anciens ; car il hayssoit mortellement le
grand duc Cosme. Et ne luy ay veu tant desirer
chose, si non deux bonnes gallères et un petit port
en Provence pour luy faire du mal et à ses costes,
encor que la reyne-mère l'avoit pris[3] en bonne ami-

1. *Var.* Préfize (ms. 6694, f° 267, v°).
2. Philippe Strozzi, fils de Pierre Strozzi.
3. *L'avoit pris*, avait pris le grand-duc Côme.

tié, et telle qu'elle luy fit faire ses obsèques à Nostre-Dame de Paris, toutes telles qu'on a accoustumé faire aux empereurs, aux roys et aux grandz princes, comme je vis; dont M. d'Estrozze en désespéroit. Je sçay bien ce qu'il m'en dist : aussi le grand duc le craignoit autant qu'il fit jamais son père; car je le sçay. J'en parle ailleurs[1].

Pour parler encor de ce grand Philippe, ainsi que j'ay veu son portraict en plusieurs lieux[2], il avoit bien la vray mine de faire ce coup de sa mort, et aussi qu'il avoit la créance légère (ce disoit-on) et approchante d'aucuns anciens Romains, de ces braves qui, pour immortalliser leur nom, ne craignoient de se deffaire eux-mesmes. Aussi a-on dict de luy[3] et escrit, qu'il sentoit un peu mal du paradis et de l'enfer, et se mocquoit tout ouvertement des préceptes de la foy chrestienne, et que de là on croyoit qu'il s'addonnast sans scrupule fort à faire l'amour aux nonnains, ne faisant nulle difficulté de les desbaucher. Du reste, il estoit libéral, magniffique, fort aymé de ses concitoyens, et fort sçavant; et voylà pourquoy ce grand sçavoir luy nuisist à sa créance, estant un instrument fort dangereux pour la mettre mal si l'on ne le gouverne bien, tout ainsi qu'à un petit enfant un' espée en sa main.

On dict que feu M. d'Estrozze son fils luy ressem-

1. Voyez tome II, p. 19.
2. Je ne sais si ce portrait est gravé, mais il n'existe pas au Cabinet des estampes de la Bibliothèque impériale où se trouvent les portraits de Pierre, de Léon, de Laurent et de Philippe (2ᵉ du nom) Strozzi.
3. Brantôme a copié ceci dans Paul Jove, liv. XXXVI, p. 379.

bloit un peu en ceste foy; je n'en sçay rien; mais il estoit homme de bien et d'honneur. Bien est vray que la reyne qui l'aymoit, et son ame et tout, après l'avoir souvant pressé et importuné de lire dans la Bible, et qu'il y trouveroit chose léans qui l'édiffieroit de beaucoup, et en auroit fort grand contentement, après plusieurs reffus, le tenant un jour en sa chambre, luy monstra ladicte Bible pour y lire au moins un chapitre qu'elle luy monstra, pour l'amour d'elle; ce qu'il fit et le list : et y ayant trouvé un passage qui ne luy pleust, il ferma aussitost le livre, et dist à la reyne que ce passage luy faisoit perdre le goustz de lire les autres. Je ne nommeray point ledict passage, de peur d'escandalle. Je l'ay ouy conter ainsi à personne de foy.

Sur ce je finys le parler de ces messieurs d'Estrozze; aussi que j'en parle ailleurs[1].

Or, d'autant qu'en parlant de M. le prieur de Cappue, grand homme de mer, il m'est entré en pensée d'en parler d'autres bons que nos roys ont eu à leur service, j'en veux donc parler de deux qui ont estez généraux des gallères de France, qui sont estez M. le baron de La Garde et M. le grand prieur de France

M. le baron de la Garde[2].

1. Au livre des *Couronnels*.
2. R. Escalin, baron de la Garde, dit le capitaine Poulin ou Polin, mort en mai 1578. Nommé lieutenant général des galères, par lettres du 23 avril 1544, il fut destitué en juin 1547, comme complice des massacres de Cabrières et de Mérindol, et emprisonné (voy. plus bas, page 143, note 3). Réintégré en 1551, il fut remplacé par le grand prieur (dont on lira l'article plus loin) en 1557, et recouvra en 1566 sa charge qu'il conserva jusqu'à sa mort.

Le manuscrit 342 de la collection Gaignières est uniquement

de la maison de Lorraine, frère à feu M. de Guyze.

D'autant que le baron de La Garde a esté le premier, j'en parleray donc de luy le premier; et diray comme à son commancement on l'appelloit le capitaine Poulin, et ce nom luy a duré longtemps. Feu M. de Langeay, estant lieutenant du roy en Piedmont, l'esleva et l'advança, pour le cognoistre

---

rempli de lettres du baron de la Garde qui signe toujours R. Escalin. Le P. Anselme l'appelle *Antoine* Polin.

Dans le ms. 8648, f° 90 de la collection Béthune, je trouve une lettre originale de Pierre Strozzi (il signe *Strozi*) à Montmorency, lettre dont j'extrais le passage suivant relatif au baron de la Garde. Elle est datée du 19 novembre 1553.

« Monseigneur, je ne veux faillyr de vous advertyr que le baron de la Garde m'a monstré en confiance une lettre du cardinal de Lorraine, par laquelle encores que ledict cardinal l'assure de quelques suspitions qu'il pouvoit avoir pour la venue du grand-prieur de France, si est-ce qu'il en est demeuré fort fasché, et m'a tenu ung langaige comme s'il eust esté bien certain en sa pensée que sa charge deust estre bientost donnée audict grand-prieur, parce que en la lettre dudict cardinal y a quelques poinctz par lesquelz on congnoist qu'il veult et entend dédier ledict prieur aux affaires de la mer.

« Monseigneur, je n'ay failly, avec toutes les remonstrances et persuasions à moy possibles, d'assurer ledict baron de la Garde que tant que vivrez vous ne consentirez jamais que les bons serviteurs du roy et dignes d'administrer les grandes charges soient oppressés et rejetez en arrière, en lieu de les advancer, et lui ay dict davantage sur ce faict particulier du grand-prieur que je vous ay congneu bien résolu de ne souffrir jamais qu'il lui fut faict aucun tort. J'ay faict ceci affin que ledict baron soit de meilleure volunté et qu'il s'assure de vostre bonne protection et deffense comme doibvent tous les bons serviteurs du roy, ce qu'il faict aussy, ainsy qu'il m'a dict et que pouvez congnoistre mais qu'il soit à la court. »

homme d'esprit, de valeur et de belle façon et apparance, (car il estoit beau et de belle taille) et pour le cognoistre de bon service.

Il le fit cognoistre au roy François, après les mortz de Rincon et Fregouze, par plusieurs voyages qu'il luy fit faire vers Sa Magesté; si que, le sentant digne de le bien servir, il[1] l'envoya en ambassade[2] vers le Grand-Seigneur, sultan Soliman, pour négocier avec luy à prester quelque grosse armée de mer à faire la guerre aux mers et aux costes de l'empereur. Il eut en ceste négotiation de grandes peines, là où il luy fallut bien desployer ses espritz et se monstrer quel il estoit; car il luy fallut combattre contre les secrettes menées de l'empereur qu'il faisoit à Constantinoble, contre les fermes résolutions des Vénitiens, contre les mauvaises volontez des bachas, et, qui plus est, contre l'arrogance et inconstance de Soliman, qui maintenant luy promettoit, maintenant se desdisoit; mais il alla, il vira, il trotta, il traicta, il monopola[3], et fit si bien, et gaigna si bien le capitaine des janissaires de la Porte du Grand-Seigneur, qu'il parla au Grand-Seigneur comm' il voulut, l'entretint souvant; et se rendit à luy si agréable, qu'il eut de luy enfin ce qu'il voulut; et emmena Barberousse avec ceste belle armée que plusieurs encor qui vivent ont veue en Provance et à Nice.

Mais à quel honneur, s'il vous plaist, ledict capitaine Poulin mena-il cest' armée, luy qui ne s'estoit veu, n'avoit pas long-temps, que simple soldat et ca-

---

1. *Il*, François Ier. — 2. En 1541.
3. *Monopoler*, intriguer, cabaler.

pitaine Poulin? ce fut que le Grand-Seigneur, au despartir, commanda à Barberousse d'obéyr du tout en tout au capitaine Poulin et se gouverner par son conseil à faire la guerre aux ennemys du roy, selon son vouloir; en quoy il s'en sceut très-bien faire accroyre, car Barberousse n'osa jamais attaquer ny faire mal à aucuns chrestiens, bien que ce fust sa vraye proye, par où il passa, et mesmes à toutes les terres du pape, comm' au port d'Hostie et autres, qui trembloient de peur, et Rome et tout, et tous les cardinaux encor qu'y estoient; car le pape ny estoit pas, estant lors à Bouloigne; mais le capitaine Poulin leur manda qu'il n'eusent point de peur, et qu'on ne leur fairoit aucun mal, ny à pas un chrestien qui fust amy et confédéré du roy.

J'ay veu plusieurs vieux capitaines qui ont veu tout le mistère de ce voyage de Provance et du siège de Nice : mais c'estoit chose estrange à veoir comme ce capitaine Poulin se faisoit obéyr et respecter parmy ces gens, plus certes que ne faisoient de plus grandz que luy qui estoient là. Je luy ay veu discourir une fois de ce voyage et négociation; mais il faisoit beau l'en ouyr parler, et la peyne qu'il y eut; dont, entre autres particularitez, il dist qu'il estoit venu en vingt un jour de Constantinople à Fontainebleau, où estoit le roy, qui estoit une extresme diligence.

Je luy ay ouy dire aussi qu'il avoit veu au Grand-Seigneur un pennache de plumes de phœnix, et qu'il luy avoit fait monstrer par grand spéciauté : et quand moy et d'autres luy remonstrasmes qu'il n'y avoit qu'un seul phœnix au monde, et que luy-mesme se brusle quand vient sa fin, si bien qu'il estoit mal aisé de recouvrer son pennache, il respondit qu'il n'estoit pas inconvénient qu'il n'en eust treuvé des plumes, par une grand' curiosité qu'on y pouvoit rapporter pour en chercher et trouver aux pays et aux lieux où il habite et branche, et mesmes lorsqu'il mue en sa saison, comme font les aultres oyzeaux qui en font fort ainsi tumber de leur corps. Il y peut avoir là de l'apparance, et aussi qu'à la curiosité d'un si puissant et grand seigneur rien ne pouvoit estre impossible; car d'un seul clin d'œil il estoit obéy fort exatement.

J'ay ouy dire à M. de Lanssac le jeune qu'à ce grand et supperbe édiffice l'Escurial, le roy d'Espaigne, pour y mettre et appendre ses armoyries en éternelle mémoire, il y fit engraver ses armoyries dans une pierre de foudre[1] si grande qu'à plein et à ouvert elles y sont gravées, et luy cousta deux cens mill' escus, ayant esté curieux de l'envoyer rechercher jusques en Arabie, et l'achepter. Le grand Turc en pouvoit faire de mesmes de son panache.

Or, par ses services, ce capitaine Poulin fit si bien, que son roy le fit général de ses gallères[2]. Mais, s'estant un peu trop comporté rigoureusement en Provance contre les hérétiques de Merindor et Cabrerez[3] (car il hayssoit mortellement ces gens là), il

1. *Pierre de foudre*, aérolithe.
2. Par lettres du 23 avril 1544, comme nous l'avons dit plus haut, p. 139, note 2.
3. Au mois d'avril 1545 les plus affreuses cruautés avaient été commises contre les Vaudois de Cabrières et de Mérindol. Après la mort de François Ier, les habitants de ces villages, qui avaient

encourut la malle grâce de son roy, dont il en garda la prison longtemps l'espace de trois ans. Aussi en partant de là il disoit qu'il pensoit passer maistre-ez-artz, y ayant faict son cours l'espace de trois ans. Et sans ses bons services il fut esté en plus grand' peine ; mais amprès le roy, le sentant très-capable poer le servir en ses mers, le remit encor général des gallères.

Aussi servit-il bien aux guerres de Toscane et de Corse, là où un jour il fit un brave combat, très-hasardeux et heureux ; car, tournant de Civita-Vechia avec deux gallères (aucuns disent six)[1], s'estant eslevé un orage et une tourmente si terrible, fut con-

échappé au massacre, portèrent plainte contre leurs persécuteurs. Henri II évoqua l'affaire et chargea la grand'chambre du parlement de Paris de l'examiner. Le 13 février 1551, après cinquante audiences, les accusés furent absous, à l'exception de Guérin, avocat général au parlement d'Aix, qui fut condamné à mort et exécuté. Le baron de la Garde, déclaré innocent, rentra en possession de sa charge. (Voyez l'*Histoire de l'exécution de Cabrières et de Mérindol*, 1645, in-4°, et mss. Dupuy, n° 346). Il avait déjà recouvré en partie sa liberté par l'intervention du duc de Guise, comme le prouve la lettre suivante qu'il lui adressa, et dont l'original se trouve au f° 1 du ms. 342 de Gaignières :

« Monseigneur, il vous a pleu usant de vostre grandeur et bonté naturelle me fère tant de bien et faveur que par vostre moyen aye eu commencement de ma liberté, et puisque de vostre grâce avez dagné faire le plus difficille, m'avoir tiré de ces graves murallies (murailles), je vous supplye plus que très humblement me départir tant de vostre faveur avecques mon innocence que puisse avoir ma totale liberté.... De Paris, ce VIII° de febvrier 1550. »

1. En 1555. Il revenait de transporter à Cività-Vecchia les cardinaux de Lorraine et de Tournon, et avait avec lui non point deux ni six galères, mais dix, suivant de Thou (liv. XVI).

trainct de se jetter sur la plage de Sainct-Florant en Corsègue, attendant que la furie de la mer s'appaisast. Durant laquelle vindrent passer à sa veue unze grandes naves bien armées en guerre et chargées de six mill' Espaignolz qui s'en alloient en Italie et descendre à Gênes. Mais M. le baron de La Garde les alla attaquer aussitost avecques ses gallères en ceste mer haute, qui estoit en fort peu d'avantage pour luy, et grand pour les vaisseaux rondz, et les combattit. (M. le marquis d'Espinola, s'il eust tenté tel hasard devant Ostande, il en fust esté encore plus estimé). Si bien qu'ayant entrepris le plus grand et le plus brave, le canonna et le mit à fondz, et amprès en fit autant à un autre; si bien que les autres, voyans le misérable estat de leurs compaignons, se mirent à la fuitte, combien que les gallères les suivissent; mais la mer estoit si grande et si désadvantageuse pour les gallères, qu'elles ne le peurent atteindre, ayans gaigné la haute mer, et se perdirent aussitost de veue. En ces deux perdeues, il y avoit quinze cens Espagnolz[1], dont la pluspart furent tous noyez, et si peu de ceux qui en eschapparent furent mis aux fers. Ceux qui sçavent que c'est des combatz de mer ballanceront bien à dire si celuy-là fut plus heureux que valeureux, ou plus valeureux et hasardeux que heureux. Quand à moy, je dis et l'un et l'autre; car ce M. le baron de La Garde estoit très-brave et vaillant de sa personne, comm' il a monstré tousjours.

Je le vis une fois à la court, estant à Paris, au

[1]. Mille seulement, suivant de Thou.

commancement du règne du petit roy Charles IX°, faire appeller le jeune La Molle à se battre contre luy; mais il avoit grand' envye de se battre, et mal aisément se peut-il accorder; et pour venir là il avoit quitté l'Ordre[1] et ne vouloit point qu'il luy servist de rien là, comme de ce temps les moins vaillans s'aydoient de ce privilège; dont il fut fort estimé de plusieurs; car je le vis : il n'estoit point pour lors général[2], car M. le grand prieur l'estoit.

Il a esté très-malheureux en ceste charge, car plusieurs fois il y a esté et dedans et dehors; dont aucuns, amprès la mort de M. le grand prieur[3], et que M. le marquis d'Albeuf eut succédé en ceste charge, dirent à la court qu'on avoit faict grand tort à cet honnorable vieillard et capitaine, qui avoit tant bien servy la France, et mesmes pour si peu de jours qu'il avoit à vivre, et que M. d'Albeuf s'en fust bien passé; car il estoit assez riche, grand et chargé d'autres charges d'ailleurs, sans prendre celle-là, à laquelle il estoit novice, pour n'avoir veu ny pratiqué de mer.

Enfin amprès la mort dudict M. le marquis, ainsi qu'il est raison que toutes choses retournent en leur premier estre, M. de La Garde rentre en sa première charge, laquelle il a gardée sans aucun reproche jusques à sa mort : et la vieillesse ne luy en a faict aucun qu'il n'ayt tousjours bien faict, mesmes sur ses plus vieux jours au siège de La Rochelle, là où il garda et empescha bien l'entrée du port, et aussi

1. L'ordre de Saint-Michel. — 2. Général des galères.
3. Voy. ci-après les articles du grand prieur et du marquis d'Elbeuf. Le premier mourut en 1563 et le second en 1566.

quand le secours de M. de Montgommery y vint, qui ne peut entrer, et fut contrainct de se mettre au largue ; qui fut cause que le lendemain il alla avec ses gallères l'appeller au combat avec coups de canon ; mais il n'y voulut point venir. C'estoit un homme qui entendoit bien son mestier de marine.

Ce fut luy qui fit faire ceste belle gallère qu'on appelloit *La Réalle*, et qui l'arma à galoche et à cinq pour banc, dont paradvant on n'en avoit veu en France. Despuis, ceste mode a continué, qui est bien meilleure que l'autre vieille, qu'on a laissé il y a longtemps par tout le Levant. Celle que André Dorio avoit faict pour l'entreprise de Tunes à y recevoir l'empereur, n'estoit que de quatre, et fut trouvée de ce temps très-belle et superbe. Ceste gallère *Réalle* que je dis fut si bien faicte et commandée par le brave général, qu'elle a duré et servy d'ordinaire plus de trente ans, encor qu'ell' eust eu un tour de raings soubz feu M. le grand prieur ; et pour ce, sur ce patron, feu M. le marquis d'Elbœuf en fit faire une très-belle et toute pareille, qu'on appelloit *La Marquise*, de son nom, mais meilleure voylière. Le conte de Rais l'acheta despuys, et dure encores. Elle servit de généralle luy vivant, et rendit à M. de La Garde sa *Réalle*, qui luy servit encor assez de temps de générale ; mais, ne s'en pouvant plus servir, non plus que d'un vieil cheval qui n'en peut plus, il en fit faire une encor plus belle et meilleure que ny *La Réalle* ny *La Marquise*; tant cest homme s'entendoit bien en son estat, et l'aymoit. Outre ceste suffisance, il estoit très-honnorable, magniffique, splandide, grand despensier en sa charge, très-libéral et trop, car il est mort pauvre, encor qu'i. eust faict de beaux butins en son temps ; mais il despensoit tout, tant il estoit magniffique.

Amprès que Monsieur (despuis nostre roy Henry IIIe) eut combattu les huguenotz en ces deux battailles rangées de Jarnac, Montcontour et autres lieux et sièges, sa renommée volla par tout de luy et de ses prouesses, si qu'il se fit un pourparler de maryage d'entre luy et la reyne d'Angleterre; je diray en sa vie à quoy il tint qu'il ne se conclud : mais les parolles et les choses en allarent si advant, que nous demeurasmes quelque temps tousjours en suspens à dire, de moys en moys : « Nous partons pour aller « en Angleterre et à Londres. » Et devoit Monsieur y estre porté par les gallères de France, qui estoient encor en ceste mer Océane. Mais M. de La Garde en fit un si supperbe appareil de ses gallères et apprestz d'ornement, qu'on dict qu'il luy cousta plus de vingt mille escus : entre autres, le plus beau fut que tous ses forçatz de sa *Réalle* eurent chascun un habillement de vellours cramoisy, à la matellotte (M. le grand prieur de Lorraine, duquel je parleray, avoit heu ainsi les siens habillés longtemps); la poupe et la chambre de poupe toute tapissée et parée de mesme vellours, avecqu' une broderie d'or et d'argent large d'un grand pied, avec pour devise une palme en broderie d'or et d'argent, soufflée et agitée de tous ventz, avec des motz grecs qui disoient : « Bien que je soys et aye esté agité bien fort, jamais « je n'ay tumbé ny changé. » Comme de vray il n'a jamais faict, et a tousjours esté bon et loyal. Les lictz, couvertes, orillers, bancz de chambre et de poupe de mesmes; les estendardz flambantz, banderolles moytié de mesmes et moytié de damas, tous frangez d'or et d'argent. Bref, c'estoit une chose très-magniffique à voir. Et en tel superbe appareil devoyt entrer avec les autres gallères, qui pouvoient monter jusques à dix, dans la rivière de la Tamise à Londres. Je vous laisse à penser la superbetté[1] d'entrée que ce fust esté, sans tant d'autres magnifficences et grandes compagnies de braves gentilzhommes. Et tout cela ne servit de rien à ce pauvre seigneur du baron de La Garde, si non despence pour luy; et quelquesfois il en faisoit parer sa chambre de poupe, que j'ay veu ainsy; et moy indigne me suis couché et dormy en ces beaux lictz, où il faisoit très-bon.

Enfin il est mort ayant laissé plus d'honneur à ses héritiers[2] que de biens, et en l'aage de plus de quatre-vingtz ans; et si ne se monstroit trop vieux, retenant encor quelque belle et bonne grace et apparance du passé, qui le faisoit très-admirer à tout le monde, avec ses beaux comptes du temps passé, de ses voyages, de ses combatz, qui ont estez si fréquens et assidus que les mers de France, d'Espaigne, d'Italie, de Barbarie, de Constantinoble et Levant, en ont longuement raisonné : encor croys-je que les flotz en bruyent le nom.

1. *Var.* La superbité (ms. 6694, f⁰ 270 v⁰).
2. Il institua pour héritier Louis Adhémar de Monteil de Grignan, et laissa deux enfants naturels, une fille et un fils, Jean-Baptiste Escalin des Aimars, né à Rouen, qui fut légitimé en octobre 1570, et dont le fils Louis Escalin des Aimars, baron de la Garde, épousa Jeanne Adhémar de Monteil de Grignan.

Quand à moy, encor qu'il me fist perdre une fois un butin de douze mill' escus qu'un navire que j'avois en mer m'avoit faict, et ne le trouvant de bonne guerre ne de prise, me le fit rendre, dont il m'en fit force excuses, j'en diray à jamais ses vertuz. Si diray-je encor ce mot de luy, comme je luy ay ouy dire, et d'autres avecques moy (car il ne s'en faignoit point et en faisoit gloire) : qu'estant extraict de bas lieu, les guerres de Milan et de Piedmont[1] esmeues, il y eut un caporal d'une compagnie passant par le bourg dudict Poulin, et s'appelloit La Garde (du despuis il en voulut porter le nom), le voyant jeune enfant, gentil et tout esveillé d'esprit avec bonne façon, le demanda à son père pour le mener avec luy : le père le luy reffusa ; mais il se desroba du père, et s'en va avec le caporal, qui le[2] servit de goujat environ deux ans ; et puis, le voyant de bonne voulonté, luy donna l'harquebuze, le fit si bon soldat qu'il parut tousjours pour tel ; puis fut enseigne, et lieutenant, et puis capitaine. Ah ! qu'il s'est veu sortir de très-bons soldats de ces goujatz !

M. le grand prieur de France, de la maison de Lorraine[3].

Amprès qu'il fut désappoincté de sa générallité de gallères, pour raison que j'ay dict, M. le grand prieur de France, de la maison de Lorraine, frère à ce grand duc de Guyze, l'eut pour sa valeur et mérite ; car, amprès avoir faict son premier apprentissage de guerre soubz M. son frère au siège de Metz et la bat-

1. *Var.* Les guerres de Piémont (ms. 6694, f° 270 v°).
2. *Qui le*, auquel il.
3. François de Lorraine, grand prieur et général des galères de France, né le 18 avril 1534, mort le 6 mars 1563. Il fut nommé général des galères en 1557.

taille de Ranty, où il fit monstre de ce qu'il estoit et qu'il seroit un jour, s'en alla à Malte servir sa religion; où estant, par son illustre race et par sa valeur et vertu, il fut faict général des gallères de sa religion.

Et d'autant que la noble coustume est là de ne les entretenir ny de les annichiller en oyzivetté dans le port, ordinairement elles vont en cours, comme j'ay veu et y suis esté. Parquoy un jour entr' autres[1], ledict M. le grand prieur y estant allé avec quatre gallères seulement, et ayant battu la mer long-temps sans aucune rencontre, et se faschant d'un retour inutille, il luy prend fantaisie (contre l'oppinion pourtant des plus vieux capitaines et mariniers) d'aller se présenter devant le port et la ville de Rodes, et là appeller au combat les gallères qui y sont pour la garde; lesquelles, après avoir assez attendu, en voylà sortir six de nombre seulement, et venir à luy, lesquelles n'estoient des pires choisies, mais très-bien spalverades et armées de forçatz, mariniers et soldatz, jannissaires et Turcz, et des meilleurs; pensez qu'ilz ne les avoient pas oublyez. Sans autre temporisement l'on vient au combat, et à s'investir de telle furie, que la victoire demeure ambiguë. Enfin, après grand' tuerie et deffaicte d'un costé et d'autre, la victoire demeure au prince, n'ayantz estez pourtant séparez que pour l'obscurité de la nuict; et si, le combat commança despuis huict heures du matin aux grandz jours, et dura jusques à la nuict brune, que rien ne se voyoit que les canonnades et harquebuzades.

1. En 1557.

Le prince y perdit de bons hommes et de nobles chevalliers, avecqu' une gallère des siennes, qui fut mise à fondz; mais il demeura victorieux par la fuitte de trois, et une emmenée en triumphe et pour butin, et deux mises à fondz, dont l'une y fut mise par un acte très-généreux d'un chevallier gascon duquel j'ay oublié le nom, à mon très-grand regret; et m'en veux mal, car il devoit estre cognu par tout le monde et gravé en lettre d'or.

Ce brave et vaillant chevallier donc, ayant sauté dans une des gallères ennemyes avec aucuns de ses compaignons, et ayant forcé la proue et la rambade, et demeuré maistre du tout jusques à l'arbre, il trouva là un renfort de poupe de ceux qui tindrent ferme, et repoussarent aisément les nostres, d'autant qu'ilz estoient en peu de nombre ; de sorte qu'ilz furent contrainctz de se retirer et ressauter dans leur gallère. Mais ce chevallier gascon, résolu et déterminé de mourir par un faict généreux, vint au fougon[1], et là prend un tizon de feu, et soudain descend en bas dans la chambre de la munition, et mit le feu dans les poudres; si qu'en se perdant il perdit et gallère et tout ce qui estoit dedans, et tout alla à fondz et à tous les diables. C'est bien un acte romain de ceux du temps passé; mais pourtant ne s'en trouvera-il pas une douzaine de pareilz.

Une dame de Cypre, un de ces ans après la conqueste faicte par les Turcs[2], estant emmenée esclave, en fit de mesme, mettant le feu dans la gallère où

---

1. *Fougon*, foyer, cuisine, *focus*.
2. L'île de Chypre fut prise sur les Vénitiens en 1571. Voyez tome I, p. 295, et tome II, p. 64.

ell' estoit; laquelle la fit perdre par ce traict généreux, plustost que d'estre à jamais misérablement esclave.

Voylà donc M. le grand-prieur qui se retire victorieux, mais avecqu' un très-cher marché de victoire, et blessé de deux fleschades grandement; et n'eut guières de ses gens qui ne fussent mortz ou blessez; et ses gallères fort percées, brisées et fracassées, et quasi ayantz perdu forme de gallères; et fit ainsi son entrée triumphante dans le port de Malte : dont un chascun, en ayant sceu le discours du combat, ne peut assez le louer et admirer; et m'estonne que ceux qui ont escrit de ce temps-là n'ont mis ceste journée très-mémorable.

Je l'ay ouy raconter ainsi à M. le grand-prieur, mesmes à force autres chevalliers qui estoient avec luy, lesquelz il faisoit beau ouyr raconter. Lorsque mondict sieur le grand-prieur tourna de Rome, où il avoit mené son frère, M. le cardinal de Guize, pour l'eslection du pape Pie IV[1], il passa à Gênes, et là prit port et terre; car lors la paix estoit. Il alla voir le seigneur André Dorio, qui vivoit encor, mais très-vieux et cassé, non pourtant qu'il n'eust le jugement et la parolle très-bonne et belle, et la façon et tout. Il fist un grand honneur à mondict sieur le grand prieur, et le festina; et le loua fort de ce combat que je viens de dire, qu'il mit en avant exprès pour le louer et dire que c'estoit un des beaux combatz qui s'estoit faict en ceste mer pour si peu de vaisseaux qu'il y avoit, et mesmes en allégua plu-

---

1. Pie IV fut élu en décembre 1559.

sieurs des siens beaux qu'il avoit faictz en son temps.

Mais il n'allégua pas (dist amprès et à part à M. le grand-prieur un vieux capitaine de mer) la faute qu'il fit à Saincte-Maure de sa retraicte[1], ayant tant de fois appellé Barberousse au combat, et voyant qu'il sortoit hors du golphe pour aller à luy, se retira à force de rames et voilles, non pourtant sans perdre quelques vaisseaux (dont Ferdinand de Gonzague, lors visce-roy de Scicille, estant en ceste armée, cuyda désespérer); et lors aussi qu'il fit perdre ces braves soldatz espaignolz dans Castel-Novo, encor qu'il eust eu ces deux fois deux des plus belles armées qu'il avoit jamais eu[2].

Ceux qui l'excusoient disoient qu'il ne vouloit rien hasarder, et en un coup perdre sa réputation, son avoir et celuy de l'empereur son maistre, qui luy avoit deffendu de ne rien hasarder que bien à-propos. Ceux qui le blasmoient disoient qu'il y avoit quelque sourde intelligence entre Barberousse et le seigneur André Dorio, d'autant que la gloire de l'un estoit celle de l'autre, et qu'autrement leur maistres ne fairoient cas d'eux. Aussi, parmy leurs esclaves, le proverbe couroit que le corbeau ne crevoit jamais les yeux à un autre corbeau, et aussi encor que *corsario a corsario no ay que gañar los barilles d'agua;* « que corsaire à corsaire il n'y a rien à gaigner que « les barilz des forçatz, » comme j'ai dict ailleurs[3].

Voylà comme ces deux grandz capitaines, et les

---

1. Voyez tome II, p. 35. — 2. Voyez tome II, p. 43.
3. Voyez tome II, p. 35.

plus grandz de toute la mer de Levant, faisoient leurs affaires, l'un aux despans des chrestiens, et l'autre des infidelles, ce disoit-on alors : tant y a d'hypocrisie et de fictions au monde!

Ce M. le grand-prieur, dont je parle, ne flattoit pas ainsi le dé à l'endroict des ennemis de sa religion; car il les hayssoit mortellement. Je me souviens que, lorsque le roy François l'envoya à Marseille querir les gallères pour venir en la mer Océane, et de là faire la guerre en Escosse, je le vis cent fois maudire ceste occasion, et cent fois aussi les guerres civiles qui vindrent quelque temps amprès en France; car il avoit résolu de se bannyr pour un temps de la France, aller à Malte, en prendre la bandière, et exécuter une entreprise qu'il avoit sur Rodes, et qu'il tenoit très-facile; et s'assuroit de l'emporter, à l'ouyr discourir, mais non pas qu'il en descouvrist les plus grandz secretz.

Il prenoit une douzaine de ses gallères et emmenoit un' infinité de très-belle noblesse de France, avecqu' une fleur de bons soldatz. Il m'avoit faict promettre que j'yrois avecques luy; je n'avois garde d'y faillir, car je n'ay jamais aymé en mon jeun' aage qu'aller. Il avoit trouvé une fort belle invention pour armer ses gallères en combat, que je n'ay point veu ny ouy parler. Bref, il avoit là un beau dessain.

Le matin du jour de la bataille de Dreux, ainsi qu'il desjunoit et tous nous autres qui estions avec luy, je luy ouys dire que s'il mouroit en ceste bataille, qu'il ne regrettoit en rien tant sa mort, sinon qu'il perdoit l'occasion de faire son entreprise de Rodes advant mourir; qu'il la pensoit infailliblement emporter, et puis, ceste entreprise exécutée, qu'il ne se soucioit jamais plus de mourir. Mais le malheur, qu'ayant combattu ce jour très-vaillamment, et s'y estant par trop eschauffé, et retournant tout suant le soir qu'il faisoit un froid extrême, et son page escarté ne l'ayant peu trouver pour luy donner sa louvière¹, il fut contrainct de boire ainsi sa sueur qui se reffroidist sur son corps; et pour ce en engendra un faux purizy² qu'il garda plus de six sepmaines, dont enfin il en mourut, par un très-grand dommage, et plus qu'on ne le sçaroit exprimer; car, n'ayant pas encor trente ans, il se fust rendu un des grandz personnages de mer qu'on eust sceu voir; car s'il y estoit brave, vaillant et hasardeux, il y estoit bien autant expert et très-bon marinier, si que bien souvant il reprenoit les meilleurs pilottes, comittes, argousilz et mattellots, ce que j'ay veu moy-mesmes, et les rassuroit et enseignoit : comme j'y vis lorsque, comme j'ay dict en la vie de la reyne d'Escosse³, que nous nous approchasmes de l'Escosse et que ce grand brouillard nous saisit qu'un chascun s'en estonnoit, luy ne perdit jamais cœur ny jugement, r'assura tout et opina ce qu'il falloit, contre l'opinion des mariniers, pilottes et comittes, dont l'on se trouva bien; et là je le vis aussi bien opiner et bien dire que le meilleur pilotte qui fut jamais.

En retournant les gallères d'Italie, car il estoit allé mener son frère M. le cardinal de Guize, comme

1. Manteau ou fourrure de peau de loup.
2. *Var.* Purezy (ms. 6694, f° 271 v°). — Voy. plus haut, p. 99, note 1.
3. Voy. dans un autre volume la vie de Marie Stuart.

j'ay dict ailleurs, toutes les gallères, et la sienne première, s'alloient périr, sans luy et son advis[1] et hasard, dans le golphe de Ligourne[2]. De mesmes ramenant ses gallères de Levant en Ponant, elles estoient perdues, sans luy, aux Asnes de Bourdeaux[3], là où il courut très-grand fortune : car il n'envoyoit jamais devant pour tenter la risque ou pas, ou l'advanture, mais alloit tousjours le premier devant, ainsi qu'est la coustume qu'il faut que la généralle ou la réalle tousjours aille devant toutes les autres; ce qu'il faict très-beau voir certes, soit ou à combattre ou à faire voyage, avecques sa belle bandière ou estendart général et son grand fanal.

Il s'est veu par un coup commander à quarante gallères; et c'est ce que nos roys de France ont eu jamais de plus en mer, ou quelques deux ou trois d'advantage; ce qui faisoit fort parestre leur général, en quelque part qu'il fust ou allast, pour la belle suitte que je luy ay veu ordinairement de gentilzhommes, de capitaines de gallères et de soldatz, de chevalliers et autres plusieurs honnestes gens, outre qu'il estoit très-magniffique et d'une très-belle despence, et beau joueur.

Il avoit M. de Carses[4], son licutenant général, qui estoit un très-sage, brave et vaillant, riche et magnifficque seigneur, et beau joueur, aussi comme son général, et qui avoit faict belle preuve de sa va-

1. *Var.* Son bon advis (ms. 6694, f° 272).
2. *Ligourne*, Livourne.
3. Récif situé près de la Tour de Cordouan, à l'embouchure de la Gironde.
4. De Pontevez, comte de Carces.

leur en Piedmont, commandant à deux enseignes de gens de pied, et estoit grand seigneur de moyens et de grand' despense.

Les deux lieutenans de ses deux gallères estoient M. le chevallier de Tenance[1], et M. de Beaulieu-Chastaigner, de Poictou, frère de M. Chastaigner qui avoit esté gouverneur dudict M. le grand prieur, au gouvernement duquel il avoit eu très-grand honneur; car ces deux MM. de Tenance et Beaulieu estoient fort mettables et bien choisys.

Il avoit le seigneur de Basché-Martel, très-bon homme de mer, lequel amprès la paix le grand-duc retira à soy, et le fit général de ses gallères.

Il avoit M. le conte Fiasque[2], seigneur d'honneur, de vertu et valeur, et de grande fidellité à la France, qu'il a tousjours inviollablement[3] gardée, si que, pour ses vertuz, le roy Charles et le roy Henry IIIe le firent chevallier d'honneur des reynes leurs femmes[4], ayant esté advant ambassadeur vers ce grand empereur Maximilian, où il traicta le mariage de nostre très-illustre Ysabelle d'Austriche.

Il y avoit aussi le seigneur Cornelio Fiasque[5], son parent, un très-bon et grand capitaine, et vaillant.

1. Andrieu ou André de Saulcières de Tenance, reçu chevalier de Malte en 1548.
2. Scipion de Fiesque, comte de Lavagne, chevalier du Saint-Esprit (1578).
3. *Var.* Inviolammant (ms. 6694, f° 272 v°).
4. *Var.* Estat qui ne se commet à gens de peu (ms. 6694, f° 23 v°).
5. Cornelio de Fiesque, fils naturel de Jean-Louis de Fiesque qui conspira contre Gênes, sa patrie (janvier 1547). Il fut naturalisé en mars 1563 avec Scipion de Fiesque.

Il y avoit aussi le capitaine Pierre Bon, dict M. de Meuillon, très-bon capitaine, qui pour sa suffizance fut gouverneur de Marseille et du fort de Nostre-Dame de la Garde; le capitaine Maurice, son lieutenant, fort brave.

Il y avoit aussi M. le chevallier de Charlus [1], de très-bonne et ancienne maison d'Auvergne, qui estoit un très-bon, brave et vaillant homme de mer, et qui avoit beaucoup veu et retenu.

Il y avoit aussi le capitaine Albize, bon et ancien capitaine.

Bref, ce me seroit trop grande longueur et importunité, si je voulois dire et spéciffier tous ses capitaines des gallères, qui estoient tous gens de mérite, qu'il faisoit tous beau veoir auprès de leur brave général, qui leur donnoit toute pareille lueur que la lune à ses estoilles.

Ce n'est pas tout ce qu'il faut notter en luy; car, s'il estoit bon homme de mer, il estoit aussi bon homme de terre. Se trouvant en des combatz, il s'en acquittoit très-bien, en toute valeur et honneur. Il estoit un très-bon homme de cheval. Et que peu ou jamais s'est veu qu'un homme de marine fust bon homme de cheval! ainsi que je l'ay veu par expériance, comme chose plaisante à veoir, que ces gens maritimes monter à cheval et les picquer. M. le grand prieur y estoit fort adroict, de très-belle assiette et de fort belle grace.

Je l'y vis une fois à Amboise, à un courement de

---

[1]. Jean de Lévis, reçu chevalier de l'ordre de Saint-Jean de Jérusalem, le 12 avril 1532, tué devant Alger en 1541.

bague qu'y fit le roy François II, la desbattre contre M. de Nemours, qui estoit des meilleurs hommes de cheval de France, dix fois l'un après l'autre; enfin, M. le grand prieur l'emporta pour l'unziesme fois.

Il estoit monté sur un barbe, habillé fort gentiment en femme Ægyptienne, avec son grand chappeau rond ou capeline sur la teste, à l'Ægyptienne, sa robe et cotte tout de vellours et taffetas fort bouffante. En son bras gauche avoit, au lieu d'un petit enfant, une petite singesse qui estoit à luy, et plaisante, emmaillottée comm' un petit enfant, qui tenoit sa mine enfantine ne faut dire comment, et qui donnoit fort à rire aux regardans. Elle luy donna pourtant de la peine et de l'incommodité à faire ses courses, à cause de l'esmotion du cheval à courre; de sorte qu'il fut receu, après en avoir faict quatre courses en tel estat, de la laisser, et poursuivre ses courses, tousjours masqué.

M. de Nemours estoit habillé en femme bourgeoise de ville, avec son chapperon et robbe de drap noir, et à sa saincture une grand' bource de mesnage, avec un grand clavier de clefz où pour le moins il y avoit plus de cent clefz pendentes avec la grosse chaisne d'argent, tousjours masqué aussi. Il fit son entrée de camp sur un très-beau roussin, qu'on appelloit le *Réal*, que le seigneur Julle, escuyer de M. le vidasme, et puis à M. de Nemours, avoit dressé à aller à deux pas et un saut mieux que ne fit jamais cheval, et qui alloit le plus haut, car c'estoit un des plus fortz roussins et des plus beaux, bay obscur; de sorte qu'en ceste allée du mitan du jardrin d'Amboise, il ne fit que cinq sautz, tant il se lançoit bien, jusqu'à la fin de la carrière, M. de Nemours s'y tenant si bien et de si bonne grâce, qu'il en donna grand' admiration à tout le monde, tant hommes que dames. Aussi y avoit-il là une dame qu'il servoit et aymoit fort, aussi elle luy. Et ce qui estoit plaisant, c'estoit que le clavier, avec sa multitude de clefz, faisoit un bruict comme si ce fussent esté sonnettes, pour l'amour des sautz du cheval, qui, en mesme temps que lui sauttoient en l'ayr et tintinoient ainsi. Je vis tout cela, et ce fut la première fois que je vins à la court, venant d'Italie.

A propos de ce cheval *Réal*, il faut que je face ce conte que, deux ans avant, le roi Henry fit une partye, le jour du mardy gras, avec les jeunes seigneurs, princes et gentilzhommes de sa court, d'aller en masque par la ville de Paris, et à qui fairoit plus de follies. Ilz vindrent tous au Pallais. M. de Nemours, estant sur le *Réal*, monta de course (car ainsy le falloit) par le grand degré du Pallais (cas estrange, estant ainsy précipitant), entra dans la gallerie et la grand' salle dudict Pallais, faict ses tours, pourmenades, courses et follies, et puis vint descendre par le degré de la Saincte-Chapelle, sans que le cheval jamais bronchast, et rendit son maistre sain et sauve dans la basse court. Force autres de ses compaignons de la masquarade entrarent bien dans la salle, et en sortirent; mais ce fut par le petit degré. Mais ce traict de M. de Nemours fut estrange et miraculeux, tenu et conduict par la main de Dieu; si que jamais ne se vist tel miracle.

Pour tourner encor à ce M. le brave grand prieur, je diray cecy de luy, que, s'il monstroit en jeu sa vertu, valeur et son addresse, il le monstroit encores mieux à bon escient et en guerre, comme il fit aux battailles de Ranty (estant très-jeune) et de Dreux, et force autres combats et deffaictes.

Il avoit d'ordinaire sa grand' escurie de dix ou douze pièces de grandz chevaux, comme s'il n'eust bougé de terre, et une vintaine de beaux courtaudz; et quand il alloit sur mer, il laissoit tout en sa maison; et quand il tournoit, il les reprenoit (tant il estoit magnifficque et splandide!) et force pages et lacquais à l'équipolant, et ordinairement très-bien et richement vestus; car, si ceux de la court estoient vestuz ou de bandes de vellours ou en broderie, les siens avoient tousjours de l'or et de l'argent par dessus les autres, et tousjours blanc et incarnat, portant et aymant ces couleurs pour l'amour d'une belle et honneste dame que je cognois; et d'elle et d'autres il estoit fort aymé : aussi y avoit-il bien de quoy en luy à se faire aymer, car il estoit très-beau de visage, blond, doux, courtois et gracieux et respectueux, de fort belle, haute et très-haute taille, et avec cela, comme disent les tireurs d'armes d'Italie, *con bel corpo desnodato e di bella vita*[1] : car il y a force grandz qui sont grands landores et langoyrans[2], tant mal bastys et adroictz que c'est pitié; mais cestuy rien moins : il avoit les armes très-bien en la main, et de très-bonne grace et addresse.

Je le vis une fois à Paris, aux fauxbourgs de Sainct-Germain, au commancement du règne du roy Char-

---

1. Avec un corps bien découplé et de belle taille.
2. *Langoyrans*, langoureux.

les IX®, entreprendre un combat à la barrière avec le seigneur Avaret[1], qui estoit grand aussi et de mesme taille, et des gallants de la court, et mourut huguenot, dans Orléans, de peste. Tous deux estoient les deux tenans, et tindrent contre plus de cinquante venans, sans jamais se rendre ny demander aydes. Mais on ne vist jamais mieux faire de si belles desmarches, et mieux portant la picque, mieux la rompre, mieux combattre à l'espée et mieux frapper, ny de meilleure grâce; et ce grand M. de Guyze, qui estoit le parrin de son frère, qu'il faisoit très beau voir à servir son frère et filleul! Enfin, ces deux emportarent et le prix et la voix du roy, des princes, des reynes et des dames qui estoient là, encor qu'ilz furent assaillys de très-braves combattans.

Pour fin, ce M. le grand prieur estoit bon à tout; et faut dire de luy ce que l'on dist le temps passé des enfans d'Israël retirez dans la ville de Hierusalem, où ilz furent là contraincts, par les assautz que leur donnoient les ennemis et les empeschemens de bastir et remparer la ville, de l'une des mains tenir l'espée et combattre, et de l'autre l'estruelle et bastir, si que l'on disoit d'eux qu'ilz estoient *ad utrumque parati*. Aussi pouvoit-on dire de ce M. le grand prieur *ad utrumque paratus*.

Quand nous tournasmes d'Escosse et vismes la reyne d'Angleterre, elle luy fit un grand recueil et le tint en grand' estime; et dança une fois ou deux avecqu' elle; car il dançoit des mieux et de la meilleure grâce, et de toutes sortes de dances, et en pour-

---

[1]. *N. de Béziade d'Avaray, mort au commencement de* 1563.

toit tousjours quelque nouvelle à la court quand il venoit d'un voyage.

Ceste reyne luy monstra beaucoup de familliaritez, comme il le mérittoit pour le rang de sa maison et de ses vertuz. Je luy vis souvant dire : « Monsieur « mon prieur (ainsi usoit-elle de ce mot), je vous « ayme fort, mais non pas M. vostre frère, qui m'a « ravy ma ville de Callais. »

Or c'est assez dict pour ce coup de ce grand prince, jusques à un autre endroict. Cependant, pour avoir eu cest honneur de luy qu'il a esté de mes bons seigneurs et maistres, et des premiers, et que je l'ay suivy en Italie, en Escosse par mer, et en France par terre, et qu'il m'a aymé fort et faict plus d'honneur que je ne méritois, à jamais je luy offre, à ses cendres et à son honnorable mémoire, un torrant de mes larmes, aussi bien ast' heure comme le jour qu'il mourut.

M. de Nemours[1].

Et puisque je viens icy devant de toucher un peu de M. de Nemours, j'en vays parler sans attendre à un' autre fois. Ce prince, dit Jacques de Savoye, fut en son temps un des plus parfaictz et accomplys princes, seigneurs et gentilzhommes qui furent jamais. Il faut librement avec vérité franchir ce mot sans en estre repris ; ou, si l'on l'est, c'est très-mal à propos ; qui l'a veu le peut dire comme moy. Il a esté un très-beau prince et de très-bonne grâce, brave, vaillant, agréable, aymable et accostable, bien disant,

---

1. Jacques de Savoie, duc de Nemours, né le 12 octobre 1531, mort le 15 juin 1585. Il était fils de Philippe de Savoie, duc de Nemours, et de Charlotte d'Orléans-Longueville.

bien escrivant, autant en rithme qu'en prose, s'habillant des mieux, si que toute la court en son temps (au moins la jeunesse) prenoit tout son patron de se bien habiller sur luy; et quand on portoit un habillement sur sa façon, il n'y avoit non plus à redire que quand on se façonnoit en tous ses gestes et actions. Il estoit pourveu d'un grand sens et d'esprit, ses discours beaux, ses oppinions en un conseil belles et recepvables. De plus, tout ce qu'il faisoit il le faisoit si bien, de si bonne grâce et si belle addresse, sans autrement se contraindre (comme j'en ay veu qui le voulloient imiter sans en approcher), mais si naïfvement, que l'on eust dict que tout cela estoit né avec luy.

Il aymoit toutes sortes d'exercices; et si y estoit si universel qu'il estoit parfaict en tous. Il estoit très-bon homme de cheval et très-adroict et de belle grâce, fust ou à picquer, ou rompre lance, ou courir bague, ou autre exercice pour plaisir; et pour la guerre bon homme de pied à combattre à la picque et à l'espée, à la barrière, les armes belles en la main. Il jouoit très-bien à la paume, aussi disoit-on les *revers de M. de Nemours*; jouoit bien à la balle, au ballon; sautoit, voltigeoit, dançoit, et le tout avec si bonne grâce, qu'on pouvoit dire qu'il estoit très-parfaict en toutes sortes d'exercices cavalleresques : si bien, qui n'a veu M. de Nemours en ses années guayes, il n'a rien veu; et qui l'a veu, le peut baptiser par tout le monde la fleur de toute chevallerie; et pour ce fort aymé de tout le monde, et principallement des dames, desquelles (au moins d'aucunes) il en a tiré des faveurs et bonnes fortunes plus qu'il n'en vouloit; et plusieurs en a-il refusé qui luy en eussent bien voulu despartir.

J'ai cognu deux fort grandes dames, des belles du monde, qui l'ont bien aymé, et qui en ont bruslé à feu descouvert et couvert, que les cendres de discrétion ne pouvoient tant couvrir qu'il ne parust. Plusieurs fois leur ay-je veu laisser les vespres à demy dictes pour l'aller voir jouer ou à la paulme ou au ballon, en la basse-court des logis de nos roys. Pour en aymer trop une et luy estre fort fidelle, il ne voulut aymer l'autre, qui pourtant l'aymoit tousjours[1].

Je luy ay ouy raconter plusieurs fois de ses advantures d'amour; mais il disoit que la plus propre recepte pour jouyr de ses amours estoit la hardiesse; et qui seroit bien hardy en sa première poincte, infailliblement il emportoit la forteresse de sa dame; et qu'il en avoit ainsi conquis de ceste façon plusieurs, et moictié à demy force, et moictié en jouant.

En ses jeunes ans, au commancement du roy Henry, il s'en alla veoir l'Italie avec M. le mareschal de Bouillon, que le roy Henry envoya vers le pape Paul IIIe, se congratuler avec luy de son advènement à la couronne et lui prester obédiance, ainsi qu'est la coustume ordinaire de nos nouveaux roys; mais j'ay ouy dire à des François et Italiens sur le lieu, que ce prince estoit admiré et aymé de toutes les damés de ce pays là qui le voyoient, et des filles de joye très-fort, et couru à force.

---

1. Probablement la duchesse de Guise que M. de Nemours épousa plus tard et Mlle de Rohan dont il sera parlé plus loin.

J'ay ouy conter que dans Naples, une fois dans ceste ville, mesmes un jour de Feste-Dieu et en la procession, ainsi qu'il y marchoit, luy fut présenté par un ange, de la part d'une dame, un très-beau bouquet de fleurs, lequel ange comparut artificiellement et descendit d'une fenestre, et s'arresta très-bien à propos devant luy, et de mesme luy présenta aussi, avec ces motz : « Soit présenté à ce beau et « valeureux prince le duc de Nemours. »

Il fit ses jeunes guerres en Piedmont, par deux à trois voyages qu'il y fit, et en France aux sièges de Boulloigne, de Metz et bataille de Ranty et autres belles factions, en représentation[1] d'un très-brave, vaillant et très-hardy prince, ayant charge de chevaux-légers et de gens-d'armes, et puis en Italie de gens de pied, en estant couronnel de toutes les bandes qu'y mena M. de Guyze : j'en parleray ailleurs[2]. Au retour il fut couronnel général de la cavallerie légère, dont il s'en acquicta très-bien et dignement, et mesmes au voyage d'Amians[3], estant logé à Pontdormy, près de l'ennemy, qu'il alloit esveiller souvant; et ne parloit-on que des courses de M. de Nemours pour lors.

La paix estant faicte, le roy d'Espaigne en fit grand cas, et sur-tout M. de Savoye, son bon cousin, qui le commança à l'aymer extrêmement, tant pour ses vertuz que pour la privauté qu'il prit aussitost avec luy, se jouant avec luy comme s'ilz n'eussent jamais

---

1. *Var.* Réputation (ms. 6694, f° 274 v°).
2. Voy. le livre des *Couronnels*.
3. Un camp fut établi à Amiens après la bataille de Gravelines.

bougé d'ensemble. Et la pluspart du temps alloit tousjours en crouppe derrière luy à cheval; et sans autre cérimonie, sans qu'il se donnast garde, y montoit d'une telle disposition[1], qu'il estoit plustost monté qu'il en sceust rien; dont il estoit si aise que rien plus. Aussi, despuis se sont-ilz bien aymez tousjours, et se sont très-bien accordez ensemble de leur partage, sans avoir noise autrement; et de plus, M. de Savoye luy donna sur ses jours Montcallier en Piedmont, pour s'y retirer.

Si M. de Savoye estoit bon Espaignol, M. de Nemours estoit très-bon François, ne s'estant jamais trouvé brouillé sur l'esbranlement de l'estat de France, encor qu'il ne tint à aucuns qu'on ne luy en jettast le chapt aux jambes, comm' on dict, à Sainct-Germain-en-Laye, amprès le colloque de Poyssy. Lorsque MM. de Guyze et luy se retirarent de la court pour voir la nouvelle relligion entrer en fleur, on l'accusa d'avoir voulu desbaucher Monsieur, frère du roy, pour en faire de mesmes et aller avecqu' eux; dont une femme de chambre de la reyne, dicte Denise, qui chantoit des mieux, en fut rapporteuse, et à faux pourtant; car disoit le roy de Navarre l'en avoir sollicitée, parce qu'il hayssoit fort mondict sieur de Nemours, à cause de madamoyselle de Roan[2], que ledict roy vouloit qu'il espousast. Et de vray, si mondict sieur de Nemours ne se fust garenty et absenté, il fust esté en peyne, ainsi qu'il parut peu

---

1. *Disposition*, agilité.
2. Françoise de Rohan. Voy. à l'*Appendice* diverses pièces sur cette affaire.

amprès par l'emprisonnement de Lignerolles[1]. J'espère faire tout au long ce conte en la vie du roy Henry IIIe, car je le sçay fort bien, pour avoir esté en ce temps à la court.

Tout cela se passa et n'en fut autre chose, jusqu'à ce que la première guerre civile vint, et qu'il fut envoyé querir, pour en avoir besoing de sa suffisance à bien servir le roy; ce qu'il fit : et pour ce fut envoyé lieutenant de roy vers le Lionnois, Foretz, Masconnois et Dauphiné, là où il empescha fort les huguenotz de par de là à ne faire si bien leurs besoignes comm' ilz les faisoient paradvant; et fit une grande deffaicte vers la forest de Sillan sur le baron des Adretz et ses compaignons[2]; et les eust encores plus tourmentez, sans une grande malladie qui luy survint, qui le mena tellement et le mist si bas, qu'on ne vist jamais personne si proche de la mort; mais enfin, avec beaucoup de peine, de tant de maux il se remit et rentra en sa convallescence première. Sur quoy la paix entrevint, et fut gouverneur du Lionnais, Fouretz et Beaujaulois, par la mort de M. le mareschal de Sainct-André[3].

Amprès, les seconds troubles arrivarent et la journée de Meaux[4], où M. le prince de Condé, MM. l'admiral et autres grandz de la religion estoient venus avec quinze cens chevaux et bien armez, pour présenter une requeste au roy. Quelle

---

[1]. Philibert, seigneur de Lignerolles. Il périt en 1571, assassiné par Georges de Villequier, vicomte de la Guerche, Henri d'Angoulême et Charles de Mansfeld. Suivant toute apparence, ce fut d'après l'ordre du roi. — Voy. de Thou, liv. II.

[2]. En 1562. — [3]. En 1562. — [4]. En 1567.

présentation de requeste, disoit-on lors, le pistollet à la gorge!

Le roy pour lors n'avoit autres forces avec luy, sinon sa maison et six mille Suysses, qui par cas estoient arrivez bien à propos, par la sollicitation mesme de messieurs de la religion, à cause de l'armée et passade du duc d'Albe en Flandres : j'en parle ailleurs. Il y eut pour lors un très-grand et vieux capitaine[1] qui oppina qu'il falloit que le roy demeurast à Meaux et envoyast querir secours; mais M. de Nemours débattit fort et ferme qu'il falloit guaigner Paris, pour beaucoup de raisons bien preignantes[2] qu'il allégua, lesquelles je laisse à songer aux mieux discourans sans que je les touche; et pour ce il fut creu, disant que, sur sa vie, il mèneroit le roy sain et sauve dans Paris.

La charge luy en fut aussi tost donnée de par le roy, envers qui M. de Nemours, usant doucement de sa charge (comme le marquis del Gouast fit à l'endroict de l'empereur, à la journée de Thunes, comme j'ay dict en son lieu[3]) le pria de se mettre au mitan de ses Souysses, et luy se mit à la teste, marchans sy sarrez et en si bon ordre de battaille, sans jamais le perdre, que les autres ne les osarent jamais attaquer, bien qu'ilz les costoyassent tousjours pour en voir et prendre la moindre occasion du monde pour les charger : et par ainsi, et en telle façon et ordre, le roy se sauva dans Paris sans au-

---

1. Le connétable de Montmorency.
2. *Preignantes*, décisives.
3. Voyez tome I, p. 201.

cun désordre; ce qui fit dire au roy que, sans M. de Nemours et ses bons compères les Suysses, sa vie ou sa liberté estoient en très-grand bransle. C'est une retraicte celle-là, et des belles, en plein jour, non de la façon que M. de Montluc en donna l'instruction à M. d'Estrozze, et à tous gens de guerre, de faire les leurs de nuict[1]!

Voylà pourquoy il faut estimer ceste-cy par dessus beaucoup d'autres, et mesmes ayant tousjours les ennemys en veue; mais quelz ennemis? des braves, des vaillans et déterminez qui fussent en France.

Bientost amprès, la battaille de Sainct-Denys se donna[2], où ce prince fit très bien, comm' il avoit tousjours faict en toutes les autres où il s'estoit trouvé. De là en hors, au voyage de Lorraine, il mena l'advant-garde avec M. de Montpensier; et ne tint pas à luy qu'on ne donnast la battaille à Nostre-Dame de l'Espine. Et si ce pauvre prince estoit la pluspart du temps tourmenté de ses gouttes; mais son brave et généreux cœur le soustenoit tousjours. Hélas! elles l'ont tant tourmenté despuis qu'elles l'ont mis à la fin dans le cercueil. Et ne m'estonne pas, si Lucian[3] l'appelle la reyne des malladies, pour la tyrannie qu'elle exerce sur les personnes, ainsi que fit celle-là sur ce brave prince, et si tyranniquement qu'advant quelques années qu'il mourust il n'avoit quasi mem-

---

1. Voyez *Commentaires* de Monluc, tome I, p. 470, 471.
2. Le 10 novembre 1567.
3. Τίς τὴν ἀνίκητόν με δεσπότιν πόνων
Οὐκ οἶδε ποδάγραν τῶν ἔπι χθονὸς βροτῶν;
   Lucien, *Tragopodagra*, vers 137-38.

bre des siens principaux qui ne fust perclus, fors la langue, qui luy demeura encor si bonne et saine, qu'ordinairement on en voyoit sortir les plus beaux motz, les plus belles sentences, les plus graves discours et les plus plaisantes rencontres. Ah! que ce brave Hector estoit bien changé de celuy qui avoit esté autresfois le plus accomply prince du monde[1]! Hélas! ce n'estoit pas celuy là qui à la guerre combattoit si vaillamment et remportoit de si belles despouilles, victoires et honneurs de ses ennemys! Ce n'estoit pas celuy là contre qui ce brave marquis de Pescayre, du temps des guerres du Piedmont[2], qui estoit certes un très-brave et généreux prince aussi, qui, ayant receu la renommée des vaillances et beaux combatz de ce prince, se voulut esprouver contre luy pour en aumenter d'advantage sa gloire; et pour ce, en toute gentillesse de cavallier, l'envoya deffier un jour, luy et quatre contre autant ou d'advantage, à donner coups de lance à fer esmoulu, fust ou pour l'amour des dames, ou pour la querelle généralle. Le combat fut aussitost accepté et le trompette pris au mot.

Parquoy M. de Nemours parest devant Ast, où estoit le marquis, qui se présenta à nostre prince en fort belle contenance, laquelle, bien qu'elle fust très-belle, ne paroissoit pas tant que celle de nostre prince. S'estans doncques mis tous deux sur le rang

---

1.   Quantum mutatus ab illo
   Hectore!
                    Æneide, lib. II, vers 273-274.

2. En 1555. Voy. de Thou, liv. XV, et les mémoires de Boyvin du Villars.

et en carrière, coururent de fort bonne grâce, et si rudement qu'ilz en rompirent leurs lances, et les esclatz s'en allèrent fort haut en l'air, sans s'endommager l'un l'autre. Amprès la course, levarent leur visière et s'entr'embrassarent fort courtoisement avecqu' une merveilleuse admiration de l'un et de l'autre, et se mirent à deviser ensemble, cependant que les autres faisoient leurs courses.

Ce fut M. de Classé[1], filz de M. de Vassé, qui courut amprès contre le marquis de Mall'Espine, lequel rompit sa lance sur le sieur de Classé, et, en perçant son hausse-col, entra bien demy pied de lance dedans, dont le jeune seigneur fut fort blessé et en mourut quelques jours amprez.

Courut amprès le capitaine Manez[2], lieutenant de M. de La Roche-Pouzay, contre lequel courut don Albe[3], capitaine espaignol, qui donna un coup de lance au col dudict sieur de Manez, duquel il mourut quatre jours après.

Le dernier, M. du Moncha[4], enseigne de M. de Pivars, de l'aage de cinquante bonnes années, courut; contre lequel se vint présenter le comte Caraffe, napolitain, nepveu du pape pour lors[5]; auquel le seigneur du Moncha donna si grand coup de lance, qu'il luy perça le bras et le corps de part en part, de sorte que la lance se monstroit outre par derrière

---

1. Suivant de Thou (liv. XV) c'était le fils aîné d'Antoine de Vassé.
2. Gaspard de Bolliers, seigneur de Manes.
3. Alaba, suivant de Thou (liv. XV).
4. Bertrand-Raimbaud de Simiane, seigneur de Moncha.
5. Paul IV.

plus de quatre piedz, dont le seigneur comte demeura mort sur le champ. Et ainsi se desmesla le combat par victoire doubteuse, et chascun se retira.

Les Espaignolz qui en parlent[1] en content d'autre diverse sorte, et disent qu'ilz n'estoient que trois contre trois. Il y avoit M. de Nemours, M. de Navaille, Basque, son lieutenant, gentil capitaine cheval légier, et M. de Vassé. De l'autre costé estoit M. le marquis, don Georges Manrique de Lara *y el capitan Milort;* ce nom dénotte qu'il estoit Angloys[2], que les Espaignolz tenoient pour un très-bon capitaine.

Ce combat se fit auprès des murailles d'Ast; et advant avoient faict un concert de ne tirer point aux chevaux; et qui en tueroit un en payeroit cinq cens escus à son compaignon. Ceste condition se pouvoit faire et accomplir pour plusieurs raisons que je diray.

M. de Nemours et M. le marquis coururent les deux premiers et firent trois courses. Les Espaignolz disent que le cheval de M. le marquis fuist tousjours la carrière et qu'il ne peust faire nulle belle course, sinon qu'une fois qu'il blessa un peu au bras M. de Nemours. Mais c'est au contraire, car ce fut celuy de M. de Nemours qui fuist tousjours la lice, d'autant que M. le marquis s'estoit accommodé d'un fort grand panache à sa sallade, si couvert de papillottes que rien plus, ainsi que les plumassiers de Milan s'en font dire très-bons et ingénieux maistres, et en

---

1. Voyez à l'*Appendice* une relation espagnole de ce combat.
2. César Milord, originaire d'Écosse, dit de Thou.

avoit donné un de mesmes au chanfrain de son cheval (on disoit qu'il l'avoit faict à poste), si bien que le cheval de M. de Nemours, s'approchant de celuy du marquis, fust umbrageux de ces papillottes qui luy donnoient aux yeux, à cause de la lueur du cheval, tournoit tousjours à costé et fuyoit très-poltronnement la lice et la carrière. Et par ainsi M. de Nemours, par la poltronnerie de son cheval, faillit aux beaux et bons coups qu'il avoit ordinairement accoustumé faire; comme certes cela est arrivé souvant, et le voit-on encor, qu'un cheval poltron fait grand tort à la valeur de son maistre. Aussi quelquesfois un cheval fol, bizare et de mauvaise bouche, faict son maistre plus vaillant qu'il n'est ou ne veut estre; car il l'emporte dans la meslée des ennemis en despit de luy, là où il faut qu'il combatte maugré luy aussi; ainsi que j'ay cogneu un brave gentilhomme à qui son cheval, qui estoit un beau roussin blanc, fit un tel traict à la bataille de Dreux.

Pour donc encor tourner à nostre conte, les Espaignolz disent que M. de Nemours tua le cheval de M. le marquis, et que, le pasche[1] faict, M. de Nemours luy envoya aussi tost après le combat les cinq cens escus; mais M. le marquis, comme très-courtois, les luy renvoya : ce qui est faux, car M. de Nemours estoit trop bon gendarme pour faillir l'homme et aller au cheval; aussi qu'il avoit le cœur trop généreux et libéral, s'il en fut onc, pour reprendre les cinq cens escus; il les eust plustost donnez au trompette du marquis.

1. *Pasche,* pacte. — Suivant le pacte fait.

Voilà pourquoy il se faut rapporter pour toute la vérité du combat à ce que les François en ont veu, dict et escrit, ainsi que j'en ay veu un petit traicté en espagnol imprimé, et comme aussi aucuns à moy-mesmes me l'ont ainsi débattu.

Il n'est non plus rien de ce qu'ilz ont dict de M. de Navaille[1], qui combattit contre Manrique de Lara, lequel perça de sa lance de part en part l'espaule de M. de Navaille, dont il mourut quelques jours amprès ; car il mourut au voyage de M. de Guize en Italie, pour avoir trop couru la poste, comme j'ay dict ailleurs.

Le capitaine Milort se battit contre le seigneur de Vassé, lequel mourut bien celuy-là, comme j'ay dict ; mais les Espaignolz et François sont discordans du nom de celuy qui le combattit. Voylà comment il y a de grandz abus aux dires et escritures des gens ; mais il faut que les Espaignolz ne perdent point leur coustume de se bien vanter, et qui d'eux-mesmes ne se veulent jamais abbaisser, et ont tousjours la vanterie et le premier honneur en la bouche.

Sur quoy je fairay ce conte d'un combat qui fut faict au royaume de Naples, du règne du roy Louys XIIe, entre treize nobles chevalliers françois et treize espaignolz aussi, duquel combat les Espaignolz et Italiens s'en donnent tout l'avantage et la gloire, ainsi mesmes qu'ilz l'ont escrit ; mais les François ne causent pas ainsi.

Le conte est doncques tel qu'après le combat

---

1. Jean de Montault, baron de Navailles, mourut à Macerata en 1557.

qu'eust faict M. de Bayard contre Allonzo de Sotto Maior, et vaincu, dont j'en parle ailleurs[1], les Espaignolz en cuydarent crever de despit, et chercharent tousjours le moyen pour s'en revancher[2]. Par quoy, y ayant trefves faictes pour deux mois, les François et Espaignolz s'entrevisitoient quelques fois en leurs garnisons ou en la campagne, et causoient famillièrement ensemble; mais vous eussiez dict que les Espaignolz cherchoient tousjours noize et riotte.

Un jour entre autres, une bande de treize cavalliers espaignolz, très-bien montez, s'y vindrent pourmener et esbattre vers la ville de Monervine, où estoit la garnison de M. de Bayard; et par ce cas, ce jour aussi M. de Bayard en estoit sorti avec M. d'Orozze[3], très-gentil et brave capitaine de la maison d'Urffé, pour s'aller esbattre et prendre l'air tout à cheval, jusques à une demy-lieu, où il vint rencontrer ceste noble trouppe d'Espaignolz, qui les saluarent très-courtoisement, et on leur rendit la pareille. Entr'eux, il y eut un, brave certes et courageux, qui s'appelloit Diego de Bisaigne, lequel avoit esté de la compagnie de don Allonzo, et luy souvenoit encor de la mort de son capitaine, dont il l'en faut louer, qui s'advança par sus les autres, et leur dist : « Vous « autres, messieurs les François, je ne sçay si ceste « trefve vous fasche point; mais à moy elle m'en- « nuye fort, encores qu'il n'y ayt que huict jours

---

1. Voyez le *Discours sur les duels*.
2. *Var.* S'en revenger (Ms. 6694, f° 277).
3. François d'Urfé, baron d'Orose.

« qu'elle soit commancée. Si, ce pendant qu'elle du-
« rera, il n'y avoit point de vous autres une bande
« de dix contre dix, de vingt contre vingt, ou plus
« ou moins, qui voulussent combattre sur la querelle
« de nos maistres, je me fairois bien fort les trouver
« de mon costé : et ceux qui seront vaincuz demeu-
« reront prisonniers des autres. » M. de Bayard luy
respondit : « Nous avons, mon compaignon que
« voycy et moy, très-bien compris vos parolles, et
« que desirez faire armes de nombre contre nombre.
« Vous estes icy treize bons hommes; si vous vou-
« lez, d'aujourd'huy en huict jours, vous trouver à
« deux milles d'icy, montez et armez, mon compai-
« gnon et moy nous vous en emmènerons autres
« treize, dont nous en serons du nombre : et qui
« aura bon cœur et bon bras le monstre. » Alors les
Espaignolz tous d'une voix s'écrient : *Nous le voulons!* et puis, s'estans tous dict adieu, se séparèrent.

MM. de Bayard et d'Orozze estans à Monervine
firent entendre tout cecy à leurs compaignons, lesquelz ayant tiré au sort qui seroient les treize, et les
treize s'estant bien préparez pour le combat, ne faillirent de se trouver au jour assigné et au lieu arresté.
Les Espaignolz ne faillirent non plus, et de toutes
les deux nations et Napolitains force gens estoient
allez là pour en voir le combat.

Ilz avoient limité leur camp, soubz condition que
celui qui seroit mis pied à terre ne pourroit plus
combattre ny ayder à ses compagnons; et au cas
que jusqu'à la nuict l'une bande n'eust peu vaincre
l'autre, et n'en demeurast-il que l'un à cheval, le

camp seroit finy, et pourroit remmener ses compaignons francz et quittes, lesquelz sortiroient en pareil honneur que les autres hors du camp. Voylà les pasches et conditions bien invantées et bien poinctillantes ! Je ne sçay qui les trouva, mais il est à présumer que ce furent les Espaignolz, qui de tout temps ont esté fort subtilz, fins et sublins : nos François le temps passé ne l'estoient pas tant, et y alloient à la franche guerre.

Ces condictions donc accordées, les Espaignolz se mirent d'un costé de camp et les François de l'autre; et tous, la lance en l'arrest, picquarent leurs chevaux les uns contre les autres : mais les Espaignolz ne donnarent point aux hommes, mais se mirent à tuer chevaux; car ilz avoient ceste maxime : *Muerto el cavallo, perdido l'hombre d'armas*[1].

Et voylà pourquoy, au combat de M. de Nemours, que j'ay dict cy-devant, fut très-bien inventé qui l'inventa, que qui tueroit le cheval de son compaignon, payeroit cinq cens escus. Mais ceste peyne est trop légère; car tel y a-il qui ne se soucieroit guières de tuer le cheval de son ennemy et le payer au double, pour puis après avoir meilleur marché de son homme. Il vaut mieux imposer une peyne de victoire sur l'honneur, ainsy que le temps passé mesmes s'observoit parmy les cavalliers errans, et une honte et diffame à ceux qui s'amusoient à tuer les chevaux, pauvres bestes qui sont innocentes et ne se deffendent, et qui n'en peuvent mais que les hommes, qui font les fautes et noises, qui combat-

---

1. Le cheval mort, l'homme d'armes est perdu.

tent et battaillent. Mesmes aux tournois de nos roys, que l'on a veu, il n'estoit nullement beau de porter et donner bas, mais faire tousjours son coup le plus haut qu'on peut; et qui le faict tel est plus digne cavallier. En matière de batailles et combatz généraux, tout est de guerre, et tue-on ce qu'on peut, mais non aux deffys.

Les Espaignolz pourtant n'observarent ceste belle loy; car, s'estant fort bien amusez à tuer les chevaux, ilz en tuarent jusques au nombre de unze; et ne restarent à cheval que MM. d'Oroze et Bayard. Et ceste tromperie ne servit de guières aux Espaignolz; car oncques puis leurs chevaux n'en voulurent passer outre, voyans les autres chevaux mortz, quelques coups d'esperons qu'on leur donnast. A quoy MM. d'Oroze et Bayard, prenans le temps, ne cessarent de livrer de bons assautz (que l'Espaignol très-proprement dict *aremetidas*, que nous autres François ne sçarions si proprement dire ny tourner en un mot) à la grosse trouppe; et, quand elle les vouloit charger, se retiroient derrière les chevaux mortz de leurs compaignons, comme derrière un rempart. Et ainsi ces deux braves François amusarent les treize Espaignolz l'espace de quatre heures que dura le combat, que la nuict sépara sans avoir rien gaigné : et pour ce, chascun se retira, selon ce qu'ilz avoient accordé.

Voylà nostre conte achevé, que j'ay appris du vieux roman de M. de Bayard[1] et d'aucuns vieux qui l'avoient ainsi ouy dire. Ce n'est pas donc ce

---

1. Voyez *le Loyal serviteur*, d'où ce récit est tiré, ch. XXIII.

que les histoires estrangères ont dict, que les nostres furent vaincuz. Il appert par là et n'est point inconvénient que la vérité ne soit telle, et que ces deux braves, vaillans et adroictz hommes d'armes ne se soient garentys d'une si grosse trouppe, et qu'ilz n'ayent donné grosse affaire à la grosse trouppe. Les histoires en sont toutes pleines d'exemples.

Les histoires estrangères disent encor plus: qu'onques puis la perte de ce combat les François ne proffittarent plus, ny ne firent guières bien leurs besoignes au réaume de Naples. Je ne veux pas dire que ce soit pour cela, car ilz ne furent pas vaincus, comme vous voyez; mais j'ay ouy dire à de grandz capitaines qu'il ne fut jamais bon de faire des deffis de seul à seul, ou de nombre contre nombre, parmy les armées, et que cela en attire malheur; ou bien s'en ensuit une grande conséquence, car chascun par amprès en parle comm' il veut et selon les passions et affections qu'il possède, et faict voler et raisonner la renommée comm' il luy plaist; et chascun flatte sa nation et son party, dont la gloire en demeure aux uns et le vitupère aux autres, selon que l'on s'imprime en l'âme et en la bouche. Et nottez qu'il n'y eut jamais combat général ny particulier que l'on ayt jamais veu raconter au vray; ce que j'ay observé plusieurs fois : car l'on s'y transporte comme l'opinion et la passion en prend aux uns et aux autres, tant qu'il n'en peut jamais sortir de ces deffys guière de bonheur. J'en ampliffierois bien ce discours de plusieurs raisons et exemples, si je voulois; mais il seroit trop long. Qu'on considère seulement que les Albans ne proffitarent jamais guières plus despuis le combat des Horaces et des Cuyraces¹, et la ville de Rome crut amprès et se fit grande par la ruyne d'Albe.

Ast' heure, pour parachever à parler de M. de Nemours, je dis que ce fut un très-grand dommage que la santé de son corps ne peust accompaigner sa bell' âme et son courage : car, outre les belles preuves qu'il a faictes, durant sa belle disposition, de ses valeurs et vertuz, il en eust bien faict parestre encore de plus belles s'il eust vescu plus longuement et bien sain; car il n'avoit que cinquante ans², que c'est tout quand il mourut. En quoy j'ay notté une chose, que, despuis cent ans (je ne veux point parler de plus haut), tous ceux qui ont porté ce nom et titre de duc de Nemours sont estez très-braves, vaillans, hardys et grandz capitaines : tant (ce diroit-on) ce nom et titre est heureusement fatal en vaillance et prouesse à ceux qui le portent! comme les ducz de Bourgoigne, les uns après les autres, ont esté de mesmes dès Philippe le Hardy jusqu'ast' heure; et ainsi que ledict Philippes, le duc Jean, le bon duc Philippes, et le duc Charles, l'empereur Maximilian, l'empereur Charles cinquiesme et le roy Philippes d'aujourd'huy, tous ces sept ducz consécutivement, ont estez braves, généreux, grandz, ambitieux et courageux. De ces ducs donc de Nemours il y eut premièrement Louys d'Armaignac, qui mourut au royaume de Naples; Gaston de Foyx, qui mourut à la battaille de Raveinne, comme j'ay dict cy-dessus³;

1. *Var.* Cuyriaces (Ms. 6694 f° 278 v°).
2. Il était dans sa cinquante-quatrième année.
3. Voyez leurs vies, tome II et tome III.

le père de M. de Nemours¹, duquel je parle maintenant, qui fut un très-homme de bien et d'honneur et de grand' valeur, et très-bon François : aussi estoit-il très-proche parent du roy François, qui l'aymoit et prisoit fort ; et aymoit mieux suivre le party du roy que celui de l'empereur ; dont mieux luy en prist qu'au duc Charles de Savoye son frère² ; puis M. de Nemours, duquel je viens parler ; et, pour bien finir, M. de Nemours son filz, qui est aujourd'huy³, qui n'a rien dégénéré à ses ayeulz, car il est très-brave et très-vaillant, et de sage conduicte et résolution. Il l'a monstré, si jeune qu'il estoit, n'ayant que vingt ans⁴, en ceste dernière battaille d'Yvry, où il combattit si vaillamment et fit sa retraicte des derniers, et au siège de Paris, y commandant en chef comme de raison : car, encor qu'il fust bien assiégé et pressé et de la guerre et de la famine, voire de la peste, (dont j'espère en parler en la vie de nostre roy d'aujourd'huy Henry IV), jamais ce prince ne s'estonna (ce qu'eust faict un plus vieux et plus pratiq capitaine que luy), mais tient bon et faict teste très-asseurément aux fléaux et de la terre et du ciel ; j'en parleray aussy en la mesme vie du roy : et pour belle récompense on le traicta bien à Lyon⁵, luy,

1. Philippe, comte de Génevois, duc de Nemours, frère de père de Louise de Savoie, mère de François Iᵉʳ.
2. Charles III.
3. Charles-Emmanuel de Savoie, duc de Nemours, né en 1567, mort en juillet 1595.
4. Il était alors dans sa vingt-troisième année.
5. Pierre d'Espinac, archevêque de Lyon, le fit arrêter et enfermer en 1593, à Pierre-Encise, d'où le duc se sauva l'année suivante.

qui, amprès tant de bons services faictz à son party et à sa religion, fut pris et mis prisonnier dans les prisons de la ville, comm' un grand malfaicteur; mais, par son gentil esprit, son industrie, il s'en sauva bravement, comme j'espère dire.

Il monstra fort sa vaillance et l'entreprise qui fut faicte sur luy à Vienne[1] par M. le connestable[2] et le seigneur Alfonce, Corse; car, y estans entrés dedans desjà cinq à six cens hommes, on luy vint dire comme la ville estoit surprise et prise. Soudain, d'un courage assuré, sort de son logis sans s'armer autrement, prend ses gardes et quelques gentilzhommes qui se raliarent à luy, et court où estoit l'ennemy, le charge, le combat, le mène battant et le faict sortir hors d'où il estoit entré. J'ay ouy faire ce conte à gens dignes de foy, qui estoient dehors et dedans; pour le moins la ville gaignée se perdit.

J'ay ouy conter qu'une fois en Bourgoigne, on luy vint dire qu'un de ses régimens estoit engagé, voire, assiégé dans un village par son ennemy. Luy, sans temporiser ni s'armer, prend un autre régiment des siens, se met à la teste sur un petit bidet; et, faisant faction de maistre de camp, de capitaine de gens de pied et de soldat, charge les assiégeans, les faict desmordre et les estrille bien. Tant d'autres prouesses espéré-je conter de luy en la vie du roy, que l'on s'en esbahira. Aussi aymoit-il tant à se façonner selon M. de Guyze son frère, qu'il le vouloit imiter en

---

1. Vienne avait été livrée au duc de Nemours par Maugiron, en 1592.
2. Henri de Montmorency.

tout ; car à plus parfaict que celuy-là ne pouvoit-il ressembler, et ce qu'il luy voyoit faire il s'estudioit du tout à le faire, fust-il à la court (comme j'ay veu), et fust-il à la guerre. Et tout jeune qu'il estoit, n'ayant encor seize ans, aux nopces de M. de Joyeuze[1], je me souviens l'avoir veu, comm' aussi un chascun le vist, à tous les combatz qui s'y firent ; il s'en voulut tousjours mesler, et si donnoit et recevoit des coups que[2] le plus robuste eust sceu faire. Mesmes M. de Guyze, qui estoit le plus rude combattant qui fust point, ne l'espargnoit non plus que le moindre ; dont un chascun s'estonnoit des forces et de l'adresse de ce jeune prince, fust à pied ou à cheval.

Au reste, il est un des beaux princes du monde, vraye semblance du père et de la mère. Il est un peu de plus haute taille que ne fut jamais le père : sa douceur et sa bonté le rendent très-aymable, sur-tout aussi sa grande libérallité, pareille à celle du père ; car il n'a rien en[3] luy ; ce qu'il prend d'une main il le donne de l'autre, comme de mesmes faisoit fort M. de Guyze son frère. Il a le cœur grand et ambitieux.

Sur quoy j'ay ouy dire que nostre roy d'aujourd'huy estant venu au dessus de la conqueste de la Bourgoigne[4], M. de Guize[5] le vint trouver là, qui s'estoit mis à le recognoistre ; il y eut un gentilhomme qui, pour aplaudir, dist au roy amprès que

1. Avec Marguerite de Lorraine, sœur de Louise de Vaudemont, femme de Henri III. Le mariage eut lieu en 1581. Le duc de Nemours était alors dans sa quinzième année.
2. *Que*, comme. — 3. *En*, à. — 4. En 1595.
5. Charles de Lorraine, duc de Guise.

M. de Guyze luy eut faict la révérence : « Sire, voylà
« comme peu à peu on vous recherche et se vient-
« on humilier envers vous, comme vous voyez.
« M. de Guyze est venu ; M. du Mayne traicte avec
« vous[1] ; il n'y a plus qu'à tenir que tout ne soit faict ;
« il ne reste que M. de Nemours à en faire de mes-
« mes. — Ah! dist le roy, celuy-là a le cœur trop
« grand et haut; jamais il ne sçaroit mettre à servir.
« Je ne m'attendz pas qu'il me recognoisse tant qu'il
« pourra et que son brave cœur l'y portera. J'ay là
« un très-dangereux ennemy et qui fort tard abais-
« sera les armes. » Ces parolles, prononcées de la
bouche d'un si grand roy, favorisent à la louange de
ce prince plus que de cent autres qui en eussent
voulu parler.

Or, comme j'ay dict, j'en parleray ailleurs, et plus
amplement et moins sobrement que je ne faictz icy,
ensemble de M. le marquis de Sainct-Sorlin son frère[2], que je n'ay jamais veu pourtant ; mais j'ay ouy
dire que c'est un prince très-accomply, surtout fort
homme de bien, de bonn' ame et de scrupuleuse
conscience ; ce qui est beaucoup à louer.

De tous deux fut leur mère ceste belle, illustre et
vertueuse dame, madame de Nemours[3], première
vefve de ce grand duc de Guyze, duquel je vays parler maintenant, et qui se remaria en secondes nop-

---

1. Le duc de Mayenne fit sa paix avec le roi en janvier 1596,
six mois après la mort du duc de Nemours.

2. Henri, marquis de Saint-Sorlin, né le 2 novembre 1572,
mort le 10 juillet 1632. Il devint duc de Nemours après la mort
de son frère.

3. Anne d'Este.

ces à M. de Nemours, ce grand prince si parfaict que j'ay dict, pour s'entretenir tousjours en recherche de la perfection des honnestes marys, puisque telle estoit sa volonté de se remarier, ne faisant point comme plusieurs dames que j'ay veu vefves et convollantes, qui de leurs premiers et grandz maryages s'abaissoient et descendoient fort bas avec des petitz[1].

Ce grand duc de Guyze[2], duquel nous voulons parler, fut grand certes; et le faut appeler grand[3] parmy nous autres, aussi bien que plusieurs estrangers ont appelé aucuns des leurs par ce surnom et titre, et ainsi que moy-mesme j'ay veu et ouy les Italiens et Espaignolz plusieurs fois l'appeler *el gran ducque de Guysa, y el gran capitan di Guysa*. Si que je me souviens qu'à l'entreveue de Bayonne et grandz et petitz faisoient un cas inestimable de feu M. de Guyze son filz, qui estoit encor fort jeune, et ne l'appelloient autrement que *el hijo del gran ducque di Guyza*; et entroient aussi en grande admiration de madame de Guyze sa femme, autant pour sa beauté et belle grace que pour porter titre de femme

M. de Guyze le Grand, François de Lorraine.

---

1. *Var.* Faut là demeurer et ne passer outre (Ms. 6694, f° 279 v°).

2. François de Lorraine, duc de Guise et d'Aumale, fils aîné de Claude de Lorraine et d'Antoinette de Bourbon, né le 17 février 1519, assassiné par Poltrot, devant Orléans, le 18 février 1563, et mort de ses blessures le 24 du même mois. Il avait épousé le 4 décembre 1549 Anne d'Este, comtesse de Gisors, fille d'Hercule d'Este, duc de Ferrare, et de Renée de France.

3. *Var.* Je parle maintenant d'un des plus grands capitaynes de nostre temps, qui est le grand monsieur de Guyse, François de Lorraine, lequel certes fut appelé grand (Ms. 6694, f° 279 v°).

de M. de Guyze ; et ne l'appelloient que *la muger d'aquel gran ducque di Guyza;* et pour ce luy portoient un grand honneur et respect, et sur-tout ce grand duc d'Albe, qui savoit bien priser les choses et les personnes qui le valoient.

Or, tout ainsi qu'on loue et admire fort un excellant artizan et bon ouvrier qui aura faict un beau chef-d'œuvre, mais dadvantage et plus celuy qui en aura faict plusieurs, de mesme faut louer et estimer ce grand capitaine dont nous parlons, non pour un beau chef-d'œuvre de guerre, mais pour plusieurs qu'il a faict. Et pour les principaux faut mettre en advant et admirer le siège de Metz soubstenu, la bataille de Ranty, le voyage d'Italie, la prise de Calais, Guynes et Hames, celle de Théonville, le camp d'Amiens, et en la guerre civile, les prises de Bourges, Rouan, la bataille de Dreux, et puis le siège d'Orléans.

De vouloir descrire et spéciffier menu par menu tout cela, ce seroit une chose superflue, puisque nos historiographes en ont assez remply leurs livres ; mais pourtant, qui considérera la grand' force qu'y mena ce grand empereur devant Metz, dont jamais de pareille il n'en peupla et couvrit la terre, la foiblesse de la place, qui n'avoit garde d'estre la quarte partie forte comme aujourd'huy ; qui considérera aussi la grand' prévoyance dont il usa pour l'amunitionner et y establir vivres, munitions, règlementz, pollices et autres choses nécessaires pour soubstenir un long siège, et le peu de temps qu'il eut à faire tout cela avant la venue du siège ; qui mettra aussi devant les yeux le bel ordre de guerre qu'il y ordonna, la belle obéissance surtout qui luy fut rendue d'une si grande principauté et noblesse, capitaines et soldatz, sans la moindre mutination du monde ny le moindre despit; puis les beaux combatz et les belles sorties qui s'y sont faictes; qui considérera tout cela et tant d'autres choses qui seroient longues à spéciffier, et puis la belle et douce clémence et bénignité qu'il usa envers ses ennemis demy mortz, et mortz et mourans de fain, de malladies, de pauvrettez et de misères que leur avoit engendré la terre et le ciel; bref, qui voudra bien mettre en ligne de conte tout ce qui s'est faict en ce siège, dira et conffessera que ç'a esté le plus beau siège qui fut jamais, ainsi que j'ay ouy dire à de grandz capitaines qu'y estoient, fors les assautz, qu'on n'en livra jamais, bien que l'empereur le voulust fort; et pour ce en fit un jour faire le bandon pour en donner un général, auquel M. de Guyze se prépara si bravement et y mit un si bel ordre, avec tous ses princes, seigneurs, gentilzhommes, capitaines et soldatz, et se présentarent tous si déterminément sur le rempart à recevoir l'ennemy et soubstenir la bresche, que les plus vieux et braves et vaillans capitaines de l'empereur, voyans si belle et assurée contenance des nostres, luy conseillarent de rompre ceste entreprise d'assaut, car ce seroit la ruyne de son armée; ce qui fascha pourtant fort à l'empereur; mais, pour l'apparence du danger éminent, il creut ce conseil.

À propos de ceste clémence, courtoisie, douceur et miséricorde usée par ce grand duc à ces pauvres gens de guerre, voyez de quelle importance elle servit quelque temps après à nos François au siège de

Thérouanne ; à laquelle un rude assaut estant donné et nos gens par lui faucez et emportez estantz pretz à estre tous mis en pièces, comme l'art et la coustume de la guerre le permet, ilz s'advisarent tous à cryer : « Bonne, bonne guerre, compaignons ! sou-« venez-vous de la courtoisie de Metz. » Soudain les Espaignolz courtois, qui faisoient la premiere poincte de l'assault, sauvarent les soldatz, seigneurs et gentilzhommes, sans leur faire aucun mal, et receurent tous à rançon. Ce grand duc, par sa clémence, sauva ainsi la vie à plus de six mille personnes. Ce siège fut célèbre et noté par ceste courtoisie et par la naissance de la reyne Marguerite de France, reyne de Navarre, née le 20ᵉ de juin 1553.

Or, si ceux de dedans Metz n'eurent occasion de monstrer leurs courages et valeurs à soustenir des assautz (fort attristez de n'en recepvoir pour mieux monstrer leurs valeurs), ilz en prindrent bien d'eux-mesmes à assaillir les ennemis ; car à toute heure ilz faisoient des plus belles sorties du monde, qui valoient bien des soustenemens d'assautz ; et donnarent bien à songer et accroire aux ennemys que, s'ilz fussent allez à eux avecqu' assautz, autant de perdus y en eust-il eu. Ces saillies se faisoient, et à pied, jusques à fausser les tranchées souvant, et à cheval, bien loing encor de la ville, et surtout sur le camp du marquis Albert[1] à qui M. de Guyze en vouloit pour avoir faussé la foy donnée au roy, et avoir deffaict M. d'Aumalle son frère[2], et pris prisonnier. Aussi le paya-il bien, car il ne retourna pas

---

1. Albert de Brandebourg. — 2. Le 4 novembre 1552.

la quarte partie de ses gens; dont l'empereur ny les Espaignolz ne s'en soucyarent guières, pour aymer peu les traistres; aussi qu'il ne s'estoit donné à l'empereur que par contraincte. Ainsi alla ce siège, qui commança la vigile de la Toussainctz; ainsi que porte la vieille chanson faicte pour lors par un advanturier de guerre françois, qui commance ainsi[1] :

> Le vendredy de la Toussainctz
> Est arrivé la Germanie
> A la belle Croix de Messain
> Pour faire grande boucherie.
> Se campant au haut des vignes,
> Le duc d'Albe et sa compaignie,
> A Sainct-Arnout près nos fossez,
> C'estoit pour faire l'entreprise
> De recognoistre nos fossez.

Ce fut là ce jour et à ceste belle croix où fut faicte ceste belle escarmouche qui dura quasi tout le jour, si bien soubstenue des nostres et attaquée par le duc d'Albe et le marquis de Marignan, avecqu' un' eslite de trois mille harquebuziers espaignolz choisis et d'un battaillon venant après, de dix mill' Allemans qui les soustenoient[2]. Il n'y alla rien du nostre que tout bien, fors quelque petite tuerie et blessures de nos capitaines et soldatz. Il ne se pouvoit faire autrement; car en telles festes il y a tousjours des

---

1. Ces vers, que Brantôme a cités probablement de mémoire, sont tirés, mais avec altérations de toute sorte, de la *Chanson nouvelle composée par un soudart faisant la centinelle sur les remparts de Metz*, in-8°. Cette chanson a été réimprimée par M. le Roux de Lincy, dans le tome II du *Recueil de chants historiques*.

2. Voyez la relation du siége par Bertrand de Salignac.

coups donnez et receuz, et puis le grand nombre des autres devoit suffocquer les nostres de leur seule hallaine.

Ce siège dura despuis ce jour jusques à janvier, environ le vingtiesme ou plus[1]. L'empereur s'en leva de là fort à regret et grand crève-cœur; car il avoit promis aux Allemans, pour se faire mieux aymer d'eux que par le passé, de remettre Metz, Tou et Verdun à l'Empire, et les y réunir mieux que jamais; ce qu'ilz desiroient plus que chose du monde, car elles leur estoient de bonnes clefz; mais sa bonne destinée lui faillit là. Et ce fut ce que dist très-bien M. de Ronsard parlant de ce siège et ville,

> Où le destin avoit son *outre* limité
> Contre les nouveaux murs d'une foible cité[2].

Or, entr' autres beaux traictz que j'ay ouy raconter et remémorer qu'aye faict M. de Guyze léans (je metz les combatz à part), ce fut celuy touchant la

---

1. Charles-Quint quitta le siége le 1ᵉʳ janvier 1553. Quelques jours après, les divers camps qui composaient son armée se levèrent successivement, et le 15 du même mois on put faire une procession générale à Metz pour la délivrance de la ville.

2. Brantôme a probablement cité de mémoire ces vers qui sont tirés de la *Harangue du très-illustre et magnanime prince François duc de Guise aux soldats de Metz, le jour de l'assaut*. Voici le passage (OEuvres de Ronsard, 1623, f°, t. II, p. 1180) :

> Quand Charles l'empereur qui se donne en songeant
> Tout l'empire du monde, et qui se va rongeant
> D'une gloire affamée et d'un soin d'entreprendre
> De vouloir, à son dam, contre nostre Roy prendre
> Les nouveaux murs françois d'une foible cité
> Où le destin avoit son *outre* limite.

courtoisie qu'il fit à l'endroict de don Louys d'Avilla, général pour lors de la cavallerie légère de l'empereur, à qui un esclave more ou turc ayant desrobé un fort beau cheval d'Espaigne, se sauva avec luy dans Metz et s'y jetta. Don Louys, ayant sceu qu'il s'estoit allé jetter léans, envoya un trompette vers M. de Guyze le prier de luy rendre par courtoisie un esclave qui luy avoit desrobé un cheval d'Espaigne, et s'estoit allé jetter et reffugier dans sa ville, pour le punir de son forfaict et larcin, ainsi qu'il le méritoit, sçachant bien qu'il ne le reffuseroit, pour le tenir prince valeureux et généreux, et qui ne voudroit pour tous les biens du monde receller ny soustenir les larrons et meschans.

M. de Guyze luy manda, pour luy envoyer l'esclave, il ne pouvoit et en avoit les mains liées par le privillège de la France, de temps immémorial làdessus introduict, qu'ainsi que, toute franche qu'ell' a esté et est, elle ne veut recevoir nul esclave chez soy; et tel qu'il seroit, quand ce seroit le plus barbare et estranger du monde, ayant mis seulement le pied dans la terre de France, il est aussitost libre et hors de toute esclavitude et captivité, et est franc comme en sa propre patrie; et pour ce, qu'il ne pouvoit aller contre la franchise de la France : mais pour le cheval, il le luy renvoyoit de courtoysie. Beau traict certes[1]! Et monstroit bien ce prince et grand capitaine, qu'il sçavoit encor plus que de faire la guerre, comme certes il faut qu'un grand capitaine soit universel.

1. Brantôme l'a tiré de la relation de Bertrand de Salignac.

Vrayment il faut louer et admirer ceste noble franchise, belle et chrestienne de la France, de n'admettre point de telles servitudes et esclavitudes par trop cruelles, et qui sentent mieux son payen et turc, qu'un chrestien. Et qui aura veu des esclaves traicter comme j'en ay veu, y trouvera de la pitié; car on n'en a compassion non plus que de chiens et de bestes. Mais, dira quelqu'un, comme je vis dire une fois à un comite de gallère espaignol à un gentilhomme qui avoit compassion d'un pauvre esclave qu'il assommoit de coups comm' un cheval, et couché par terre, sans qu'il osast bouger, et luy représentant ceste cruauté, l'autre luy respondit seulement : « Si vous aviez esté esclave parmy les Turcz « comme moy, vous n'en auriez pitié; car ilz nous « traictent cent fois plus cruellement que nous eux. » Comm' il est vray : et, qui pis est, quand ilz nous tiennent, nous autres François, ilz en font de mesmes qu'aux autres chrestiens, n'ayant nul esgard ny considération aux belles franchises qu'ilz reçoivent en France, comme j'ay veu. Et mesmes dernièrement nous vismes arriver à la court de nostre roy dernier quelques soixante Turcz et Mores, qui estoient eschappez des gallères de Gênes, et se sauvarent en France : le roy les vist et leur fit donner de l'argent pour leur conduicte et embarquement à Marseille. Eux-mesmes disoient que, sçachans bien le privillège libre de la franchise de la France, avoient faict ce qu'ils avoient peu pour y gaigner terre, où ilz avoient une joye extresme d'y estre; et nous adoroient nous autres François jusques à nous appeler frères. Et Dieu sçait, s'ilz nous eussent tenus en leur pouvoir, nous eussent traictez comme les autres. J'ay faict ceste disgression puisque le subject s'y estoit adonné. Or je ne parle plus de ce siège de Metz, car il est ailleurs assez escrit[1].

Pour le regard de la bataille de Ranty, c'est une chose assez certaine et publicque, que M. de Guyze en fut le principal autheur de la victoire[2], autant pour sa belle conduicte et sagesse, que pour sa vaillance. Ç'a esté le premier et seul des nostres qui accommança à bien recognoistre et estriller les reistres, et M. son fils le dernier et seul.

A ceste bataille, le conte de Vulfenfourt avoit amené à l'empereur deux mille pistolliers, qu'on appelloit reystres, parce, disoit-on lors, qu'ilz estoient noirs comme de beaux diables[3]. Et s'estoit vanté ledict conte et promis à l'empereur qu'avec ses gens il passeroit par dessus le ventre à toute la gendarmerie et cavallerie de France, ce qui donna à l'empereur quelque fiance de gaigner; mais il arriva bien autrement, car ilz furent bien battus et fuirent bien. Possible, si M. de Guyze fust esté hors de là, qu'ilz nous eussent pu donner une pareille estrette que d'autres reistres nous donnarent à la bataille de Sainct-Quantin; car ce furent eux, avec cinq cens lances de Bourguignons, tous conduictz par le conte d'Aiguemont, qui nous deffirent.

Un peu advant, leur couronnel (je ne me sou-

---

1. On trouve de nombreuses pièces relatives au siège de Metz, dans les mss. 8634, 8655 du fonds Béthune, 338 de Gaignières, 9037 de Baluze, à la Bibliothèque impériale.

2. C'est ce que dit de Thou, liv. XIII.

3. Le mot allemand *Reiter* ne signifie que cavalier.

viens pas bien du nom, mais il estoit grand seigneur d'Allemaigne, et je ne sçay si c'estoit un puisné de la maison de Brunzwic) s'envoya présenter avec sa trouppe (qui pouvoit monter à deux mille chevaux) au roy Henry, luy demandant l'appoinctement, tel qu'ont accoustumé tousjours ces gens le demander, qui certes y sont excessifz. M. le connestable le renvoya bien loing, et remonstra au roy que c'estoient marautz, qui ne valoient rien, qui faisoient des enchérys, pilloient tout un pays, et au bout du faict, ilz ne combattoient point, et ne venoient jamais aux mains, et s'enfuyoient comme poltrons, ainsi qu'ilz firent à la bataille de Ranty, que trois à quatre cens chevaux de nos gens-d'armes mirent en route et en fuitte, et firent pis, mirent en désordre et rompirent tout un gros bataillon de l'empereur mesmes et de leurs Allemans.

Il y avoit de quoy au roy et à M. le connestable à considérer. Mais ceux-cy firent mieux que les autres à ceste bataille de Sainct-Quantin, où possible, comme l'on disoit alors, s'ilz eussent eu affaire et à parler à M. de Guyze, ilz eussent estez de mesme escot qu'à Ranty, encor qu'il y eust là de très-bons, braves et vaillans capitaines; si bien qu'il y eut là du malheur pour eux et de l'heur pour M. de Guyze, que force gens alors souhaittoient qu'il fust esté là; car certes, quand l'on a appris et accoustumé à battre quelques gens une fois, deux fois, l'on y est heureux un' autre fois, ainsi que mondict sieur de Guyze le fut aussi de mesmes à la bataille de Dreux. Si que M. son filz, et son vray héritier en tout, hérita de luy de ce bonheur de battre ces gens-là, tant mauvais et tant redouttables, plus par renommée que par effectz, ainsi qu'il fit à la battaille qu'il donna à M. de Thoré en Champaigne¹, qui en avoit mené deux mille. Il les contraignit jusques là qu'en belle pleine ilz luy demandarent bonne guerre et la vie, et leur retour sain et sauve en leur pays, qu'il leur accorda de grâce, et eux s'en allarent; et si peu de nos pauvres François² qui restarent du combat et meurtre, fallut qu'ilz se sauvassent avec M. de Thoré leur général, comm' ils peurent; et s'allarent joindre à Monsieur, frère du roy, qui lors estoit en armes.

Ce M. de Guyze mesme estrilla bien aussy le baron Done³ et ses reistres auprès de Montargis, et puis les acheva de peindre et de renverser à Auneau, ainsi que j'espère le descrire en sa vie⁴.

A propos de ce baron Done, si faut-il que je face ce petit incidant. Nostre grand et brave roy d'aujourd'huy, durant ses belles guerres et conquestes de son royaume sur les liguez, estant devant Dreux⁵, il desira fort voir madame de Guyze⁶, sa bonne cousine; et pour ce l'envoya prier qu'elle en prist la peyne qu'ilz se vissent, car ell' estoit à Paris; ce qu'elle desira fort aussi, car c'est une des honnestes et bonnes princesses qui soit point; et pour ce, le

1. Voyez tome III, p. 376.
2. C'est-à-dire des Francais huguenots qui s'étaient joints aux Allemands.
3. Fabien, baron de Dhona, défait à Auneau par le duc de Guise en 1587.
4. La vie du duc Henri de Guise. Nous ne l'avons point.
5. Probablement lors du second siége de Dreux par Henri IV (7 juin-8 juillet 1592).
6. Catherine de Clèves.

roy luy envoya un passeport. Laquelle sçachant venir, alla au-devant d'elle bien accompaigné d'une fort belle noblesse qu'il avoit : lequel, après avoir recuilly ceste honneste princesse en tout respect et gracieusetté, la conduisit en son logis et en sa chambre ; et, venant sur le discours, le roy luy dist ; « Ma « cousine, vous voyez comme je vous ayme, car je « me suis paré pour l'amour de vous. — Sire, ou « Monsieur, luy respondit-elle en ryant, je ne vous « en remercye point, car je ne voys point que vous « ayez si grand parure sur vous que vous en deviez « vanter si paré comme dites. — Si ay, dist le roy, « mais vous ne vous en advisez pas. Voylà une en- « seigne (qu'il monstra en son chappeau) que j'ay « gaigné à la bataille de Coutras, pour ma part du « butin et victoire; ceste qu' y est attachée, je la « gaignay à la bataille d'Yvry. Voulez-vous donc, « ma cousine, voir sur moy deux plus belles mar- « ques et parures pour me monstrer bien paré? » Madame de Guyze le luy advoua en luy réplicquant : « Vous ne sçauriez, Sire, pourtant m'en monstrer « une seule de M. mon mary. — Non, dist-il, d'au- « tant que nous ne nous sommes jamais rencontrez « ni attaquez ; mais, si nous en fussions par cas ve- « nus là, je ne sçay ce que c'en fust esté. » A quoy réplicqua madame de Guyze : « Sire, s'il ne vous a « point attaqué, Dieu vous en a gardé; mais il s'est « bien attaqué à vos lieutenans, et les a fort bien « frottez, tesmoingt le baron Done, duquel il en a « raporté de bonnes enseignes et belles marques, « sans s'en estre paré que d'un beau chappeau de « triumphe, qui luy durera pour jamais. » Mademoyselle de Guyze[1], toute gentille certes, et très-belle et digne d'un tel père qu'ell' avoit, estant près madame sa mère, impatiente d'en dire aussi son mot, s'advança là-dessus, et luy dist : « Sire, vous n'en avez « aucune parure non plus de M. mon frère. — Non, « dist le roy ; mais il est assez jeune pour m'en « donner s'il ne se recognoist. » En telles belles et gentilles parolles, quasi en forme de dialogue, se passarent les devis de ce grand roy et de ces belles princesses.

Or, ce brave prince M. de Guyze ne se contenta de ce qui resta et qui se sauvoit par la capitulation que le roy fit avecqu' eux, qui ne les vouloit du tout perdre, pour la hayne sourde qu'il portoit à mondict sieur de Guyze. Ces messieurs les reistres furent si bien poursuivys par luy en despit du roy, et touchez devant luy et coignez, que de cinquante mill' hommes que ledict baron Done avoit emmenez, j'ay ouy dire à homme de foy et de la religion, que, quand ilz arrivarent à Genève (où estoit leur reffuge) très à propos, ilz n'estoient pas cinq cens chevaux, telz quelz. De plus, rongeant encore son frain de despit, il donna encore dans l'Allemaigne et la conté de Montbéliard, où il fit un très-grand ravage et carnage, et de très-beaux fœuz, et tout cela avec fort petite trouppe. Si que, s'il eust eu seullement dix mil hommes fraiz portez là, il luy bastoit de se pourmener si advant en Allemaigne, qu'il eust faict belle peur en plusieurs endroictz. Et ne le faut point

---

1. Probablement Louise-Marguerite, mariée (1605) à François de Bourbon, prince de Conti.

doubter : et ainsi que ce prince le dist, il l'eust faict, car son grand courage l'y eust porté fort facillement, et sa grande renommée, qui desjà avoit vollé partout là, et qui en avoit porté avecqu' elle la terreur.

Ha! brave prince! tu ne devois jamais mourir, au moins que tu ne te fusses un peu pourmené par ceste Allemaigne, et monstré encor à quelque trouppe des reistres, que s'ilz ont faict peur à aucuns, que tu leur eusses faict à eux toute entière, mesmes qu'ilz se sont rendus d'autresfois à telle gloire qu'ilz se vantoient de donner partout peur et mort.

J'ay ouy dire qu'un peu advant que mondict sieur de Guyze allast deffaire ce baron Done, il en manda son dessaing au prince de Parme, et luy pria de luy prester son espée pour estriller un peu ces mauvais. Le prince luy manda qu'il n'en avoit besoing de meilleure que la sienne; de laquelle, amprès qu'il auroit faict avec ces gens, il le prioit de luy prester plustost la sienne, qu'il tenoit la meilleure de la chrestienté. Voylà comme de grand à grand la flatterie est commune comme parmy les petis, encor que ces propos tinssent plustost du vray que du flattement, à cause de leurs rares valeurs; aussi que M. de Guyze le disoit, d'autant que, quelques années advant, M. le prince de Parme avoit mis à tel poinct le prince de Cazimir avecques neuf ou dix mille reystres qu'il avoit menez aux Estatz, qu'il falut qu'ilz pliassent bagage; et s'en allarent viste, sans avoir que fort peu faict fumer leurs pistolles, autant par contraincte et nécessité que par espouvante d'une lettre que leur escrivit le prince de Parme, aussi bravasche que jamais lettre fut escrite.

J'estois lors à la court quand elle y fut apportée, et le roy la vist, qu'il trouva très-belle, et M. de Guyze me la monstra et me dit que c'estoit de la façon qu'il falloit traicter et chasser ces gens-là, non avec de l'argent, ny avec peur; lesquelz n'estans pas sitost et seulement entrez en France, il ne falloit que songer aussitost d'amasser de l'argent pour les reystres, et les renvoyer avec cela ; que si l'on eust voulu employer seulement la moytié de celui qu'on leur donnoit à dresser une bonne grosse armée, on les eust si bien batus et estrillez, qu'ilz eussent perdu l'appétit pour jamais des bons vivres et des beaux escus de la France; et surtout, me disoit M. de Guyze, pour les deffaire il falloit avoir une bonne trouppe de bons mousquetaires et harquebuziers, ainsi que j'en parle ailleurs, et que c'estoit la sauce qu'il leur falloit donner pour les desgouter, ainsi qu'il deffit ceux de M. de Thoré, là où si peu d'harquebuziers qu'il avoit firent très-bien; et surtout les mousquetaires, qu'ilz n'avoient guières veuz ny ouys, les estonnarent fort.

Certainement, qui eust voulu user bravement à l'endroit de ces gens du fer comme de l'or ou argent, on en eust eu la raison; mais aussi eust-il falu avoir pour chef un de ces deux de Guyze, ou le père ou le filz, encor qu'à la bataille de Montcontour nostre roy Henry estrilla bien ceux du duc des Deux-Pontz, qui estoient venus aux huguenotz : mais aussi M. de Guyze, ce brave filz, y estoit, et à bon escient, car il y fut fort blessé d'une grand pistolletade au bas de la jambe, et en grand danger de la mort. De cela j'en parleray à la vie dudict roy et de M. de

Guyze. Pour parler un peu de ceste lettre bravasche du prince de Parme, de laquelle la sustance estoit telle :

« Vous, messieurs les reistres, qui faictes estat de « troubler les princes chrestiens, et qui vous enri- « chissez de la despouille misérable de tant de pau- « vres créatures qui ne vous firent jamais mal ny « desplaisir, puisque vous méritez justement le mau- « vais party auquel vous estes réduictz à présent, « assurez-vous que vous avez affaire à des personnes « qui le sçaront poursuivre jusques au vif et senti- « ment, assistez de Dieu, qui ayde tousjours aux ar- « mes justes, telles que vous avez desjà cogneu et « senty; et si les François sont plus courtois que « nous à traicter leurs ennemis, vous n'estes point en « France, ny encores moins avons-nous voulonté de « faire si mal les affaires du roy nostre maistre. Vous « demandez que nous vous payons pour vuider le « pays; et nous demandons mesme payement pour « vous laisser en aller vos vies sauves. Apprestez- « vous seulement de voir le sort des armes le plus « tost que vous pourrez, car nostre courrier n'attend « seulement que le nombre des mortz pour en por- « ter les nouvelles en Espaigne au roy nostre mais- « tre. »

Voylà des mots bien braves et menaçans, qui portarent tel coup qu'ilz s'en allarent grand erre, sans emporter un seul sol du roy d'Espaigne, comme ilz avoient faict de nos roys : et le meilleur du pot fut que, n'ayans rien faict qui vaille, furent si insolens qu'ilz envoyarent demander leur paye à la reyne d'Angleterre, qui les y avoit faict venir et promis argent; mais elle, qui est l'une des habiles dames qui oncques porta sceptre et couronne, leur fit une brave responce, et digne d'elle et de sa générosité; et addressant sa lettre pour tous au prince Cazimir, leur général, elle parle ainsi en briefves parolles[1] :

« Je voy bien que vos hommes ne veulent point
« de mon argent, quoyque vous dictes, comme ayant
« suprimé nostre contract, par lequel vous estes tenu
« de mener des gens de guerre, laissant mesmes à
« vostre jugement combien seront mensongers tous
« ceux qui baptizeront d'un tel nom vos trouppes.
« Je suis marrie de vostre deffortune, pour à laquelle
« subvenir je vous puis assurer que vous obtiendrez
« de moy tout ce que sçaurez raisonnablement sou-
« haiter, et non point d'advantage. »

Ce ne fut pas tout, car ce prince Cazimir, pensant mieux faire ses affaires et de ses gens en personne que par lettre, alla luy-mesme trouver la reyne, là où sa présence n'y servit non plus; et elle, qui est une très-habile princesse, et qui sçait parler et tenir magesté, et rabrouer quand il faut, parla bien à luy.

En ce mesme temps que ledict prince estoit là, Monsieur, frère du roy, avoit envoyé le gentil chevallier Breton[2] vers ladicte reyne, sur leurs pourparlers de maryage; mais ledict chevallier m'a conté qu'il a veu qu'elle ne faisoit guières grand cas dudict prince[3]; et plusieurs fois luy a faict tenir la mulle. Cela s'entend qu'il entroit ordinairement dans

1. Voyez de Thou, liv. LXVIII, année 1597.
2. *Var.* Le chevalier Breton (Ms. 6694, f° 284). — Jean de Simié, suivant de Thou (années 1578 et 1579, liv. LXVI et LXVIII).
3. Le prince Casimir.

la chambre de la reyne; et ledict prince demeuroit en l'antichambre, et non sans estre brocardé d'elle, comm' elle sçait bien faire, et en ryoit avec ledict chevallier. Voylà comment Dieu en cet endroict luy rabaissoit son orgueil et sa témérité passée.

Un autre grand capitaine aussi qui a eu bien la raison de ces messieurs les reistres, ç'a esté ce grand duc d'Albe, par deux fois; l'une contre le prince d'Orange, et l'autre contre Ludovic son frère. Comment il les vous mena et renvoya! J'ay ouy conter à feu M. de Ferrare[1] que ces reistres ne craignent gens tant qu'ils font les Turcz, si bien que dix mille chevaux turcz ne fairont jamais difficulté de frotter dix mille chevaux reystres : ce que je treuve fort estrange, luy dis-je, veu que les reistres estoient armez jusqu'aux dentz, et si bien empistollez pour l'offansive et deffensive, et les Turcz tout nudz, n'ayans pour armes que la lance, la targue[2] et le cimeterre. « C'est « tout un, disoit-il, et rien moins pour cela. » Et disoit l'avoir veu par expériance lorsqu'il fut à l'armée de l'empereur Maximilian son beau-frère. Et fut sur le propos qu'on luy demanda pourquoy l'empereur n'hasarda la battaille ce coup là contre sultan Soliman, puisqu'il avoit plus de trente-cinq mille chevaux, dont il y avoit trente mille reistres qui devoient eux seulz mettre en pièces et en fuitte tous ces Turcz ainsi désarmez, bien qu'ilz fussent cent mille chevaux, il dict que ces reystres les craignoient tant qu'ilz ne vouloient nullement aller aux mains avecqu' eux; et disoient encor une raison : que ces

---

1. Alphonse II, mort en 1597. — 2. *Targue*, targe.

Turcz estoient si couvertz, et eux et leurs chevaux, de si grand' quantité de plumes et panaches, et allans à la charge faisoient de si grands crys et hurlemens, qu'avec tout cela les reistres et leurs chevaux en prenoient si grand' frayeur, qu'ilz ne pouvoient chevir de leurs chevaux, et tournoient teste en arrière.

Dieu veuille que cela n'arrive ast' heure, que nous sommes sur la veille de voir de grandz maux de ces Turcz sur les pauvres chrestiens de là bas, tant Hongres, Poulacz, Allemans, qu'autres, et qu'il donne la grace à ces Allemans reistres faire mieux encontr' eux qu'ilz n'ont faict; car si Dieu n'a pitié de nous, et qu'il laisse prendre Vienne en Autriche, la vraye clef de l'Allemaigne, ell' a beaucoup à pâtir, tout ainsi qu'ell' a faict pâtir à plusieurs chrestiens, et mesmes à nous autres François, que vous eussiez dict qu'ilz avoient pris à pris faict la ruyne de la France, tant ilz se sont pleuz à y faire des voyages et des retours, et à nous piller et tuer, ainsi qu'ilz nous firent à la battaille de Dreux. Mais nous les estrillasmes bien aussi, comme nous fismes aussi à Montcontour, que nous gaignasmes la battaille sur eux : aussi avions-nous des reistres de nostre costé, qui firent bien, avec leur vaillant couronnel, le marquis de Bade, qui fut tué[1].

Mais surtout il faut louer les reistres huguenotz de la dernière charge qu'ilz nous firent à Dreux, et comment ilz se ralliarent bien avec leurs François, qu'ilz les rammenarent bien au combat; et y allarent

---

1. Philibert, marquis de Bade.

aussi bien comm' ilz firent au commancement, conduictz par le brave M. de Mouy; comm' ilz firent bien aussi à la bataille de Montcontour, conduictz par le brave conte Ludovic. Mais sur-tout il faut louer la belle retraicte qu'ilz y firent le soir, lesquelz se retirarent résolument sarrés, si bien qu'il les faisoit beau voir.

J'ay faict ceste digression des reistres, parce qu'elle m'est venue à propos (encor qu'ailleurs j'en parleray aux vies de nos roys Henry III et IV); desquelz je ne veux tant dire mal, que je n'estime bien autant leurs armes et leur façon de guerre que leur vie, qui est par trop desbauchée et insolente. Et ay veu un grand capitaine s'estonner avec moy de quoy le roy d'Espaigne ne s'en sert point en ses guerres contre nostre roy d'aujourd'huy, Henry IVe, et qu'il n'employe un million d'or, luy qui en a tant de millions, pour en avoir quinze mille tout d'un coup; et n'hasarde une battaille contre nous autres; et face jouer le jeu à eux, conduictz par quelques lances bourguignonnes, napolitaines et autres des vieilles ordonnances. Je m'assure que cela fairoit un grand escheq sur nous; car veoir quinze mille reistres en deux gros otz[1], cela monte à beaucoup et effraye; et si soustient un grand choc si l'on va à eux, où l'on y perd plus qu'on n'y gaigne; si qu'hasardant ces quinze mille reistres, avecqu' autres mille chevaux, et les faisant perdre et enfoncer sur nous, il n'y a nul doubte que nous serions bien mallades, comme nous fusmes à Sainct-Quentin; et, cela faict, les ren-

---

1. *Otz*, corps d'armée.

voyer aussitost en leur pays, car ilz consommeroient un gouffre d'argent. Et la battaille gaignée par l'Espaignol, asseurez-vous que la France seroit condempnée et fort mallade. Et s'estonne-on comme le roy d'Espaigne n'a hasardé ainsi une battaille : et cela seroit sans mettre en hasard ses braves soldatz espaignolz ny les faire combattre, mais seulement faire bonne mine, sinon quand ilz verroient leur meilleur. S'il eust faict ainsi de l'hasardeux et point tant du retenu, il s'en fust mieux trouvé que par tant de temporisement. Et m'esbahis que pour cela il n'a pris son exemple sur quatre battailles que son père et luy nous ont données, celle de La Bicoque, de Pavie, Sainct-Quentin et Gravellines, qui ont esté leur seul gaing de cause de leur grandeur et l'advancement de leurs estatz; car, en quatre jours que ces battailles furent données et gaignées, ilz ont plus gaigné, et nous plus perdu, qu'en cinquante ans que nous nous sommes entre-faictz la guerre; car en matière de guerre il n'y a que d'hasarder des battailles, comme je tiens de grandz capitaines; mais aussi il les faut bien débattre, et estre du tout ou vaincu ou vainqueur.

Voylà pourquoy jadis les Romains s'aggrandirent si bien, en donnant les battailles et les bien débattant, sans tant temporiser. Et ne faut doubter, si Cæsar eust temporisé et retenu la bride à ne venir aux champs des battailles, jamais il n'eust conquis les Gaules, jamais il n'eust mis fin aux guerres civiles, et jamais ne fust esté empereur du grand empire romain. Aussi ne demandoit-il jamais que venir aux mains, et mesmes à la battaille de Farsalle, ainsi que très-bien le représente ce grand poète Lucain, par son harangue qu'il fit avant que d'aller au combat, que j'ay traduicte et mise ailleurs[1].

Ne faut doncques point doubter que, sur telz exemples, le roy Phillippes devoit ainsi hasarder une battaille par ses guerriers mercenaires et estrangers; car c'est leur vraye curée, puisqu'ilz se sont mis à ce mestier mercenaire : et voylà pourquoy il les faut les premiers hasarder et les premiers perdre, et leur faire essuyer bien le baston, et, comme j'ay dict, réserver et bien garder ses vieux soldatz espaignolz, braves, bons et fidelz, comme bons médecins pour porter ayde au corps, si de malheur il venoit estre faict mallade et blessé.

Aussi, pour dire vray, et comme j'ay ouy discourir un jour au grand M. de Guyze avec ce bon et honnorable vieillard de chevallier, le bon homme M. de La Brosse, ce ne sont pas les gens de pied qui, encores que bien en soient une cause, ne gaignent pas les battailles absolument; il faut que ce soient les gens de cheval qui en facent la victoire entière et la poursuivent jusques au bout, si ce n'est que la bataille se donnast en lieu si advantageux pour l'infanterie, que la cavallerie n'y peust aisément advenir, ou qu'elle fust fort à la discrétion de l'infanterie; ainsi qu'à la bataille de Poitiers du roy Jehan, les gens de pied et archers anglois estrillarent bien nostre gendarmerie françoise dans ces vignes et eschallatz qui l'embarrassoient du tout. Au Garillan de mesmes, parmy ces maretz et palus, nos chevaux

---

1. On la trouvera dans les *Opuscules* de Brantôme.

furent deffaictz, comme qui a veu le lieu comme moy[1] le peut facilement juger très-propre pour l'infanterie espaignolle; et de fraiz, et ny plus ny moins, en un chétif petit combat qui fut faict en ces guerres de la Ligue, près Sainct-Yriers en Lymosin, où fut tué le conte de La Rochefoucaud[2], brave et vaillant seigneur certes, avec près de quatre-vingtz à cent gentilzhommes, braves et vaillans tous; lesquelz, voulans lever le siège de ladicte place, soustenue par le seigneur de Chambret[3], très-brave et vaillant gentilhomme, contre M. de Pompadour[4], seigneur tout plain de valeur aussi, et chef de ceux de la Ligue, furent deffaictz par l'infanterie et harquebuserie, pour s'estre perduz et engagez sans y penser dans certains petitz maretz et tartres[5] bourbonnoises, là où on les tiroit comme à canardz : rencontre certes fort malheureuse, car il y mourut une fort belle et grande noblesse.

Tant d'autres combatz alléguerois-je pareilz, sans emprumpter ceux des Romains, desquelz les gens de pied légionnaires ont gaigné leurs principalles battailles et les ont faictz grandz; et à eux estoit tout leur principal recours plustost qu'à leurs gens de cheval, ainsi que parmy les Espaignolz leurs gens de pied sont beaucoup plus estimez que leurs gens de cheval.

1. Voyez tome I, p. 133.
2. François de la Rochefoucauld, prince de Marsillac, tué au combat de Saint-Yrieix-la-Perche (Haute-Vienne), le 15 mars 1591.
3. Louis de Pierre-Buffière de Chambaret.
4. Louis de Pompadour. — 5. *Tartres*, tertres.

Finissons ceste disgression, et retournons encor à ce grand M. de Guyze, François de Lorraine, lequel aucuns ont blasmé d'avoir rompu la trefve si advantageuse pour la France[1]. Mais qui la rompit, sinon le pape Paul IV*e*, et le roy Henry pour le secourir? On tenoit pour lors que le pape, de théatin qu'il avoit esté auparadvant et grandement austère et réformé, devint si ambitieux qu'il se proposa d'avoir les biens des principaux seigneurs de Rome, comme des Colonnes et Ursins. Et de faict, en fit emprisonner aucuns et se saisit de leurs biens, dont il en sortit une si grande rumeur, qu'eux, ayans recours à l'empereur, mirent le pape en tel destroict qu'il fut assiégé une fois dans le castel Sainct-Ange, qu'il fallut qu'il le gaignast et à poinct, estant poussé de son ambition par quelque droict prétendu par les papes sur le royaume de Naples, et le r'avoir, et aussi que de tout temps les Caraffes, dont le pape estoit, ne sont trop amis des Espaignolz.

Toutes ces choses acumullées ensemble annimarent le pape d'envoyer au secours[2] à nostre roy; et luy envoya son nepveu le cardinal Caraffe (qui avoit esté paradvant capitaine servant bien le roy en Toscane) légat, et luy porta une espée et un chappeau : dons que les papes envoyent aux roys pour les gratiffier en demandant quelque chose de meilleur; dons, dis-je, qu'on a observé plusieurs fois estre fataux et

---

1. La trève de Vauxcelles conclue en février 1556. Elle fut rompue le 6 janvier suivant, par une attaque infructueuse sur Douai.

2. *D'envoyer au secours à*, c'est-à-dire d'envoyer demander du secours à....

funestes, ainsi qu'on le disoit alors, et qu'ilz le seroient à nostre roy, lequel, tout plein de bonne voulonté, et poussé de ceste grande ambition du passé de ses prédécesseurs qui avoient délivrez aucuns papes de leurs oppressions, garenty de la tyrannie d'aucuns et remis en leurs sièges, mit une grosse armée sus pied et en fit M. de Guyze son lieutenant général[1] pour un secours si sainct; encore tenoit-on que nostre roy en avoit adverty l'empereur de se désister à ne donner telle oppression au pape.

Que pouvoit donc faire M. de Guyze, que d'obéyr à son roy et prendre une telle charge si saincte, luy en estant très-digne, et de plus grande que celle-là? Ce ne fut pas donc luy qui rompit la trefve. Encor lors débattoit-on que feu M. l'admiral, gouverneur de Picardie, fut le premier qui la rompit, pour l'entreprise qu'il fit sur la ville de Douay, qu'il faillit à prendre et y entrer de nuict une vigile des Rois, qu'on cryoit *le roy boy*, sans une vieille qui donna l'alarme et esveilla la garde et le guet à force de crier. Ayant failly celle-là, il retourna à Lanz en Artois, qu'il ne faillit pas; et y entra dedans, où furent commises ces pilleries et paillardises, que les ennemis sceurent bien reprocher, et sur ce prendre subject d'en avoir leur revanche[2] et à faire la guerre à leur tour.

Tant d'autres propos s'alléguoient là-dessus, pour disputer de ceste roupture de trefve et de qui elle

---

1. Voyez le texte des pouvoirs qui lui furent donnés à ce sujet dans Béthune n°s 8633 et 6834.
4. *Var*. Revange (Ms. 6694 f° 286 v°).

venoit, ou de nous, ou de nos ennemis, que je m'en remetz aux plus clairvoyans et bien sçachans. M. de Guyze conduist doncques ce sainct secours bravement et sagement au pape, et si à propos, qu'il contrainct le duc d'Albe à luy donner la paix (le pape pourtant plante là et nostre roy et M. de Guyze), laquelle aussi vint fort à propos; car, la battaille de Sainct-Quantin perdue, M. de Guyze fut envoyé querir pour restaurer la France.

Par quoy, après avoir long-temps séjourné son armée saine et entière par de là en Italie, et luy avoir faict perdre ce coup là fort bien le nom, que de long-temps s'estoit attribuez, du cimetière des François, la rompt et la partage en trois : l'une, il l'emmène avec luy, et la mieux choisie pour les gens de pied, dans les gallères de France qui le vindrent querir ; la seconde, la donne à M. d'Aumalle, son frère, pour la retourner avec toute la cavallerie, qu'il conduisist certes très-bien, très-sagement et très-heureusement par le pays des Grizons, où il acquist très-grand honneur ; la troisiesme demeura avec M. le duc de Ferrare, dont j'en parle ailleurs.

Ce n'est pas tout que de conduire et avoir des armées, mais il les faut conserver ; et qui les peut rendre et retourner au logis saines et entières, le capitaine en est digne d'une très-grande louange ; ainsi que fit ce coup là M. de Guyze, qui, estant aussitost arrivé en France si bien à poinct, et non en secours de Pize (comme l'on dict), une joye s'esmeut partout de luy, et de luy partout une voix s'espandit telle, qu'on disoit, et l'a ainsi escrit aussi ce grand M. le chancellier Hospital, dans un de ses poëmes latins sur ce subject, et de la prise de Calais [1] :

« Or c'est à ce coup que cet homme nous remettra
« et restituera la chose toute revirée et contournée à
« rebours d'un gond à l'autre, ou du tout cela en
« est faict, et jamais de nul temps ne verra-on la for-
« tune de France relevée, et demeurera mesprisée et
« pour jamais couchée en terre. » Cela se disoit et
escrivoit alors, comme j'ay veu.

Ceste gloire, puis après ainsi prophétizée de tant de bouches, en demeura à M. de Guyze par la prise de Calais, qui fut du tout inopinée à tout le monde. J'ay ouy dire que feu M. l'admiral fut le premier invanteur de ceste entreprise, et que, durant la trefve, il avoit envoyé recognoistre ceste ville par M. de Briquemaut [2], qui fut deffaict à la Sainct-Barthélemy, mort certes par trop indigne de luy et des bons services qu'il avoit faictz d'autres fois à la couronne de France, et que c'estoit un vieux chevallier d'honneur et homme de bien. Il est vray qu'il estoit fort zellé à sa religion; mais pour cela il ne debvoit mourir, ains estre pardonné pour ses grandz services.

1. Aut tu rem nobis convulso cardine turpem
 Unus restitues, primaque in sede locabis,
 Aut certe nullis unquam fortuna resurget
 Galliæ temporibus, sed hunc despecta jacebit
 Æternum.

De duce Guisio e Latio sub cladem Quintinianam in Galliam redeunte, vers 1-5.

(*OEuvres de Michel L'hospital*, 1825, 8, t. III, p. 232.)

2. François de Briquemault, seigneur de Beauvais. Il ne périt point à la Saint-Barthélemy, mais fut pendu deux mois après, par arrêt du parlement en date du 27 octobre 1572.

Luy doncques, ayant très-bien recognu la place (desguisé ce disoient aucuns), en fit le rapport à M. l'admiral; et la rendit si facile à prendre que M. l'admiral en fit là dessus des mémoires très-beaux, et en projetta le dessain et en tira le plant; et de tout en discourut au roy, qui y prend goust et en réserve l'exécution à la première bonne occasion; si bien que, M. de Guyze venu, il s'en ressouvint; et despesche vers madame l'admiralle[1] (car M. l'admiral estoit prisonnier de Sainct-Quantin[2]) le petit Féquieres[3], nourry de feu M. d'Orléans, très-habile, brave et vaillant gentilhomme et ingénieux, pour luy faire voir dans les coffres et papiers de M. l'admiral, s'il n'y trouveroit point tous ces mémoires; ce qu'il fit : et les ayans rapportez au roy, il[4] les confia à M. de Guyze. A quoy M. de Guyze y rapporta une très-grande difficulté, voire du tout une impossibilité et nulle apparence de raison : aller assiéger une telle place imprenable, amprès une si grande perte de battaille advenue, et mesmes en plein corps d'hiver et en telle assiette! ce que M. l'admiral vouloit en ses mémoires, d'autant qu'en hyver l'Anglois se fiant en la mer et aux eaux qui regorgent et s'enflent plus lors qu'en esté, ilz n'y jettoient grand nombre de gens, et la garnison estoit fort petite au prix de la grosse qu'ilz y jettoient l'esté, la voyant foible à cause des eaux basses. Aucuns disoient que M. de

1. Charlotte de Laval, première femme de Coligny.
2. C'est-à-dire lors de la prise de Saint-Quentin.
3. Jean de Pas, seigneur de Feuquières, mort le 23 mai 1569. Sa veuve, Charlotte Arbaleste, se remaria à du Plessis-Mornay.
4. *Il*, le roi.

Guyze le disoit à fort bon escient, et par raison, et à la vérité ; autres, pour rendre la chose ainsi difficille, affin que par amprès la prise il en acquist plus de gloire et en triumphast mieux.

On dit aussi que M. de Senerpont[1] soubz-lieutenant de roy en Pycardie, un très-bon et sage capitaine, faisoit la chose fort facille, pour l'avoir bien faict recognoistre. Tant y a que le roy voulut que M. de Guyze tentast ceste fortune, et luy commanda résolument d'y aller avec l'armée qu'il luy donna ; ce qu'il fit.

De dire maintenant la façon, ce seroit chose superflue, puisque nos histoires en disent assez. Mais faut noter et admirer, qu'en moins de huict jours il força les deux forts du pont de Nieulay, du Risban, et emporta la ville que nous avions tenue paradvant si forte et imprenable, que, despuis deux cent dix ans que les anciens François la perdirent, jamais les autres qui vindrent après nos roys n'osarent pas songer seulement de l'attaquer, non pas de la voir. Aussi les Anglois furent si glorieux (car ilz le sont assez de leur naturel) de mettre sur les portes de la ville que : lors que les François assiégeront Calais, l'on verra le plomb et le fer nager sur l'eau comme le liège.

Leur quolibet manqua là, encor qu'on dist que leur grand prophette et devin Merlin prédist qu'il se prendroit lorsqu'il viendroit un estranger régner en Angleterre, et qu'une reyne de leur pays se marieroit avecqu' un estranger, et que ce seroit soubz le

---

1. Jean de Monchi, seigneur de Senarpont.

règne et la force d'un grand roy issu de la race des Valois, qui vangeroit le sang espandu et la deffaicte misérable des François à la battaille de Crécy, soubz Philippe de Valois, qui la perdit, bien que ce grand chevallier sans reproche et vaillant, messire Jehan de Vienne, la deffendit si bien, un an durant assiégé, que luy et les siens furent réduictz à manger les ratz, les chatz et les cuyrs de bœufz, encor qu'elle ne fust forte lors de la centiesme part comm' elle est aujourd'huy.

Ce fut un roy Philippe qui la perdit soubz la reyne sa femme ; un roy Henry la prit. Du despuis nostre roy Henry d'aujourd'huy l'a perdue, et le roy Philippe, ce mesme, après perdue l'a regaignée. Et puis après en un rien, nostre grand roy Henry la reheust et en un traict de plume, par le traicté de paix qu'il fit avec l'Espaignol[1]. Il faut bien dire qu'il y ait là (comm' en d'autres choses) quelques secretz divins ou fatallistez que nous n'entendons pas.

M. de Guyze demanda au roy ce gouvernement pour le capitaine Gourdan[2], et le fit là gouverneur ; que plusieurs trouvarent estrange, qu'il y fust préféré à plusieurs vieux capitaines, grandz seigneurs et chevalliers de l'Ordre, et mesmes M. de Senerpont,

1. Calais, pris par Édouard III en 1347, fut repris par le duc de Guise, le 8 janvier 1558. Au mois d'avril 1596, la ville se rendit aux Espagnols, qui la restituèrent par le traité de Vervins en 1598.

2. Girault de Mauléon de Gourdan, mort en 1592 à quatre-vingt-quatre ans. Il ne fut nommé que sous Charles IX gouverneur de Calais, après le maréchal de Termes et François de Vendôme, et eut pour successeur son neveu, F. de Saint-Paul de Bidossans, qui périt en défendant la place, en 1596.

autheur à demy de l'entreprise, qui s'en fussent tenus fort honnorez et bien contentez ; ce qui en fit murmurer aucuns, qu'un simple capitaine de gens de pied fust en cela préféré à eux. Mais M. de Guyze y procéda en cela en grand et charitable capitaine ; car M. de Gourdan y perdit une jambe d'un coup de canon : et estoit bien raison qu'il fust récompansé ainsi, car puisqu'il n'avoit plus les deux jambes saines et entières pour aller ailleurs chercher fortune, il estoit bien raison qu'il s'arrestast et demeurast là où il y en avoit perdu une. Aussi, pour dire vray, que c'estoit un très-bon capitaine, vaillant et très-sage et très-fidel' homme de bien, ainsi que tant qu'il a vescu il l'a bien monstré en la garde qu'il a si bien continuée jusques à sa mort, que jamais on n'y a rien sceu entreprendre ny mordre, encor que la reyne d'Angleterre eust une très-grande envye de le corrompre et de la r'avoir, jusques à luy en avoir présenté (durant ces plus grandz troubles qu'un chascun faisoit ses affaires, estans maistres comme ratz en paille) cent mille angellots ; mais il luy manda qu'il aymoit mieux son honneur que tous ses thrésors, et qu'elle les gardast pour d'autres qui les aymoient plus que la bonne réputation.

M. d'Espernon en eut aussi grand' envie du temps du torrant de sa fortune et que rien ne luy eschappoit de ses mains, mais tout y tumboit. Le roy[1] luy[2] manda plusieurs fois pour ce traicté, et le manda le venir trouver, comme je vis à Paris : il y vint, mais il n'y voulut jamais entendre ; et dist que, puisque le

---

1. Henry III. — 2. *Luy*, Gourdan.

roy son père luy avoit donné ce gouvernement, et l'avoit préféré à plusieurs grandz plus que luy, qu'il le supplioit bien fort qu'il y mourust, puisque si peu il avoit à vivre. Le roy ne l'en pressa pas plus, et est mort ainsi qu'il avoit dict, l'ayant laissé à son nepveu[1] avec plus de trente mille livres de rente qu'il avoit là à l'entour acquis, et en ceste conté d'Oye, et deux cens mill' escus en bource, que tout à coup il[2] a perdu et ville et vie, non pas l'honneur, car il le porta sur le rempart, et y demeura pour jamais haut eslevé en gloire immortelle, et la vie s'en alla en combattant très-vaillamment; ce qui fut le plus grand honneur qui luy eust sceu arriver, pour beaucoup de raisons qui se peuvent là dessus songer; autrement, s'il eust survescu il n'estoit pas bien.

Voylà comme la fortune verse ses tours, ast' heure pour les uns, ast' heure pour les autres; ast' heure Calais perdu pour nous, ast' heure gaigné par le roy d'Espaigne. Que s'il eust esté à vendre, il en eust donné de bon et grand argent : si eust bien faict la reyne d'Angleterre, comme j'ay dict. Et pourtant ledict roy, en la prenant de la façon qu'il a faict, il en a eu meilleur marché qu'il n'eust eu de beaucoup : et si eust consommé plus de temps à en faire le marché qu'à le prendre, car en autant de temps l'a-il prise comme fit M. de Guyze. J'espère d'en parler en la vie de nostre grand roy Henry IVe d'aujourd'huy.

M. de Guyze ayant pris Calais, et voyant que ce n'estoit pas tout et qu'il falloit bien achever la par-

---

1. Voy. p. 216, note 2. — 2. *Il*, son neveu.

tie de la victoire, il prit par force Guynes, très-forte place, où il y avoit dedans un très-bon et vaillant capitaine le millort Gray, et Hames ; et conquesta toute là conté d'Oye. Bref, il acheva de chasser les Anglois hors de la France, de long-temps si empiettez, qu'on ne les avoit peu chasser ny desplacer aucunement, bien qu'on les eust fort battuz souvent et chassez d'ailleurs ; si bien que c'estoit un vieux proverbe parmy nous, quand nous voulions mextimer[1] un capitaine et homme de guerre, on disoit : *Il ne chassera jamais les Anglois hors de France.* Quelle gloire donc doit avoir M. de Guyze de les avoir chassez !

Quelque temps après, il alla assiéger et prendre Théonville, ville certes du tout imprenable, autant pour l'artiffice et fortifications qu'y estoient que pour le naturel, pour estre entournée des paluz et maretz de la proffonde Moselle, et pour quinze cens hommes de guerre qu'il y avoit dedans. Qui en voudra voir la façon comme elle fut assiégée et prise, et en combien peu de temps, lise les Mémoires de M. de Montluc[2]. Tellement que j'ay ouy dire, quand les nouvelles en vindrent au roy, il en demeura tout esbahy, ne le pouvant aisément croire, comme de vray, qui a veu la place comme moy s'en estonnera grandement. Aucuns l'appelloient *Villa Theon,* Ville de Dieu, pour l'allusion du nom, moytié grec, moytié latin ; et pour tel nom les Bourguignons la tenoient plus forte[3].

1. *Mextimer,* dénigrer.
2. Voyez les *Commentaires,* tome II, p. 255 et suiv.
3. *Var.* Outre la forteresse (Ms. 6694, f° 288).

La seconde secousse de la France, après celle de Sainct-Quentin, vint la routte de Gravellines, qui fut grande et telle, que le roy et ses subjectz jettarent aussitost l'œil sur M. de Guyze, comme qui demandent d'estre relevez par luy d'une telle cheutte, qui fit teste si assurée, que l'ennemy s'arreste court. Vint le voyage et camp d'Amiens, qu'on appelloit ainsy pour lors, d'autant que le roy s'y campa à l'entour avec une fort belle et grosse armée près de trois mois; et le roy Philippe près de là avec la sienne très-belle et forte aussi, et la retrencha fortement; et songeant s'il livreroit encor bataille, et si le sort lui en seroit encor aussi heureux qu'aux deux autres, mais il s'arresta court, diverty par aucuns de ses vieux et sages capitaines, que le temporisement en seroit plus expédient que l'hasard, puisque M. de Guyze estoit là, si coustumier à estre victorieux en tous ses esploictz, que possible il y pourroit estre là de mesmes. Je l'ay ouy ainsi dire à aucuns Espagnolz, et que mesmes aussi ilz furent très-joyeux et pensoient desjà estre au dessus de nous, quand ilz eurent nouvelle en leur camp qu'il avoit esté tué, ou pour le moins fort blessé du baron de Luxebourg[1] : qui fut un bruict faux; mais pourtant la joye en fut démenée et solempnisée en leur camp.

Ce baron de Luxebourg estoit un des reistres maistres du duc de Saxe[2], des principaux, venu au service du roy avec de grandes forces, qui estoit brave, et vaillant, et haut à la main; qui un jour que M. de

---

1. Lutzelbourg.
2. Jean-Guillaume, duc de Saxe-Weimar.

Guyze faisoit la visite du camp, fut si outre-cuydé, ou, pour mieux dire, tenté de vin, ainsi qu'il le conffessa, de luy-tenir quelque parolle fascheuse, voire de tirer son pistollet; mais M. de Guyze prompt mit la main à l'espée aussitost, et luy en fit tumber son pistollet, et là luy porte à la gorge. Qui fut estonné? ce fut ce baron. M. de Montpezat, qui suivoit lors M. de Guyze et estoit près de luy, faisant de l'officieux, mit aussitost la main à l'espée pour le tuer. M. de Guyze s'escria aussitost : « Tout beau, Mont-
« pezat, vous ne sçavez pas mieux tuer un homme
« que moy; ne le tuerois-je pas sans vous? Allez, dit-
« il au baron, je vous pardonne l'offance particu-
« lière que vous m'avez faicte, car je t'ay tenu en
« ma mercy : mais pour cela que tu as faict au roy,
« au général et au rang que je tiens icy comme lieu-
« tenant de roy, c'est au roy à y voir et en faire la
« justice. » Et soudain commanda qu'on le menast prisonnier : ce qui fut faict; et M. de Guyze prend, sans autrement s'esmouvoir, cent bons chevaux et se pourmène par le camp et le quartier des reystres, et advertit soubz main les capitaines de cheval et de pied d'estre en cervelle[1] s'il en bougeoit aucuns; mais au diable le reystre qui bougea! Mesmes le duc de Saxe, accompaigné de ses reystres maistres, le vint trouver pour sçavoir de luy en toute douceur que c'estoit, qui en trouva le traict trop insolent et point digne d'un homme de guerre, attribuant pourtant le tout au vin qu'il avoit trop beu, que ledict baron luy-mesme conffessa : dont, sur ce, fut par-

---

1. *Être en cervelle*, être aux aguets.

donné et sorti hors de prison quelques jours après, et renvoyé du camp ; qui pourtant retourné en son pays faisoit quelques menaces ; mais il avoit affaire à un vaillant homme qui ne s'en soucyoit guières.

Après toutes ces expéditions et voyages faictz, la paix génuéralle se fit entre les deux roys ; et, pour récompense des grandz services faictz à la France par ce grand capitaine, le roy, poussé par M. le connestable et d'autres[1] qui n'aymoient trop alors la maison de Guyze, avoit résolu de les chasser tous de sa court et renvoyer en leurs maisons. S'il ne fust mort, cela estoit arresté, car je le tiens et sçay de fort bon lieu. Grand exemple certes pour ceux qui se fient en la faveur des roys et aux grandz services qu'ilz leur ont faictz, qui, pensans, pour l'amour d'eux, estre bien advant en leurs grâces et s'en tenir bien assurez, pour un rien en sont privez et esloignez du tout, et, qui pis est, courent la fortune de leur vie, comme feu M. de Guyze dernier, ainsy que j'espère escrire en sa vie.

Le roy Henry mort, et le roy François II succédé à luy, M. de Guyze, comme oncle de la reyne, fut mieux que jamais en sa grandeur ; car luy et M. le cardinal son frère eurent toute la charge et gouvernement du royaume, comme très-bien leur appartenoit pour en estre très-dignes et très-capables. Ce ne fut pourtant sans de grandes envies et callumnies ; car le roy de Navarre Anthoine, comme premier

---

1. Le ms. 6094, f° 289 v° portait d'abord : Et Mme de Valentinoys qui n'aymoyt trop allors la maison de Guise.

prince du sang, vouloit avoir ceste authorité. Cela fust esté bon si le roy fust esté pupil et mineur; mais il estoit adulte et majeur, et pour ce le roy estoit libre de choisir et tenir près de soy ceux qui bon luy sembloit, et mesmes de si proches, et ses oncles du costé de sa femme.

Quand à M. le connestable, luy qui le vouloit faire aux autres, à luy fut faict; et pour ce renvoyé en sa maison, ou plustost que de luy-mesmes il s'y en alla, sans se le faire dire, ainsi qu'il estoit très-sage et qu'il sçavoit bien cognoistre le temps et s'y accommoder.

Une chose fut trouvée très-mauvaise au commancement de ce règne et gouvernement de ces messieurs de Guyze : c'est qu'il fut crié par deux fois à la court, à son de trompe, que tous capitaines, soldatz et gens de guerre, et autres qu'y estoient là venus pour demander récompanses et argent, qu'ilz eussent à vuyder sur la vie. Ce bandon fascha fort et mescontenta plusieurs honnestes gens et autres, dont M. de Guyze et son frère le cardinal en furent fort blasmez et accusez; lesquelz pourtant n'avoient si grand blasme comme l'on diroit bien, car le roy trouva son royaume si pauvre, si endebté qu'il ne sçavoit que faire. Les Vénitiens lui demandoient une grand' somme et si execive, qu'il n'y avoit nul ordre de la payer; et croy qu'encor aujourd'huy que je parle on leur en doit la moytié, possible tout. Les Suysses de mesmes demandoient leurs payes, ausquelz encor on en doibt. Force banquiers aussi demandoient. Je laisse à part les grandes despanses et coustz qu'il falut faire, et avoit-on faict, pour les nopces de la reyne d'Espaigne et sa conduicte et convoy en Espaigne, pour celles de madame de Savoye, et de mesmes les dons et présens grandz qu'on donna aux estrangers qu'y vindrent. Bref, le royaume se trouva lors si pauvre et diminué de finances et moyens, que de long-temps n'avoit-on veu les finances en eaux si basses.

Que pouvoit donc faire le roy et ses financiers, sinon que de renvoyer telz demandeurs jusques à un' autre fois, lesquelz on n'eust sceu ressasier pour dix revenus de la France? car les gens de guerre de tout temps ont eu cela, et mesmes de ce temps là, que, pour une petite harquebuzade qu'ilz avoient receue, ou pour un petit service faict, il leur sembloit que le roy leur devoit donner l'or à pallées[1], ainsi que j'en ay veu force faire de ces traictz, se mescontenter, alléguer leurs vaillances, en jurant et reniant et alléguant leurs services; bref, d'une mouche en faire un éléphant. Voylà comme l'importunité de telles gens fascha fort au roy, à ses financiers, voire à toute la court.

Je ne dis pas que M. le cardinal de Lorraine, qui s'estoit réservé la surintendance des finances, n'en fust un peu cause de tout, mais non M. de Guyze, qui n'y jettoit que fort peu l'œil dessus, si non pour les gens de guerre qui estoient entretenus, et pour leurs payes, desquelz ilz avoient pris la charge et de tous les affaires de la guerre, qu'il entendoit mieux qu'homme de France, luy et M. le connestable. Mais de dire autrement que M. de Guyze eust faict faire

---

1. *A pallées*, à pelletées.

le bandon un peu trop criminel[1] contre les gens de guerre, il ne le faut croire, comme je l'ay veu; car il les aymoit trop et les cognoissoit très-bien; et quand ilz venoient à la court, il leur faisoit très-bonne chère, jusques aux plus petitz, comme j'ay veu. Et dès lors il me souvient l'avoir veu que, plusieurs y venans qui ne sçavoient rien du bandon, ou bien qu'ilz le sceussent, il leur disoit privément : « Reti- « rez-vous chez vous, mes amis, pour quelque temps; « ne sçavez-vous pas ce qui a esté crié? Allez-vous- « en : le roy est fort pauvre ast' heure; mais asseu- « rez-vous, quand l'occasion se présentera et qu'il y « faira bon, je ne vous oublieray point et vous man- « deray; » comm'. il fit à plusieurs que j'ay veu.

On dit que ceste belle publication et mescontentement, avec le prétexte de la religion, ayda fort à fabriquer la conjuration d'Amboise, de laquelle La Renaudie fut le principal autheur et remueur. Belle récompanse certes, qu'il rendit à M. de Guyze pour luy avoir aydé à se sauver des prisons de Dijon, où il estoit en danger de la vie pour avoir faict une certaine faucetté (disoit-on) contre le greffier du Tillet[2], pour la cure de Champniers en Angoulmois, qui vaut six mille livres de rente, qui est un très-grand revenu pour un simple curé[3]. Et d'autant que ledict greffier avoit grand'faveur à Paris, ledict La Renau-

---

1. *Un peu trop criminel*, c'est-à-dire traitant trop en criminels ceux contre lesquels il était rendu.

2. Jean du Tillet, greffier en chef du parlement de Paris, érudit, mort le 2 octobre 1570.

3. *Var.* Pour une simple cure (Ms. 6694, f° 290 v°). Voyez, sur cette affaire, de Thou, liv. XXIV.

die eut son évocquation à Dijon, où il fut très-bien et beau convaincu de fauceté et prest à avoir la sentence de la mort; et le vint-on dire à M. de Guyze[1], qui estoit lors avec son père; et d'autant que ledict La Renaudie estoit brave et vaillant, comme il le monstra à sa mort, M. de Guyze, qui estoit jeune, brave et vaillant, et qui aymoit ses pareilz, avoit veu cestuy-cy à la court et à Paris, comme jeunes gens se font cognoistre aux princes. M. de Guyze, voyant que ce pauvre homme s'en alloit perdu, il advisa et tenta si bien tous les moyens, qu'il le sauva des prisons si habilement, qu'en plein jour, et jour de procession de la Feste-Dieu, il passa par la ville (aussi ay-je ouy dire qu'il s'ayda de sortillège), et en sortit et se sauva en Suysse et à Berne, où il demeura long-temps; et puis vint faire ce beau coup à sa perte, et non des autres qu'il avoit conjuré[2], comme il pensoit. Voylà une très-belle recognoissance de courtoisie et sauvetté de vie! J'ouys cela un soir conter à M. de Guyze mesmes, à table à soupper, alors de ceste conjuration à Amboise, qui fut desmellée par la valeur et sagesse de ce sage prince.

Le roy François vint à mourir à Orléans, là où il[3] monstra qu'il n'estoit possédé de si grande ambition pour s'impatroniser du royaume de France et s'en faire à demi roy, comme l'on crioyt tant de luy par quelques meschantes langues, ou du tout se faire visce-roy, et gouverner le roy et son royaume,

1. Henri de Guise.

2. *Qu'il avoit conjuré*, c'est-à-dire contre lesquels il avait conspiré.

3. M. de Guise.

et en faire à son bon plaisir; mais il les fit tous mentir. S'il eust voulu cela, il luy estoit plus que très-facille; car il eust peu se saisir du roy de Navarre (le prince de Condé estoit desjà en prison), de M. le connestable et de tous ceux qui estoient là accouruz aux Estats à luy suspectz, et comme il luy eust pleu, car il avoit toute la court à sa dévoction, comme je le sçay et l'ay veu, que, sept ou huict jours après la mort du roy, il alla au pellerinage à Cléry[1] et à pied, il emmena quasi toute la court avec luy et la noblesse, et demeura le roy si seul et sa court si seule, que l'on en murmura et entra en jalouzie; je le sçay.

De plus, il y avoit quinze à vingt compagnies de gens de pied, tous bons, assurez et éprouvez soldatz, tournez du siège du Petit Lict[2], tous à sa dévotion, qu'il avoit mis dans Orléans, et entroient en garde tous les soirs, qu'ilz eussent faict trembler, non pas la court seulement, mais toute la France. Qui l'eust donc empesché que, par la fumée des arquebuzades de ces braves soldatz, il n'eust disposé du roy à son bon plaisir, et des autres comm' il eust voulu? Par le dehors d'Orléans il avoit mis tout à l'entour et aux environs quasi toutes les compagnies d'ordonnances et des gens-d'armes; desquelles il eust disposé aussi comm' il luy eust pleu, fors de quelques-unes, comme celles de M. le connestable, de messieurs ses enfans, de M. l'admiral, du roy et prince de Navarre

1. A N.-D. de Cléry, à cinq lieues de Baugency.
2. Le 8 juillet 1560 avait été conclu en Ecosse un traité par lequel les troupes françaises, assiégées dans la ville de Leith, devaient être transportées en France.

et quelques autres; mais la majeur part qu'il avoit les eust emportez à l'ayse; aussi qu'il les avoit logées en telz lieux que, si elles heussent branlé et bougé le moins du monde, elles estoient troussées. Toutesfois il n'y eust eu grand' peine, car la plus grand' part des membres des gens-d'armes estoient fort à sa dévoction, à cause de la religion catholique qu'ilz commençoient à voir venir en branle pour la nouvelle qui s'eslevoit; et aymoient fort M. de Guyze, parce qu'on le cognoissoit fort bon et zellé catholique jusqu'à la mort, et qu'ilz voyoient bien que si le roy de Navarre se rendoit régent, qu'on tenoit desjà suspect de la catholique religion, qu'il en arriveroit de grandz troubles en France, comme l'on vist après : car il ne faut point douter que, si dès lors on eust joué des mains basses en ce lieu d'Orléans, comm' il estoit aisé, nous n'heussions veu les troubles et guerres civiles qui se sont veues.

Ces deux moyens donc, l'un du prétexte et deffence de la religion catholique, et l'autre des forces que M. de Guyze avoit à sa disposition, estoient très-grandz pour se faire très-grand et pour attirer toute la France à son party; et par ainsi se fust saisi de la personne du roy; et eussions veu possible la France plus heureuse qu'elle n'a esté et qu'elle n'est, ainsi que j'en ay veu plusieurs discourir alors, et despuis force grandz seigneurs, grandz capitaines et personnes de grandes qualitez, mesmes M. le cardinal son frère l'y poussoit fort : mais il n'y voulut jamais entendre, disant qu'il n'estoit de Dieu et de raison d'usurper le droit et authorité d'autruy. Mais pourtant pour chose de telle importance cela se pouvoit faire justement. Ainsi estoit trop consciencieux, ce coup là, ce bon et brave prince.

M. le cardinal son frère, tout eclésiastique qu'il estoit, n'avoit pas l'âme si pure, mais fort barbouillée. Que s'il fust esté aussi plein de valeur comme M. son frère, et qu'il en avoit la voulonté, il en eust levé la banière et s'en fust faict chef de party ; mais de nature il estoit fort timide et poltron, mesmes il le disoit, et rien ne le fit partir ce coup là de la court que la poltronnerie, ayant eu pourtant un grand crève-cœur et despit quand, sortant de la ville, il oyoit crier parmy les rues, les boutiques et les fenestres : « Adieu, M. le cardinal, la messe est fessée. » Je lui ay ouy dire souvant que s'il eust eu la vaillance et le courage de M. son frère, qu'il fust aussitost tourné en son logis, et eust faict en cela parler de luy.

Voylà donc comment M. de Guyze fit mentir tous ceux et celles qui le disoient brusler d'ambition, et prétendre à estre roy ou y approcher.

On en disoit bien de mesmes quand il alla en son voyage d'Italie, que, quand il auroit conquis, aux despans du roy et de ses forces, le royaume de Naples, qu'il s'en fairoit couronner et intituler roy, et en fairoit la part au roy son maistre. Telles personnes discouroient là plus par passion que par raison ; car, outre la crainte et deffense de Dieu, sa grandeur despendoit totalement de celle de son roy, et jamais de soy-mesme n'eust sceu se maintenir en titre de roy sans son roy souverain, bien qu'il eust prétention sur le royaume. D'en demeurer visce-roy dans le royaume et d'en jouyr de quelques terres, il eust bien voulu, et son roy ne luy eust jamais reffusé ; mais de vouloir estre roy, ce sont abus.

L'exemple de Charles Martel et du marquis de Pescayre[1], par le dire de sa femme, dont j'ay parlé ailleurs, doivent faire sages ceux qui veulent estre roys, et se faire par dessus leurs vrays et naturels roys. Ilz se doivent contenter d'estre grandz soubz leurs ombres, comme bien souvant, durant les grandes chaleurs, on recherche les umbres des grandz arbres.

On murmura aussi, quand il vint d'Italie, il souffrit d'estre appellé visce-roi, nom inusité en France. Jamais il ne pourchassa ce titre ; ce fut le roy qui luy donna de son propre mouvement et le voulut ainsi ; mais il ne le garda guières, et se pleust davantage d'estre appellé lieutenant général du roy par toute la France, que d'autre nom.

Voylà l'ambition donc de ce prince, qu'on a tant crié après luy d'en avoir de grande dans son âme. Il l'avoit comme un courageux et généreux prince qu'il estoit, mais non pas qu'il la voulust advancer sur son roy ny sur son authorité jamais ; mais sur d'autres roys et princes il n'en faut doubter : et croy que s'il eust vescu il eust faict belle peur à l'Angleterre, car il luy en vouloit et y avoit de beaux dessaings ; car je le sçay pour luy en avoir ouy parler sourdement quand il estoit en ses devis plus privez ; non pas qu'il s'en vantast trop, car il estoit trèssobre en vanteries et avoit tousjours plus d'effectz que de ventz : mais on cognoissoit bien, à ses motz

---

1. Voyez tome I, p. 190 et suiv.

prononcez à demy et à ses gestes, et mesmes quand il donnoit de ses doigtz sur la main, qu'il avoit quelque chose de bon à couver et esclorre.

Là dessus, pour un' autre preuve du peu d'ambition qu'eust M. de Guyze sur le royaume de France, et du peu de voulonté qu'il eust jamais de le remuer et brouiller, je fairay ce conte, qu'après le sacre[1] du roy Charles IXe il prit congé de luy et de la reyne, qui le pria bien fort de demeurer, et s'en alla à Guyze pour y faire quelque séjour et passer son temps avec ses amis (j'éstois lors avec lui), résolu de n'en partir de long-temps. Il n'y eut pas demeuré quinze jours, que le roy et la reyne luy mandarent et priarent fort de tourner, et qu'il estoit là fort né cessaire. Il s'excusa fort sur les affaires de sa maison et sa résolution de ne vouloir plus tant faire estat de la court comme il avoit faict; bien seroit-il tousjours prest d'exposer sa vie pour son service, et la luy porter quand il en auroit affaire.

Sur ce, la Feste-Dieu s'approche, dont le bruict court, et en donne-on l'allarme au roy et à la reyne, que les huguenotz vouloient ce jour là troubler la feste et procession, et y faire des désordres et insollances grandes; et, pour ce, Leurs Magestez s'en vont à Paris, et logent en l'abbeye de Sainct-Germain, parce que le roy n'y avoit pas encor faict son entrée, comme les roys le temps passé observoient ceste coustume et scrupulle. Soudain Leurs Magestez en advertirent M. de Guyze, et le prient d'y venir en haste, car elles avoient besoing de sa présence

---

1. Charles IX fut sacré à Reims le 5 mai 1561.

plus que de pas une de la France. Je vis pour un jour arriver trois courriers coup sur coup, l'un après l'autre; car j'avois lors cest honneur d'estre à la suitte de ce grand prince, qui me faisoit cest honneur (bien que je fusse fort jeune) de m'aymer, pour l'amour de feu mon oncle de La Chastaigneraye. Sur ce, je luy vis dire ce mot : « Si c'estoit pour « autre subject, je ne partirois; mais, puisqu'il va « de l'honneur de Dieu, je m'y en voys : et qui vou- « dra y entreprendre, j'y mourray, ne pouvant mieux « mourir. »

Enfin il partit en si grand' haste, qu'en deux jours sur ses chevaux, et nous sur les nostres, il arriva précisément sur la vigille de ladicte feste, si tard qu'il n'alla point ce soir trouver le roy, et demeura à coucher à l'hostel de Guyze. M. d'Antragues, gentil cavalier certes, et qui vist encore, qui lors suivoit mondict seigneur, s'en peut bien souvenir, car il y estoit, et moy aussi. Que pleust à Dieu fussé-je aussi sain et gaillard qu'alors !

L'endemain au matin, le bruit espars par toute la ville de la venue de M. de Guyze, le peuple, qui estoit un peu estonné, ne faut point demander s'il s'en esjouit et s'il reprit cœur. La pluspart de la noblesse de la court, fors quelque petit nombre de celle du roy de Navarre, et la grande des huguenotz du prince de Condé, vint à son lever, et à grand' quantité, qu'il faisait beau voir, et monstroit bien qu'il estoit encor beaucoup aymé et honnoré en la France. Après l'avoir toute saluée et remerciée très-courtoisement (car il estoit très-courtois et très-propre pour gaigner le cœur de tout le monde, outre ses valeurs et vertuz), il monta à cheval pour aller au lever du roy, là où je luy vis avoir une fort belle et assurée façon, et toute autre que tout autre prince qui fust lors en France. Il estoit monté sur son genet noir, qu'on appeloit le Moret, cheval fort propre pour cela, car il estoit fort superbe, et mesmes sur un pavé, avecqu' une grande housse de velours noir en broderie d'argent ; luy, vestu d'un pourpoinct et chausses de satin cramoisy (car de tout temps il aymoit le rouge et l'incarnat, mesmes advant qu'il fust maryé, je dirois bien la dame qui luy donna ceste couleur), un saye de velours noir bien bandé de mesmes, comme on portoit de ce temps là, et sa cappe de velours de mesmes et bandée de mesmes, son bonnet de velours noir avecqu' une plume rouge fort bien mise (car il aymoit les plumes), et surtout une fort belle et bonne espée au costé, avec sa dague : car ce matin il s'en fit porter de son cabinet trois, et de trois en choisit la meilleure ; car je le vis, et ouy dire que, pour l'honneur et le service de Dieu, il se battroit ce jour là fort bien. Bref, il estoit fort bien en poinct, et faisoit très-beau voir ce grand homme et prince paroistre parmy trois ou quatre cens gentilshommes, ny plus ny moins qu'on void un grand et espois chaisne parestre comme l'honneur du bocage parmy les autres arbres.

Passant par la ville, le peuple s'y affouloit avecqu' une si grand' presse, que demeura près d'une grand' heure avant qu'arriver au logis du roy, tant la presse empeschoit le chemin ; et la clameur et la voix du peuple applaudissoit sa venue par une joye extrême, qui démonstroit la fiance et l'assurance qu'on avoit de luy. Ainsi accompaigné entra ce prince au logis du roy. Et ce qu'on nota là singulièrement, ce fut que l'on disoit lors : « Le roy de Navarre, roy et « père des Gascons, » à cause qu'il estoit marié au pays. Mais M. de Guyze l'emporta ce coup là, car il en avoit à sa suitte deux fois plus, tant gentils-hommes vouluntaires que capitaines de gens de cheval que de pied, entretenuz et cassez, qui le recognoissoient encor tous à la court, comm' aux guerres passées pour leur général.

Pour venir au poinct, les processions de la court que[1] de la ville de Paris, se firent et se parachevarent fort dévotieusement et quiettement, sans désordre et tumulte ny insolance aucune, à l'accoustumée : et tous disoient d'une voix que, sans la présence de M. de Guyze, il y eust eu des insolances et débordements, ausquels dès le soir et du matin y avoit très-bien pourvu, et parla à messieurs de la ville les principaux, que, si l'on eust branlé le moins du monde, il y eust eu de la follie, et eust on très-bien joué des mains, et les huguenots s'en fussent trouvez très-mauvais marchans.

Le colloque de Poissy s'en ensuivit quelques six mois après[2], où ce grand, bon et religieux prince, voyant des nouvelletez estranges pour la religion arriver et s'introduire, s'en alla de despit en ses maisons de Champaigne et Lorraine, d'où il ne bougea que la guerre civile s'accommança à esmouvoir, et

---

1. *Que*, tant de la cour que de Paris.
2. Le colloque de Poissy se tint au mois de septembre 1561.

ce six ou sept mois après. Il fut envoyé quérir par le roy et la reyne aussitost; et, passant par Vassi[1], arriva l'esmeute et le désordre que les huguenotz, alors et despuis, ont tant appellé, crié et renommé le massacre de Vassi; ce qui ne fut que peu de chose : je n'y estois pas ; mais j'arrivay un mois après à Paris, où j'en vis parler ainsi à M. de Guyze et à d'autres de sa suitte. Ce fut ainsi qu'il voulut ouyr la messe et que son prebstre la commançoit, les huguenots, qui estoient là auprès assemblez, vindrent précisément, et quasi à poste, commancer à chanter leurs pseaumes. M. de Guyze, qui n'avoit jamais ouy telle notte, les envoya prier d'attendre un peu qu'il eust ouy sa messe, et remettre leur chant. Ilz n'en firent rien, mais chantarent plus haut, et si bravarent. Sur quoy il y eut aucuns de ses officiers, pages et lacquais, qui s'en commançarent à despiter et mutiner : et les premiers qui commençarent le jeu fut Cheleque et Klinquebert, deux grandz pages allemands, que despuis nous avons veuz en nos guerres capitaines de cornettes de reistres, braves et vaillants, et fort honnestes gentilzhommes et accomplis, mais sur-tout Cheleque, et bien aymé de nos roys.

Ces deux pages portoient, l'un l'harquebuze de chasse, et l'autre les pistolletz de M. de Guyze, qui commençarent à tirer, et les autres après. M. de

---

[1] Le massacre de Vassy eut lieu le 1er mars 1562. Voyez de Thou, liv. XXIX, et diverses relations du massacre, dans les Mémoires de François de Guise, dans la collection de Michaud et Poujoulat, et dans le tome IV (première série) des *Archives curieuses de l'Histoire de France*.

Guyze, oyant la rumeur, quicte sa messe et sort l'espée au poinct, appaise le tumulte, et ne saigna jamais personne; et sans luy il y eust eu autre rumeur. Mais cela ne fut rien, et ne valoit pas qu'on le criast tant comme l'on a faict, ny qu'on l'appellast *le boucher de Vassi*. Il ne le fut point là ny ailleurs, car je l'ay veu cent fois plus miséricordieux envers les huguenotz que le roy de Navarre et M. le connestable, qui ne demandoient que pendre; et lui ne vouloit que leur conversion, ainsi que je l'ay veu à l'endroict de plusieurs.

A sa mort il se conffessa de ce massacre, priant Dieu n'avoir rémission de son âme s'il y avoit pensé, ny s'il en fust jamais autheur, faisant la chose fort petite et légère; mais pourtant, parce qu'il y avoit eu du sang de répandu, il s'en conffessoit à Dieu et luy en demandoit pardon; car je l'ouys de mes propres oreilles, et plusieurs qui estoient avec moi. Et si ceux (dont fut M. l'évesque d'Eriez[1]) qui ont escrit son harangue qu'il fit à l'heure de sa mort, ont taisé ce traict, ilz ont eu tort, pour monstrer là son innocence d'une chose que l'on croioit tant après luy.

L'armée du roy se dressa contre les huguenotz, là où ne faut point doubter qu'il ne s'y espargna non plus qu'aux autres précédentes estrangères; car c'estoit son gibier, c'estoit sa vraye manne qu'il aymoit le plus, et le plaisir où il se dellectoit autant qu'à la

---

[1]. Lancelot de Carle, évêque de Riez. Sa lettre au roi sur la mort du duc de Guise a été réimprimée dans le tome IV des *Mémoires de Condé*, édition de Londres, 1743, in-4°.

guerre. Quand Bloys, Bourges et Rouan furent pris, les deux de force et l'autre par composition, qui fut Bourges, et la composition très-bien gardée, et les capitaines et soldatz qui voulurent servir le roy très-bien receuz et traictez, comme j'ay veu. Pour quant à Rouan, il fut pris d'assaut, là où il y alla luy-mesme : aussi a-il esté le premier général de nos temps d'armées qui a fait la faction de couronnel, de maistre d'artillerie, de maistre de camp, de capitaine et soldat. Et pour recognoistre les places il ne disoit jamais : « Capitaine, sergent ou soldat, allez « là, recognoissez-moi cela. » Ou bien, s'il les y envoyoit, luy-mesmes y alloit après s'ilz ne l'avoient pas bien contenté ; mais la plus grand' part du temps il y alloit, et luy-mesme menoit les capitaines et soldatz loger ou placer, ou dans les trenchées, les fossez, ou dans les tours, ou sur le haut des bresches, ou en d'autres lieux. Je le vis en ce siège de Rouan un jour commander à M. de Bellegarde, despuis mareschal de France[1], (parce qu'il le tenoit pour huguenot, et qu'on l'avoit assuré qu'en Piedmont il avoit esté un bravasche et mangeur de ravellins[2]) ; et, pour l'esprouver en ces deux poinctz, il luy commanda d'aller recognoistre un recoing d'une tour, pour recognoistre s'il n'y avoit point un faux flanc caché ; et le voyant en queste de casque et de rondelle, il lui presta le sien et la sienne. Certes, M. de

---

1. Voyez dans un autre volume l'article que Brantôme lui a consacré.
2. *Ravelin*, demi-lune. Nous dirions aujourd'hui *avaleur de montagnes*.

Bellegarde y alla bien, et si fut en danger, car en tournant il eut deux harquebuzades dans sa rondelle, qu'il avoit jettée derrière soy, et vint faire son rapport à M. de Guyze ; lequel, voyant qu'il ne le satisfaisoit et ne luy faisoit si fidelle rapport et de parolle si assurée comm' il vouloit, guignant et tournant la teste, il dit : « Donnez-moy ma ron- « delle, il faut que j'y aille ; je ne suis pas bien con- « tent de ce que vous m'avez dict. » Et pour ce, armé de ses armes, il s'y en va si assurément, bien que les harquebuzades donnassent fort, qu'on ne cognut jamais en luy nul brin d'appréhension ny d'estonnement ; advise et recognoist tout fort bien et à son aise, sans faire sa besoigne courte, comm' aucuns qui ne la demandent qu'à demy faicte en ces hasardz, ou du tout imparfaicte ; puis il s'en tourna son petit pas de mesmes dans la tranchée, où nous pouvions estre plus de mille personnes qui vismes tout cela ; et puis, s'estant désarmé, il dit qu'il estoit plus contant qu'il n'avoit esté, et recognu une chose qu'il estoit en doubte.

Ce conte est très-véritable, et ay veu ledict sieur de Bellegarde sur ses derniers jours ne le nyer point, mais que M. de Guyze avoit faict ce traict pour luy faire un affront ; car mondict sieur de Guyze ne l'ayma jamais guières comm'il aymoit un' infinité de braves gentilzhommes et capitaines gascons de sa mesme patrie, qui l'adoroient aussi et l'honnoroient beaucoup,

L'assaut amprès se donna à ceste ville de Rouan, lequel amprès qu'il l'heust ordonné comm' il falloit, luy-mesme en personne l'accompaigne, l'opiniastre et le combat; si bien que les capitaines, soldatz et gentilzhommes, comme M. d'Andoin[1], brave seigneur, père de madame la contesse de Guiche, et le brave Castelpers, jeune seigneur, qui furent tuez près de luy, et force autres, voyans si bien faire leur général, et les animer de braves et courageuses parolles, font à l'envy et emportent la place bravement ainsi d'assaut, et poursuivent la victoire furieusement, leur général tousjours à la teste, ayant, après avoir faucé la bresche et estant sur le rempart, recommandé trois choses : l'honneur des femmes, la vie des bons catholiques qui léans estoient détenus par force et nécessité, et nulle mercy des Anglois, anciens ennemis de la France.

Voylà comme ce vaillant général monstra chemin et exemple à ses gens de bien combattre et de se précipiter aux hasardz, et n'espargner leur vie et peau non plus que luy. Aussi despuis a-on dict que ç'a esté le premier général de nos temps qui a monstré le chemin à aucuns qui sont venus puis après luy d'en faire de mesme et se perdre en pareilz périlz, comme nous avons veu Monsieur, despuis nostre roy Henry III, aux sièges de Saint-Jehan et de La Rochelle, M. son frère et M. de Guyze son filz, aux sièges d'Issouère et La Charité et autres places, comme je diray en leurs vies[2]. M. du Mayne et nostre roy d'aujourd'huy en tout plein d'endroictz;

1. Paul d'Andouins, vicomte de Louvigny, père de Diane d'Andouin, dite *la belle Corisande*, mariée (1567) à Philibert de Gramont, comte de Guiche.

2. Nous ne savons si ces vies ont été écrites, mais on ne les a point.

où, s'ilz y ont acquis de la gloire et honneur, ilz en doivent ceste obligation à ce grand capitaine M. de Guyze, bien plus haut à louer et estimer cent fois que M. de L'Autreq, à qui l'on donna le nom de second Démétrius et grand expugnateur de villes[1] : car, ainsy que j'ay ouy dire à plusieurs grandz vieux capitaines, gentilzhommes et advanturiers de guerre de ce temps, jamais il ne fit ces factions advantureuses et périlleuses que je viens de dire de M. de Guyze; mais ordonnoit des assautz, des prises de villes, ou dans sa tente ou sur le haut d'un terrier[2], d'où on voyoit le passe-temps; et puis, la ville prise, il y faisoit son entrée comm' il luy plaisoit; mesmes que bien souvant il faisoit recognoistre les places à d'autres, ou, s'il les recognoissoit luy-mesme, c'estoit de si loing, que bien souvent l'œil le trompoit, et peu souvant alloit aux trenchées; mais, selon les rapportz, aucuns bons et aucuns mauvais, ordonnoit de son faict, et luy eust semblé (par manière de dire) qu'il se fust faict grand tort et desrogé à sa charge, s'il eust faict telles factions très-honnorables et très-glorieuses; et pourtant il eut cet heur d'avoir esté baptizé du nom de Démétrius. J'appelle cela heur, puisqu'il ne mettoit point la main par trop advant à l'œuvre, encor qu'il fust très-brave et très-vaillant, comme j'ay dict en son discours.

Mais il y en a qui sont braves et vaillans à cheval, et les autres à pied et non à cheval, les uns bons pour les battailles et rencontres, autres bons

---

1. Voyez tome, III, p. 36.
2. *Terrier*, butte, éminence; de l'espagnol *terrero*.

pour les assautz et les bresches. Je laisse à discourir lequel est le plus honnorable.

M. de Guyze estoit et pour l'un et pour l'autre ; il n'a doncques faute d'une très-grande gloire et réputation. J'ay ouy raconter à ces vieux advanturiers que viens de dire, que, lorsque ce M. de Lautrec, en allant à Naples, prit Allexandrie, Pavie et le Bosquo par force, il ne bougea jamais de sa tente, tendue sur un terrier et fort ouverte par le devant, à voir faire les batteries, donner les assautz et les forcer. Il me semble que cela tenoit trop d'un grand sattrape, d'un roy, sophy, d'un soudan ou grand sultan devant Rhodes, lesquelz s'estudient trop à tenir leurs gravités et réputations, et à faire des Raminagrobis de guerre, que non pas d'un grand capitaine, qui ne la doit jamais tenir en guerre, sinon à estre compaignon à tous ses gens, et tout en tout et partout, et ne prendre point à poinct d'honneur de s'abaisser parmy eux ; car c'est la plus grand' gloire qu'ilz se peuvent donner ; comme fit ce grand marquis de Pescayre parmy les siens, lequel souloit dire qu'un grand capitaine devoit estre en son armée sans charge, c'est-à-dire qu'il ne fust point obligé et abstrainct si fort à une charge, qu'il n'en deust jamais bouger et n'en faire autre que celle-là : *mas que el solo devia governar toda cosa con gran trabajo de animo y cuerpo, estando presente agora a la infanteria, agora a la gente d'armas, agora a los combates de pie, agora a los de cavallo, agora a las trincheas y assaltos, agora a l'artilleria, asta a las vituallas ; in fin, mirar de continuar todas cosas. De manera que un gran y perfeto capitan valeroso y astuto*

nuncà devia usar de ojos agenos, sino de los suyos propios, y que muchas vezes sallien los capitanes, vencedores de las battaillas, combattes y assaltos que desconfiando se de los suyos merescian de tocar con la mano qualquiera cosa, aunque paresciesse pequeña y de poca importancia[1]. « Mais que luy seul debvoit
« gouverner tout avecqu' un grand travail de corps
« et d'esprit, estant présent, ores à l'infanterie, ores
« à la gendarmerie, ores aux trenchées et assautz,
« ores à l'artillerie, jusques aux vivres, enfin d'a-
« voir l'œil à tout : de manière qu'un grand et sage
« capitaine ne debvoit jamais user des yeux d'au-
« truy ny s'en ayder, sinon des siens propres, et
« que souvant les grandz capitaines sortoient vainc-
« queurs des battailles, combatz et assautz, lesquelz,
« se deffians des leurs propres, ne reffusoient
« pas de toucher avec la main toute chose, quel-
« que petite qui parust, et de peu d'importance. »
Ainsi doivent estre tous grandz capitaines, comme, avant ce grand Pescayre, nous en avons eu deux de nos temps et des nostres qui en ont faict de mesmes, comme nous lisons, dans le roman de M. de Bayard, de ce vaillant Gaston de Foix, lequel, à la reprise de la ville de Bresse, alla bravement à l'assaut du grand retrenchement qu'avoient faict les Vénitiens au dedans de la ville, où, n'y voulant demeurer des derniers, et d'autant qu'il avoit pleuviné et que la terre estoit fort glissante, luy-mesme, pour marcher de pied plus ferme, se fit oster les soulliers

1. Ce passage doit être tiré de l'histoire de Pescaire par Vallès; mais je n'ai pu l'y trouver.

et se mit en eschappins deschaussez¹ (le livre dit ainsi, je n'entendz point bien ce mot), et tous les autres en firent de mesmes, donnarent l'assaut; et luy fut tiré une canonnade qui tumba auprès de luy et des siens sans aucun mal pourtant : messieurs de Mollard² et Bayard faisant la teste, qui fut fort blessé d'un coup de picque, forçarent et prindrent la ville. Et nostre vaillant M. de Bourbon, quoy? à la prise de Rome, ne fut-il pas le premier à l'eschelle? Aussi tous sur son exemple en firent de mesmes, dont ilz la gaignarent. Et pour les grandz capitaines estrangers, ce susdit grand marquis de Pescayre, à la prise de Gênes, et en un' infinité de places forcées par luy, et autres grandes factions siennes, ores il a esté à pied, et ores à cheval, quand besoin le requéroit; bref, portant son corps et son esprit partout, comme fit aussi ce brave et vaillant prince d'Orange dans le siège de Naples et au siège de Florance et ès fortz d'alentour.

Nous avons eu aussi don Joan d'Austrie, le duc de Parme ast' heure de nostre temps, et ce grand et brave duc de Biron, quoy? Ha! qu'il a bien rempli le reng de ces braves et vaillans preux, comme j'espère de dire en sa vie. Ce grand M. l'admiral en faisoit de mesmes, aussi M. de Montluc, tesmoingt son nez de Rabastain³, et force autres, tant des nostres que des estrangers de mesmes.

1. « Le duc de Nemours osta ses souliers et se mist en eschapins de chausses. » (*Loyal serviteur*, chap. L). L'*eschapin* (d'où le mot escarpin) était une espèce de chausson de cuir.
2. De la maison dauphinoise d'Alleman.
3. Voyez tome II, p. 298.

Mais, pour quand à moy, il me semble n'en avoir veu de tous un pareil que nostre M. de Guyze; car il estoit très-universel en tout. Les huguenotz vindrent se planter devant Paris, je ne diray point pour l'assiéger, car, hormis la campaigne qu'ilz avoient libre d'un costé et nous aussi de l'autre, ilz estoient aussi à l'estroict et en siège pour la guerre que nous. Toutesfois, je croy bien que sans la présence de M. de Guyze, comm' on le disoit, ilz eussent faict quelque grand effort. Et mesmes le jour qu'ils vindrent recognoistre nos fauxbourg de fort bonne façon (j'en parle ailleurs), ce prince y servit bien là. Après avoir faict devant quelque séjour, sans grand effort de guerre, car le temps n'y fut tant occupé comme en trefves et parlemens, ilz partent par un grand matin et prenent le chemin de Normandie, tant pour joindre quelques Anglois que pour toucher de leur reyne quelque pièce d'argent pour payer leurs reystres venus nouvellement. Nostre armée les suit deux jours après, conduicte par M. de Guyze, bien que M. le connestable y fust et en eust la principalle charge, comm' à luy deue; mais le bonhomme estoit toujours mallade, comme j'ay dict parlant de luy[1]. Les huguenotz ne veulent que faire leur chemin, sans s'amuser ny entendre à battaille ny combat; toutesfois M. de Guyze les poursuit et les presse tellement, qu'il les y contraint d'y venir; en quoy il fut fort estimé : car, comme lors j'ouys dire, c'est un traict d'un très-grand capitaine, quand il contraint et mène son ennemy là de le faire com-

---

1. Voyez t. III, p. 298.

battre en despit de luy. Aussi, comme j'ay sceu despuis de M. de La Noue, M. l'admiral le sceut trèsbien dire et en louer ce grand capitaine; car, bien qu'il n'eust autre envie que de gaigner le lieu de sa retraicte, il considéra qu'en la faisant il ne seroit possible que ce grand capitaine le suivant, le pressant, l'importunant et donnant sur sa queue, que par quelque surprise en desbandade des siens, il n'en arrivast de la confusion et désordre, comm' il arrive souvant en telles retraictes qui se font si loing comme celle-là se devoit faire. Par quoy il trouva le meilleur et le plus expédient de s'arrester, tourner teste et tenter l'hasard de la bataille¹, laquelle fut au commancement heureuse pour les huguenotz, car ilz forçarent la bataille, prindrent le chef, M. le connestable, mirent à mal M. d'Aumalle qui le secondoit, estant porté par terre et un' espaule rompue, menarent le reste au désordre, au meurtre et à la fuitte. J'en descrirois bien l'exploict, mais il est assez amplement escrit par nos historiographes, et sur-tout par M. de La Noue²; qui estoit des plus advant enfoncez, selon sa coustumière valeur, qui en dit force gentiles particularitez. Tant y a que, ceste bataille perdue, M. de Guyze, qui faisoit tousjours alte et tenoit ferme, en attendant son bien à poinct, gaigna tout ce qui estoit perdu et le restaura et remit en une belle victoire très-signallée.

2. La bataille de Dreux.
2. Voyez ses *Discours politiques et militaires*, Bâle, 1587, in-8°, p. 645 et suiv.

Il y en eut plusieurs qui s'esbahirent, voire en murmurarent fort, que, lorsque ce grand capitaine vist M. le connestable et sa battaille perdue, qu'il ne l'allast secourir prestement; ce qu'il ne fit, car il n'estoit pas temps; mais bien l'espiant, et l'occasion, il chargea si à propos sur le reste des forces huguenotes fraisches qui n'avoient encores rien faict, et mesmes leur infanterie, qu'il fit ressusciter tout à un coup ce que nous tenions desjà pour tout mort et en terre : car il me souvient, comm' y estant, qu'après qu'il eust veu jouer tout le jeu de perdition de la battaille et le désordre et fuitte des nostres, et la poursuite conffuse et vau-de-routte qu'en faisoient les huguenotz, luy, qui estoit à la teste, tournant les yeux qui çà, qui là, il commanda à ses gens de s'entr'ouvrir pour passer un peu aisément; et, traversant quelques rangs, il se mit à adviser à son aise, voire se haussant sur ses estrieux, bien qu'il fust grand, de haute et belle taille, et monté à l'advantage, pour mieux mirer : et cela faict et cognu que son temps s'approchoit, il retourne, il regarde encor un peu, mais en moins de rien; et puis tout à coup il s'escria : « Allons, compaignons, tout est à « nous; la battaille nous est gaignée. » Et puis, donnant fort hasardeusement, s'en ensuivit le gain total de la victoire. Ce que sceut très-bien dire M. l'admiral (à la mode d'Anibal) après qu'il fust maistre de M. le connestable et de sa battaille gaignée, et qu'on s'en applaudissoit : « Ha! dist-il, je voy là une « nuée qui bientost tumbera sur nous à nostre très- « grand dommage. » Aussi lorsque M. de Mouy, très-brave et vaillant capitaine, commança la pre-

mière charge, il eut commandement de M. l'admiral
de ne donner point à l'advant-garde, qu'il sçavoit
conduicte par M. de Guyze, mais de l'essuyer et
passer devant, et fondre comme un foudre à la battaille : ce qu'il sceut très-bien faire, car lorsqu'on le
vist venir, chascun de l'advant-garde se doubta aussitost que le jeu y estoit préparé ; et M. de Guyze
luy-mesme le tint pour certain, et s'y mit prest,
pour recevoir le choc et donner aussi à eux, et dist :
« Les voicy à nous. » Mais tout à coup nous les
vismes fourvoyer de leur chemin que prétendions,
et descendre et couler en bas, là où ilz firent la rafflade qu'y fut, et que voyons à nostre ayse de l'advant-garde, qu'aucuns disoient qu'il devoit secourir
son compaignon en son adversité ; mais despuis on
cognut à plein que tout estoit perdu s'il eust party
et branslé ; ce que despuis on cognut par l'effect, et
que M. l'admiral mesme et autres grandz capitaines
le sceurent très-bien dire.

Mais, pour ne luy vouloir céder tant de gloire
comme ilz ne vouloient, ilz disoient que c'estoit un
traict plus d'un fin et rusé capitaine que non pas
d'un zellé et curieux de la salvation[1] de son compagnon M. le connestable. A quoy à tout cela sceut
très-bien respondre et dire mondict sieur de Guyze,
en un' harangue qu'il fit à la reyne mère, un mois
après ladicte battaille, à Bloys, qu'elle y mena le roy
Charles ; et ce fut le jour après de leur arrivée que
mondict seigneur de Guyze, ainsi que la reyne, vouloit disner, et que ce sage et respectueux prince luy

1. *Salvation*, salut.

eut donné la serviette[1], il luy demanda si après son disner il luy plairoit de luy donner audiance. La reyne, estonnée de ce mot : « Jésus ! mon cousin, « luy dist-elle, que me dites vous ? — Je le dis, ma- « dame, dist M. de Guyze, parce que je voudrois « bien vous représenter devant tout le monde tout « ce que j'ay faict depuis mon département de Pa- « ris, avec vostre armée, que me donnastes en « charge avec M. le connestable, et vous présenter « aussi tous les bons capitaines et serviteurs du roy « et de vous, qui vous ont fidellement servy, tant « vos subjectz qu'estrangers, et des gens de cheval « et de pied. » Et en telle compaignie il arrive devant la reyne, qui avoit achevé de disner. Après luy avoir faict une grande révérence, comm' il sçavoit très-bien son devoir, il luy alla discourir tout le succez de son voyage despuis son partement de Paris; et, venant sur la bataille de Dreux, il la discourut et la représenta si bien et si au vif, que vous eussiez dict que l'on y estoit encor (à quoy la reyne y prit un très-grand plaisir); se mit fort sur les louanges de M. le connestable, de M. d'Aumalle, de M. le mareschal de Sainct-André et du bon homme M. de La Brosse, et puis sur tous les autres, tant mortz que vivans; loua les François, loua les Espaignolz, encor qu'ilz n'eussent faict si grand cas qu'on eust bien dict; mais aussi ne fut leur faute, et n'eurent subject de grand combat; mais leur bonne mine et assurée qu'ilz firent, tousjours très-bien serrez et rangez en leur ordre et discipline vieille millitaire,

---

1. Comme grand maître de France.

servit beaucoup. Sur tous, il loua fort les Suysses, pour leur grand combat rendu, soutenu et opiniastré, et pour s'estre ralliez pour[1] assez de fois après leur deffaicte et grand' perte de leurs compaignons, et retournez aux mains : le tout si bien représentant, que ceux qui n'y avoient estez maudissoient de n'y avoir estez, et ceux qu'y avoient estez s'estimoient très-heureux d'y avoir estez et entrelouez si bien de leur général.

Une chose fit-il, que l'on trouva très-estrange, qu'il loua force capitaines et des grandz que l'on sçavoit très-bien qu'ilz avoient gentiment fuy; dont la reyne et aucuns de ses plus privez luy en demandarent après la cause et la raison. Il dist que c'estoit une fortune de guerre, laquelle possible ne leur estoit jamais advenue ny adviendroit; aussi que, pour un' autre fois, ilz se corrigeassent et eussent courage de faire mieux : mais pourtant il passoit assez légèrement sur leurs louanges, autant comme il pesoit bien celles-là de ceux qui avoient très-bien faict; si bien qu'il estoit très-aisé à juger là où il flattoit et où il disoit le vray.

Son harangue dura assez long-temps, qu'un chascun oyoit fort attentivement sans le moindre bruict du monde, et aussi qu'il disoit si bien, qu'il n'y eut nul qui n'en fust ravy; car c'estoit le prince qui disoit des mieux et estoit aussi éloquent, non point d'une éloquence contraincte ny fardée, mais naïfve et militaire, avec sa grâce de mesmes; si bien que la reyne mère dist après, qu'elle ne luy avoit ja-

---

1. *Var.* Par (Ms. 6694, f° 297).

mais veu une façon si bonne. Cela faict, il présenta tous les capitaines à la reyne, qui lui vindrent tous les uns après les autres faire la révérence. Et elle, qui pour lors estoit en ses beaux ans, en ses beaux esprits et belles grâces, les receut fort gracieusement, et fit à M. de Guyze sa responce, que, bien qu'ell' eust sceu paradvant, par ses lettres et autres, qu'il luy avoit envoyé, toutes choses, si est-ce qu'elle avoit encor receu un extrême plaisir par le rapport de sa propre bouche, et qu'à jamais le roy et elle luy devoient ceste grande obligation de bataille gaignée, et à tous ses bons capitaines, qu'elle remercia tous d'une fort bonne grâce, comm' elle sçavoit très-bien dire; et les assura d'une très-grande recognoissance là où l'occasion se présenteroit, voyre la rechercheroit-elle plustost advant. Si bien que chascun se retira très-content de ceste princesse et de leur général. Quand à moy, je ne vis jamais mieux dire que dist lors ce prince; et en eust faict honte à M. le cardinal, son éloquent frère, s'il y fust esté.

Deux jours après, il partit et s'en alla devant Orléans, là où fut sa rencontre malheureuse, pour y estre mort pour l'honneur de Dieu, le soubstien de sa foy, de sa loy, et le service de son roy : et ne faut point doubter que, s'il n'y fust esté tué, qu'il n'eust pris la ville, contre l'espérance du roy, de la reyne et de tout son conseil, qui le voulurent divertir, pour voir ceste place du tout imprenable, tant pour sa forteresse que pour les bons hommes qui estoient dedans. Mais ilz changearent d'opinions quand ilz eurent, en moins d'un rien, les deux fauxbourgs forcez et pris, le Portereau enlevé, les tourelles gaignées, et nos gens advancez sur la moytié du pont, et les deux isles prestes à estre perdues, et nous y logez à leur dommage et occasion de perte de la ville. Si bien que j'ouys dire un jour à mondict seigneur : « Laissez faire, advant qu'il soit un mois « nous serons plus près d'eux qu'ilz ne pensent. » Et ne le disoit point pour vanterie, car il n'estoit nullement bavard, ny vanteur. Hélas! sur ce beau dessaing, en s'en retournant le soir à son logis, il fut blessé par ce maraut de Poltrot[1], qui l'attendoit à un carreffour, et luy donne à l'espaulle, par le derrière, de son pistollet chargé de trois balles.

Ce maraut estoit de la terre d'Aubeterre, nourry et eslevé par le viconte d'Aubeterre[2]. Lorsqu'il[3] estoit fugitif à Genefve, faiseur de boutons de son mestier, (comm' estoit la loy là introduicte, qu'un chascun d'eux eust mestier et en vesquist, tel gentilhomme et seigneur qu'il fust; et ledict Aubeterre, bien qu'il fust de maison, estoit de celuy de faiseur de boutons), moi, en passant une fois à Genève, je l'y vis fort pauvre et misérable. Despuis, il fut pris à la sédition d'Amboise, et condempné comme les autres ; mais M. de Guyze, par la prière de M. le mareschal de Sainct-André, luy fit pardonner et sauver la vie : ce qu'il sceut très-bien recognoistre amprès, car il suscita, prescha et anima ce Poltrot de le tuer, et le présenta à M. de Soubize[4] son beau-frère, qui estoit gouverneur de Lyon pour les huguenotz. Tous deux,

1. Jean de Poltrot, sieur de Meré.
2. David Bouchard, vicomte d'Aubeterre, assassiné en 1573.
3. *Lorsqu'il*, lorsque le vicomte d'Aubeterre.
4. Jean de Parthenay, seigneur de Soubise, qui avait épousé

l'ayant encor à part confessé et presché, le despécharent vers M. l'admiral : en quoy aussi M. de Soubize fut accusé ingrat de force gens; car, ayant esté déféré par les Siennois de plusieurs choses[1] qu'il avoit faict en Toscane, y ayant charge du règne du roy Henry, et prest à estre en grande peyne, M. de Guyze intercéda pour luy.

Ce Poltrot, venu à Orléans après la battaille de Dreux, et s'estant présenté à M. l'admiral avec des lettres de M. de Soubize, fut bien receu de luy et despesché. Sur quoy mondict sieur l'admiral fut fort accusé de l'avoir envoyé faire ce coup.

M. l'admiral s'en excusa fort, et pour ce en fit une apologie[2] respondante à toutes les dépositions dudict Poltrot, que j'ay veue imprimée en petite

Antoinette Bouchard d'Aubeterre. Il commanda quelque temps l'armée française en Toscane.

1. *Var*. En quoy aussi M. de Soubise fut ung autre ingrat, car aiant esté accusé par les Siennoys de plusieurs concussions grandes qu'il avoit faict en Toscane, y aiant heu quelque charge du règne du roy Henry, et prest à estre en grande payne voyre de la vie.... (Ms. 6694, f° 298).

2. L'amiral de Coligny a publié deux écrits en français pour se défendre des accusations de Poltrot : 1° une *Réponse aux interrogatoires qu'on dit avoir été faits à Jean Poltrot sur la mort du feu duc de Guise*, Orléans, 1563, in-8°; 2° *Autre déclaration dudit seigneur amiral, quant à son fait particulier sur certains points desquels aucuns ont voulu tirer des conjectures mal fondées* (5 mai), réimprimés dans les *Mémoires de Condé*; et 3°, en allemand, une *Véritable et solide défense*, 1563, in-8°.

Il existe à la Bibliothèque du Louvre, dans le ms. F. 209, l'original avec sceaux d'une déclaration, en date du 12 mai 1572, par laquelle les enfants, le frère et les neveux de François de Guise déclarent accepter l'acte du Conseil du roi déchargeant Coligny de l'accusation du meurtre du duc.

lettre commune, et point comme l'imprimerie commune, là où plusieurs trouvoient de grandes apparences en ses excuses, qui disoient estre bonnes, d'autres les trouvoient fort palliées ; et pour la meilleure et principalle, fut vériffié que ledict M. l'admiral avoit mandé et adverty mondict seigneur de Guyze, quelques jours advant, qu'il se donnast garde, car il y avoit homme attitré pour le tuer. Il s'excusa aussi fort quand il envoya prier la reyne de ne faire mourir ce malheureux qu'il ne fust premièrement acaré[1] à luy et affronté, pour le faire desdire des menteries qu'il disoit de luy.

Pour fin, jamais ne se peut-il tant purger qu'il n'en fust fort accusé et soupçonné ; ce qui luy cousta la vie par amprès, comme j'espère dire. Aussi que M. de Guyze en sa mort, en son harangue qu'il fit, sans le nommer, il l'en taxa par ces mots : « Et vous « qui en estes l'autheur, je le vous pardonne, » voulant bien entendre M. l'admiral, disoient aucuns. Un mot aussi luy nuisit fort, quand il disoit souvant : « Je n'en suis l'autheur nullement et ne l'ay point « faict faire, et pour beaucoup ne le voudrois avoir « faict faire ; mais je suis pourtant fort aise de sa « mort, car nous y avons perdu un très-dangereux « ennemy de nostre religion. » Plusieurs s'estonnarent comment luy, qui estoit fort froid et modeste en parolles, il alla profférer celles-là, qui ne servoient de rien et dont il s'en fust bien passé.

D'autres disoient que M. l'admiral avoit sceu par un gentilhomme que M. de Soubize luy avoit en-

1. *Acaré*, mis face à face, de l'espagnol *cara*, face.

voyé devant pour luy en faire l'ouverture : on disoit que c'estoit Chastellier Portaut, grand confidant de M. de Soubize, et habil' homme, que j'ay cognu privément (je parle de luy ailleurs), qu'on n'eust jamais pris par le bec; à quoy ne faut point doubter que M. l'admiral n'y prist goust, et qu'il embouchast ledict Chastellier de dire à M. de Soubize que cela se tint fort secret et qu'il luy envoyast le galland, mais non pas qu'il luy dist de sa part qu'il le venoit trouver pour faire le coup, mais seulement pour luy porter ce mot de créance, qu'il avoit désir de bien servir la religion, à quoy il n'avoit autre zelle ; ainsi que le sceut très-bien représenter mondict sieur l'admiral audict Poltrot : car, amprès qu'il luy eut représenté ses lettres, et que mondict sieur l'admiral les eust leues devant lui, il luy dist : « C'est « M. de Soubize qui m'escrist, et me mande comme « vous avez grand envie de bien servir la religion. « Vous soyez bien venu. Servez la doncques bien. » M. l'admiral n'avoit garde (disoit-on) de se confier en ce maraut, mallotru et trahistre, car il sçavoit bien que mal luy en prendroit s'il estoit pris et descouvert, et que telz marautz et trahistres en leur déposition gastent tout et se desbagoullent, et disent plus qu'il n'y en a quand ilz sont pris.

Voylà pourquoy M. l'admiral fut fin et astuc[1] d'user de très-sobres parolles à l'endroict de ce maraut; mais, usant de ceste-là, il faisoit comme le pasteur, auquel les veneurs ayant demandé s'il avoit veu le cerf qu'ilz chassoient, luy, qui l'avoit garanty

---

1. *Var.* Astut (Ms. 6694, f° 299).

dans sa grange soubz bonne foy, il leur dist et cria tout haut, affin que le cerf qui estoit caché l'entendist, qu'il ne l'avoit point veu, en le jurant et l'affermant; mais il leur monstroit avec le doigt, et par autres signes, là où il estoit caché, et par ainsy il fut pris.

Or ce Poltrot partit d'Orléans, vint trouver M. de Guyze, qui, par un beau semblant (ou pour mieux dire vilain et faux), luy dist que, cognoissant les abuz de la religion prétendue, il l'avoit quictée tout à plat, et pour ce l'estoit venu trouver pour la changer et vivre en la bonne, et servir Dieu et son roy. M. de Guyze, qui estoit tout bon, magnanime et généreux, le receut fort bien et amiablement, ainsi qu'estoit sa coustume, et dist qu'il estoit bien venu, et luy fit donner un logis, le commandant aux fourriers, et mangeoit souvant à sa table; si que je le vis une fois venir au my-disner, que M. de Guyze luy demanda s'il avoit disné; il luy dist que non; et commanda luy faire place; ce qui fut faict.

Toutes ces courtoisies jamais ne luy amolirent le cœur, qu'il n'acheptast un cheval d'Espaigne de M. de La Mauvaishiere[1], qui lors suivoit le camp, gentilhomme de bonne part, et fort renommé despuis pour la pierre philosophalle, avec M. de Savoye, qu'il trompa de plus de cent mill' escus; il fut vendu six vingtz escus, que M. de Soubize luy avoit

---

1. *Var.* Mauvaisinière. (*Ibid.*) Il faut lire Mauvissière. Il s'agit ici de Michel de Castelnau, seigneur de la Mauvissière, l'auteur des *Mémoires*.

donnez : on disoit que ç'avoit esté M. l'admiral ; mais il estoit trop habile pour faire le coup : aussi ledict Poltrot ne l'advoua pas. Il accompaigna souvant M. de Guyze avec tous nous autres de son logis jusqu'au Portereau, où tous les jours mondict seigneur y alloit ; et pour ce cherchoit tousjours l'occasion opportune, jusques à celle qu'il trouva, où il fit le coup ; car ell' estoit fort aisée, d'autant que le soir que mondict seigneur tournoit, il s'en venoit seul avec son escuyer ou un autre ; et ceste fois avoit avec luy M. de Rostain[1], et venoit passer l'eau du pont de Sainct-Mesmin dans un petit bateau qui l'attendoit tous les soirs ; et ainsi passoit avec deux chevaux, et s'en alloit à cheval à son logis, qui estoit assez loing. Estant sur un carrefour qui est assez cognu, et trop pour la perte d'un si grand homme, l'autre, qui l'attendoit de guet-à-pant, luy donna le coup, et puis se mit à courir et crier : « Prenez-le ! prenez-le ! » M. de Guyze, se sentant fort blessé et attainct, pencha un peu et dist seulement : « L'on me devoit celle-là ; mais je croy que « ce ne sera rien. » Et avec un grand cœur se retira en son logis, où aussitost il fut pensé et secouru de chirurgiens des meilleurs qui fussent en France ; mais il mourut au bout de huict jours.

Si faut-il que je die ce mot, que M. de Sainct-Just d'Allègre[2] estant fort expert en telles cures de playes,

1. Tristan de Rostaing, grand maître des eaux et forêts, chevalier des ordres du roi, mort à soixante-dix-huit ans, le 7 mars 1591. (Voyez de Thou, liv. XXXIV.)

2. Probablement Christophe d'Alègre, seigneur de Saint-Just et d'Oiseri, mort à Rome en 1580, à cinquante-cinq ans.

par des linges et des eaux et des parolles prononcées et méditées, fut présenté à ce brave seigneur pour le penser et guérir; car il en avoit faict l'expériance grande à d'autres : mais jamais il ne le voulut recevoir ny admettre, d'autant, dist-il, que c'estoient tous enchantements deffendus de Dieu, et qu'il ne vouloit autre cure ny remède, sinon celuy qui provenoit de sa divine bonté et de ceux des chirurgiens et médecins esleuz et ordonnez d'elle, et que c'en seroit ce qu'à elle luy plairoit, aymant mieux mourir que de s'adonner à telz enchantementz prohibez de Dieu. Voylà la religion saincte et le sainct escrupule qu'avoit ce bon prince à ne vouloir offancer Dieu, aymant mieux mourir que de l'offancer en cela. Je vis tout cela, et me dist M. de Sainct-Just, qui estoit mon grand amy, qu'il l'eust guéry; ce qui est fort à noter.

Ce bon et brave prince, pour espargner douze cens francs à son roy, cela fut cause de sa mort; car il me souvient que le bon homme M. de Serre, qui lors estoit financier en ceste armée et grand commissaire des vivres, secrétaire du roy et surintendant des fortiffications et magazins de France, un très-habil' homme de son mestier, et qui avoit veü toutes les guerres de son temps, de France, Piedmont et Toscane, et que M. de Guyze aymoit fort, et en qui il avoit beaucoup de soulagement, ce bon homme donc, M. de Serre, luy remonstra qu'il devoit faire r'abiller le pont de Sainct-Mesmin, qui seroit un grand soulagement pour luy en allant et venant du Portereau à son logis, et pour toute sa noblesse qui l'y accompagnoit, au lieu de la grand' peyne, fattigue et grand tour que nous faisons d'aller passer au pont d'Ollivet, et que ce ne seroit qu'à l'appétit de quatre à cinq cens escus. M. de Guyze luy dist : « Espargnons l'argent de nostre roy, il en a assez « affaire ailleurs; tout luy est bien de besoing, car « un chascun le mange et le pille de tous costez : « nous nous passerons bien de ce pont; et moy, « mais que j'aye mon petit bateau, c'est assez : ces « cinq cens escus fairont bien besoing ailleurs pour « un autre service du roy qui importera plus que « celuy-là. » De sorte que, si ce pont fust esté faict à l'appétit de peu, nous eussions toujours accompaigné nostre général par le pont jusques à son logis, et ne fussions allez faire le tour et passer à la desbandade à Ollivet; et par ainsi, luy très-bien accompaigné, ce maraut n'eust jamais faict le coup; lequel sceut très-bien dire qu'autrement il ne l'eust osé attaquer que par ceste occasion, qui certes estoit fort aisée.

Pour fin, il fust pris, ou par la voulonté de Dieu, ou qu'il n'eut le cœur et l'advis de se sauver, car il courut toute la nuict; et, pensant estre loing du camp pour le moins dix lieues, il s'en trouva près de deux. Il conffessa tout; et moy-mesme je parlai à luy. Il advoua tousjours MM. de Soubize et Aubeterre l'avoir suscité et presché. Pour quant à M. l'admiral, il varioit et tergiversoit fort, tant en ses interroguations qu'en ses dires de la gesne et de sa mort. Il fut tiré à quatre chevaux.

Si faut-il que sur ce je face ce petit conte de moy, qu'un de ces ans, moy ayant quelque différand et querelle avec le sieur d'Aubeterre, encor qu'il eust espousé ma niepce[1], M. du Mayne le soustint encor contre moy sur un subject qui seroit long à dire, et que cela ne vaut pas le parler. J'en fis le conte à M. de Guyze, et luy dis que je n'eusse jamais pensé que son frère M. du Mayne eust soustenu Aubeterre (duquel le père avoit faict tuer son père) contre moy, qui n'avois esté que son serviteur et de sa maison; et que, lorsqu'il[2] fut tué, je portois les armes pour luy, et pleuray et regrettay fort sa mort. M. de Guyze trouva ce traict fort estrange et guières beau, et me dist que ce nom d'Aubeterre devoit estre pour jamais très-odieux à la maison de Guyze. Encor despuis, M. du Mayne l'associa avec luy en la Ligue; mais l'autre la luy donna bonne, car dans six mois il le quicta à plat, et se mocqua de luy, et bien employé.

Voylà la vie et la mort de ce grand prince descrite le plus sommairement que j'ay peu; et si sa vie a esté très-admirable, sa mort a esté autant regrettable par toute la chrestienté; car, des plus grandz jusques

---

1. Renée, fille d'André, vicomte de Bourdeille, frère de Brantôme, mariée à David Bouchard, vicomte d'Aubeterre, qui abjura le calvinisme, servit d'abord sous Mayenne, qu'il quitta pour se rallier à Henri IV, devint gouverneur du Périgord, et fut tué devant L'Isle le 10 août 1593.

Le Laboureur dit, au sujet du différend de Brantôme avec Aubeterre : « C'est sans doute pourquoi il le traita si mal, et il n'est pas assez secret pour cacher la cause de leur inimitié qui paroist, malgré lui, en quelques endroits de ses mémoires. Je n'en dirai point davantage, parce que leur différend est de ceux qu'il ne faut point révéler. » *Additions aux mémoires de Castelnau*, liv. IV, chap. IX.

2. *Lorsqu'il*, lorsque le duc de Guise, père du duc de Mayenne.

aux plus petitz, elle fut pleurée, regretée et célébrée de toutes sortes d'honneurs que l'on doit à un tel et si grand prince chrestien.

J'en descrirois les superbes obsèques qui en furent faictes en France[1] que j'ay veu, et autres pays estranges que j'ay ouy dire, mais cela ne serviroit de rien. En quoy faut noter que, si sa mort fut fort regretée ce coup là, elle fut amprès bien vangée à la Sainct-Barthélemy, et bien autrement que celle de M. son filz dernier, dont on ne sçaroit dire une vangeance pour un seul double, ny sur les autheurs, conseillers et exécuteurs, qui se pourmènent partout la teste levée, dont l'on s'en estonne fort, encores plus qu'il n'y en a aucune apparessance de vangeance, si ce n'est qu'on se veuille ayder de la devise de leur grand bisayeul, le bon et brave roy René de Scicille, qui avoit pour devise pris deux bœufz labourans la terre, avec ces motz : *passo a passo*, comme voulant dire et inférer que pas à pas, et à pas mornes et lents; on parvenoit enfin à son œuvre et besoigne; ainsi que fit ce coup M. de Guyze, ce brave filz, qui, six ans après ou plus, se vangea comm' il falloit de tout à la Sainct-Barthélemy.

Aucuns huguenotz, les plus passionnez, ne regrettarent point ce bon prince que je dis, et d'autant plus grande estoit sa gloire grande envers Dieu et les hommes catholiques. Si en eut-il aucuns huguenotz d'honneur, et mesmes plusieurs gens de guerre

---

1. Voyez *Bibliothèque historique de la France*, tome III, n°ˢ 32 301 et suiv.

et de braves soldatz, qui le regrettarent fort et en dirent' grandz biens, comme j'ay veu.

Plusieurs composarent plusieurs beaux[1] tumbeaux à son honneur[2]. Et le premier qui en fit fut ce grand M. le chancellier Hospital, aussi grand poète que sénateur. Je le vis aussitost qu'il fut faict. Il estoit doncques tel, en motz fort briefz, mais pourtant de fort grande substance estoient-ilz pleins :

> Quem non bellorum rabies, non hosticus ensis
> Abstulit in mediis versantem sæpe periclis,
> Hunc infirma manus scelerato perdidit astu,
> Æternis justo redimitum Marte coronis.

Il fut amprès ainsi traduict :

> Celui que la fureur des guerres plus cruelles,
> Ny le glaive ennemy aux dangers n'a osté,
> Par la débile main d'un traistre est emporté,
> Couronné justement de gloires immortelles.

Le latin emporte le françois.

Il y eut aussi M. Dorat[3], grand poëte latin et grec, qui en fit un; mais pour sa prolixité je ne le mettray icy tout au long, sinon les quatre premiers vers et derniers, qui sont :

> Fortia si fas est sua fortibus acta referre,
>   Inque suas laudes testibus esse sibi,
> Fas mihi Guisardæ, qui bella tot inclita gessi,
>   Vero quæ feci fortiter ore loqui.

1. *Var.* Force beaux (Ms. 6694, f° 300 v°).
2. Voyez-en une liste dans la *Biblioth. historique de la France*, tome III, n°ˢ 32 292, 32 295 et suiv.
3. Jean Daurat ou Dorat, mort en 1588.

C'est-à-dire :

« S'il est permis aux vaillans raconter aux vaillans ses
« vaillances, et en ses propres louanges estre tesmoingt de
« soy-mesme, il m'est permis à moy, le seigneur de Guyze,
« qui ay faict tant de guerres et de vaillances en mon
« temps, les proférer de ma bouche très-véritable. »

Et puis il va raconter tout le beau faict en sa vie,
et, venant sur sa mort, il dist :

« Et lorsque j'avois faict perdre à Orléans sa rivière et
son pont, malheureusement j'y fus perdu, non par aucune
vertu, car de celle-là je n'en cède à aucun, mais par derrière, de trois balles l'on me donne la mort. »

Et puis il conclud :

> Fraude perit virtus, quia non nisi fraude perire
>   Vera potest virtus, si tamen illa perit ;
> Sed non illa perit, cujus laus usque superstes
>   Fraude vel invitâ vel manet invidiâ.

« Voylà comment la vertu se périst par la fraude, car
« autrement ne peut-elle périr, si toutesfois elle périst ;
« mais elle ne peut jamais périr celle-là de celuy duquel la
« gloire demeure à jamais immortelle, en despit de la
« fraude et de l'envye. »

Il y eut la reyne mère qui commanda au seigneur
de Tortron, d'Angoumois, son maistre des requestes,
fort sçavant homme, et d'esprit fort aigu et subtil,
d'en faire un en prose à l'antique, qu'il fit tel :

> Ne sacrum hoc et inviolabile
> Prætereunto monumentum superstites.

Hic enim situs est divus ille Franciscus Lotaringius,

Guysæ dux, Galliæ pro-rex, magnus sacræ ac regiæ domus magister, pater patriæ antiquæ et catolicæ religionis propugnator invictissimus. Qui cum nec Alexandro magno nec Cæsare Julio consimili morte functis inferior, post innumerabiles devictis toties hostibus triumphos, postquam cæsos fugatos in Druidum agro perduelles sacro in bello, sub piis Caroli noni regis adolescentis auspiciis, castris Aureliæ pontis gallico præsset exercitui; nulli quem antea casibus belli eripi potuisset dolo, tandem perditissimi unius sicarii a quibusdam principibus factionum præmiis excitati, in insidiis delitescentis ab urbis obsessæ exploratione redeundo dexterâ in scapulâ triplici globo uno ictu adversum, publico in itinere trajectus, incredibili enim orbis christiani gemitum mœrore, consternatis animis, interiit.

Or, pour reprendre ces motz de M. Dorat[1] parlant des vaillances de ce grand prince, il ne faut dire autrement, qu'il n'en ayt esté remply autant que prince du monde, ainsi qu'il les a faictes pareistre en tous les combatz où il a jamais esté, s'y hasardant tousjours plus que le moindre gendarme et soldat du monde : car naturellement il estoit fort ambitieux, tout jeune qu'il fust; et là où l'ambition entre dans l'âme d'un jeun' homme, il faut qu'il s'hasarde[2] partout pour la faire valoir : ainsi qu'il fit au voyage et à la conqueste de Luxembourg par M. d'Orléans, là où il fut blessé d'une grande harquebuzade par trop se hasarder; puis à l'assaut de Linars[3] en eut aussi une; à la guerre de Bouloigne

---

1. *Var.* M. Daurat (Ms. 6694, f° 301).
2. *Var.* Il faut qu'il se hasarde (*ibid.*).
3. Lumes (Ardennes), suivant le texte donné par le Laboureur, dans les *Additions* aux Mémoires de Castelnau.

il s'advança et s'enfonça si advant dans la meslée du combat, qu'il eut un grand coup de lance entre l'œil et le nez ; et entra si avant qu'elle s'y rompit ; et en raporta un gros tronçon, qui estoit si bien joinct et attaché à la teste, que j'ay ouy dire au bon homme maistre Nicolle Lavernan, très-expert chirurgien, qui l'ayda à le panser, qu'il luy fallut mettre le pied contre la teste pour en tirer de grand' force le tronçon, dont il en endura beaucoup de douleur et en cuyda mourir, comme de faict on le tint mort longtemps ; mais avec fort bon courage [1] il en eschappa, car il laissoit faire aux chirurgiens tout ce qu'ilz vouloient : aussi le pansarent-ilz si bien qu'il eut la vie et la vue sauve ; qui fut un grand cas qu'il ne la perdist, et l'œil et tout ; mais il l'avoit aussi beau et bon qu'auparavant, et jamais ne parut, ny en rien a esté jamais difforme, comme certes c'estoit un beau prince, de belle façon et apparance, et qui sentoit bien son grand et vaillant homme de guerre, et qui eust tousjours faict peur à son homme qui l'eust voulu attaquer.

Sur quoy il me souvient qu'à la conjuration d'Amboise il estoit escheu, par sort ou autrement, que le capitaine Mazières[2] tueroit M. de Guyze. Ce capitaine là avoit esté autresfois en Piedmont fort renommé et déterminé soldat, et si bizarre pourtant, qu'on le tenoit pour avoir de l'humeur. Il avoit fort veu et avoit esté avec M. d'Aramont[3] en Levant, et

---

1. *Var.* Mais aveq' son bon courage (Ms. 6694 f° 301).
2. Mazères.
3. Gabriel de Luitz, baron d'Aramon, qui, de 1546 à 1553,

outre il parloit fort bon espaignol; aussi en estoit-il
de la frontière et si en avoit la façon. Sur ceste malle
détermination il fut pris comme les autres et saisy
d'une fort longue espée. Il conffessa tout; et comme
M. de Guyze luy eut dict qu'il s'estonnoit fort de
luy qui avoit veu son monde, sceu et pratiqué comm'
il falloit tuer un homme, de quoy il s'estoit ainsi
accommodé d'une si longue espée, qui en telles factions et presses n'est si propre qu'une courte, qu'on
tire et démène plus aisément sans point d'ambaras
comme d'une grande, avec laquelle on ne peut se
tourner et virer comme l'on veut, et que l'on saisit
plustost qu'une courte; le capitaine Mazières luy respondit : « Monsieur, je sçavois fort bien ce que
« vous m'en dites, et l'avois fort en moy considéré
« plus de quatre fois ; mais pour en parler au vray,
« quand je considérois vostre valleur et vostre brave
« vaillance et furieuse présence, je perdois aussitost
« le courage de vous attaquer de prez; et pour ce je
« me résolus d'avoir affaire avec vous de loing. Que
« si au lieu de ceste espée j'eusse peu apporter une
« picque, je l'eusse faict, tant l'image de vostre per-
« sonne se monstroit à moy terrible et formidable et
« me faisoit de peur. » Ce capitaine avoit quelque
raison en son dire, ainsi que l'on peut bien discourir là dessus.

En ceste mesme conjuration fut pris le seigneur de
Castelnau de Bigorre, duquel j'ay parlé cy devant[1] :

---

séjourna plusieurs années à Constantinople, comme ambassadeur.

1. Voyez tome III, p. 182.

il fut exécuté comme les autres. Quelque trois ans après vint à la cour, à la suitte de M. le Prince, un sien nepveu qu'on nommoit le capitaine Bonne-Garde, que j'ay cogneu, gentil soldat et brave. Il se vantoit en quelques endroictz qu'il vangeroit la mort de son oncle Castelnau, et qu'il tueroit M. de Guyze. Il[1] le sceut, et, sans autrement s'en effrayer, il se le fit monstrer pour le cognoistre; et l'ayant bien veu et contemplé, il ne dist autre chose sinon : « Il ne « me tuera jamais. » Au bout de quelques jours il lui faict faire le guet[2] quand il s'en iroit au parc de Sainct-Germain luy seul avecqu' un autre se pourmener. Son espion luy vint dire un jour comme il estoit luy seul entré dans le parc avecqu' un autre capitaine avec luy. Soudain M. de Guyze va après et prend avec luy le jeune La Brosse[3], très-brave et vaillant gentilhomme, filz du bon homme M. de La Brosse vray chevallier d'honneur et sans reproche. Tous deux ainsi s'en vont sans autre compaignie, non pas d'un seul page ny lacquays, après leurs hommes; ils les trouvarent qu'ilz avoient faict leur tour d'allée, qui s'en tournoient. M. de Guyze ne fit que dire : « Voicy nos gens, ne bougez que je ne « bouge. » Et va droict à eux d'un visage assuré et qui monstroit qu'il vouloit tuer. Ce fut Bonne-Garde et son compaignon qui firent place et donnarent passage à M. de Guyze; et se mirent à costé en ostant leurs bonnetz, le saluant fort révérencieusement.

1. *Il*, M. de Guise.
2. *Il luy faict faire le guet quand...*; c'est-à-dire il fit épier quand....
3. Jacques de la Brosse.

M. de Guyze, après avoir un peu arresté, passe outre, et puis tourne son petit pas après les autres, sans autrement s'esmouvoir ne dire autre chose que : « Nous en avons prou faict, La Brosse ; mon homme « ne me tuera pas ; il est plus respectueux, bon et « courtois qu'on ne m'avoit rapporté : mais je vous « jure, s'il ne m'eust salué, je l'eusse tué tout roide « cependant qu'eussiez tué le vostre. Pour ce coup « il faut estre un peu sage ; ilz n'emportent rien du « nostre, et ne nous tueront jamais. » M. le Prince sceut ce traict, qu'il trouva très-beau, en fit toutes les excuses du monde à M. de Guyze, et que c'estoient de faux rapports qu'on luy avoit faictz. M. de Guyze ne luy fit autre responce, sinon luy dire : « Quand ce mauvais voudra, il me trouvera tous-« jours. » Aucuns s'estonnarent que M. de Guyze ne le tuast : mais il respondit qu'il estoit plus vangé par si humble satisfaction que s'il l'eust tué ; par laquelle l'autre monstroit, ou qu'il n'eust tenu telz propos, ou bien qu'il s'en repentoit, ou bien n'osoit faire ce qu'il s'estoit vanté ; aussi qu'il valoit mieux songer et adviser à tuer un homme qu'une beste. Force autres raisons peut-il là dessus alléguer, car c'estoit le capitaine du monde qui entendoit mieux les querelles et leurs poinctilles, et qui sçavoit les mieux vuyder et desmesler, ainsi qu'il sceut très-bien desmesler entre luy et le prince de Condé ; dont le conte est tel :

Après la mort du petit roy François IIe, M. le Prince, sorty de prison, voulut quereller ce grand M. de Guyze, et de faict luy en faisoit la mine, pour le soupçonner d'avoir esté cause de son emprisonnement. Ce bruict en couroit fort à la court; mais je ne vis jamais M. de Guyze estonné pour cela, faisant bonne mine tousjours, marchant la teste haut eslevée, résolu de se bien battre si on l'attaquoit. La reyne mère, très-sage et très-universelle en tout, avec le conseil, advisant que le tout se poroyt tourner en une grande conséquance et dangereux accident, pourchassa un accord entre ces deux vaillans princes, par telles condictions et sattisfactions : que celle de M. le Prince fut, qu'il dist et proposa que celuy qui avoit esté cause et motif de sa prison estoit meschant; M. de Guyze fit responce qu'il le croyoit, mais que ceste parolle ne luy concernoit ny touchoit en rien. Et par ainsi ces deux seigneurs s'embrassarent comme réconcilliez, M. le Prince comm' estant satisfaict, et M. de Guyze comme ne s'estant préjudicié[1]. Sur ce, les uns à la court (comme je vis) en parloient diversement, selon leurs passions et affections, et disoient que M. de Guyze luy avoit faict quelque forme de réparation, parce qu'il le pensoit avoir esté cause de sa prison; mais les plus clairsvoyants et les plus subtilz et poinctilleux espris en matières chevalleresques disoient, que M. de Guyze avoit très-sagement et subtillement respondu, en mode d'un seigneur très-bien entendu en telz affaires et différans, ainsi qu'il l'estoit, comme celuy qui vouloit dire qu'il n'y avoit nul autre qui eust esté cause ny motif de cest emprisonnement que luy-mesmes, que l'on disoit avoir commis le péché et faict la faute, pour avoir esté mis en prison : et

---

1. *Se préjudicier*, se faire préjudice.

par ainsi il y eut bien là du bigu, ainsi que l'on disoit à la court, et qu'il y alloit de l'un plus que de l'autre : or devinez-le.

J'ay veu ce seigneur discourir quelquesfois des querelles et des sattisfactions mieux que j'ay jamais veu faire à seigneur ny à capitaine; si bien que ses leçons eussent servy aux plus grandz capitaines. Il ne se plaisoit nullement d'offancer personne; ou si, sans penser, il l'offançoit, il le contentoit, car il en sçavoit très-bien la manière. A la battaille de Ranty, il avoit pour son enseigne M. de Sainct-Fal[1], lequel, pour s'estre advancé et party plus tost et plus qu'il ne falloit, M. de Guyze alla à lui de collère et luy donna un grand coup d'espée sur sa sallade pour le faire arrester. Cela luy fascha fort et luy dist : « Com-
« ment, monsieur, vous me frappez! vous me faic-
« tes tort. » M. de Guyze ne s'y amusa pas autrement, mais alla au plus pressé. Et comme après la battaille on luy eut dict que Sainct-Fal se sentoit offancé de ce coup et le vouloit quicter, M. de Guyze dist : « Laissez faire, je le contenteray. » Et le trouvant en la tente du roy, il lui dist devant tout le monde : « M. de Sainct-Fal, vous vous tenez offancé
« du coup d'espée que je vous donnay hier parce
« que vous vous advanciez trop : il vaut bien mieux
« que je le vous aye donné pour vous faire arrester
« en un combat où vous alliez trop hasardeusement,
« que si je le vous heusse donné pour vous y faire
« aller et advancer, en le reffusant poltronnement.
« Si bien que ce coup, à le bien prendre, vous porte

---

1. Anne de Vaudrey, seigneur de Saint-Phal, bailli de Troyes.

« plus d'honneur que d'offance; et voycy tous ces
« messieurs ces capitaines qui m'en peuvent estre
« tesmoingtz » (qui admirarent tous ces beaux motz
et ceste belle sattisfaction); « par quoy vivons, dit-il,
« comme devant. » Ce qui fut faict. M. de Guyze le
dernier me fit ce conte à la court. Lorsque Bussi et
Sainct-Fal eurent querelle, son bon homme de père
Sainct-Fal y vint pour assister son fils[1].

Maintenant[2] il est temps de faire une fin à ce discours de ce grand duc de Guyze, qui a vescu et est mort (comme j'ay dict) chargé plus de gloire et de debtes, qu'il laissa à madame sa femme et à messieurs ses enfans, que de finances; car il devoit plus de deux cens mill' escus quand il est mort, et le retrenchement de la despance que madame de Guyze fit à ses enfans, principallement aux deux plus jeunes, M. du Mayne et M. le cardinal de Guyze, despuis qu'il falut qu'elle les mist au collège de Navarre, où ils demeurarent quelques années pour estudier. M. de Guyze encor jeune pour suivre son roy et sa court, falut qu'il tint train et maison, mais non si grande comm' il a faict despuis, encor qu'il ne se fust acquicté de ses debtes; car, cinq ans advant qu'il mourust, il me dict qu'il devoit plus de deux cens cinquante mill' escus, bien qu'il eust espousé madame sa femme, de la maison de Nevers, fort riche et belle héritière[3], et eust recuilly la succession de M. le cardinal de Lorraine son oncle, qu'un chas-

1. Brantôme en parle ailleurs.
2. *Var*. Meshuy (Ms. 6694, f° 304).
3. Voyez la note 2 de la page 273.

cun pensoit très-belle et bonne; mais mondict seigneur de Guyze me dist après sa mort, que je luy disois et faisois la guerre qu'il seroit ast' heure fort riche et qu'il payeroit ses debtes aux despans de sa succession nouvelle, il me jura qu'il luy avoit laissé autant de debtes que M. son père¹, et pour ce, qu'il vouloit vendre du bien pour s'en oster, car elles l'importunoient par trop. Voylà pourquoy il vendit la comté de Nanteuil (l'une de ses bonnes pièces) à M. de Chomber².

A ce conte donc ne faut croyre que M. de Guyze et M. le cardinal de Lorraine son frère n'ayent pas desrobé les finances des roys Henry II, François II et Charles IX°, et surtout M. de Guyze, comme l'on a tant crié en France. Ne faut aussi adjouster foy à ce proverbe, qu'on est allé je ne sçay quellement trouver, que ce roy François disoit : que ceux de Guyze mettroient les roys de France et leurs enfans en chemise³. Je ne sçay si le roy l'a jamais dict; mais j'ay ouy dire à madame de Dampierre, ma tante, dame

1. Voyez, au sujet des dettes du cardinal, le *Discours du marchant de soie*, dans le *Livre des Marchands* de Regnier de la Planche, édit. du *Panthéon*, p. 449.

2. Le comté de Nanteuil-le-Haudouin (Oise) avait été vendu en 1556 au duc François de Guise, par Marguerite de Broyes, veuve de Henri II de Lenoncourt, et il fut acquis du duc Henri de Guise, par Gaspard de Schomberg, mort le 17 mars 1599.

3. Le feu roy devina ce point
    Que ceux de la maison de Guyse
    Mettroyent ses enfants en pourpoint
    Et son pauvre peuple en chemise.

(Voyez Regnier de la Planche, *De l'Estat de France sous François II*, édition du Panthéon, p. 161.)

d'honneur de la reyne Louyze, qui estoit une vraye pancarte des choses mémorables de la court, avoir ouy dire souvant audict feu roy François ce mot : « Voulez-vous que je vous die, foy de gentilhomme ? « je ne fays point tant de bien à ces princes lorrains « que je devroys ; car, quand je pense que le roy « Louys XI⁰ les a expoliez des duchez d'Anjou et con- « tez de Provance, et autres leurs vrays héritages, et « qu'on leur retient, j'en ay charge de conscience. » Cela est bien vray. Voylà donc pourquoy il faut croyre que ce sont estez les roys qui les ont mis plustost en chemise. Il y en a aussi plusieurs, comme je leur ay veu dire et veu imprimé, que quand ces princes lorrains vindrent servir nos roys, qu'ilz estoient fort pauvres, et aussitost ilz s'accreurent de grandz biens. Si ne firent-ilz pas tant d'acquestz ny si excesifz comme l'on diroit bien, et comme nous en avons veu de petitz compagnons despuis en faire cent fois plus grandz qu'eux. De plus, n'eurent-ilz pas de beaux et bons partages de leur maison, que nous leur voyons encor, et qui est encor le principal bien qu'ayent leurs petitz enfans ? et leurs acquestz sont petitz, sinon la conté de Nanteuil et de Chevreuse.

Au reste, quelz services ont-ilz faict à nos roys ! desquelles terres et places les a-on récompansez pour Metz conservé, Calais conquis (si on ne l'a bien gardé qu'en peut-on mais ?), Guynes, la conté d'Oye et Théonville, et tant de si signalez services, que les grands pères et pères ont faictz, comme j'ay dict, et les enfans, comme j'espère dire en leur vie, où je traicteray amplement de ce subject ? Voyla donc comme ces messieurs de Guyze sont estez les grandz sangsues des monnoyes de la France! D'avantage, quel tort tient-on à madame de Nemours, fille de madame de Ferrare, en partie héritière de la duché de Bretaigne[1]! Vrayment, ell' en a une belle part! pour tout pottage, ell' est madame de Montargis; c'est bien loing d'avoir la moytié de Bretaigne, qui vaut quinze cens mill' escus et plus de revenu. Et comment contenta-on ceste madicte dame Renée de France, pour estre fille d'un grand roy? que de quelque légière somme d'argent pour son maryage, qu'on a veu les dames despuis en France en avoir eu bien deux fois davantage? Et si ces messieurs ont un peu agrandy leurs héritages, n'ont-ilz pas eu de bons gros mariages des dames princesses qui sont entrées en leur maison, comme madame Anthoinette de Bourbon, madame Anne d'Est et madame Catherine de Clèves[2]? S'ilz ont mis l'argent de leurs maryages à proffit, n'ont-ilz pas bien faict? n'ont-ilz pas eu leurs estatz et pensions, qu'ilz avoient très-bien méritez pour bien servir leurs roys? Les cardinaux aussi ont eu des biens d'églises beaucoup; et s'ilz en ont aydé

1. Voyez la note suivante.
2. Antoinette de Bourbon, fille de François, comte de Vendôme, femme (1513) de Claude de Lorraine, duc de Guise. — Anne d'Este, comtesse de Gisors, dame de Montargis, fille d'Hercule d'Este, duc de Ferrare, et de Renée de France, fille de Louis XII et d'Anne de Bretagne, épousa d'abord, comme nous l'avons dit (p. 187, note 2), François, duc de Guise, puis (1566) Jacques de Savoie, duc de Nemours. — Catherine de Clèves, comtesse d'Eu, fille de François de Clèves, duc de Nevers, mariée en premières noces à Antoine de Croy, prince de Porcéan, et (1570) en secondes à Henri Ier de Lorraine, duc de Guise.

à leurs proches, quel mal? Bref, que les moins passionnez contre ceste maison poisent toutes choses, et, comm' il y a de la raison et de l'apparance, ilz jugeront mon dire très-vray ; car je ne le dis pas de ma bouche seulement, mais de celles de plus grandz personnages que moy. Et M. de Guyze le dernier est mort aussi endebté, tellement que la ville de Paris, après sa mort, ayant esgard à ses grands services et mérites, a promis de payer partye de ses debtes.

Je ne sçay ce qu'en sera. Mais on dira que ses debtes se sont faictes pour le bastiment de la Ligue; c'est à sçavoir; car il y en avoit bien assez avant qu'on en eust seulement faict le project et le plan. Et s'il en a faict pour la Ligue, et pourquoy la Ligue fut faicte, c'est un' autre paire de manches que je coudray en la vie de ce grand duc de Guyze dernier, filz de ce grand duc de Guyze dont je parle, et avec luy MM. du Mayne et cardinal de Guyze, et deux autres qui moururent jeunes [1], et mesmes un que la ville de Paris baptisa, et l'enfant fut appellé Paris, aux premiers troubles, de la grand' amitié qu'ilz portoient au père ; et disoit-on alors de son baptesme (car j'y estois) que s'il eust vescu, ladicte ville luy eust eslargy de grandes libéralités et entretiens, comm' à son bon filleul ; voire le vouloit-elle tenir pour filz. M. de Guyze, qui vit aujourd'huy [2], et messieurs ses frères, promettent tant d'eux, que vous diriez que ceste noble race est fatalement destinée à toute va-

---

1. Antoine, né le 15 avril 1557, mort le 15 janvier 1560, et Maximilien, né le 15 octobre 1562, mort en 1567.

2. Charles de Lorraine, duc de Guise, né le 20 août 1571, mort le 30 septembre 1640.

leur, toute vertu et toute générosité, desquelz derniers j'espère en parler en la vie de M. leur père. Or je faictz fin.

Mondict sieur de Guyze eut cinq frères, qui furent six en tout; et furent si bien despartis, qu'il y en eut trois du monde et trois de l'églize : les trois du monde furent MM. de Guyze, d'Aumalle et d'Albœuf[1]; les trois d'église MM. les cardinaux de Lorraine, de Guyze et grand-prieur du bon et sainct ordre de Hiérusalem[2]; tous six fort dignes et excellens en leurs proffessions.

M. le cardinal de Lorraine fut tenu despuis la création des cardinaux l'un des premiers qui ayt esté. Je ne dis pas qu'aucun d'eux, ou en saincteté, ou en sçavoir, ou en autre vertu et en autre particularité, ne fust plus que luy particulièrement excellent; mais cestuy-cy fut fort universel, et pour tout il avoit un esprit fort subtil, bon jugement et bonne retentive[3]. Il estoit de très-bonne grâce et belle façon, et d'un très-bel entregent, parlant très-bien et très éloquamment de toutes choses, aussi bien des mondaines que des divines, très-bien entendant les affaires d'estat de la France, voire d'autres pays estranges. Aussi, comme m'a dict autrefois M. de Guyze, son nepveu, c'estoit une des grandes despances qu'il faisoit qu'à sçavoir des nouvelles de toutes les parts de la chres-

1. Claude de Lorraine, duc d'Aumale. — René de Lorraine, marquis d'Elbeuf.
2. Charles, cardinal de Lorraine, archevêque de Reims. — Louis de Lorraine, cardinal de Guise, archevêque de Sens. — François de Lorraine, grand prieur de France.
3. *Retentive*, mémoire.

tienté, voire d'ailleurs, et y avoit des gens ses pensionnaires et gagez qui l'en advertissoient de toutes partz. Il entendoit aussi très-bien les finances, et les sçavoit toutes sur le doigt et où il en falloit prendre, et excogiter des moyens pour les affaires de son roy et pour soy aussi, ainsi qu'il le fit bien parestre en la nécessité qui vint à son roy après la battaille de Sainct-Quantin.

On le tenoit pour fort brouillon et remuant, très-ambitieux. Que s'il fut esté aussi vaillant que M. son frère (comme il le disoit bien qu'il estoit poltron de nature), il eust remué de grandes affaires et grandes choses. Il estoit fort religieux, et pour ce fort hay des huguenotz; mais pourtant le tenoit-on pour fort caché et hypocrite en sa religion, de laquelle il s'aydoit pour sa grandeur; car je l'ay veu souvent discourir de la conffession d'Ausbourg et l'approuver à demy, voire la prescher, plus pour playre à aucuns messieurs les Allemans que pour autre chose, ainsi qu'on disoyt, comme je le vis une fois à Reins, pour une sepmaine saincte, et devant madame sa mère[1], publicquement, où il le faisoit beau ouyr; car, encor qu'il fust bien sçavant, il n'estoit si proffond en science comme remply d'éloquence.

Après le concille de Trente, il vint à Fontainebleau; et pour le premier dimmanche de caresme prescha devant le roy, la reyne et toute la court, là où M. le prince de Condé y estoit grandement accompagné des gentilzhommes et autres de la religion. Certainement il le fit beau ouyr, car jamais on ne vist mieux

---

1. Antoinette de Bourbon.

dire; et fut fort admiré et des huguenotz et tout qui ne peurent trouver à dire sur luy, sinon que quand ce vint sur la tentation du diable qu'il fist à Nostre-Seigneur Jésus-Christ, comme je le dis ailleurs[1]. A ce concille de Trente, cedict cardinal se rendit très-admirable à toute la noble et saincte assemblée qui estoit là, tant en ses harangues, discours, disputes, que responces et arguties; car il estoit fort prompt, argut et très-subtil en ses parolles et devis (disoit-on qu'il avoit un esprit famillier). Aussi ce grand personnage, M. de Bèze[2], le loua fort, autant par ceste belle monstre qu'il fit là publicquement, que pour une particulière conférance qu'ilz firent. L'un et l'autre ne se pouvoient exalter assez, comme deux beaux chevaux qui s'entregrattent l'un et l'autre, non pas comme deux asnes, disoit-on alors, car ilz estoient hors de ce pair et de rang, pour estre trop remplys de sciences.

Je n'estois point lors à la court ny en ce colloque; car j'estois allé conduire la reyne d'Escoce; mais je sceuz à mon retour à la court qu'on le disoit. Ainsi ce grand cardinal, non seulement en ce colloque fit

---

1. Voyez, dans un autre volume, les *Sermens et juremens espaignols*. — Le passage suivant se trouve dans le ms. 6694 (f° 307) où il est biffé :

« Les huguenotz firent pis là mesme audict cardinal; car ung peu auparavant à la nuit dont il prescha le matin, ilz avoient chié fort puamment et en quantité sur le siége de sa chayre sérimonialle; et sans ung de ses valletz de chambre qui vingt ung peu advant apporter sur la diste chayre un tapis de velours, il estoit surpris; lequel nettya l'ordure gentiment que plusieurs là assemblez virent et sentirent. »

2. Théodore de Bèze.

fort parestre son digne sçavoir et sa grande éloquence, mais en plusieurs endroictz et ambassades qu'il a faictes vers les papes, les potentatz et républicque d'Italie, vers le roy d'Espaigne, aux congrégations de prélatz, colloque de Poyssy, aux mercurialles ez courts de parlemens, aux grandes assemblées et recueilz d'ambassadeurs; bref, en un' infinité d'occasions belles, grandes et honnorables, cet homme s'est rendu si excellant, qu'il s'est acquis le nom de la perle de tous les prélatz de la chrestienté en tout en son vivant.

Et s'il estoit sainct (qu'on ne trouvoit pourtant trop consciencieux), il estoit bien autant mondain en ses jeunes et beaux ans; aussi a-il eu de très-bonnes fortunes que je dirois bien. Parmy la mondanité, il avoit cela, qu'en sa prospérité il estoit fort insolant et aveuglé, n'arregardant guières les personnes ny n'en faisant cas, mais en son adversité le plus doux, courtois et gracieux qu'on eust sceu veoir; si bien qu'il y avoit à la cour l'une des filles de la reyne, qui se nommoit madamoyselle de La Guyonnière, despuis madame de Lignerolles[1], qui luy en faisoit souvant la guerre; car quand il estoit sur le haut bout il ne faisoit cas des personnes, ny d'hommes ny de dames; et quand il estoit sur le bas, il recherchoit et les uns et les autres, si bien que c'estoit la mesme douceur et humilité. Et si tost que madamoyselle de La Guyonnière le voyoit venir, elle, qui estoit très-habille fille, belle, honneste, et qui disoit bien le mot, luy en faisoit bien la guerre, et luy disoit:

1. *N.* Cabriane, suivant le Laboureur.

« Monsieur, dictes le vray, n'avez-vous pas eu anuict
« un revers de fortune? dites-le nous; autrement
« nous ne parlerons à vous, car, pour le seur, vous
« en avez eu. »

Pour faire fin, ce cardinal a esté un très-grand personnage en tout. Il mourut à Avignon empoisonné, si nous voulons croyre la *Légende de Sainct-Nicaise*[1].

Pour quant au cardinal de Guyze[2], ayant employé sa jeunesse plus en plaisirs et délices de la court, il ne peut nullement approcher de M. le cardinal son frère; mais sur ses vieux jours il se mit aux affaires, et est mort en réputation d'un très-habille prélat, et qui avoit (contre toute l'opinion vulgaire) aussi bon sens et jugement solide que son frère, et qui, avec sa lentitude et songearde façon, avoit d'aussi bons advis et donnoit d'aussi bons conseilz qu'aucun qui fust parmy les affaires et conseils du roy. Et ç'a esté sur luy seul l'unique et le phénix que le proverbe du feu roy François a eu practique qui disoit : que les princes lorrains ressembloient les coursiers du règne de Naples, qui estoient longs et tardifz à venir, mais venant sur l'aage, ilz estoient très-bons. Celuy-là seul prince donc a faict ce proverbe; car, de tous messieurs ses autres frères et nepveuz que j'ay veu, sont estez très-bons en leurs jeunesses, très-braves,

---

1. *La légende de saint Nicaise* est un virulent pamphlet dirigé contre Claude de Guise, bâtard de Claude, duc de Guise, et abbé de Saint-Nicaise, puis de Cluny. Il a été imprimé en 1574 et 1581, et réimprimé dans le tome VI de la dernière édition des *Mémoires de Condé*.

2. Voyez plus haut, p. 275, note 2.

très-courageux et très-généreux ; bref, telz en jeunesse que sur l'aage, et telz sur l'aage qu'en jeunesse, comme j'ay veu M. le grand prieur, dont par ci devant j'ay parlé, et aussi M. le marquis d'Albœuf[1], lequel a suivy en toutes les guerres M. son frère.

Il ne faut point demander si ayant appris de telles belles leçons d'un tel maistre et frère, s'il n'a esté un très-honneste, brave et sage prince, comme je l'ay veu. Aussi avoit-il bien ung très-honneste gouverneur, qui estoit le jeune Rance de Champaigne, qu'on appelloit Contenan, qui le gouverna très-bien et très-sagement. Entr'autres perfections qu'avoit ce prince, il disoit fort bien et estoit fort éloquant, et fort homme de bien : et peu a-il faict desplaisir à personne, fors une fois au chevallier de Tenance, très-brave et honneste gentilhomme, et vieux serviteur de leur maison, et surtout de feu M. le grand prieur son frère, qu'il fit mettre sur un léger subject à la chaisne, et aussitost la barbe raze, lorsque le roy estoit à Marseille; ce qu'il ne trouva bon, et plusieurs de la court.

Il laissa un filz et une fille de madame sa femme, héritière de la maison de Rieux[2]. Le filz est aujourd'huy M. le marquis d'Albeuf[3], un très-bon prince et d'honneur et de vertu. Il fut faict prisonnier à Bloys, au massacre de M. de Guyze, et donné à M. d'Espernon pour en tirer rançon, ce qu'il fit; et la sœur

1. Voyez plus haut, p. 275, note 1.
2. Louise de Rieux, comtesse de Harcourt.
3. Charles de Lorraine, duc d'Elbeuf, né le 18 octobre 1556, mort en 1605.

est madame d'Aumalle, une très-belle et honneste princesse[1].

L'autre sixiesme frère de messieurs de Guyze a esté M. d'Aumalle, faisant le troisiesme, qui a esté un bon capitaine; mais pourtant le tenoit-on malheureux; et n'a point donné pourtant de subject de luy donner ceste qualité, comme[3] la deffaicte que fit sur luy le marquis Albert de Brandebourg[4] le grand ennemy des évesques et prestres, qui lui survint par trop de courage et de valeur; car, n'estant à demy si fort que ledict marquis, qui avoit près de vingt mill' hommes, le chargea et le combattit bravement. Mais il fut deffaict, blessé et pris prisonnier, et avec luy ce brave seigneur M. de Rouan mort, dont certes fut fort grand dommage, car il estoit un très-bon et vaillant seigneur et capitaine, et très-bon serviteur de roy. Aussi avoit-il cest honneur de luy appartenir, car le conte Jehan d'Angoumois[5], avoit espousé une fille de Rouan, qui fut grand'mère du roy François. Ledict M. de Rouan fut tué fort misérablement par deux soldatz, lesquelz ayant tous deux contention qui l'avoit pris et à qui il seroit, tous deux de despit le tuerent, pour n'estre ny à l'un ny à l'autre, bien qu'il leur dist et criast qu'il y en avoit assez pour eux

M. d'Aumale[2].

---

1. Marie de Lorraine, mariée le 10 novembre 1576 à Charles de Lorraine, duc d'Aumale, morte en 1616.

2. Claude de Lorraine, duc d'Aumale, pair et grand veneur de France, colonel général de la cavalerie légère, tué au siége de la Rochelle le 14 mars 1573.

3. *Comme*, que. — 4. En 1552.

5. Jean, comte d'Angoulême, aïeul de François Ier, épousa en 1449 Marguerite de Rohan.

deux et pour les faire riches à jamais de sa rançon. Cela arrive souvant en guerre : en quoy ceux qui la practiquent doivent bien avoir esgard et de la prévoyance. Force autres grandz seigneurs et gentilzhommes de marque furent tuez en ceste deffaicte; dont fut grand' perte pour le roy.

Voylà qui donna le titre premier de malheureux à M. d'Aumalle, car, en sa charge de couronnel général de la cavallerie de France, et en tous les combatz qu'il y a faictz, il y a esté heureux. Fut heureux aussi en sa charge de lieutenant de roy en Piedmont, et mesmes en la prise de Vulpian. Fut heureux aussi au retour du voyage d'Italie de M. son frère, dont il retourna par les Grizons fort heureusement toutes les trouppes saines et sauves, sans y faire leur cimetière. Bref, en plusieurs belles factions a-il esté fort heureux.

En nos guerres civiles il fut un peu malheureux à Rouan, qu'il assiégea premièrement, et le falut désassiéger quelques mois après, pour n'avoir qu'un petit camp pour entourner et assiéger ceste grand' place. Il fut aussi malheureux à la battaille de Dreux; car pourtant, après avoir bien soustenu avec M. le connestable, avec qui il estoit à la battaille, la charge, et bien combatu, fut porté par terre, et eut une espaule rompue : aussi M. de Guyze le loua fort là.

Voylà comment il fut heureux et malheureux; voylà comment aussi, non luy seul, mais les grandz capitaines sont favorisez du bonheur et assaillys du malheur : autrement ne sçaroient estre bons capitaines et grandz, s'ilz se sentent tousjours de la bonne fortune de Mars. Pour assurer mondict seigneur d'Aumalle grand capitaine, il ne faut que le seul tesmoignage de M. de Guyze son frère, quand à sa mort il dist à la reyne, de rémédier à sa place, et d'y mettre un chef digne pour y commander et en son armée, et qu'il n'en sçavoit point un plus propre que M. d'Aumalle son frère, qui la serviroit très-bien et le roy; car je l'ouy : ce qu'elle fit, et l'envoya aussitost querir en sa maison d'Anet[1], où il n'estoit pas encore bien guéry de sa roupture d'espaule; et arriva à Orléans, et eut la charge absolue de l'armée (bien que M. le mareschal de Brissac y fust), et poursuivit les dessaings, pour si peu qu'il y fut, fort bien, de M. son frère; mais aussitost la trefve survint, et puis amprès la paix.

Il vint quelques années après mourir au siège de La Rochelle, estant donné à Monsieur, frère du roy, pour principal du conseil; car il s'entendoit bien aux sièges des villes, et à les bien recognoistre, retrencher, battre et assaillir, et y avoit l'œil et le jugement très-bon : aussi tout le monde luy defferoit en son opinion, d'autant qu'il n'y avoit nul là qui le surpassast, bien qu'il y eust de grandz princes et capitaines; mais ilz n'avoient pas veu ce qu'il avoit veu, car il avoit veu nos guerres, et bien pratiquées, et celles d'Allemaigne qui se firent parmy les princes et évesques de là, où le marquis[2] le menoit tousjours avec luy comme son prisonnier, ne sçachant le mettre en plus seure garde qu'en sa compaignie, comme

---

1. Le duc d'Aumale avait épousé (1547) Louise de Brezé, dame d'Anet, fille de Louis de Brezé et de Diane de Poitiers.
2. Le marquis Albert de Brandebourg.

je luy ay ouy dire qu'il y avoit beaucoup veu et appris.

Estant donc devant La Rochelle, il n'y demeura guières qu'il n'y fust tué, et non sans l'avoir souvant advant présagé, comme je luy ay ouy dire : « Voycy le lieu où je mourray. » Son démon possible luy faisoit dire, ou qu'il sentist en sa conscience je ne sçay quoy pour avoir esté un peu cruel (disoit-on) au massacre de Paris sur les huguenotz, qu'il espargna peu, à ce qu'aucuns disoient, encor qu'il fust homme de bien et d'honneur; mais ilz luy avoient tué son frère. Tant y a, ainsi qu'il fut tiré un coup de la grande et longue coullevrine qu'on appelloit *la Vache*, et venoit par flanc, ayant percé un gabion, la balle toute morte lui vint donner par le corps sans luy faire blessure, sinon le meurtrir et l'estouffer; et ainsi mourut avecqu' un grand regret de tous les nostres, et une joye extrême de tous les huguenotz, qui ne l'aymoient point, pour la raison que je viens de dire.

Le jour qu'il mourut, devoient encor durer les trefves qui estoient faictes pour quatre jours; mais le matin du quatriesme jour M. de Bouillon[1], son nepveu, la rompit par quelques quatre ou cinq vollées de canon, dont ilz en voyoient un beau coup et belle mire. Aucuns disoient que M. d'Aumalle son oncle luy avoit faict faire, et ce pouvoit estre; autres, que M. de Bouillon le fit de soy-mesmes et propre

---

1. Henri-Robert de la Mark, duc de Bouillon, fils de Robert de la Mark et de Françoise de Brezé, sœur de la duchesse d'Aumale. Voyez plus haut, p. 283, note 1.

mouvement. Je sçay ce qu'il m'en dist, car il m'aymoit fort. Tant y a que les trefves viollées (et mal à propos certes), puisqu'il n'y avoit qu'un jour à les garder; (car enfin il faut tousjours garder sa foy et mettre tousjours le bon droict de son costé), nous nous tirasmes si fort les uns les autres, que, le soir et la nuict s'approchant, M. d'Aumalle eut le coup de sa mort, qu'aucuns opinarent pour vieille revanche de la Sainct-Barthélemy et pour la fraische de la trefve rompue. Ce sont des secretz de Dieu.

Il laissa après luy trois braves et généreux enfans[1] : MM. d'Aumalle, de Sainct-Vallier, qui portoit le nom de son ayeul, monstrant de belles fleurs d'un fruict advenir, sans qu'il mourut jeune, et le chevallier d'Aumalle, desquelz je parleray en la guerre de la Ligue et en la vie de nostre roy d'anuict[2].

Maintenant il me faut parler d'un très-grand capitaine s'il en fut onc, M. l'admiral de Chastillon, et l'opposer à ce grand duc de Guyze, affin qu'on en cognoisse mieux la valeur de l'un et de l'autre. Ny plus ny moins qu'un bon lapidaire oppose deux beaux diamantz l'un contre l'autre pour mieux les

M. l'admiral de Chastillon[3].

1. Charles, duc d'Aumale, né le 25 janvier 1555, mort à Bruxelles en 1631. — Henri, comte de Saint-Vallier, né le 21 septembre 1549, mort en 1559. Un autre fils, Antoine, né le 1ᵉʳ novembre 1562, porta aussi le titre de comte de Saint-Vallier, et mourut jeune. — Claude, abbé du Bec, général des galères de Malte, dit *le chevalier d'Aumale*, tué dans une attaque contre Saint-Denis, le 3 janvier 1591, à 28 ans.

2. Ces écrits manquent.

3. Gaspard de Coligny, seigneur de Châtillon-sur-Loing, amiral de France, né le 16 février 1517, tué à la Saint-Barthélemy le 24 août 1572.

aprécier, de mesme en faictz-je de ces deux grandz capitaines; non que l'invantion en vienne de moy seul, mais d'autres que j'ay veu en faire comparaisons, qu'ilz trouvoient assez approchantes, fors qu'ilz disoient M. de Guyze l'emporter au prix; et disoient aussi que le plus beau que M. l'admiral avoit faict en sa vie avoit esté contre son Dieu, sa religion en laquelle il avoit esté baptizé, sa patrie et son roy naturel; les actions de M. de Guyze toutes au rebours. Mais pour cela M. l'admiral n'en a laissé la qualité et le titre de grand capitaine; car des empereurs romains il en est sorty de plus grandz capitaines payens que chrestiens, et rebelles sur leur patrie, voire d'autres nations, pour avoir faict telles fautes.

Ilz furent tous deux en leurs jeunes ans, sur le déclin du règne du roy François I, et assez advant dans celuy du roy Henry II, si grandz compagnons, amis et confédérez de court, que j'ay ouy dire à plusieurs, qui les ont veuz habiller[1] le plus souvant de mesmes parures, mesmes livrées, estre de mesme partie en tournois, combatz de plaisir, couremens de bagues, mascarades et autres passetemps et jeux de court, tous deux fort enjouez et faisans des follies plus extravagantes que tous les autres; et surtout ne faisoient nulle follie qu'ilz ne fissent mal, tant ilz estoient rudes joueurs et malheureux en leurs jeux.

Si eurent-ilz, durant le règne du roy François, quelque petit différand; car M. de Guyze fut mal content de luy d'un conseil qu'il luy demanda sur un

---

1. *Var.* S'habiller (Ms. 6694, f° 309 v°).

maryage que je ne diray point[1], que M. l'admiral luy dissuada et luy dist n'estre trop honnorable pour luy, et qu'il « valoit mieux (usant de ces motz) avoir « un pouce d'authorité et de faveur avecqu' hon-« neur, qu'une brasse sans honneur. » M. de Guyze disoit qu'il ne luy avoit pas conseillé en compaignon et amy, mais en celuy qui estoit envieux de son bien et de sa bonne fortune que ce maryage luy eust peu apporter. Mais ce différant dura peu; et pour ce furent amis comme devant.

Mais quel changement vint-il après de ceste grande amitié? Il s'en conceut une partie le soir de la battaille gaignée à Ranty, dans la chambre du roy et devant luy, qu'ainsi qu'ilz en discouroient devant le roy, M. l'admiral (comme possible envieux de la gloire et honneur qu'il avoit ce jour acquise) luy répugna sur un petit poinct[2] que dit M. de Guyze; si que M. de Guyze luy dist : « Ah! mort Dieu! ne me « veuillez point oster mon honneur. » M. l'admiral lui respondit : « Je ne le veux point; » et M. de Guyze réplicqua : « Aussi ne le sçariez-vous. » De sorte que le roy, voyant les choses pouvoir aller plus advant, leur commanda de leur taire et d'estre bons amis : ce qu'ilz furent, mais non comme auparadvant et soubz quelque faux beau semblant. Et puis la prise et emprisonnement de M. d'Andelot[3] avecqu' autres envies ambitieuses, alluma mieux le fœu de la haine, qui a duré jusques à leur mort.

1. Le mariage du duc d'Aumale avec Louise de Brezé. — Voyez plus haut, p. 283, note 1.
2. *Var.* Sur ung point (Ms. 6694, f° 310).
3. En 1558.

M. l'admiral a dict à un homme qui me l'a dict, qu'il ayda fort à M. de Guyze à le faire aymer à M. le Dauphin, lequel avoit eu force favorys, mais les principaux estoient Andouin, Dampierre, Sainct-André, Chastaigneraye, Chastillon et des Cars[1]. Andouin fut tué devant Landrecy et fort regretté de son maistre; Dampierre fut disgrâcié et chassé hors de la court, par la menée de M. de Chastillon, qui surprit et intercepta quelques lettres qui faisoient contre son maistre et madame de Valantinois que le roy aymoit; si qu'il fût chassé de la court pour n'y tourner plus.

On trouva fort estrange ce traict ingrat de Dampierre (il faut que j'en parle ainsi, bien qu'il fust mon oncle), qu'on ne faisoit que venir de le sortir des escolles de Paris, et n'avoit rien veu encores de guerres. M. le Dauphin le prit à luy, et en telle amitié, qu'il luy fit donner une compagnie de cinquante hommes d'armes, et le fit son premier gentilhomme de sa chambre, non sans grande envye de plusieurs autres qui le mérittoient mieux que luy. Ainsi trahist-il son maistre. Aussi disoit-on que puisqu'il estoit rousseau, il pouvoit fayre ce traict pareil à son poil[2]. Il avoit espousé ma tante, mais, s'il fit ce coup, je ne puis que je ne le blasme et que je n'en die le vray. Le seigneur des Cars se

---

[1]. Jean de Gramont, seigneur d'Andouins. — Claude de Clermont, seigneur de Dampierre, mari de Jeanne de Vivonne, sœur d'Anne de Vivonne, mère de Brantôme. — Jean des Cars, prince de Carenci, comte de la Vauguyon, mort en 1596.

[2]. Cette phrase biffée sur le ms. 3263 se retrouve sur le ms. 6694 (f° 310 v°).

trouva aussi embrené¹ avec luy, lequel fut aussi disgracié.

Mon oncle de La Chastaigneraye ne fit pas ainsi, car il fut très-ferme et loyal à son maistre en la querelle qu'il prit et espousa pour luy contre Jarnac, parce que ledict Jarnac, s'estant vanté d'avoir couché avecqu' une dame sa proche et belle-mère, et l'ayant dict à M. le Dauphin, il² le redist à d'autres. Jarnac, le sçachant, dist que quiconque l'avoit dict, qu'il l'eust dict ou s'en fust vanté, qu'il avoit menty. Mon oncle, curieux de l'honneur de son maistre et le voyant en peyne, car il craignoit que le roy le tensast, d'autant que ledict Jarnac avoit espousé la sœur de madame d'Estampes, favorite du roy, prit le desmenty pour son maistre sur luy, et dist qu'il l'avoit dict à luy-mesmes, et qu'il le combattroit là dessus, comme il s'ensuivit (j'en parle fort au long ailleurs³); et mourut sur le poinct et sur le règne que son maistre l'eust faict très-grand.

MM. de Chastillon et de Sainct-André restarent seulz favorys, lesquelz pourtant, du temps du roy François, eurent quelque picque qui ne dura guières.

M. de Guyze, encor qu'il fust un jeune prince, beau et de bonne grâce, très-adroict et très-bon homme d'armes, qui se faisoit fort valoir aux tournois de la court, il s'accosta de M. l'admiral, jurarent ensemble amitié telle que j'ay dicte, qui dura

1. Le correcteur du ms. 3263 a changé le mot *embrené* en celui de *embrassé*.
2. *Il*, le Dauphin. — 3. Dans le *Discours sur les duels*.

bien quasi cinq à six ans : et pour ce, dit-on, et M. l'admiral l'a dict à homme qui me l'a dict, mondict sieur l'admiral le fit aymer à M. le Dauphin, de telle façon que l'on a veu despuis; et amprès (comme j'ay dict) les haynes se semarent entr' eux deux, mais non tant que M. l'admiral n'advertist, du temps du roi François II, madame de Guyze, qu'il y avoit encor une conjuration secrette contre M. de Guyze et sa vie, et qu'ell' y prist garde et l'en advertist.

M. l'admiral ne voulut donner tel advis à M. de Guyze luy-mesme, comme j'ay ouy dire, affin qu'il ne pensast que, pour tel advis, il voulust regaigner son amitié et faire du bon et officieux compaignon; mais il le voulut addresser à madame sa femme. Et cet advis fut donné amprès la sédition et conjuration d'Amboise, qui estoit pour la seconde; car M. l'admiral ne sceut jamais ladicte conjuration d'Amboise, à ce que j'ay ouy dire à aucuns des plus anciens de la religion, et aussi à La Vigne, vallet de La Renaudie, qui en sçavoit tout le secret. On ne la luy voulut jamais conférer, d'autant que les conjurateurs le tenoient pour un seigneur d'honneur, homme de bien, sage, meur, advisé pollitiq, brave censeur, poisant les choses et aymant l'honneur et la vértu, comme il avoit tousjours faict paroistre par ses belles actions passées; et pour ce les eust bien renvoyez loing, rabrouez, et recullé le tout, voyre aydé à leur courir sus. Il n'estoit pas lors à Amboyse, mais ouy bien M. le cardinal son frère, lequel je vis fort animé et colleré contre ces entrepreneurs, et aussi eschauffé à les faire pendre et faire leur procez, que tout autre, voire luy-mesme je le vis sortir courageusement sur La Motte-aux-Connilz, ce jour qu'ilz vindrent se présenter là auprès.

Il avoit raison de s'en formaliser ainsi, et M. l'admiral de n'en avoir rien sceu ny s'en estre meslé le moins du monde; car c'estoit le plus meschant, vilain et détestable acte qui fust jamais; car quelque belle palliation, couverture et couleur qu'ilz luy peurent donner qu'ilz n'en vouloient qu'à MM. de Guyze, d'autres disoient qu'ilz ne vouloient que présenter une requeste au roy, s'ilz fussent venus au bout de leur dessaing et fussent estez les plus forts, ne faut point doubter que le roy eust passé comme les autres, ainsi que La Vigne luy-mesme me l'a dict, et d'autres aussi.

Le premier discord qui entrevint entre M. de Guyze et M. l'admiral pour la religion, ce fut à Fontainebleau, quand le roy François II y fit assembler une petite forme d'estátz[1], et que M. l'admiral présenta requeste au roy pour ceux de la religion, demandant liberté de conscience, et qu'il parloit de la part de cinquante mill' hommes; que M. de Guyze ne se peut contenir de collère, qu'il ne dist qu'il en mèneroit contr' eux cent mille bons catholiques pour leur rompre la teste, dont il seroit chef. Le roy François vint à mourir là, où M. l'admiral commança à entrer en vogue autant que jamais, par le moyen du roy de Navarre, qui sentoit de la religion et qu'il possédoit fort, et M. le Prince aussi fort, qui estoit

---

1. François II réunit au mois d'août 1560, dans son palais de Fontainebleau, une assemblée de notables.

son nepveu, ayant espousé sa niepce, fille à madame de Roye sa sœur.

M. l'admiral prend ce grand appuy pour non pas seulement appuyer sa religion, mais pour la hausser bien haut, ainsi qu'il y parut, dès ceste mort jusques à la première prise des armes; et le tout fut par les menées artificieuses et gentil esprit de M. l'admiral, qui conduisoit et gouvernoit tout à la cour lorsque l'édict de janvier[1] se fit, comme je vis moy-mesme.

Voylà donc la religion si haussée, si bien relevée et fortiffiée, qu'à ceste prise des armes première tout à coup quasi toutes les meilleures villes de France furent surprises par ceux de la religion; qui fut un très-grand cas : mesmes Paris estoit en danger, sans les venues et secours de MM. le connestable, de Guyze et mareschal de Sainct-André.

Toulouse aussi, qui est après Paris la plus ferme catholique et la plus remplie de catholiques qui soit en France, fut prise[2]; et sans M. de Boyjourdan l'aisné, très-brave et vaillant gentilhomme, neveu de M. le mareschal de Termes, et autres vaillans et braves gentilzhommes gascons, que M. de Montluc raconte, ell' estoit huguenotte comme les autres; car elle fut prise vingt heures, et puis recouverte par les

1. Cet édit, rendu le 17 janvier 1562, un an après les États généraux tenus à Orléans, accordait, hors des villes, la tolérance au culte protestant.

2. Dans la nuit du 11 au 12 mai 1562 les protestants de Toulouse s'emparèrent du Capitole; mais, n'étant pas secourus, ils durent capituler le 16 mai. La capitulation fut violée; trois mille d'entre eux furent massacrés en sortant de la place, et l'on sévit avec la dernière rigueur contre ceux qui étaient restés dans la ville.

armes et la conduicte belle dudit Boyjourdan et aucuns braves et vaillans de la ville.

D'espéciffier par nom les villes qui furent lors surprises, ce seroit chose superflue; car je me souviens que, lors de ceste grande esmeute et sédition, quand on demandoit quelles villes étoient prises et quelles villes tenoient pour les huguenotz, on disoit : « Mais « demandez qui sont celles qui ne tiennent pour « eux. » Et de toute ceste grande et admirable et incrédulle entreprise fut le seul autheur et conducteur M. l'admiral. Par là on peut cognoistre quel grand capitaine ç'a esté.

J'ay ouy conter que le prince de Parme dernièrement, quand il eut entendu la grand' révolte que feu M. de Guyze fit de tout le royaume de France, et mesmes de la ville de Paris, en ces barricades qui en moins d'un rien furent faictes contre le roy[1], qu'il dist et advoua que M. de Guyze estoit le plus grand capitaine aujourd'huy de toute la chrestienté, par une si soudaine révolte et désobéissance ainsi faicte tout à coup contre son roy. Je croy que dans son âme il eust bien voulu, ou peu, en faire de mesmes au Pays-Bas, pour s'en rendre le maistre et en despouiller le roy d'Espaigne, et puis, après porter le titre luy-mesme, qu'il bailloit à autruy, bien qu'il le portast d'ailleurs.

Voylà donc pourquoy nous devons tenir M. l'admiral très-admirable et un très-parfaict capitaine, d'avoir bandé contre son propre roy son royaume, et l'avoir luy-mesme ainsi soubstenu et maintenu

---

1. Le 12 mai 1588.

par ses armes si bravement, et par son esprit, menées et conduictes si sagement. J'ay ouy dire qu'un jour luy devisant famillièrement avec M. le mareschal d'Estrozze sur la grandeur et splandeur du royaume de France, et que mal-aysément se pourroit-elle ruyner ny estaindre, et par quel moyen pourtant cela se pourroit faire, M. le mareschal luy respondit qu'il n'y en avoit d'autre que de luy faire changer de religion et introduire une nouvelle, affermant que les changements de religion font perdre les royaumes plus que tous autres moyens et invantions, artiffices, ambitions, dominations, nouvelles libertez, ou soulagement de tailles et eslévation de peuples sçauroient faire, ny nouveau prince.

Et c'est ce que dist une fois un certain ambassadeur du pape au roy François, qui, se plaignant et se mescontentant du pape Clément pour quelque chose, il luy dist que, s'il ne le contentoit, il permettroit la nouvelle religion de Luther en son royaume, aussi bien qu'avoit faict le roy d'Angleterre; cet ambassadeur luy respondit franchement : « Sire, vous en serez marry le premier; et vous en « prendroit très-mal, et y perdriez plus que le pape; « car une nouvelle religion mise parmy un peuple « ne demande après que changement du prince. » A quoy songeant incontinent le roy, il embrassa ledict nunce, et dist qu'il estoit vray, et l'en ayma tousjours despuis de ce bon advis. Voylà pourquoy le grand sultan Soliman deffendit celle de Luther comme la peste, se fondant sur ces mesmes raisons.

J'ay usé de ce mot de nunce, puisqu'il s'use aujourd'huy; mais j'ay veu, à mon advènement à la court, que l'on n'en usoit, sinon d'ambassadeur du pape. Et quand ce nom de nunce fut introduict, par derrision, on disoit : « Voylà l'once du pape! » Et certes plusieurs ne goustarent bien ce mot du commancement, comm' autant vaudroit qu'on dist le *messagier du pape* comme *nunce*; car *nuncius* en latin n'est autre chose à dire que *messager* : et par ainsi, ces beaux pindariseurs de motz, pensant faillir ou ne dire pas bien qu'*ambassadeur du pape*, allarent trouver *nunce du pape*, que (comme j'ay dict), au commancement que ce nom fut introduict parmy les dames, filles et cavalliers de la court, disoient souvent par derrision, quand l'ambassadeur ou nunce du pape arrivoit en la chambre du roy et de la reyne, disoient : « Gare l'once du pape qui arrive! » Sur quoy, feu M. de La Fayette[1] qui rencontroit des mieux, bien qu'il bégueyast un peu, dist une fois : « Par Dieu (dist-il), l'on changera tant de ces noms « d'ambassadeurs et de nunce du pape, qu'à la fin « on viendra dire : Voylà l'ange ou l'anonciateur, « ou le précurseur du pape, qui vient parler au roy « et à la reyne. »

Or, pour revenir à M. l'admiral, il prit si grand goust à ceste noix que luy donna M. le mareschal d'Estrozze, qui ne l'en dégousta jamais jusqu'à ce qu'il en eust faict et veu l'expériance : et pour ce, aucuns ont voulu dire qu'il avoit plus d'ambition que de religion, et ses actions ont plus tendu à l'une qu'à l'autre. Or, je ne sçay ce qu'il en pouvoit avoir dans l'âme pour cela : mais le zelle et la dévoction

---

1. Jean de la Fayette, ou son fils Pierre tué à Moncontour.

qu'il a porté tousjours à sa religion, et comm' il l'a bien embrassée et servie, font foy de tout, et, qui plus est, les paix qu'il a faictes; car aussitost que le roy leur accordoit, et à ses partisans, l'exercice de leur religion, le voylà qu'il mettoit aussitost les armes bas, sans retenir une seule ville pour sa seuretté, et les rendoit aussitost toutes; ce que n'ont faict les autres qui ont commandé après luy. Et quand on luy disoit pourquoy il n'en retenoit aucunes pour soy et de tous eux, il respondoit qu'ilz ne se sçaroient rendre plus coupables que de ceste façon de tenir les villes ainsi du roy; et que, puisqu'il leur permettoit ainsi la liberté de leurs consciences et l'exercice de leur religion, que vouloient-ilz d'advantage?

Aux premières et secondes guerres, il rendit tout aussitost Orléans, qui leur avoit esté tant bonne ville et tant propre nourrice; et plusieurs luy cryoient, pourquoy au moins il ne réservoit ceste ville pour sa seuretté, et qui estoit si proche de sa maison. Il rendit, aux troisiesmes troubles, Angoulesme de mesmes, que les huguenotz de Poitou, Angoumois et Xaintonge (qui en ont esté la frémillère[1] ou pépinière), tousjours criarent fort après luy, et le priarent fort instamment de ne la rendre; voire qu'ilz voulurent mal mortel à M. de Sainct-Mesme sage et bon capitaine, qui l'avoit rendue si facilement et ne l'eust gardée pour eux.

Mais ce grand admiral estoit si grand, si crainct, si redoubté, et avoit pris telle créance et pouvoir

1. *Frémillère*, fourmilière.

sur ses partisans qu'ilz n'eussent jamais osé le moins du monde contredire à ce qu'il avoit une fois dict et arresté; et aussi qu'il se fondoit tousjours sur ce grand poinct de la religion : « Car, disoit-il, puisque « nous avons nostre religion, que nous faut-il d'ad- « vantage? » Dont par là cognoist-on combien il estoit plus homme de bien et religieux qu'on ne pensoit. Aussi telle bonté le fit perdre; car, s'il se fust réservé de bonnes villes, on eust dix fois songé à[1] le faire mourir. Bien est-il vray qu'il a esté fort ambitieux pour son roy, et fort songeant et tendant à le faire grand; car il me souvient que lorsqu'il vint à la court, où il mourut, le roy estant à Saint-Clou au mesme logis là où la conjuration fut faicte contre luy, et puis où nostre roy Henry troisiesme fut tué après, là mesme, le grand autheur et fauteur de la conjuration, et la reyne y fut mallade, un matin qu'ell' avoit pris médecine, M. l'admiral entra dans sa salle où il nous trouva M. d'Estrozze et moy, tous deux tous seulz. Ainsi qu'il frappa à la porte de la chambre de la reyne pour y entrer, une de ses femmes de chambre, qui estoient quasi toutes huguenottes, au moins les principalles, luy dirent que la reyne n'avoit encor rendu sa médecine, et qu'il attendist un peu; ce qu'il fit, et se mit à pourmener avec nous et nous discourir des affaires de Flandres, qui alloient bien à cause des villes de Vallanciennes et Montz surprises, dont il en avoit une joye extrême; et puis nous parla de nostre embarquement que nous allions faire en Brouage, et des

1. *Songé à*..., réfléchi avant de....

commandemens qu'il avoit faictz aux portz de son admirauté de nous assister du tout. « Or, dist-il, « Dieu soit loué! tout va bien; avant qu'il soit long- « temps nous aurons chassé l'Espaignol du Pays-Bas « et en aurons faict nostre roy maistre, ou nous y « mourrons tous, et moy-mesme le premier; et n'y « plaindray point ma vie si je la perdz pour ce bon « subject. » Et pour ce, vouloit-il fort que M. d'Estrozze rompist son dessaing d'aller vers les isles du Pérou, et allassions fondre par mer en Flandres, et luy viendroit par terre; si bien que, si nous nous entendions ainsi, tout iroit à souhait. Et de rechef nous envoya en Brouage un très-habile gentilhomme des siens[1] pour nous prier encor de nous y acheminer, et luy qui[2] commançoit à partir. A quoy nous fusmes esbranlez; mais nous nous donnasmes la garde qu'au plus beau de nos belles résolutions et déterminé partement la mort malheureuse entrevint de ce grand capitaine. Mort malheureuse la puis-je bien appeller pour toute la France, veu les maux qui despuis s'en sont ensuivys et s'ensuivront encor; car que pouvoit le roy souhaiter d'advantage et de meilleur, que se deffaire de telle façon d'un si puissant ennemy, puisque dans son âme il le tenoit tel, bien qu'il luy monstrast beau semblant. Il s'en alloit de son royaume et luy emmenoit vingt mill' hommes de ses partisans, et, Dieu sçait, des meilleurs; et luy alloit conquester tout un pays aussi grand qu'un royaume et le luy aproprier; car pour

1. *Var.* Le seigneur d'Andrichant (Ms. 6694, f° 312 v°).
2. *Var.* Qu'il (*Ibid.*).

soy il n'en vouloit point : c'estoient abus, ny qu'il
se voulust faire roy de France ; il en eut autant d'envye et de souhait que moy. Mais bien désiroit-il
avoir une grande charge soubz son roy, tenir près
de luy le rang qu'il méritoit et avoit tenu d'autresfois près de son grand roy Henry, estre son lieutenant général en ses conquestes, et en estre gratiffié
de quelques biens comme de raison : et se fust-il
ainsi mieux maintenu et agrandy et se faict craindre, soubz l'aucthorité d'un tel roy son maistre, que
s'il eust voulu le tout s'aproprier à luy et s'en faire
souverain ; il eust eu de la peine grande et du danger pour longuement garder ce titre et prééminence.
Et voylà ce qu'il vouloit ; car je le sçay d'un bon
lieu et d'un homme qui le sçavoit et tenoit de luy :
et voylà ce que le roy luy devoit accorder et permettre de laisser faire, et purger son réaume de gens
qu'il n'aymoit pas, sans se souiller les mains d'un
très-ord massacre ; ainsi que fit Bertrand du Gues-
clin, ce grand capitaine, quand il purgea la France
de ces meschans garnimens et faictsnéans de guerre,
et les emmena avec luy[1]. C'estoit un vray et pareil
moyen de se deffaire ainsi des huguenotz ; et ce fut
ce que M. l'admiral sceut bien représenter au roy,
quand il luy remonstra qu'il falloit faire la guerre
au roy d'Espaigne, ou qu'il se résolust d'avoir encor
la guerre en son royaume ; dont aucuns du conseil
en furent si escandallisez qu'ilz commançarent à
crier sourdement : *Tolle, tolle, crucifige, blasphe-
mavit!* et en firent un grand bouclier et en levarent

---

1. En Espagne, en 1365.

la bannière. Mais ilz ne le prindrent pas du bon biays qu'il le falloit, pauvres gens qu'ilz estoient; car M. l'admiral voyoit bien le naturel de ses huguenotz, que s'il ne les occupoit et amusoit au dehors, que poŭr le seur ilz recommanceroient à brouiller au dedans, tant il les cognoissoit brouillons, remuans, frettillans et amateurs de la picorée. Je sçay ce qu'il m'en dist une fois à La Rochelle que je l'estois allé voir, et mourut un an après; et me faisoit cet honneur de discourir avec moy, bien que je ne fusse de son party et fusse encor jeune et fort incapable de ses secretz; mais il m'aymoit, car je luy estois fort proche, à cause de madame sa femme.

Je sçay bien aussi ce que m'en a dict M. de la Noue, lequel, tant qu'il a peu, reprit les erres de M. l'admiral pour jetter la guerre du dedans au dehors, ainsi qu'il a faict parestre par le long séjour qu'il a faict en Flandres; car il m'a juré cent fois qu'il n'y avoit rien au monde qu'il détestast tant que la guerre civile, et que M. l'admiral la détestoit bien autant, et que jamais plus il n'y retourneroit que par force.

Le roy donc, ne se voulant servir de luy en si bonne affaire, fust ou de luy-mesme ou de plusieurs de son conseil, persuadé de le faire mourir; et pour ce fut attitré le sieur de Montravel[1], qui avoit tué paradvant M. de Mouy, son maistre, qu'on appelloit[2] *le tueur du roy* ou *le tueur aux gages du roy;* lequel,

---

1. Loüvier de Maurevel. Il avait assassiné Artus de Vaudray, seigneur de Mouy.

2. *Qu'on appeloit,* il s'agit de Maurevel.

ainsi que M. l'admiral se retiroit en son logis, et estant devant celuy du chancellier, ledict Montravel, caché en une fenestre d'un meschant petit logis qui estoit là près, tira à mondict sieur l'admiral un' harquebusade au bras, ainsi qu'il lisoit une lettre en marchant. M. l'admiral se sentant blessé, il ne dist autre chose, sinon que : « le coup vient de là; » et se retira en son logis, et se fit soudainement penser. Le roy, et toute sa court, tant des catholiques que des huguenotz, fut fort troublée, mais plus les huguenotz qui usarent des parolles et menaces par trop insolantes, qu'ilz frapperoient, qu'ilz tueroient; ce qui causa la mort de M. l'admiral, non qu'il fust mort de son coup, car ce ne fust rien esté, mais qu'on la luy procura, veu les menasses; et pour ce, le massacre général de la Sainct-Barthélemy fut arresté et conjuré. Je m'en rapporte à ce qui en est. Il n'y en a aucun qui le sçache mieux aujourd'huy que le mareschal de Raiz, le premier et principal autheur et conseiller du faict, lequel est encor vivant, car tous les autres sont mortz par permission divine, puisque Dieu n'ahist[1] tant que le sang respandu de quelque créature que ce soit, car ell' est faicte à sa semblance. Ledict mareschal n'est pas mort encores, mais il y a près de vingt ans qu'il est si mal sain, que sa vie ne s'appelle pas vie, mais plustost martyre[2].

M. l'admiral estant blessé, fut fort bien secouru des médecins et chirurgiens du roy, et mesmes de

1. *Var.* N'haist (Ms. 6694, f° 313 v°).
2. Il mourut le 22 avril 1602.

ce grand personnage maistre Ambroyse Paré[1], son premier chirurgien, qui estoit fort huguenot; et y furent tous envoyez du roy. Il fut aussi visité du roy, qui jura et renia qu'il vangeroit sa blessure, et qu'il prist courage, et qu'il cognoistroit combien cela luy touchoit. La reyne aussi le fut voir, et leur dist à part à tous deux de grandz choses, dict-on, et leur révéla de grandz secrets, qui tendoient tous à leur grandeur : et son discours dura fort long-temps, qui fut entendu fort attentivement de Leurs Magestez; et monstrarent grand' aparance pour l'extérieur qu'elles le goustoient; mais tout ce beau semblant tourna après à mal, dont l'on s'estonna fort comme Leurs Magestez pouvoient jouer un tel roole ainsi emmasqué, si auparavant elles avoient résolu ce massacre.

L'heure donc de la nuict et des matines de ceste sanglante feste estant venue, M. de Guyze en estant adverty du roy, et bien ayse de l'occasion de vanger la mort de M. son père, s'en alla très-bien accompaigné au logis de M. l'admiral, qui fut aussitost forcé. Il en ouyt le bruict et se doubta soudain de son malheur, et fit sa prière à Dieu.

Sur ce, Besme, gentilhomme allemand, premier, bien suivy, monta en haut, et, ayant faussé la porte de la chambre, vint à M. l'admiral avecqu' un grand

---

1. *Var.* Ambroys Paré (Ms. 6694.). Voyez sur cet illustre chirurgien l'article que M. Jal lui a consacré dans son *Dictionnaire critique*, 1867, in-8°. Dans cet article sont cités des actes desquels on peut conclure qu'Ambroise Paré, qui a été certainement huguenot, redevint catholique à la fin de sa vie. Il mourut à Paris en décembre 1590 et fut enterré dans l'église de Saint-André-des-Arcs.

espieu large en la main; à qui M. l'admiral ayant dict : « Ah ! jeune homme, ne souille point tes mains « dans le sang d'un si grand capitaine, » l'autre, sans nul esgard, luy fourre dans le corps ce large espieu, et puis luy et d'autres le prindrent (M. de Guyze, qui estoit en bas, crioit : *Est-il mort?*) et le jettarent par la fenestre en la court, non sans peine, car le corps, retenant encor de ceste vigueur généreuse du passé, résista un peu, s'empeschant des jambes contre la muraille de la fenestre à ceste cheute; mais, aydé par d'autres, il fut précipité. M. de Guyze ne le fit qu'arregarder seulement, sans luy faire outrage, tendant à la mort. De descrire les insolances et opprobres que d'autres firent à son corps, cela est indigne de la plume et escriture d'un honneste cavallier : mais tant y a que telz luy firent des injures, des vilainies, insolances et opprobres, lesquelz auparadvant ne l'osoient regarder et trembloient devant luy. Ainsi vist-on jadis, devant Troye, des Grecz les moins vaillans braver autour du corps d'Hector mort; ainsi voit-on souvant aux désertz de Barbarie les plus timides animaux braver autour d'un grand lion mort, gissant dessus le sable, qui souloit estre auparadvant la terreur de tout un terroir et de toute une grande et espacieuse fourest. Ceux aussi (et des plus grandz) qui craignoient ce grand admiral, et qui à teste basse s'inclinoient à lui auparadvant, bravoient et triumphoient très-arrogans autour de ce pauvre tronc. Sa teste fut aussitost séparée de ce noble corps, et portée au pape, ce dict-on, mais la plus saine voix, au roy d'Espaigne, en signe d'un présent fort triumphant et agréable, qui fut accepté d'un visage très-joyeux et d'un cœur de mesme. Tant y a, que ce fut ou l'un ou l'autre qui le receust, il eut grand subject de s'esjouyr, car ilz perdirent un très-grand et très-dangereux ennemy, qui leur eust bien faict du mal encor si on l'eust laissé faire.

J'ay ouy conter à un gallant cavallier, qui estoit lors en Espaigne quand les nouvelles du massacre de Sainct-Barthélemy y arrivarent, lesquelles porta un courrier du roy d'Espaigne des meilleurs qu'on peust veoir, et s'appelloit Jean Bourachio, qui fit telle diligence, qu'en trois jours et trois nuictz il arriva de Paris à Madric, et sans dormir; ce que le roy son maistre admira fort : aussi luy donna-il bien le vin, tant pour la diligence que pour les bonnes nouvelles qu'il luy porta. Ne faut point doubter si le roy d'Espaigne en fust bien ayse, car au monde n'avoit-il pires ennemys que M. l'admiral et ses partisans.

Du commencement il ne peut croyre que tous les principaux chefz fussent estez ainsi attrapez, sans la lettre que le roy son frère luy escrivoit, se disoit-il, qui en faisoit bonne foy. Après que le roy eut bien interrogé son courrier, il l'envoya de ce pas à l'admiral de Castille, qui estoit lors à Madrid, ensemble la lettre que le roy luy escrivoit, pour luy faire part des bonnes nouvelles qu'il avoit receu.

Le courrier estant arrivé, il commança à cryer dès la porte et basse-court du logis de l'admiral : *Nuevas, nuevas, buenas nuevas*[1]*!* et montant en la salle que l'admiral commançoit à soupper, criant encor :

---

1. Nouvelles, nouvelles, bonnes nouvelles !

Buenas nuevas! todos los Luteranos, y de los mas principales, son muertos y matados en Paris ay tres dias[1]. Et, s'approchant de l'admiral, il luy donna la lettre que le roy luy envoyoit; et l'ayant leue il en sceut tout le discours, et par le courrier aussi, et s'estant tourné vers la compagnie qui estoit à la table, il dist : *No es cosa mas cierta, que todos los principales son muertos, sino tres : el Vandomillo* (il appelloit ainsi le roy de Navarre, comme disant le petit Vandosme; il leur a bien appris despuis à l'appeller autrement) *primero, al qual perdonò el rey por l'amor de su esposa; al principe de Conde perdonò tan bien, porque es niño; por tercero el conde de Montgomeri huyo y se salvò con una yega, y hizo sestanta leguas sin parar, et asi se salvò, per gran miraglo de diablo, no de Dios*[2].

Pour lors souppoit avec cet admiral de Castille le duc de l'Infantasque[3], fort jeune prince et peu encor pratiq, qui demanda si ce M. l'admiral de France et

---

1. Bonnes nouvelles! Tous les luthériens, et les principaux, sont morts et tués à Paris, il y a trois jours.
2. Il n'y a rien de si certain que tous les principaux sont morts, excepté trois : le premier, Vendomille, auquel le roi a pardonné à cause de sa femme; le second, le prince de Condé, parce que ce n'est qu'un enfant; pour le troisième, le comte de Montgommery, il s'est enfui et s'est sauvé sur une jument et fit soixante-dix lieues sans s'arrêter, et ainsi se sauva par grand miracle du diable, non de Dieu.
3. Infantado, duché de Castille, formé des villes d'Alcozer, de Salmeron et de Valdeclivas. Le jeune duc de l'Infantado dont il est question est Inico Lopez Hurtado de Mendoza, mort le 21 août 1601. Il épousa la fille de Louis Henriquez de Cabrera, amiral de Castille et probablement celui dont parle ici Brantôme.

tous ses partisans estoient chrestiens; qui respondit qu' ouy. Luy après réplicqua : *Como diablo puede ser que, pues que son Franceses y assi christianos se matan como bestias*[1] *?* L'admiral lui respondit : *Calla, señor duque, que la guerra dy Francia es la paz d'España, y la paz d'España es la guerra dy Francia con nuestros dublones*[2]. Voylà ce que m'en conta ce cavallier, qui estoit lors à la table de cet admiral, qui ouyst tout ce discours.

Touchant l'alégresse et la contenance qu'en fit le bon sainct pape Pie quinte (on le peut appeller ainsi) de ce massacre susdict, j'ay ouy dire à homme d'honneur qui pour lors estoit à Rome, et qui en sçavoit des secretz, que quand on luy en aporta les nouvelles il en jetta des larmes, non pour joye qu'il en eust, comme force gens font en cas pareil, mais de deuil; et quand aucuns de messieurs les cardinaux qui estoient près de luy remonstrarent pourquoy il pleuroit et s'attristoit ainsi d'une si belle despesche de ces malheureux gens, ennemis de Dieu et de Sa Saincteté, « Hélas! (ce dist-il) je pleure la façon dont
« le roy a usé, par trop illicite et deffendue de Dieu,
« pour faire une telle punition; et que je crainctz
« qu'il en tumbera une sur luy, et ne la faira guiè-
« res longue désormais! » Comme ce sainct homme sceut très-bien prophétizer par l'esprit de Dieu, que je croy qu'il avoit, autant que jamais eut pape. « Je

1. Comment diable se peut-il que, puisqu'ils sont Français et bien chrétiens, on les tue comme des bêtes?

2. Doucement, monsieur le duc. La guerre de la France est la paix de l'Espagne, et la paix de l'Espagne est la guerre de la France, à l'aide de nos doublons.

« pleure aussi, dist-il, que, parmy tant de gens
« mortz, il n'en soit mort aussi bien des innocens
« que des coulpables. » Comme il fut vray, mesmes
de force bons catholiques, que leurs ennemis faisoient accroyre qu'ilz estoient huguenotz. De plus
adjousta ce bon sainct : « Possible qu'à plusieurs de
« ces mortz Dieu eust faict la grâce de se repentir et
« de retourner au bon chemin, ainsi que l'on a veu
« arriver à force en cas pareilz. » Comme de vray,
combien avons nous veu despuis force huguenotz
s'estre convertys et faictz bons catholiques! les chemins en rompent. Voylà le beau dire et la belle prophétie de ce sainct père sur ce malheureux massacre.

C'est un grand cas qu'un seigneur simple et non
point souverain, mais pourtant d'un très-haut et ancien lignage, de Colligny en Savoye[1], et autresfois
souverains[2] et très-grandz, ayt faict trembler toute la
chrestienté et remplie de son nom et de sa renommée, tellement qu'alors, de l'admiral de France en
estoit-il plus parlé que du roy de France. Et si son
nom estoit cogneu parmy les chrestiens, il est allé
jusques aux Turcz; de telle façon, et il n'y a rien si
vray, que le grand sultan Soliman, l'un des grandz
personnages et capitaines qui regna despuis les Ottomans, un an avant qu'il mourust, l'envoya rechercher d'amitié et accointance, et lui demander advis
comme d'un oracle d'Apolo; et, comme je tiens de
bon lieu, ilz avoient quelque intelligence pour faire

1. C'est-à-dire dans la Bresse, qui appartenait alors au duc de Savoie.
2. La maison de Coligny passait pour avoir possédé jadis en toute souveraineté le pays de Revermont dont fait partie Coligny.

quelque haute entreprise, que je n'ay jamais peu tirer ny sçavoir de M. de Thelligny, mon grand amy et frère d'alliance, qui fut despesché de M. l'admiral, et le seigneur de Villeconnin à Constantinople, là où ilz ne le trouvarent point, car il estoit desjà party pour son voyage de Siguet, où il mourut[1]. Voylà quel a esté ce grand admiral parmy les chrestiens et parmy les infidelles, (je parle de luy en mon livre des couronnelz plus au long) et sur ce beau renom il est mort. Quel dommage! Il y eut quelqu'un qui fit son épitaphe en vers grecz, où il introduit un passant qui s'enquiert et demande là où est le tumbeau de ce grand admiral tant renommé par le monde, qu'il demande par grand' admiration visiter. Un autre luy respond : « Passant, sans faire plus grand « chemin, tu peux bien ne passer plus outre, ou « t'en retourner en arrière; car tu n'en trouveras « aucun icy bas, d'autant que le monde et le ciel « l'ont pris et l'ont porté ensepvelyr dans le sein de « l'immortallité, où maintenant il gist à son aise. »

Parlons un peu que devint ce Besme qui le tua. On disoit pourtant qu'alors Sarlabous, du Havre gouverneur, se vanta de l'avoir tué. Si c'est la vérité, ou qu'il s'en soit vanté à faux, c'est une récompense mauvaise d'un capitaine envers son couronnel, qui d'autres fois luy avoit commandé. Mais pour le seur ce fut de Besme; possible que l'autre luy donna quelque coup, et pour en voir une divine

---

1. En 1565. Voyez dans Gaignières $\left(\frac{485}{\text{H-M}}, \text{f}° 32 \text{ v}°\right)$ une complainte à Ch. de Téligny sur le trépas de Nicolas de Touteville, seigneur de Villeconnin, gentilhomme de la chambre du roi, mort à Constantinople en février 1567.

vangeance. Ce Besme estoit un gentilhomme allemand, que j'avois veu d'autresfois nourry page du cardinal de Guyze : il se mit en telle grâce et amitié de M. de Guyze, qu'il le gouvernoit paisiblement; et pour ce luy fit espouser la fille bastarde du grand cardinal de Lorraine[1]. Je nommerois bien sa mère, et ceste fille dicte Anne, fort belle et honneste damoyselle, et bien crée[2] en la court d'Espaigne, et nourrie de ceste nostre grande reyne de là, à qui je l'ay veu; et après sa mort elle s'en vint en France demeurer avec la reyne mère, qui n'en reffusa jamais.

Le roy d'Espaigne fut si libéral à l'endroict de toutes ces filles nourries avec la reyne sa femme, qu'entr' autres beaux présens il leur donna à chascune trois ou quatre mill' escus pour maryage, s'il me souvient bien; mais il me semble qu'il y en avoit plus que moins : et ce maryage n'estoit payé ny délivré, sinon lors qu'elles estoient maryées.

Anne doncques estant maryée, son homme se résoult deux ans après d'aller en Espaigne, par le moyen de M. de Guyze, tant pour querir son maryage que pour braver et se monstrer en piaffe devant le roy et les Espaignolz, et dire que c'estoit luy qui avoit faict le coup de M. l'admiral. (Et quel coup à son advantage, qu'un petit enfant en eust faict autant!) Il y va et sans danger, et y fut très-bien venu et payé; dont la pluspart de son argent il le mist en pierreries, bagues et joyaux et babiolles, pour mieux porter son faict, et aussi qu'il sçavoit bien que M. de

---

1. Le P. Anselme ne parle point de cette fille naturelle.
2. *Bien crée*, bien élevée, de l'espagnol *criato*.

Guyze l'en déchargeroit. Outre tout cela, le roy d'Espaigne le gratiffia de quelque autre présent, pour la gratification et récompanse du meurtre. Pour son retour, il fut si impudent et perdu d'esprit et d'entendement, ou Dieu, juste vangeur des forfaictz, possible l'aveugla de telle façon, ou son démon mallin ou malheureux destin l'y conduisoit, qu'il vint passer par le grand chemin des postes de la Guienne, où les huguenotz avoient bon crédit, lesquelz alors faisoient quelque petite guerre par les forteresses petites qu'ilz tenoient. Par quoy il fut pris entre Barbezieux et Chasteauneuf, et mené prisonnier au chasteau de Bouteville, où commandoit pour lors le sieur de Bertauville, qui commande aujourd'huy à Pontz.

Il fut là gardé long-temps prisonnier. Dont fut remonstré audict Bertauville ce qu'il vouloit faire de cest homme, et, qu'il ne falloit qu'un' heure qu'il se sauvast (comme de vray il la faillit une fois), et s'il ne sçavoit pas ce qu'il méritoit. Par quoy, un jour on luy fit accroyre qu'il vouloit rompre les prisons et se sauver, comme de vray il y eut de l'apparance; il fut tué, et eut ce qu'il avoit presté à M. l'admiral; et très-bien employé, car il estoit venu trop hautain et trop glorieux de ce coup, bien qu'il ne fust pas plus mauvais qu'un autre, comme je le vis au siège de la Rochelle, ainsi que je le voyois fort eschauffé de retirer M. de Guyze des coups et harquebuzades, et luy remonstrer les hasardz qu'il couroit, et luy pour son honneur avecq son maistre[1].

---

1. Besme fut tué en 1575. D'Aubigné et de Thou racontent sa mort avec des circonstances un peu différentes.

Que si M. de Guyze (disoit-on) l'eust voulu croyre, il n'eust acquis la réputation d'estre si vaillant comm' il a esté : et croy que dès lors sa conscience l'avoit jugé pour l'advenir; car la mort de si grandz personnages est tousjours fatalle à ceux qui la donnent ou procurent. Plusieurs (comme cestuy-cy) s'en sont ressentys, bien qu'ilz fussent des plus grandz, que je ne diray point. Et si diray encor plus, que, bien que le roy d'Espaigne, le duc d'Albe, lors son lieutenant en Flandres et au siège de Montz en Haynaut, quand cela vint, furent avec leurs Espaignolz très-joyeux de ceste mort et de plusieurs de ses partisans, si ne l'approuvarent-ilz jamais de la façon, et que cela sentoit plustost son carnage barbare et de Turc que son cousteau de justice chrestienne.

Je l'ay ainsi ouy dire à aucuns braves soldatz espaignolz, que le duc d'Albe ne fit pas ainsi à ceux de la ville d'Arlem[1], qu'il fit tous punir par forme de justice : car aussi, pourquoy Dieu l'a-il donnée aux grandz, sinon pour la bien exercer comm' il faut, et non pour en abuser?

J'ay ouy aussi dire, que, lors de sa mort, ledict duc d'Albe dist : *Muerto l'admirante, perdido un gran capitan por Francia, y gran enemigo por Espana*[2].

Or il y en a eu aucuns qui ont voulu dire mondict seigneur l'admiral n'avoir esté si hardy et vaillant capitaine comm' il a esté sage, prudent et très-

1. Harlem se rendit en juillet 1573, après huit mois de siége, et le duc d'Albe y exerça d'horribles cruautés.
2. L'amiral mort, c'est de moins un grand capitaine pour la France et un grand ennemi pour l'Espagne.

ingénieux. Appellez-vous point cela vaillant et hardy, qui a donné tant de battailles en son temps, et qui les a faict germer de la façon qu'on les a veues? Considérons un peu combien, en tant de guerres que nous avons faictes de là et de çà les montz, nous avons veu des battailles despuis celle de Ravenne, encor par si longues intervalles des unes aux autres, que l'on tenoit pour un grand cas de s'estre trouvé à une bataille, et y couroit-on comm' à un jubillé; à l'un pour gaigner le salut de son âme, et à l'autre pour gaigner l'honneur de chevallerie et faire appeller sa femme *madame*.

Après Ravenne donc vint celle de Marignan contre les Suysses, celle de la Bicoque, celle de Pavye; après, celle de Cerisolles, celle de Ranty, qu'aucuns ont voulu plustost dire rencontre que battaille : mais pourtant, là où l'artillerie joue, là où les deux grandz chefs souverains y sont en personne et en armes, là où l'on combat si bien que l'une des advant-gardes est desfaicte et en routte, cela se peut dire battaille, comme je tiens de grandz capitaines. De mesmes en peut-on dire de celle du mareschal de Strozze, qu'aucuns ont tousjours plustost nommé la desfaicte du mareschal Strozze qu'autrement; puis les battailles de Sainct-Quantin et Gravellines. Voyez doncques qu'en si longues années, et parmy gens si guerriers que les François, Espaignolz, Suysses et Italiens, si peu de battailles se sont ensuivies et données. Voyez aussi, de l'autre costé, combien M. l'admiral en cinq ou six ans en a donné : celle de Dreux, que j'ay veu comparer aux vieux capitaines à celle de Ravanne, pour avoir esté très-bien débattue et opiniastrée, voyre celle des Suisses; celle de Sainct-Denys, avecq' une poignée de gens que les huguenotz avoient encontre nous qui estions quatre contre un; celle de Jarnac ou Bassac, où nous avions des reystres du Reintgrave et autres estrangers, et eux n'estoient que François tous purs; celle de Montcontour, où les uns et autres François se trouvarent fort entremeslez de grand' quantité d'estrangers; et puis celle d'Arnet-le-Duc, qu'on a dict plustost rencontre que bataille.

Et nottez qu'à toutes ces battailles M. l'admiral menoit les advant-gardes et y estoit des premiers aux hazards et aux coups; dont il en rapportoit des aucunes de bonnes marques et blessures. M'appellez-vous point donc celuy-là vaillant et hardy? Je ne metz en conte les fois qu'il a présenté force battailles qui n'ont manqué pour luy à estre données, comme à Talsy, à Pamprou, à Jazeneuil, à Lodun[1], qui faillirent, pour les accidens et inconvéniens que ceux qui estoient de ce temps ont veu aussi bien que moy et que l'on a escrit, entre autres M. de La Noue[2], qui en a parlé, et d'autres choses aussi véritables que jamais homme qui en ayt escrit, bien que quelquefois il favorise un peu les siens.

En quel rang mettrons-nous aussi la deffaicte de La Roche-la-Bellie[3], là où le couronnel général de nostre infanterie[4] fut pris, vingt cinq capitaines des siens mortz, et quelques huict cens de ses meilleurs

---

1. En 1570. Voyez de Thou, lix. XLVII.
2. Voyez *Les Discours politiques*, p. 709 et suivantes.
3. Le 15 juin 1569. — 4. Le maréchal de Strozzi.

soldatz. Je laisse à dire à ceux qui y estoient, à quoy il tint qu'à ce coup la bataille ne se donnast; ny mesmes au petit Limoges[1].

Voylà donc comment ce grand capitaine engendroit les battailles. Que si les unes venoient à leur perfection et maturité, et les autres non, il n'en pouvoit mais, non plus qu'un père qui engendre des enfans, les uns qui naissent et viennent à bien, les autres meurent aussitost et ne viennent à proffit, ne laisse[2] pour cela à avoir faict son debvoir en la procréation.

Tant d'autres endroictz pareilz en conterois-je, mais je n'aurois jamais faict, qu'on pourra bien voir dans les Mémoires de M. de La Noue, avec plusieurs autres belles rencontres et deffaictes; dont entre autres, que M. de La Noue tayst, en quoy m'en estonne, que j'ay veu fort louer et renommer, quand il deffit et brusla nos poudres lorsque le siège estoit devant Bourges[3], que nous fusmes contrainctz d'envoyer à la picorée à Paris, dont l'on envoya six canons, poudres et balles pour tirer quatre mille coups, avec tout le reste nécessaire, accompagné des compagnies de gens-d'armes de M. d'Anville, s'il me souvient bien, et de M. de Sypiere, à laquelle commandoit le capitaine Bonnasse, bon et vaillant certes, avec quatre ou cinq compagnies de gens de pied, tant du capitaine La Chambre, bon soldat et bon mattois (qui portoit ce nom pour avoir esté vallet

1. Dans la Haute-Vienne.
2. Il y a par erreur dans les deux manuscrits : *Ne laissent....* *leur* devoir.
3. En 1562.

de chambre de M. le Prince), et d'autres capitaines. M. l'admiral, en ayant eu advis, partit d'Orléans avec cinq ou six cens chevaux, et vous alla raffler tout cela en un tourne-main près de Chasteaudun. Cependant que l'on s'amusoit à combattre, les charretiers désattellent leurs chevaux, couppent cordages, et avec leurs chevaux sauve qui peut et s'enfuyent; si bien que le tout demeura là à la mercy du vaincqueur, M. l'admiral, qui voyant luy estre impossible de mener et faire conduire tout cela à Orléans, affin que son ennemy ne s'en prévalust, fit arrenger ensemble toutes les poudres, les balles, les canons bouche contre bouche les uns contre les autres, et puis fit faire une grande et longue traisnée de poudre; et, s'estant retiré assez loing sur une petite montaigne avec sa trouppe, s'amusarent tous à veoir donner le fœu à la traisnée, et veoir jouer la grand' fougade, qu'on n'en vist jamais une telle ny faire tel bruict ny tintamarre; et le tout s'en alla à tous les diables. Si ceux de Bourges ne se fussent rendus lors, ilz nous mettoient en peine pour les prendre, à faute de poudres.

Voylà aucuns tesmoignages pour estre assurez si M. l'admiral estoit vaillant et hardy. Et certes il le pouvoit estre, car il estoit issu de très-braves et vaillans pères, grands-pères et ayeulz; si que luy les ensuivant en ses jeunes guerres, il fit tousjours parestre son généreux courage qu'il avoit extraict d'eux, ainsi qu'il fit devant Landrecy, et à la bataille de Cerizolles, où il fut fort blessé, n'estant que pour son plaisir, et en d'autres endroictz où il se trouvoit ordinairement; moy luy ayant ouy dire une fois, que, bien qu'il fust assez favorizé à la court à cause de son oncle M. le connestable, jamais il ne se soucyoit guières de s'y amuser, ny en ses faveurs; mais s'alloit pourmener ordinairement là où il y avoit des coups (et de l'honneur) à donner.

Aussi eut-il l'estat de couronnel fort jeune, et tout pour son mérite. En tel estat ne faut point qu'un poltron y entre; et qui y entre et le faict bien sans reproche, croyez hardyment qu'il est brave et vaillant, ainsi que mondict sieur l'admiral le fit parestre là et despuis; car encor en ces guerres huguenottes il faisoit l'estat de couronnel tousjours, et surtout au siège de Poictiers[1], qui estoit aussi escabreux et dangereux que l'on en ayt guières veu, pour le grand nombre des braves et vaillans princes, seigneurs et gentilzhommes qui estoient-là.

Et si mondict sieur l'admiral ne fust esté aussi bon homme de pied que de cheval, je ne sçay que fust esté de son armée et de son siège; mais il ne s'y espargna ny aux dangers ny aux harquebuzades, non plus que le moindre soldat de son armée. Et si vous diray bien plus, car il a esté menacé cent fois d'estre assasiné, et qu'il y avoit gens attitrez et de toutes parts appostez pour cela, dont il y en avoit des advis certains, fust à la court, aux armées, aux villes, en ses maisons et ailleurs; jamais il n'en monstra aucun semblant d'avoir peur, ny ne s'en accompaigna pas plus de coustrilleux[2] pour cela; mais se mons-

---

1. En 1569.
2. *Coustrillieux*, coutilliers, soldats porteurs d'une *coutille*, épée longue, menue et tranchante.

troit si assuré, que bien souvant le trouvoit-on quelquesfois qu'il n'avoit pas quatre hommes avec luy, comme je l'ay veu : et quand on luy disoit, il ne respondoit seulement : « Celuy qui m'attacquera, je
« luy fairai aussi belle peur comm' il me sçauroit
« faire. »

Je le vis une fois à Moulins, lorsque Leurs Magestez les accordarent MM. de Guyze et luy[1] : je dis ceux d'église, qu'on disoit qu'ilz faisoient pour tous pourtant, mais non ceux de l'espée. Il y eut un gentilhomme italien francizé, que je ne nommeray point, le seigneur Jean-Baptiste, qui s'alla excuser à luy qu'on luy avoit raporté qu'il le vouloit tuer; il ne s'en fit que rire, et luy dire seulement qu'il le pensoit moins de luy que d'homme de la court pour faire ce coup là; le taxant froidement, par ce mot, qu'il n'estoit pas assez courageux et assuré pour faire ce coup.

Lorsqu'il alla trouver le roy à Bloys, on luy remonstra fort la faute qu'il faisoit d'y aller, et qu'on luy donroit la venue. « Rien, rien, dist-il, je me fie
« en mon roy et en sa parolle; autrement ce ne se-
« roit point vivre que de vivre en telles allarmes : il
« vaut mieux mourir un brave coup que de vivre
« cent ans en peur. » On luy en dist tout de mesmes quand il alla à Paris, et de là trouver le roy à Sainct-Clou, et qu'il tourna encor à Paris : il respondit tousjours de mesmes.

Telles démonstrations et appréhensions nulles de danger monstroient bien qu'il estoit assuré et hardy.

---

1. En 1566. Voy. de Thou, liv. XXXIX.

J'en ay veu après luy venus en telles charges, qui en ont bien eu d'autres, appréhendans et fuyans les présences des roys comme diables, et non cet admiral.

Aussi ai-je ouy dire à M. de La Brosse le bon homme, l'un des bons, sages et vaillans chevalliers de son temps, comme je dis ailleurs : qu'un jeun' homme qui est né courageux et hardy et qui a faict parestre son courage et valeur en la chaleur de sa jeunesse, il ne le perd jamais, quelque vieil aage qu'il face, si ce n'est par une grand' disgrâce : mais, s'il ne l'a esté en jeunesse, qu'il ne pense pas que l'aage luy apporte la hardiesse, non pas mesmes la pratique des armes, si ce n'est par grand' hasard et fortune.

Et de faict, un jour j'estois en une bonne compaignie avec feu M. du Gua[1]; on vint à parler d'un seigneur que je ne nommeray point, qu'on le fit brave et vaillant. « Comment, mort Dieu! (dist « M. du Gua) voulez-vous qu'il soit vaillant et har- « dy sur son aage, que jamais il ne l'a esté en sa « bouillante jeunesse, et qu'ast' heure le commance- « ment et l'apprentissage n'en est nullement bon? » De cas il y avoit avec nous un grand philosophe médecin qui confirma son dire, et dist que la raison naturelle y estoit toute pérentoire, d'autant que le sang bouillant et chaud qui est en un jeune homme le rend hardy, prompt et actif et tout ardent de valeur; et ayant pris de la jeunesse et de bonn' heure

---

1. Louis Bérenger du Guast. La reine Marguerite le fit assassiner par le baron de Vitteaux, le 1ᵉʳ novembre 1575.

de se remuer, tourner, virer et exercer, et le continuer, il ne se peut arrester en son lieu ; mais celuy qui est sur l'aage et n'a point encor remué son sang, mais laissé en son estre premier, il est bien mal-aysé, estant ainsi arresté et pris sa place fixe, qu'il l'en puisse oster ou faire un nouveau. D'autres raisons philosophales apporta-il, que je ne veux de me defférer en cest art.

Voylà donc comme M. l'admiral a peu estre tousjours courageux, et en toutes saisons de son aage, puisque de bonn' heure il commança et continua à esmouvoir son sang et son courage. Si faut-il pourtant advouer que, s'il n'eust conjoinct avec sa valeur des artiffices, astuces et ruses de son grand esprit et jugement, qu'il n'eust faict et parfaict les grandes choses qu'il a faictes, tesmoingtz les grandes entreprises qu'il a faictes et conduictes par son bon sens : et là où il ne pouvoit faire venir la peau du lion, il y applicquoit très-bien celle du renard, et surtout en ses pertes de battailles ; car, tant qu'il en a donné, il les a toutes perdues ; mais c'estoit le capitaine du monde qui se sçavoit aussi bien relever de ses cheuttes et pertes, et pour lesquelles jamais ne perdoit cœur ny s'en ravalloit, que pour une perdue il ne tournast aux autres.

Je luy ay ouy dire que les plus grandes peynes qu'il a eu jamais en ses armées, et qui peuvent estre à un chef desnué de moyens, estoit à contenter les reystres. Et à la dernière paix[1] qu'il fit, il jura, il me le dist à moy une fois à part, que le plus tard

---

1. La paix de Saint-Germain, en 1570.

qu'il pourroit, voire que bien forcé, il ne tourneroit jamais plus en ces guerres civilles; et, s'il estoit si malheureux qu'il y retournast, qu'il fairoit la guerre d'autre façon qu'il n'avoit faict, qu'estoit ne tenir plus ces grandes armées en campaigne, et surtout ne se chargeroit jamais d'une si grande trouppe de reystres, qui plustost donnoit la loy qu'elle ne la recevoit.

Si eut-il pourtant ce jugement subtil, qu'il les sceut avoir et traicter mieux qu'homme du monde ny que capitaine aye faict ny fera, sans moyens. Après la bataille de Dreux, l'on voulut pratiquer les siens, je le sçay; il les retourna à Orléans, et là leur donna tant du bec et de l'aesle (comme l'on dict), qu'il leur fit laisser la pluspart de leur charriotz dans Orléans et les traisna en Normandie; lesquelz pourtant, en ayant perdu une grand' part dans le Portereau, et en ayant sceu nouvelles, et pour ce désespérez, il les amadoua, les contenta et les plastra si bien et beau, qu'ilz ne l'abandonnarent jamais, et le servirent tousjours jusques à la paix faicte.

Après la bataille de Montcontour, ainsi qu'il vist qu'on les avoit à demy gaignez, et que desjà Marillac[1], intendant des finances, estoit arrivé à Lymoges, à Périgueux, avec force finances, comment il les destourna de ceste proye subtilement et les deslogea de la Xaintonge? car, leur faisant accroyre force belles choses, il leur fit faire en trois jours trente lieux fort

---

1. Guillaume de Marillac, seigneur de Ferrières, valet de chambre du roi (1551), général des monnaies (1553), maître des Comptes (1555), intendant des finances (1569), mort en 1573.

grandes. La première journée leur fut de Barbézieux à Branthome et à l'entour, là où il y a douze à treize bonnes lieux; le lendemain à Montignac, où il y a huict grandes; et le lendemain en fit autant par de là la Dourdoigne; si qu'en ces trois jours il leur fit faire ces trente lieus, et leur fit passer les rivières de la Dronne, de l'Isle, de la Vézère et de la Dourdoigne, et grosses rivières, tant de leur naturel que pour les pluyes de l'hyver, desquelles elles s'estoient enflées beaucoup. Telles traictes les harassarent de telle façon, qu'on les suivoit par les pistes de leurs chevaux las, boiteux, qu'on trouvoit par les chemins si très-tant, que la pluspart, et eux et les paysans mesmes, les laissoient à l'abandon, pour les voir en tel estat.

Qui aura veu ce marcher trouvera un grand miracle que M. l'admiral peust réduire ces messieurs les reystres à un tel, voire extravagant, devoir de guerre. Aussi les ayant par de là, il les en sceut très-bien remercier et récompenser de mesmes; car après avoir joinct les forces des viscontes[1] et de M. le conte de Montgommery, tournant victorieux de Navarrains et d'Ortez, il les vous pourmena en ce bon pays d'Agénois, se donnans des ayses et des moyens jusques à la gorge.

Qui eust jamais creu qu'après une telle battaille de Montcontour perdue et si grande desroutte, ce capitaine eust peu si bien se remettre? Il me semble

---

1. On nomma *armée des vicomtes* l'armée huguenote rassemblée dans le midi de la France, et dont les principaux chefs étaient les vicomtes de Bruniquel, de Paulin, de Montclar et de Caumont.

que je voys Brutte et Cassie qui sortirent de Rome, qui l'un par une porte, qui par l'autre, comme gens perdus et vagabondz, et en moins d'un an mirent un' armée de cent mill' hommes sur pied et livrarent la bataille de Philippes.

Ce ne fut pas tout, car il alla devant Tholose faire de beaux fœux et apprendre à messieurs de la ville, et surtout à messieurs de la court[1], de mettre de l'eau dans leur vin et n'aller si viste en besoigne, où leur collère et animosité par trop desraiglée les conduisoit sans nulle considération; car, quiconque portoit le nom d'huguenot, aussi tost pris, aussi tost pendu, jusques à un fort honneste gentilhomme de la religion, nommé Rapin[2], qui estoit allé, de la part du roy et du prince de Condé, pour porter l'édict de la paix de Chartres; ilz le firent, aussitost venu, aussitost exécuter; et qui fut un acte fort vilain, puisqu'il venoit de la part du roy et chargé de ses lettres, et de violler ainsi un droict de paix. Cela n'estoit pas beau; assurez-vous qu'ilz en payarent bien la ménestre et penderie, car il n'y eut maison de tous ces messieurs qui ne fust exposée au fœu. Ainsi M. l'admiral les polliça; car, comme je luy ay ouy dire, qu'il faut aussi bien establir la pollice par le mal comme par le bien[3].

Après donc s'estre bien chauffé le long de ces beaux fœux, il mena son armée en Languedoc, et de

---

1. De la cour de parlement.
2. Philibert Rapin, gentilhomme du prince de Condé Voyez de Thou, livre XLII, et La Noue, p. 764.
3. *Var.* Car bien souvent l'on se corrige plus et craint-on plus le mal que le bien (ms. 6694, f° 321).

là envoya quelques-unes de ses trouppes saluer un peu la pleine et belle vallée de la conté de Rossillon; si qu'aucuns gentilzhommes s'approcharent près de Parpignan; mais ilz ne le firent qu'adviser et guigner de loing, comme fit jadis ce roy d'Angleterre Hiérusalem[1]; ce que les Espaignolz n'eussent jamais peu croyre, que huguenot fust allé plumer la poulle en leur pays.

Cela faict, allarent en Dauphiné, Vivarez, et s'y pourmenarent, ayant plus souvant la baguette en la main que l'espée, la pistolle et l'arquebuze, fors qu'à René-le-Duc[2], où se fit ceste rencontre, qu'on nommera battaille si l'on veut, puisque je l'ay veu à aucuns ainsi appeller.

Cependant la paix se fit, par laquelle messieurs les reystres furent très-bien payez au despans du roy, et fort contentz de M. l'admiral, et luy promettans un autre retour pour ce mesme prix quand il les employeroit : et s'en retournarent, portans un tel renom de M. l'admiral par toute l'Allemaigne, qu'il en résonnoit bien autant qu'en France.

Voylà comme sagement ce grand admiral gouverna et ferra fort doucement ces messieurs les reistres, si mal aisez à ferrer. Et nottez qu'avec leur rude et barbare bizarrerie, ilz luy portoient tousjours si grand respect, qu'ilz ne faisoient jamais chose insollente et hors de devoir; que, quand il leur remonstroit, ilz s'en corrigeoient et luy obéyssoient, voire le craignoient-ilz. Pour quand aux François, parmy eux il se sçavoit si bien faire craindre, que

---

1. Richard Cœur de Lion. — 2. Arnay-le-Duc, en 1570.

vous eussiez dict que c'estoit un roy, jusques aux grandz.

J'ay ouy faire un conte : qu'après le siège de Poitiers, plusieurs gentilzhommes qui s'estoient retirez de l'armée et s'estoient allez raffraischir en leurs maisons ou aux villes, quand ilz le vindrent retrouver après la battaille de Montcontour, il parla à eux, ne faut point dire comment, et les taxa et tença comme s'ilz fussent esté à ses gages. Il y eut le sieur de Genlys le jeune, qu'on appelloit Yvoy [1], qui avoit la teste près du bonnet, qui voulut parler pour tous : « Eh mort Dieu! dit-il, monsieur, « qui eust jamais pensé aussi que vous eussiez « donné la battaille si légèrement? — Comment! « dist M. l'admiral, et petit capitaine de merde [2], « osés-vous contreroller mes actions? » Et sur ce luy voulut donner de l'espée, mais il en fut empesché et prié de luy pardonner; ce qu'il fit, après qu'il luy eut faict toutes les humbles excuses et sattisfactions qu'il peut : et si estoit grand et de bon lieu, et si avoit commandé à l'artillerie devant Poictiers, et si despuis ne cessa de le rechercher et honnorer comme son roy; aussi luy donna-il la charge de mener ses trouppes en Flandres, qui furent desfaictes et luy pris [3].

Voylà comment cet admiral sçavoit régir ses gens,

---

1. Jean de Hangest, seigneur d'Ivoy, puis seigneur de Genlis après la mort de son frère aîné (1569) François de Hangest, seigneur de Genlis.

2. *Var.* Cappitayneau de merde (ms. 6694, f° 321 v°).

3. En 1570. Il fut enfermé dans la citadelle d'Anvers, et un jour on le trouva étranglé dans sa prison.

qui ne luy devoient ny cens ny rentes, et rien qu'une salutation; car ilz n'estoient ny ses subjectz et vassaux, ny ses stipendiez, ny ses mercenaires : et toutesfois, quand ilz estoient en sa présence, un seul petit mot de courroux les estonnoit, et en absence son seul signet[1] leur faisoit faire ce qu'il vouloit; tant il avoit pris un' habitude de leur impérier, qu'il sembloit qu'elle luy fust née et que ses partisans la luy deussent.

Pour quand aux soldatz et autre menu peuple des siens, s'ilz délinquoient par trop, il les sçavoit bien chastier; car il avoit esté toute sa vie si grand pollitiq de guerre, qu'encor qu'il eust affaire de gens il ne leur pouvoit permettre le vice; et de tous tant qu'ilz estoient, il estoit très-aymé et honnoré, que quant ilz avoient une parolle de privauté de luy, ilz s'en tenoient aussi contentz comme s'ilz l'eussent eue du roy.

Aussi quand une telle accordance règne entre le chef et les membres, ilz sont invincibles; comme tant qu'il a vescu ses gens ont faict de plus beaux exploictz de guerre qu'ilz n'ont faict jamais après : et quand il mourut, ilz demourarent si perdus et estonnez, que les plus obstinez en leur religion, la changearent soudain, sinon de cœur, pour le moins par apparance; et la pluspart des plus gallans d'eux d'alors vindrent à La Rochelle rendre l'humiliation[2] à Monsieur, frère du roy, comme j'ay veu; et nonobstant qu'ilz ayent despuis eslevé la teste, si re-

---

1. *Signet*, seing, signature.
2. *Humiliation*, hommage, soumission.

grettent-ilz tousjours ce grand admiral et le treuvent à dire.

Il faut que je dye ce mot, et puis plus. Lorsque le roy de Poulloigne s'en alla en son royaume, traversant l'Allemaigne, il commança par les terres de ce grand conte Palatin[1] (grand l'appellé-je tel, car il estoit très-grand en tout), qui le receut très-honnorablement, comm' à luy appartenoit. Un jour entre autres[2], il le mena, avec deux ou trois des siens (je croy que le gros Villecler en estoit un, et M. du Gua), dans son cabinet, là où, de prime aspect, il vist le pourtraict de feu M. l'admiral, tout de son haut et fort au naturel. Le conte luy dist : « Vous « cognoissez bien cet homme, monsieur; vous avez « fait mourir en luy le plus grand capitaine de la « chrestienté : et ne le deviez pas, car il vous eust « faict et au roy de très-grandz services. » Ores le roy luy alla pallier le meurtre le mieux qu'il peut et le plus doucement, et que c'estoit luy qui les vouloit faire tous mourir, et qu'ilz l'avoient prévenu. M. le conte respondit seulement : « Nous en sça- « vons toute l'histoire, monsieur; » et puis sortirent du cabinet. Mais je tiens de très-bon lieu que le roy fut estonné quand il vist ce portraict et ouyt les parolles de l'autre, et entra en appréhension que ce jeu fust esté faict à poste pour luy donner quelque estrette.

1. Frédéric III, mort le 26 octobre 1576.
2. Leur entrevue eut lieu à Heidelberg, et le comte en a écrit en allemand une relation imprimée dans un recueil intitulé : *Monumenta pietatis et litteraria*, Francfort, 1701, in-4°. Voy. l'*Appendice*. — Cf. de Thou, liv. LVII.

Voylà la réputation que donna ce conte Palatin à M. l'admiral. Et certes il estoit tel, quand on considère tous ses nobles faictz, que si, comme j'ay dict cy-devant, M. de Guyze ayt esté un fort universel capitaine, cestuy-cy l'a esté aussi, et pour cheval et pour pied, ainsi qu'il le monstra (comme j'ay dict) sur la fin encor au siège de Poictiers, où il monstra encor des vieux coups d'escrime du temps qu'il estoit couronnel, et pour cheval et pour vivres et pour finances et pour artillerie.

Enfin pourtant (je lairray à plus spirituelz que moy à parfaire la comparaison d'eux deux) M. de Guyze eut une chose plus que luy que je ne diray point.

Si M. de Guyze fut aussi éloquent, M. l'admyral l'estoit aussi; mais il estoit plus sçavant que luy, car il entendoit et parloit fort bien latin, comme je l'ay veu; car il avoit estudié, et lisoit et estudioit tousjours, quand il pouvoit et estoit hors d'affaires. Et fut trouvé après sa mort un très-beau livre, qu'il avoit luy-mesme composé, des choses plus mémorables de son temps et mesmes des guerres civiles. Il fut apporté au roy Charles, qu'aucuns[1] trouvarent très-beau et très-bien faict, et digne d'estre imprimé; mais le mareschal de Raiz en détourna le roy, et le jetta dans le fœu, et le fit brusler, envieux du proffit et récréation que le livre eust peu apporter au monde, ou envieux de la mémoire et gloire de ce grand personnage : ce qu'il ne devoit, puisque l'envye ne règne que parmy les pareilz. Et[2]

---

1. *Var.* Qu'aucuns qui estoient là présens (ms. 6694, f° 322 v°).
2. Ce dernier membre de phrase est biffé sur le manuscrit.

qu'autant de semblance (disoit-on) y avoit-il comme d'un asne à un noble cheval d'Espaigne.

Or, c'est assez parlé de ce grand capitaine; j'en parle ailleurs au *Livre des Couronnelz;* comme je faitz de M. d'Andelot son frère, et en parleray en plusieurs autres endroictz où l'occasion se présentera[1].

Si faut-il qu'advant je finisse ce long discours, je face encor ce petit sur la callumnie et coulpe grande qu'on a tant donné à ce grand M. l'admiral d'avoir esté cause, par sa guerre civile, de la ruyne et pauvretté de la France; ce que trouvarent une fois tout au contraire deux grandz personnages, l'un de guerre et l'autre d'Estat, et très-bons catholiques, que j'ouys un jour discourir à la court dans la chambre de la reyne mère, que, tant s'en faut que ceste guerre eust appauvry la France, qu'elle l'avoit du tout enrichie, d'autant qu'elle descouvrit et mit en évidance un' infinité de trésors cachez soubz terre, qui ne servoient de rien, et dans les églises, et les mirent si bien au soleil et convertirent en bonnes et belles monnoyes à si grand' quantité, qu'on vist en France reluyre plus de millions d'or qu'auparavant de millions de livres et d'argent, et pareistre plus de testons neufz, beaux, bons et fins, forgez de ces beaux trésors cachez, qu'auparavant n'y avoit de douzains; tesmoingt un seigneur de par le monde, qui des reliques de sainct Martin de

---

1. En marge du f° 322 v° du ms. 6694 on lit, écrit de la main de Brantôme : « *Mataud* (c'était son secrétaire), *ne passez plus oultre.* » — Tout le reste de la vie de l'amiral manque dans ce manuscrit.

Tours et barres d'argent données par le bon roy Louis XI⁰, en fit une grand' barrique de testons : et tant d'autres seigneurs et princes en firent de mesmes d'autres trésors et reliques; le tout forgé pourtant au coing et effigie de nostre petit roy Charles IX⁰, qui pour lors régnoit. Il en pareist encor force beaux et bons. Je ne veux pas dire pourtant que ce fust beau et licite de despouiller ainsi les églises pour en vestir et enrichir les particulliers; toutesfois, le roy Charles ou Louys d'Anjou premier luy fut accordé pour lors par le pape de prendre les reliques de son réaume, pour en faire son proffit et pour les fraiz de la guerre. Voyez l'*Histoire de Naples*[1].

Ce n'est pas tout : les riches marchans, les usuriers, les bancquiers et autres raque-deniers, jusques aux prebstres qui tenoient leurs escus cachez et enfermez dans leurs coffres, n'en eussent pas faict plaisir ny presté pour un double, sans de gros intérestz et usures exessives, ou par achaptz et engagemens de terres, biens et maisons à vil prix; de sorte que le gentilhomme, qui durant les guerres estrangères s'estoit apauvry et engagé son bien, ou vendu, n'en pouvoit plus et ne sçavoit plus de quel bois se chauffer; car ces marautz usuriers avoient tout rafflé : mais ceste bonne guerre civile (ainsi l'appeloient-ilz) les restaura et mit au monde. Si bien que j'ay veu tel gentilhomme, et de bon lieu, qui paradvant marchoit par pays avec deux chevaux et le petit lacquays, il se remonta si bien, qu'on le vist, durant et après la guerre civile, marcher par pays

---

1. De Collenuccio.

avec les six et sept bons chevaux et brave, comme le bastard de Lupé[1], et ainsi des autres, tant d'un party que d'autre, et avoir ainsi continué et rachapté leurs biens, voire acquesté et augmenté. Les rançonnemens que l'on faisoit de ces gras usuriers milordz, quand on les tenoit une fois, leur faisoient bien sortir de par le diable leurs beaux escus de leurs bourses en despit d'eux, et fussent-ilz enserrez dans les os de leurs jambes.

Et voylà comme la brave noblesse de France se restaura par la grâce (ou la graisse, pour mieux dire) de ceste bonne guerre civile. Force honnestes gens anciens, qui estoient de ces temps comme moy, en sçaront bien que dire, s'ilz en veulent bien faire la recherche et la reveue, et en toucher la vérité sans passion.

Ce n'est pas tout; car nostre roy Charles, qui avoit tant de debtes sur les bras, et qui devoit à Dieu et au monde, à cause de celles grandes des roys son grand-père et père, estoit au tapis et au safran sans ceste bonne guerre, qui luy en raporta de bons proffictz et émolumens, à cause de ces descouvertes de trésors, et des venditions et aliénations des reliques, joyaux et biens temporelz de l'Église; le tout pourtant par la permission du sainct père, dont il en tira de grandz deniers, desquelz toute la France s'en ressentit, et principallement les gentilzhommes, dont je viens parler, et les gens de guerre, tant des ordonnances que des gens de pied, qui,

---

[1]. Peut-être le bâtard de Carbonel de Lupé, seigneur de Maravat, lequel mourut vers 1574.

point avares, mais nobles despensiers, prodiguoient l'argent, qui çà, qui là, en belles despenses et braveries, sans l'embourcer.

Et qu'ainsi ne soit, nous voyons aujourd'huy en la France plus de doublons qu'il n'y avoit il y a cinquante ans de petits pistollets[1], comme j'ay veu, et pareillement plus de testons que de douzains, comme j'ay dict.

De plus, qui est un cas estrange, que l'on considère et que l'on le recherche, on trouvera que quasi toutes les bonnes villes de la France qui se sont ressenties par ces guerres de pillages, de sacz et rançonnemens, sont aujourd'huy plus opullantes et riches que les autres, bien qu'il n'y en ayt guières de pucelles; jusques à la bonne ville de Paris, qui naguières estoit si pauvre et si abbatue qu'elle n'en pouvoit plus, jusques aux plus belles femmes qui donnoient à f...... pour du pain; on la trouvera aujourd'huy plus superbe, plus riche et plus magniffique que jamais; et n'y trouve l'on rien à dire de toutes choses, qui affluent et abondent, jusqu'à estre saoule, si elle ne veut estre insatiable, comme je croy qu'on ne la sçaroit pas saouler.

Je me souviens qu'aux premières guerres que nous prismes Rouen d'assaut, elle fut pillée l'espace de deux ou trois jours à discrétion. Quand le roy alla quelques quinze à seize mois après pour reprendre le Havre, il y passa dedans avec toute sa court et aucunes trouppes de son armée, l'on n'y trouva rien à redire pour le sac. Et vis la reine mère s'en eston-

---

1. *Pistollets*, pistoles.

ner, tant elle s'estoit bien remise, et autant ample et opulante que devant, si qu'il ne nous y manqua rien.

J'ay veu la ville d'Angoulesme pillée et repillée par deux fois, à la première et troisième guerre, moytié par sac, moytié par les grandes et grosses garnisons qui logèrent dedans, les huguenotz et d'autres, aussi de celles des catholiques par amprès de mesmes; bref, je l'ay veue fort abattue et appauvrie : elle est aujourd'huy, à ce qu'on dict, la plus pécunieuse ville de nostre Guienne après Bourdeaux et La Rochelle, ce qu'on ne croyroit pas.

Et la ville de Périgueux, quoy! qui a esté pillée des huguenotz l'espace de cinq à six ans, aujourd'huy on n'y trouve rien à redire qu'elle ne soit aussi riche, voire plus que jamais. Tant d'autres villes en conterois-je ; mais j'en laisse la curiosité à plus entendus que moy.

Bref, il faut dire de la France ce que disoit ce grand capitaine Prospero Colomne de la duché de Milan, qui ressembloit un' oie bien grasse, que tant plus on la plumoit, tant plus la plume luy revenoit. La cause donc en est deue à ceste bonne guerre civile, tant bien invantée et introduicte de ce grand M. l'admiral.

Ce n'est pas tout : les gens d'église, lesquelz cryoient le plus après les huguenotz et leur guerre, y ont gaigné autant que les autres; tesmoings les trésors et riches relicques qu'ilz ont vendu soubz main, en faisant accroyre que les huguenotz les avoient prises par force, aucuns autres fouillez en terre, qu'ilz avoient cachez ; et donnoient à entendre

qu'ilz avoient tant desrobé; et non tant certes qu'eux-
mesmes s'en estoient secrettement accommodez.

Et si par la dispense du pape et voulunté du roy
en ont vendu, s'ilz en vendoient pour cinq cens escus, en vendoient pour mille, faisant accroyre qu'ilz
n'en avoient peu tirer d'advantage des orfeuvres,
changeurs, marchans et revendeurs, qui possible estoient faictz à la poste des vendeurs.

Le trésor de Sainct-Denis en faict foy, qui fut estimé de l'empereur Charles, quand il le vist si riche
et si grand, en si grand' admiration, qu'il le dit estre bastant pour payer deux rançons de roys, y adjoustant le crucifix d'or. Du despuis, on vist tout
cela deffiguré et dissemblable au passé.

D'avantage, comment ont-ilz faict leurs orges, ces
messieurs du clergé de la France, en l'alliénation des
biens temporelz, que pour cinq cens escus de taxe,
ilz en vendoient pour mille, allans en augmentant
tousjours au plus haut sans abaisser! Et pour le des-
partement des décimes, comment s'en sont-ilz des-
portez et enrichys, les haussans si haut, soubs excuses, prétexte et licence de la guerre et de ses fraiz,
que le proffit leur en redondoit plus grand qu'à celuy du roy et de ses finances! Et jamais décimes ne
montarent si haut, non pas du règne du roy Henry,
qui les mit pour une fois, à sa grande nécessité, à
cinq et six décimes, que l'on a veu despuis taxées si
exessivement, que les pauvres petites abbeyes, petitz
priorez et cures sont si pauvrement devenues, que
les possesseurs d'auparadvant ont estez contrainctz
de faire *cedo bonis*, et quicter tout à plat; et le tout,
par l'avarice et l'enrichissement de messieurs les

gros, grandz et gras, pourveuz des grandes dignitez, et grandes prééminances, jusques à leurs facteurs, collecteurs, ramasseurs et recepveurs des décimes, qui s'y sont estrangement enrichis, comme un nommé Castille[1], que j'ay veu, n'a pas quarante ans, n'avoir vaillant que ce qu'il portoit de ses habillemens et ce qu'il desroboit à tastons. Il fit si bien, que luy ou ses héritiers ont vaillant aujourd'huy plus de quarante mille livres de revenu.

C'est graté cela, mieux que ne sçauroit faire un fripier sur le drapt. Que pouvoient faire les grandz surintendans? Avoient-ilz raison, ces messieurs, de crier tant après les guerres civiles, leurs mères nourrices?

Que peut-on dire de messieurs de la justice, sinon qu'ilz ne s'y sont pas trop apauvris? Comment apauvris! mais très-enrichys et accreuz en très-grandz biens et acquestz. Je m'en raporte aux pauvres plaidoyans qui ont passé par leurs mains. Et ce qu'on a trouvé en eux de mauvais, c'est qu'ilz sont estez fort peu doux et gracieux (au moins aucuns) à l'endroit de pauvres huguenotz, leurs demy-pères nourriciers; car ilz en ont faict mourir (au moins aucuns) un' infinité par leurs sentences, arrestz et cousteaux de leur exécution, plus pour porter seulement le nom d'huguenotz que pour autres grandz subjetz. Grande rigueur, pourtant, de faire mourir leurs biensfacteurs!

Que dira-l'on aussy d'un tiers estat, qui avec les

---

1. Philippe Castille. Il fut le père de Pierre Castille, receveur du clergé, qui épousa la fille (Charlotte) du président Jeannin.

autres en disoit sa rastellée, et desbagouloit pis que pendre après M. l'admiral et sa guerre? Y ont-ilz beaucoup perdu? Non certes, mais beaucoup gaigné et enrichys; car, marchans, artizans, gens de mestier, et autres de ce tiers estat, se sont si bien accreuz, que ce qui se vendoit paradvant un teston, aujourd'huy se vend l'escu pour le moins. Aussy, comme dit Cornelius Tacitus, parlant de l'empire de Tybère lors florissant, que l'empire romain s'estant accreu en une très-haute grandeur et magniffience, les biens des particulliers s'en accreurent aussi : de mesmes en accreust la France ses enfans et nourrissons.

De sorte que, si tant d'estrangers, gens de guerre, par trop mercenaires, n'en eussent emporté tant d'or et d'argent au dehors, ne faut douter que la France estoit pleine comm' un œuf, et ne l'eust-on sceu jamais espuiser.

Mais, disent aucuns, qui les a faictz venir ces messieurs les estrangers, plus promptz aux trompettes et tabourins d'argent que de cuyvre? Il faut sçavoir cela, et est fort aisé. Aux premières guerres, nous en eusmes premiers des Suysses et des lansquenétz du conte de Rintgrave. M. d'Andelot partit pour avoir des reystres, et les amena fort bien.

Nous eusmes des Espagnolz en Guyenne et puis en France : ceux-là ne nous coustarent rien, par le bon secours et gente libérallité de ce grand, auguste roy d'Espaigne. Les huguenotz eurent quelques Anglois dans Rouan et le Havre, par le bon secours aussi et libérallité de la reyne d'Angleterre.

Mais tant y a, j'ay veu les huguenotz nous donner

deux batailles sans aucuns estrangers, qui est celle de Sainct-Denys, nous en avions des Suysses six mille; celle de Jarnac, ilz n'en avoient non plus : nous en avions des Suysses et mesme des reystres, fort peu pourtant, que le jeune conte Rintgrave avoit. Les huguenotz puis après en ont eu prou, et trop, pour avoir nuist à la France beaucoup pour lors, et peu despuis, selon ce que j'en ay dict. Je laisse cela du surplus à en parfaire le discours plus grand à gens les plus curieux.

Et quand tout est dict, puisque c'estoit une guerre intestine de nation à la mesme nation, nous la debvions desmeler entre nous autres ensemble sans y appeler la nation estrangère, comme l'on faict d'estranger contre l'estranger. Certes la guerre en fust esté plus noble; voir en mesme campaigne, mesmes enseignes, pareilles et mesmes armes, mesmes sonneries de tabourins et trompettes, et mesmes façons et ordre de guerre; ainsi qu'on vist aux pleines de Farsalle, mesmes Romains (dit Lucain)[1], mesmes aigles, mesmes armes et pareilles ordonnances et formes de guerre; si bien que[2] Pompée mit force estrangers ramassez et vraie racaille. Cæsar en avoit aussi, mais plus disciplinez et aguerryz pourtant à la milice romaine.

Pour moy, et pour en faire fin, je sçay bien ce que j'en ay veu dire et jurer à M. l'admiral (ainsi que j'ay dict ci-devant), combien cela le fascha d'avoir esté contrainct de s'estre jamais aydé de ces

---

1. Voyez Lucain, liv. I, vers 6 et 7.
2. *Si bien que*, quoique.

reystres, et dequoy ilz estoient jamais venus en France; et que, s'il estoit à reffaire, ou que la guerre recommançast jamais (que Dieu l'en engardast!), il n'appelleroit plus de telz gens pour s'en servir; ilz estoient trop fascheux, avares, importuns et trop malaisez à contenter. Nostre grand et brave roy d'aujourd'huy en a pris l'instruction, qui a faict et parfaict ses guerres, et acquis son réaume sans ces gens-là, fors quelques trouppes que M. de Turaine[1] luy amena, qui ne servirent guières : aussi il s'en deffit bientost. En quoy il monstra son grand cœur et sagesse de se passer de telles gens et desmesler sa guerre par les siens propres.

J'en ay parlé ailleurs, où je les loue pourtant, ne voulant mal dire nullement de la valeur qu'ilz ont, ny de leur belliqueuse nation; car on ne leur sçaroit rien reprocher, que un peu trop grande avarice; car en tout ilz sont braves et vaillans gens de guerre.

Parlons ast' heure de M. le prince de Condé, Louys de Bourbon, que plusieurs de nostre temps disoient avoir esté dressé, au commancement de ces guerres civilles, de la main de ce grand M. l'admiral, duquel je viens de parler, bien qu'il eust faict auparavant un très-beau commancement d'un très-

Le prince de Condé, Louys de Bourbon[2].

1. Henri de la Tour, vicomte de Turenne, maréchal de France, né le 28 septembre 1555, mort le 25 mars 1623.
2. Louis de Bourbon, prince de Condé, né le 7 mai 1530, tué à la bataille de Jarnac le 13 mars 1569.
Dans le ms. 6694, f° 322 v°, la notice commence ainsi : De la main de ce grand admiral fut faict, disoyt-on alors, M. le prince de Condé en ces guerres civiles, bien qu'il....

brave prince, et tout remply d'esprit et fort belle monstre, et de l'un et de l'autre, aux guerres estrangères, tant aux charges de cheval qu'il eut, et de chevaux légers et de gens-d'armes, que de pied; car il fut couronnel de l'infanterie en Piedmont, comme j'ay dit ailleurs.

Sur quoy il me souvient d'un conte, que, quand la reyne mère eut faict madame la princesse de La Roche-sur-Yon[1] sa dame d'honneur, M. le prince de Condé luy voulut remonstrer (voire s'en mocquer, car il s'en aydoit[2]) le tort qu'elle s'estoit faicte, et à ses parens en cela, elle, qui avoit espousé un prince du sang, avoir accepté ceste charge pour quasi servir de servante; à qui elle respondit qu'elle ne pensoit pas plus faire tort en cela, ny aux siens, que luy en la charge qu'il avoit autresfois prise de couronnel de sa belle infanterie et piedz puantz de gens de pied, par la succession encor de deux gentilzhommes qui estoient moindres que luy, comme feu Bonnivet et le vidasme de Chartres; par quoy, qu'il advisast à ses fautes, et non aux siennes, s'il y en avoit en cela pour elle : mais n'y en sentoit aucune puisque ce n'estoit se faire tort de servir sa reyne et sa dame souveraine en une charge si honnorable. Ce fut à M. le Prince à se taire, combien qu'il parlast très-bien, et aussi bien et à propos, je ne diray pas que prince, mais qu'homme du monde, et surtout qui disoit bien le mot, et se mocquoit bien,

---

1. Philippe de Montespedon, veuve du maréchal de Montejan, remariée à Charles de Bourbon, prince de la Roche-sur-Yon.

2. *Var.* De la causerye fort bien, et moquerye et conte (ms.6694, f° 322 v°).

et aymoit fort à rire. Aussi de luy fut faicte une chanson en France, à mode d'un vandeville[1], qui disoit :

> Ce petit homme tant jolly,
> Tousjours cause et tousjours ry[2].
> Et tousjours baise sa mignonne.
> Dieu gard' de mal le petit homme!

Car il estoit de fort basse et petite taille, non que pour cela il ne fust aussi fort, aussi verd, vigoureux et adroit aux armes, à pied et à cheval, autant qu'homme de France, comme je l'ay veu en affaires.

Au reste, il estoit fort agréable, accostable et aymable. Aussi l'Italien disoit : *Dio mi guarda del bel gignetto del principe di Conde et de l'animo et stecco del l'admiraglio!* c'est à dire : « Dieu me garde de « la douce façon et gentile du prince de Condé, et « de l'esprit et curedent de l'admiral! » parce qu'il en portoit tousjours un, fust en la bouche, ou sur l'oreille, ou en la barbe.

On tenoit ce prince, de son temps, plus ambitieux que religieux ; car le bon prince estoit bien aussi mondain qu'un autre ; et aymoit autant la femme d'autruy que la sienne, tenant fort du naturel de ceux de la race de Bourbon, qui sont estez fort d'amoureuse complexion.

1. *Var.* Vaudeville (*Ibid.*).
2. A la fin des deux premiers vers le ms. 6694 ajoute *bis*. Dans le tome I de la collection Rassé des Nœufs (fonds Gaignières $\frac{485}{\text{A-B}}$) se trouve une chanson en seize couplets, sur Condé. Le refrain est celui du couplet que cite Brantôme, couplet qui ne figure pas dans la chanson.

Il fut esleu de ceux de la religion et conjuration d'Amboise leur chef, non qu'il le sceust autrement (disoit-on); mais sans luy sonner mot et sourdement l'esleurent, usans en cela de la façon d'Allemaigne; et tel l'appelle-on *le capitaine muet*. Et si leur entreprise eust bien réussy à souhait, lors on luy eust faict à sçavoir.

Aucuns disoient pourtant qu'il la sçavoit, et mesmes que le sieur de Malligny[1], brave et vaillant gentilhomme, et de fort bonne maison, qui luy estoit fort famillier, favory et parent, se trouvant avec luy à Amboise quand il vist le tout descouvert, s'en alla aussitost sans s'estonner à l'escurie dudict prince, et y prit le meilleur courtaut qu'il avoit, et se sauva viste, dont bien luy en prit, et s'en alla à Genève, dont plus n'en revint; car, en se baignant dans le lac, il se neya[2] parmy un sable mouvant. L'on courut après luy; mais il s'en alla grande erre. Et disoit-on lors à la cour, comme je l'ouys, que, s'il eust esté pris, il eust mis mondict sieur le Prince en grande peyne.

Toutesfois, le dimanche matin, quand les conjurateurs se présentarent, à la porte des Bons Hommes, pour entrer dans la ville, à M. d'Aumalle, qui estoit constitué pour la garde de la porte, M. le

---

1. Edme de Ferrières, *dit* le jeune Maligny. Brantôme commet ici une petite erreur. Maligny s'enfuit bien à Genève après la conspiration d'Amboise, mais il ne tarda pas à rentrer en France. Il fit le 4 septembre de la même année une tentative sur Lyon, qui échoua, et s'enfuit de nouveau à Genève, où il périt. Voy. *Vie de Jean de Ferrières*, par L. de Bastard, 1858, 8.

2. *Var.* Se nya (ms. 6694, f° 324).

Prince s'y rendit, et ayda à les chasser et y fit bonne mine. Mais despuis on cogneut la faute, et en fut soubçonné. Sur quoy il en fit quelque rodomontade de quelque certain desmenty en l'air, mais non en présence, comme s'est dict et escrit, car lors il n'osoit parler si haut, bien que d'ailleurs il eust la parolle belle, bonne, haute et hardie : mais pourtant, cognoissant qu'il n'y faisoit pas bon pour luy, et que l'on commançoit à descouvrir le pot aux roses, il partit de la court et s'en alla trouver le roy de Navarre son frère; dont pourtant l'on se repentit bien (car je le sçay) dequoy on l'avoit laissé aller.

Mais, pour avoir ce coup eschappé, il n'eschappa pas sa prison; car il vint à Orléans, là où il fut attrappé à bon escient[1] : et croyoit-on que, sans la mort du roy François, son procez fust esté faict, et luy sentencié.

Lorsqu'il entra dans le logis du roy, non à cheval comme le roy son frère, comme aucuns ont dict, car je le vis, mais ayant mis pied à terre, jamais je ne vis prince faire meilleure mine. Mais au sortir de la chambre du roy, qu'il fut conduit en prison par MM. d'O et de Chavigny, il estoit bien autant estonné, et le roy de Navarre autant, lequel pensoit, à son arrivée, comme premier prince du sang, parler haut, braver et estonner toute la court.

Ce fut à luy à caller et faire, non du prince, mais du simple gentilhomme; car je le vis deux fois venir trouver M. le cardinal de Lorraine, en son jar-

1. Il fut arrêté le jour même de son arrivée, le 31 octobre 1560.

din une fois, et l'autre en sa chambre, pour le prier et intercéder pour son frère; mais il parloit à luy plus souvent descouvert que couvert, et l'autre se mettoit très-bien à son aise, car il faisoit grand froid. Mais deux mois après on vist bien un autre revire-marion de fortune.

Ceste conjuration d'Amboise fut le principal subject de sa prison; car le roy s'estoit imprimé si bien ceste opinion, que si ell' eust pris fin, qu'il eust passé le pas comme messieurs ses frères, et de Guyze et autres, et qu'il se fust fort bien mis en son siège royal, ce disoit-on; car il estoit de cœur haut et ambitieux, et qui aymoit plus une royauté qu'une principauté; et pour ce, dès lors ne le tint-on jamais pourtant plus religieux qu'ambitieuz.

Et ce qui l'aveugla plus en son ambition, ce fut aux premières guerres civiles, quand il se vist quasi commander à la moytié de la France, morceau très-friand que M. l'admiral, son oncle[1], luy avoit très-bien préparé. Et ce fut ce que dist un seigneur de par le monde : « Le diable y ayt part, qu'un tel en « est le chef; car je cognois son humeur. S'il a mis « une fois le nez dans ceste petite forme d'em-« pire, jamais il ne s'en despartira, et troublera « tousjours la France pour entretenir sa grandeur. « Il nous seroit meilleur que le seul M. l'admiral « s'en meslast, car il a l'âme plus douce, plus ca-« pable en tout que l'autre. »

---

1. Éléonore de Roye, première femme du prince de Condé, était petite fille de Charles de Roye et de Louise de Montmorency, qui, devénue veuve, avait épousé le père de l'amiral de Coligny.

Il devint en telle gloire, qu'il fit battre monnoye d'argent, avec ceste inscription à l'entour, comme un souverain : Louys treiziesme, roy de France[1]; laquelle monnoye M. le connestable, retenant tousjours de ceste bonne paste ancienne, tout en collère, représenta à une assemblée généralle qui fut faicte au conseil du roy l'an 1567, le 7 jour d'octobre après midy, au Louvre. On en détesta fort et la monnoye et la suscription. Je ne sçay s'il est vray, mais il s'en disoit prou en la chambre du roy et de la reyne, voire en la basse-court.

Un' autre ambition le saisit : lorsque le duc d'Albe passa vers Flandres[2], M. le Prince, avec d'autres, remonstrarent au roy que, puisque l'Espaignol s'armoit, il falloit aussi s'armer et border la frontière de gens de guerre, comme portoit l'ancienne coustume; et ce fut lors qu'on envoya faire la levée de six mille Souysses, qui vindrent après : et quoy qu'on die et treuve l'on en escrit, ce fut M. le Prince et les huguenotz, qui premiers cryarent après cela, car j'estois lors à la court, et ceux qui l'ont

---

1. Sunt autores, dit Sponde, qui asserunt Condæum apud Sandionisium regem a suis coronatum esse, monetamque auream impressam cum hac inscriptione : *Ludovicus XIII Dei gratia Francorum rex primus christianus.* Le Blanc, qui, dans son *Traité historique des monnaies de France* (1690, in-4°, p. 335), cite ce passage de Sponde ajoute : « J'ai vu étant à Londres entre les mains d'un orfévre un écu d'or qui avoit d'un côté la tête de ce prince et de l'autre l'écu de France avec une inscription telle que la rapporte Sponde. Cet Anglois faisoit si grand cas de cette pièce que je ne pus jamais l'obliger à s'en défaire, quoique je lui offrisse une somme considérable pour cela. »

2. En 1567

escrit, possible, ne le sçavent-ilz pas mieux que moi. Et sur cet arrivement M. le Prince ne chauma pas de bastir pour soy, car il gaigna si bien M. le connestable, son grand oncle de par sa femme[1], qu'il luy consentist la lieutenance génerallle en France, si le roy la luy vouloit donner : et bien à propos la demandoit-il au roy pour estre général de ceste armée qu'on vouloit nouvellement faire dresser vers le duc d'Albe.

La reyne mère du roy, point contente de ceste ambition nouvelle d'icelle lieutenance générallle, elle qui aymoit fort Monseigneur, frère du roy, despuis nostre roy Henri IIIe, et qui voyoit et désiroit qu'à luy ceste charge appartenoit et à luy seul devoit eschoir, bien qu'il fust encor jeune (mais il ne demeura pas sept mois après de l'avoir), en donna advis à M. son filz; et l'emboucha et l'instruisit si bien (et Dieu sçait de quelle main et bouche de bonne maistresse!), qu'un soir en la salle, que ladicte reyne souppoit à Sainct-Germain-des-Prez, il me souvient fort bien que M. le Prince y estant venu, Monsieur le prit et le mena en un coing où il parla bien à luy, et des grosses dentz (comm' on dict), et le reprit de son outre-cuydance d'oser et vouloir prétendre sur la charge qui luy estoit deue; et que, s'il s'en mesloit jamais, qu'il l'en fairoit repentir et le rendroit aussi petit compagnon comme il vouloit faire du grand.

Tant d'autres propos luy dist-il (car il le tint long-

---

[1]. Louise de Montmorency était la sœur du connétable. Voy. plus haut p. 342, note 1.

temps) que nous n'oyions point, car nous autres qui estions à luy nous nous en tenions de loing; mais nous voyons bien qu'il luy parloit de hautes parolles et de grande bravetté, ores tenant son espée sur le pommeau fort haute, ores faisant semblant de taster à sa dague, ores enfonçant et ores hauçant son bonnet; et bref, nous cognusmes en luy une contenance fort bravasche et altière, et telle que despuis, bien qu'ayons veu en mill' endroictz une très bonne façon en luy, jamais aucuns qui estions là ne la recogneusmes si belle et assurée. Nous vismes bien aussi M. le Prince tousjours descouvert et parler doux, à son geste; et la reyne ayant achevé de soupper, ce jeu se desmesla, qu'elle sceut bien au long par M. son filz qu'ell' en ayma davantage, et puis de M. le Prince, qui en fit quelque plaincte; mais elle ne s'en soucya. Et M. le Prince aussi ne la fit guières longue à la court et s'en alla, et non sans la garder bonne à mondict seigneur, car au bout de trois mois et demy la journée de Meaux[1] fut dressée : et voylà d'où en fut la première source, que beaucoup ne sçavent pas, et la couvrent sur la religion, comme faict M. de La Noue[2]; car, possible, ne sçavoit-il pas ce que je vis[3].

Monsieur aussi, ayant sceu que ceste partie avoit esté autant faicte pour luy, voire plus, que pour le roy, la luy garda aussi meilleure; car, ayant esté faict lieutenant général du roy après la mort de

---

1. En septembre 1567.
2. Voyez les *Discours politiques*, p. 660 et suiv.
3. *Var.* Ce que je dis (ms. 6694, f° 325 v°).

M. le connestable, il ne cessa jamais qu'il n'eust raison dudict prince, qu'il hayssoit à mal mortel et plus que tous les huguenotz; car il ne tint à luy que la battaille ne se donnast à Nostre-Dame-de-l'Espine. Il ne voulut point aussi la paix, sinon pour attrapper ledict prince en sa maison des Noyers en Bourgoigne, comme il la faillit belle[1].

Aux troisiesmes troubles, il l'agassa et pressa de tant de petitz combats et escarmouches, qu'enfin il le mena à la battaille qui fut donnée vers Jarnac et Bassac, où ce prince vint fort résolu et en très-brave et vaillant combattant; mais pourtant fasché d'y venir, soit qu'il cognust son heure ou son désadvantage; et pour ce, en y allant, il dist que, puisqu'on avoit faict un pas de clerc, il le falloit franchir (et qu'aussi un peu advant qu'aller à la charge il avoit eu contre la jambe un coup de pied de cheval du conte de La Rochefoucaud), qui, comme désespéré du mal, accompaigné de son brave cœur, combattit très furieusement. Mais cela ne dura guières, car il fut porté par terre. Et le premier qui descendit pour le prendre prisonnier, ce fut un honneste gentilhomme de M. de La Vauguion, qui s'appelloit Le Rozier : et ainsi que M. d'Argence[2] vint à passer, M. le Prince le recognut et se rendit à luy. Mais, sur ceste entrefaicte, arriva le baron de Montesquieu[3], brave et vaillant gentilhomme, qui estoit capitaine des gardes des Suysses de Monsieur, frère

---

1. En 1568. Voy. de Thou, liv. XLIV.
2. De la maison de Tison d'Argence.
3. Joseph-François de Montesquiou, sénéchal de Béarn.

du roy, qui ayant demandé qui c'estoit, on luy dist que c'estoit M. le Prince : « Tuez! tuez! mort-Dieu! » dist-il; et, s'approchant de luy, deschargea sa pistolle dans sa teste, et mourut aussitost.

Il n'avoit garde de la faillir autrement, car il avoit esté fort recommandé à plusieurs des favorys dudict Monsieur, que je sçay bien, pour la hayne qu'il luy portoit dès le jour que j'ay dict; et aussi qu'il n'y a rien qu'un grand haïsse tant qu'un autre grand son pareil, mais plus encore celuy qui ne l'est pas et se veut esgaller à luy. Il n'y avoit pas huict mois que j'avois sauvé la vie audict baron de Montesquieu, que j'aymois fort despuis le voyage de Malte, qui, au partir de là, fut la première fois qu'il vint et se produisit à la court par le moyen du comte de Brissac, qui le prit en amitié pour estre brave et vaillant gentilhomme, et qui estoit bonhomme avec cela; et ledict comte le fit aymer à Monsieur, et luy fit donner ceste charge.

Le roy Charles donc, ayant entrepris de faire un combat sur l'eau à Paris, devant le Louvre, il se mit dans son grand bateau couvert, qu'on avoit veu longtemps devant le logis du contrerooleur[1] Dumas. Le roy tenoit et gardoit son bateau avec les siens contre Monsieur et les siens, qui le vimmes assaillir. Ainsi que nous voulions monter, et que le baron estoit à demy monté, voycy Fervaques[2] qui a esté tousjours rude joueur, qui poussa du haut en bas

1. *Var.* Conterroleur (ms. 4694, f° 326).
2. Guillaume de Hautemer, sieur de Fervacques, comte de Grancey, maréchal de France, mort en 1613.

ledict baron dans l'eau, qui s'alloit nyer sans moy, qui courus du bout du bateau, et le pris par le collet; et le jette dans nostre bateau, lequel n'en pouvoit plus; mais il se remit tellement quellement, et aussitost se mit à genoux et me remercia, et qu'il me devoit la vie; et despuis m'appella tousjours son père, bien que je fusse plus jeune que luy. Il fut tué par amprès au siège de Sainct-Jean[1] d'une grande harquebusade : les huguenotz disoient que c'estoit par punition divine.

Pour tourner à M. le Prince, estant mort, Monsieur n'en fut nullement marry, mais très-joyeux, car il avoit opinion qu'il luy en eust faict faire de mesmes : car, d'ennemy à grand ennemy, il n'y a que se garder. Monsieur le voulut voir après la battaille achevée; son corps fut chargé sur une vieille asnesse qui se trouva là à propos, plus par desrision que pour autre subject; et fut porté ainsi, bras et jambes pendantes, à Jarnac, en une salle basse, soubz celle de Monsieur, et sa chambre, où ledict prince le jour avant avoit logé. Quel changement ! Comme à Coutras le roy de Navarre logea en la chambre de M. de Joyeuse, où il avoit couché le soir auparavant, et l'autre estoit estendu mort dessoubz. Si on leur eust dict à tous telz revers de fortune, ilz ne l'eussent pas creu.

Ledict prince demeura assez en espectacle à tous ceux du camp qui le voulurent aller voir; puis M. de Longueville, son beau-frère, en demanda le corps à Monsieur, pour le faire ensepvelir, qui luy

---

1. Saint-Jean-d'Angély, en 1569.

fuct octroyé librement. Il fut faict de luy cest' épitaphe :

> L'an mil cinq cens soixante-neuf,
> Entre Jarnac et Chasteauneuf,
> Fut porté mort sur une asnesse
> Cil qui vouloit oster la messe.

Il y eut quelques-uns des siens pris, comme Clermont d'Amboise et Corbozon[1], qui ne voulurent jamais croyre sa mort; mais Monsieur le fit à eux veoir leur saoul; dont ilz en furent très-dollens, car ilz estoient fort aymez de leur maistre. Ainsi alla la mort dudict prince, qui, en trois battailles qu'il donna à son roy, ne se ressentit guière de la fortune. A la dernière, il y mourut. A la pénultiesme, de Saint-Denis, il la perdit comme les autres; mais aussi il se sauva avec grand honneur. A la première, qui fut celle de Dreux, il fut pris prisonnier, non sans grand danger de la mort, si M. de Guyze luy eust voulu rendre ce qu'il luy avoit voulu prester à la conjuration d'Amboise; mais au lieu d'un tel rembourcement, quand il luy fut présenté, il luy fit force honneur et bonne chère, le retira avec luy, luy présenta la moytié de son lict, et coucharent tous deux ensemble aussi familièrement comme si jamais n'eussent estez ennemis, mais comme bons amis et cousins germains qu'ilz estoient[2]. De tout le soir il ne fut guières veu, et M. de Guyze le luy

1. Georges de Clermont d'Amboise. — Jacques de Montgommeri, seigneur de Courbouzon.
2. Le duc de Guise était fils d'Antoinette de Bourbon, tante du prince de Condé et d'Antoine de Navarre.

conseilla; et demeura en sa garderobe, bien qu'elle fust fort petite et chétive, car c'estoit une maison de vilage fort champestre. Force gens le vouloient voir, mais M. de Guyze l'avoit deffendu; car une personne affligée n'ayme guières ceste veue ni visitation.

J'euz pourtant crédit de le voir assez près d'un fœu faisant démonstration grande de sa douleur et d'une appréhension grande. On luy porta à soupper, et souppa; puis, tout le monde retiré, et M. de Guyze se voulant coucher, il donna congé à un chascun, non sans avoir demeuré longtemps assis près du fœu à causer de la battaille parmy nous, où chascun y estoit receu pour son escot et son dire.

Luy et M. le Prince coucharent ensemble, et l'endemain nous allasmes à son lever. Il se mit à escrire au roy et à la reyne le plus briefvement qu'il peut, et sortit voir le champ de battaille, non trop loing pourtant, car il disna et y alla après à bon escient.

Cependant le prince se leva, qui estoit encor' au lict quand nous estions en sa chambre, les rideaux tous tirez au dedans. S'il fust esté pressé de se lever pour aller à la garderobe, il fust esté bien estonné, ce disoit-on. Puis, quand falut desloger, M. de Guyze le redonna à M. d'Anville (que nous nommions lors M. l'admiral pour avoir eu l'estat de son cousin[1]) à le tenir en bonne garde, et pour faire l'eschange de luy et M. le connestable, ainsi que le porte le droict de la guerre.

En quoy faut notter deux belles choses, que l'on

---

1. L'amiral de Coligny, neveu du connétable.

tenoit lors pour telles et se doivent tousjours tenir : l'une, faut louer la magnanimité et générosité de ce grand prince et capitaine M. de Guyze, qu'il usa à l'endroict de son ennemi prisonnier, à le traicter de ceste façon si honneste qu'il fit ; ce qu'un autre, possible, n'eust pas faict, veu les grandes raisons qu'il avoit de son costé ; l'autre, du bel advisement et considération qu'eust M. d'Anville de présenter à M. de Guyze son prisonnier M. le Prince ; car c'estoit à luy à qui le premier i avoit donné sa foy ; et le luy présenta comme à son général (c'estoit bien en cela sçavoir son devoir de guerre), à qui l'on doit déférer toute chose, et surtout les prisonniers qu'on aura pris.

Si M. d'Amville n'eust esté sage et advisé capitaine, comme certes il a esté tousjours, et que ce fust esté un téméraire et n'eust sceu que c'estoit de son devoir, il n'eust jamais faict ce traict, voyant son père pris, et qu'il y alloit de bon pour le rachapter par cet eschange : ce qu'il ne fit, et s'acquicta par ainsi de son devoir, et acquist encor d'avantage l'amitié de son général, en luy maniffestant par tel acte qu'il estimoit la générosité de M. de Guyze, et cognoissant en luy une telle vertu et bonté, qu'il ne fairoit jamais faux-bon à M. le connestable. Voylà comm' il fait bon en telles occurrances d'opposer telles choses et ne croyre son courage bouillant.

Pour un tel traict cuyda sortir entre M. de Longueville[1] et M. d'Espernon un grand esclandre du-

---

1. Henri d'Orléans, duc de Longueville, gouverneur de Picardie, mort en 1595.

rant ces dernières guerres, car M. d'Espernon venant de Bouloigne en France trouver le roy, et passant près Montreuil, et en rencontrant la garnison de cheval, conduicte par M. du Mesny, gouverneur de la place, la deffit très-heureusement, et force demeurarent prisonniers, dont ledict sieur du Mesny en estoit un; et puis vint au giste à Courbie[1], où estoit pour lors M. de Longueville, lieutenant de roy en Picardie, qui demanda les prisonniers; mais M. d'Espernon les luy reffusa : sur quoy s'émeut question; et M. de Longueville jura qu'il ne sortiroit autrement de la ville; et le brava fort, jusques à mettre un gros corps de garde devant son logis et fermer les portes de la ville. A quoy M. d'Espernon prit pied et appréhension qu'on luy en vouloit prester une, tout de mesmes comme à Angoulesme, qu'on le faillit à tuer un jour de Saint-Laurans, comme il dist despuis[2]; et pour ce, se résolut bravement se deffendre (comme certes il est tout vaillant)[3] et mourir les armes en la main. Mais sur ces entrefaictes il se moyenna quelque espèce d'accord; si bien que, par la menée et dextérité de quelques honnestes gens, M. d'Espernon sortit hors de la ville et emmena ses gens.

L'accord ne s'ensuivit pourtant tel qu'ilz départirent amis; car si M. d'Espernon l'eust trouvé après, il l'eust querellé à bon escient, comme je sçay fort bien. En quoy plusieurs dirent que M. de Longue-

1. Corbie.
2. En 1568. Voy. de Thou, liv. XCII, et d'Aubigné, *Hist. univ.*, t. III, p. 172.
3. Les mots entre parenthèses sont biffés sur le manuscrit.

ville en devoit faire plus ou moins; et les autres qui moyennarent la sortie de M. d'Espernon, les devoient aussi accorder du tout absolument, et les faire bons amis, et embrasser ces deux grandz, qui estoient assez bastans, par le moyen de leurs amys, serviteurs et créditz, [pour] esmouvoir toute la France.

Plusieurs dirent que M. d'Espernon avoit tort, et que, du premier abbord, il devoit présenter ses prisonniers au lieutenant général du lieu où ilz avoient estez pris et recognoistre le lieutenant général et gouverneur de là, bien qu'il fust grand et eust charges et grandz grades; mais la représentation d'un roy en sa lieutenance c'est une grand' chose.

Je laisse cela aux meilleurs discoureurs, pour tourner encor au prince de Condé, lequel laissa après soy une très-belle et brave lignée : MM. le prince de Condé, son héritier principal, le prince de Conty et le cardinal de Bourbon; et, du second maryage, M. le comte de Soissons, gentil prince certes, et tout plein d'honneur et de vertu[1]

Si M. le prince de Condé dernier ne fust esté mort par poison (comm' on dict), il fust esté aussi grand capitaine comme M. son père; car il avoit un très-

1. Le prince de Condé eut de son premier mariage avec Éléonore de Roye : Henri de Bourbon, prince de Condé, né le 29 décembre 1552, mort à Saint-Jean-d'Angély le 5 mars 1588 (sa seconde femme, Charlotte-Catherine de la Trémoille, fut accusée de l'avoir empoisonné); François, prince de Conti, mort le 3 août 1614; Charles, cardinal de Bourbon, archevêque de Rouen, né le 30 mars 1562, mort le 30 juillet 1594. De sa seconde femme, Françoise d'Orléans-Longueville, il eut Charles de Bourbon, qui a fait la branche des comtes de Soissons.

beau commencement; et lorsqu'il mourut il estoit fort jeune. Il sçavoit aussi bien attirer les hommes à soy comme M. son père, car il estoit très-libéral, doux, gracieux et très-éloquent, choses fort attrayantes. J'ay ouï dire à feu M. de Montpensier, et le débattoit contre moy, qu'il estoit beaucoup plus éloquent que M. son père. Tant y a que, s'il estoit si bien disant, il avoit le deffaut de l'oreille, car il n'oyoit pas. Il estoit brave, vaillant, généreux et fort adroict aux armes et à cheval, bien qu'il fust fort petit comme le père.

Or de tous ces braves frères j'espère en parler aux vies de nostre feu roy Henry troisiesme et le nostre de présent quatriesme. Je les remetz doncques là, pour dire que, quand mondict sieur le prince le premier fut mort en ceste battaille, la pluspart des catholiques, et mesmes de ceux nostre armée, entrarent en ceste sotte créance, que c'estoit faict des huguenotz; que puisqu'ilz avoient perdu leur grand et principal chef et capitaine, qui certes l'estoit, grand et suffisant, et qu'on tenoit avoir si bien appris de M. l'admiral qu'il s'en alloit esgal à luy, voyre aucuns tenoient qu'il le surpassoit, ce qui estoit faux, et croyoient que les huguenotz n'auroient point la créance, ny porteroient respect, crainte et honneur à M. l'admiral comme à un prince qui estoit un grand prince du sang, de grade et d'autorité, qu'ilz avoient si bien honnoré et tenu pour leur grand deffenseur et protecteur, qu'aucuns furent si impudens de l'appeler leur roy.

Mais il en arriva bien autrement; car, de tant qu'il y en a eu, il n'eut aucuns qui branlassent, fors un ou deux de ses plus privez, et tous se rangearent soubz la tuition, autorité et obéissance de M. l'admiral, qui, se targuant et couvrant de l'umbre de messieurs les princes de Navarre et de Condé, tous deux fort jeunes, conduisit si bien leur barque, qu'ilz ne trouvarent nullement à dire leur grand pillotte mort, qui fut un grand heur et honneur à l'admiral, et demeurarent tous fermes et affectez à leur party.

Aussi, il n'y a ligue ny association si ferme ny si obstinée que celle qui se faict pour la religion, et mesmes pour une nouvelle et contraincte[1], comme je tiens d'un grand personnage. Et ce qui affermist et appuya encor mieux ceste collonne qu'on croyoit à demy penchée et tumbante, ce furent leurs braves et vaillans capitaines qui restarent encor sur pied, comme M. d'Andellot, l'un des vaillans et renommez de la France (mais il mourut tost après), M. de La Rochefoucaud, très-grand seigneur en Guienne, et qui avoit beaucoup de créance parmy ceux de la religion du pays, et principallement parmy la noblesse, de laquelle il estoit fort révéré. Il estoit aussi fort vieux capitaine, bien qu'il fust jeune, pour les guerres estrangères qu'il avoit veues dès son petit aage, estant à la suitte de M. d'Orléans, et tousjours continué soubs le roy Henry, qui l'aymoit uniquement et luy estoit plus privé et familier qu'aucuns de ses favoris, et se jouoient ordinairement ensemble, comme s'ilz eussent estez pareilz; car ledict conte estoit de très-bonne et très-plaisante compaignie, et disoit des mieux le mot, au reste, très-bon seigneur et qui

---

1. *Contraincte*, persécutée.

n'offençoit jamais personne. Toutesfois, aux guerres civiles, se voyant beau-frère du prince roy des huguenotz[1], devint un peu glorieux : mais quand à moy, je ne le trouvay jamais tel, car il estoit trop de gaillarde humeur. Les bons trompettes des François et reystres parmy leurs clairons sonnoient souvant ceste chanson et quinte :

> Le prince de Condé,
> Il a esté tué,
> Mais monsieur l'admiral
> Est encore à cheval,
> Avec la Rochefoucaud,
> Pour chasser tous ces papaux, papaux, papaux.

Il y avoit M. de Mouy, un très-brave et vaillant capitaine. Il le monstra à la bataille de Dreux, car ce fut luy qui fit la première charge avec les cinquante ou soixante cazacques blanches esleues. On le tenoit pour plus vaillant que sage capitaine; mais il monstra et l'un et l'autre quand il conduisit le duc des Deux-Ponts[2] jusqu'en Guienne avec ses trouppes, et prit La Charité contre un' infinité d'obstacles qu'il trouva par les chemins. Il avoit aussi fort pratiqué les guerres estrangères, et s'y estoit faict signaler bien fort.

Il y avoit aussi M. de La Noue, qui porte le nom

---

1. François de la Rochefoucauld avait épousé en secondes noces Charlotte de Roye, sœur d'Éléonore de Roye, princesse de Condé.

2. Wolfgang, duc de Bavière et de Deux-Ponts, mort en Limousin le 11 juin 1569. La Charité avait été prise d'assaut par les protestants le 20 mai précédent.

aujourd'huy et à l'heure que je parle, du plus grand capitaine de la France, pour les grandes expériences qu'on a cogneues en luy: j'en parle ailleurs fort au long. Il y avoit aussi le seigneur de La Loue[1], pareilz en nom fors d'une lettre, et pareilz aussi en valeur : il avoit eu charge de la vènerie du roy, mais il ne s'amusa tant à la chasse des cerfz que des hommes, et menoit mieux ses gens à la guerre que les chiens à la chasse; et si fut fort bon pour l'une et pour l'autre chasse.

Il y avoit aussi M. de Thelligny, beau-frère de M. de La Noue[2], un sage et brave gentilhomme, et qui estoit bien accomply de toutes vertus.

Il y avoit M. de Bouccard, jadis fort aymé et favory du feu roy Henry II, et son escuyer quand il estoit dauphin, et qui avoit fort veu les guerres estrangères et s'y estoit faict fort renommer; comme aussi M. d'Esternay[3] et M. de Genlys; M. d'Acier[4], duquel je parle ailleurs, et le bon vieillard M. de Briquemaud, leur mareschal général de camp, très-bon et grand capitaine, qui avoit si fidellement servy ses roys en Piedmont et en France, et pour ce ne devoit point mourir de telle façon qu'on fit, et mesmes en si vieil aage qu'il estoit, et devoit-on attendre son heure[5].

1. La Loue, maréchal de camp, tué devant Montpellier le 1er avril 1570.
2. Francois de La Noue avait épousé Marguerite de Téligny.
3. Jean Regnier, sieur d'Esternay, mort en 1569.
4. Jacques de Crussol, seigneur d'Acier, mort en septembre 1586.
5. Voy. p. 213, note 2.

Il estoit un fort homme de bien, et qui ne combattoit que pour sa religion, ainsi que j'ay ouy raconter à un gentilhomme qui avoit esté nourry son page, que trois ou quatre jours avant la battaille de Jarnac il avoit esté blessé en une jambe; et ainsi que M. le Prince et M. l'admiral l'allarent voir en son lict et y tenir le conseil, à M. le Prince il eschappa quelque mot de régner. « Monsieur, luy « dist M. de Briquemaud, il semble, par vostre dire, « que vous tendiez plus à l'ambition qu'à la religion. « Je vous quitte si venez là. Prenons le party de « Dieu, autrement je me retyre. » Ce page estoit lors en la chambre, qui ouyt ces motz, et me les dist despuis.

Il y avoit aussi ce brave et déterminé M. le conte de Montgommery, que j'ay veu nommer le Dompteur de la Gascoigne; et en peu de temps il s'en alla lever le siège de Navarrains, qui de soy-même se leva, le sentant venir; et luy, ne se contentant de cela, assaut et prend en plein jour de prime abord M. le baron de Terride[1], vieux, ancien, sage et bon capitaine fort estimé par les guerres passées du Piedmont, avec toutes ses trouppes; retourne amprès triomphant à son bel ayse, et se pourmène par la Gascoigne comm' il luy plaist, sans aucune résistance : de telle sorte que ce qu'on en disoit on le réputoit plustost à miracle qu'à autre chose. Je pense bien qu'il y a quelque historien qui en parle, sur

1. Antoine de Lomagne, vicomte de Terride. Montgommery le fit prisonnier dans Orthez en 1569, après lui avoir fait lever le siége de Navarreins.

tous M. de Montluc. J'en ay ouy conter les grandz faictz à gentilzhommes qui estoient avec ledict conte, que j'escrirois voulontiers, mais on ne les sçaroit croire.

J'ay ouy conter de l'humeur de ce capitaine, que c'estoit le plus nonchallant en sa charge et aussi peu soucyeux qu'il estoit possible, car il aymoit fort ses aises et le jeu; mais quand il avoit une fois le cul sur la selle, c'estoit le plus vigillant et songneux capitaine qu'on eust sceu voir, au reste si brave et vaillant qu'il assailloit tout, foible ou fort, qui se présentast devant luy.

Aussi a-il faict de belles guerres et y a esté très-heureux, comm' il fit dans Rouan[1], là où il tint le siège plus longtemps que la forteresse, ne de la place, ne l'armée devant, composée de si grandz capitaines les plus grandz de la France, ne le requeroit; soustint les assautz tant qu'il peut; et au dernier, cédant à la fortune et combattant au dernier poinct se retira bravement, et non si à l'haste qu'il cuyda estre pris, et se voulant jetter dans l'esquif de la gallère en laquelle il se mit et tira vers le Havre. Mais en chemin, à Codebec, il rencontra une pallissade qui avoit esté faicte si forte pour engarder le secours de la mer, qu'à vogue rancade il la faussa et se sauva bravement; qui fut un effort de quoy les bons mariniers des gallères s'en esbahirent pour jamais, bien qu'il n'y ait force pareille que d'une gallère vogante à pleine voile et rame de toute force. Aucuns disoient que c'estoit un miracle; d'autres di-

1. En 1562.

soient que celuy qui avoit eu la charge de faire faire la pallissade l'avoit faicte de cest endroict foible, parce qu'on le soubçonnoit favoriser ce party. Je ne le nommeray point. Je parleray de ce conte en d'autres lieux, ensemble de ses frères, Corboson ou Sainct-Jean, et le jeune l'Orge[1], tous braves gentilzhommes que j'ay cognu telz, et deux fort mes grandz amis, et tous de la religion.

Je parleray aussi de plusieurs autres bons capitaines huguenotz. Que si je voulois ast' heure les particulariser, je ne sçarois fournir, tant il y en a eu de très-bons, et de cheval et de pied, desquelz je parle au chapitre des couronnelz; car il faut conffesser le vray, que l'on y a recognu de braves et vaillans gens et de bons capitaines; et si en est venu après les mortz de bons qui ont vescu et vivent despuis et ast' heure; comme j'ay ouy dire à gens plus clairvoyans que moy, ilz n'ont appris que des mortz, et si ne les ont nullement surpassez.

Ainsi fut le prince de Condé accompaigné de ces braves gens. Et ainsi luy et M. l'admiral se sont faictz craindre et ont planté l'Evangille qui bourgeonne et verdoye aujourd'huy encores, et sans lesquelz elle seroit seiche, et de couleur de feuille morte.

Et diray bien plus : que si tous ces bons capitaines se fussent mis de nostre costé, et eussent faict pour le roy, ilz fussent estez tous grandz, tous honnorez de grades, de nobles charges et pentions et ordres; et si en fussent estez mieux dignes, et d'estre

---

1. François, seigneur de Saint-Jean. — *N.* seigneur de Lorges.

mareschaux de France, que plusieurs que nous en avons veu. Mais, ce qui est un grand cas, ilz avoient l'œil et le cœur si fort tendus à leur religion, et l'embrassoient de telle dévoction, qu'au diable s'ilz s'en soucyoient d'un seul brin de nos honneurs et estatz, et comme je leur ay veu dire et le monstrer par effectz.

Le roy de Navarre, Anthoyne de Bourbon, fut frère aisné dudict prince de Condé, qui soubstint et favorisa au commancement les huguenotz. Aussi estoit-il de la religion, disoit-on, et en sentoit dès le règne du roy Henry, qu'il avoit son ministre David[2], et le faisoit prescher où il passoit, car c'estoit en caresme, et le vis prescher à Poictiers, que j'estois fort jeune. Il le mena à la court, qui lors estoit à Fontainebleau; mais, ayant parlé à M. le cardinal de Lorraine, ledict David chia sur la Bible et le ministère et tout.

Le roy de Navarre, Anthoyne de Bourbon[1].

Le roy Henry ne trouva bon qu'il eust mené avec luy ce ministre, qui ne pourtoit pourtant le titre de ministre, mais de prescheur du roy et reyne de Navarre; et par ce titre il n'estoit si odieux que par celuy de ministre.

---

1. Antoine de Bourbon, duc de Vendôme, fils de Charles de Bourbon et de Françoise d'Alençon, né le 22 avril 1518, mort le 17 novembre 1562 d'une blessure reçue au siége de Rouen. Il épousa, le 20 octobre 1548, à Moulins, Jeanne d'Albret, fille unique et héritière de Henri d'Albret, mariée d'abord à douze ans, le 15 juillet 1540, à Guillaume, duc de Clèves, dont elle fut presque aussitôt abandonnée. Antoine et Jeanne montèrent sur le trône de Navarre en 1555.

2. Pierre David. Il avait d'abord été moine. Il fut arrêté en 1560 et mourut en prison.

La reyne de Navarre pour lors, qui estoit jeune, belle et très-honneste princesse, et qui aymoit bien autant une dance qu'un sermon, ne se plaisoit point à ceste nouveauté de religion, et tant qu'on eust bien dict; et pour ce, je tiens de bon lieu qu'elle le remonstra un jour au roy son mary; et luy dist tout à trac que, s'il se vouloit ruyner et faire confisquer son bien, elle ne vouloit point perdre le sien, ny si peu qui luy estoit resté du royaume des roys ses prédécesseurs, lesquelz pour l'hérézie avoient perdu le royaume de Navarre. Hérézie appelloit-elle, d'autant que le pape Jules[1] avoit déclaré hérétique (mal à propos), tous ceux qu'iroient encontre sa sentence donnée sur la confiscation dudict royaume; mais à aucuns j'ay ouy affermer que ce nom d'hérétique n'estoit pas bien adapté.

Ce roy, si la guerre espagnolle eust continué, avoit bien résolu d'en avoir sa raison sur l'Espaigne, où il y avoit de bonnes entreprises, et s'aydoit du roy de Faix[2], vers lequel il avoit envoyé en ambassade les capitaines Montmor, gascon, et Merchior, portugais, qui m'en entretint fort un jour à Lisbonne, où il s'estoit retiré après la mort dudict roy, qu'il plaignoit fort, et ses dessains, qui eussent facilement réussi, et m'y fit toute bonne chère, ayant veu ma mère dame d'honneur de la reyne de Navarre en sa court; et ne bougeoit d'avecques moy à me faire monstrer tout plain de singularitez, et quand j'allois veoir le roy et la reyne, sœur de l'empereur[3],

---

1. Jules II. — 2. Fez.
3. Jean III et Catherine d'Autriche, sœur de Charles-Quint.

encor restée de toutes les autres, qui se portoit fort bien.

Les dessains de ce roy n'estoient pas petitz, et l'alliance avec ce roy de Faix très-bonne et ferme. La reyne sa femme changea bien après; car son mary se changea en catholique, et elle se changea en huguenotte très-ferme.

Le roy Henry mort, et le roy François venu à la couronne, l'on eut quelque petit soupçon que ledict roy de Navarre sçavoit quelque chose de la conjuration d'Amboise, d'autant que les principaux conjurateurs estoient de son gouvernement, voire aucuns de ses vassaux et serviteurs. Toutesfois, ceste raison est foible, mais bien forte celle qu'ilz estoient de la religion, que ledict roy soubz main tousjours embrassoit et favorisoit, ainsi qu'il le fit parestre fort à descouvert quand le roy Charles vint à la couronne, et qu'il fut régent par la menée des estatz, par un édict faict qu'on n'eust plus à parler de la conjuration d'Amboise, ny en rechercher ceux qui en estoient soubçonnez[1]; dont j'en vis aucuns huguenotz qui en estoient bien aises, que je cognois, et dire ces parolles : « Or, hier nous n'estions pas « de la conjuration d'Amboise, et ne l'eussions pas « dict pour tout l'or du monde; mais aujourd'huy

---

1. Trois jours avant la clôture des états généraux d'Orléans, le 28 janvier 1561, Charles IX adressa au parlement de Paris une lettre de cachet portant ordre « de surseoir toutes poursuites et jugements qui se pourront faire contre toutes personnes de quelque qualité qu'elles soient pour le fait de la religion, encore qu'ils eussent été aux assemblées avec armes. » — Antoine de Navarre fut déclaré lieutenant général du royaume le 30 mars 1561.

« nous le disons pour un escu, et que l'entreprise
« estoit bonne et saincte. »

L'innocence de M. le Prince fut publiée avec l'édict de juillet[1]. Le colloque de Poyssy amprès se moyenna par ledict roy de Navarre; et ce fut luy qui à ses propres coustz et despans, disoit-on, envoya querir les ministres estrangers pour s'y trouver : et fut un gentilhomme qui estoit à luy, et s'appelloit M. d'Estourneau, mon voysin et bon amy, qui les alla querir et les mena en France; despuis il est mort maistre d'hostel du roy d'aujourd'huy. Et furent lesdictz ministres retournez par ledict gentilhomme, qui m'a tout conté, très-contentz et bien salariez de la bource dudict roy.

Ce ne fut pas tout; car il fit faire et publier l'édit de janvier[2]. Et rien ne voyoit-on à la court que ministres, et n'oyoit-on que presches, non qu'il quictast pour cela la messe par beau semblant.

Je retournois lors d'Escosse, ayant conduict la reyne, que moy et mes compaignons, qui pouvions estre environ cent gentilzhommes, suivans M. le grand prieur de Lorraine et M. d'Anville. Quand nous vismes ce changement nouveau despuis nostre despart, nous fusmes bien estonnez.

Sur ce, le pape et le roy d'Espaigne ne dorment pas, et font tant qu'ilz gaignent ledict roy par belles parolles et offres, et le récompenser de son royaume de Navarre pour celuy de Sardaigne[3], qui n'estoit pourtant si grand et riche que celuy de Navarre, en

---

1. Juillet 1561. — 2. Voyez p. 292, note 1.
3. Voyez, sur cette négociation, de Thou, liv. XXVIII.

ce qu'il voulust soubstenir la religion catholique, et employer sa puissance pour extirper l'hérézie. A quoy il preste l'oreille très-voulontiers; car, et qu'est la chose qu'on ne face pour régner? Et pour ce, le sieur des Cars[1], son grand favory, qui estoit très-bon catholique, fut envoyé vers le pape, duquel il fut très-bien receu et renvoyé vers son maistre, plus plein de belles parolles et grandes promesses que d'autre chose et présens[2], toutesfois si bien gaigné, outre le bon zelle qu'il portoit à sa religion, qu'il réduisit du tout le roy son maistre à la demande du pape : dont s'en ensuivit la guerre civille, dans laquelle il s'embarqua si bien, qu'il y estoit plus avant, et en sévérité plus grande contre les huguenotz que le triumvirat mesme.

Aussi fit-on de luy un pasquin : qu'il n'y avoit rien pire qu'un rénégat; et sur ce en alléguoient les rénégatz d'Alger et d'ailleurs; et un autre où ilz faisoient un' anotomie où ilz n'y peurent jamais trouver de cœur ny de fiel, y ayant appellé tous les meilleurs médecins et chirurgiens de la France. Si estoit-il brave, vaillant, tout plein de courage; mais il avoit de la bonté, et pour ce on le paignoit ainsi.

Il ne laissa, estant ainsi embarqué en la catholique, à se souvenir de son proffit particulier et des promesses qu'on luy avoit faictes; et pour ce depescha le president de Selva, fort digne homme de

---

1. Jean des Cars, prince de Carenci, mort en 1596. Il y a une satire contre lui dans le ms. $\frac{485}{\text{A-B}}$ du fonds Gaignières, f° 107.

2. *Var.* Et grandes promesses qu'il n'estoit d'escus ni de présents (ms. 6694, f° 331).

son estat, vers le roy d'Espaigne; mais de malheur il fut pris et mené à Orléans, où, sans M. le Prince, il couroit fortune de la vie, en eschange de l'exécution qu'on avoit faict à Rouen du président Esmandreville[1], duquel la mort devoit estre expiée par la mort esgalle d'un autre président.

En toute ceste guerre, pour si peu de temps que ledict roy la mena comme lieutenant général du roy, il s'y monstra fort animé, brave, vaillant, courageux, eschauffé, colléré et prompt à en faire pendre, comme j'ay veu; aussi les huguenotz l'en haïssoient comm' un diable, et le dépaignoient de vilaines injures que j'obmetz[2]; car ces messieurs sçavent aussi bien mal dire que bien dire.

Le siége de Rouan se fit, où il n'espargna ses pas ny sa peau non plus que le moindre soldat du monde; si bien que luy s'appareillant pour aller à l'assaut, moytié mené du brave et généreux courage qu'il a tousjours possédé, moytié d'ambition et æmulation qu'il portoit de tout temps à M. de Guyze, qui en telles factions s'hasardoit tousjours des plus

---

1. *Var*. Mandreville. — Jean du Bosc, seigneur de Mandreville ou Esmandreville, conseiller au parlement de Rouen, puis (26 janvier 1562) président à la cour des Aides. Il fut arrêté après la prise de la ville, condamné à mort le 31 octobre et décapité le lendemain. Les huguenots, par représailles, pendirent le président Sapin et l'abbé de Gastines, qui avaient été pris comme ils se rendaient en Espagne (Voy. d'Aubigné, *Hist. univ.*, année 1562, liv. III, chap. x, p. 222).

2. *Var*. Jusques à le nommer Thony, qui estoit le fou du roy; et Thony et Anthoyne sont mesmes noms. Aucuns l'appelloient aussi Caillette (ms. 6694, f° 331). — Caillette était le nom d'un fou de la cour sous Louis XII et François Ier.

advantz, comme j'ay dict, estant dans le fossé et prest à monter, ainsi qu'il s'estoit tourné pour pisser (dont il en fut faict un' épitaphe que j'obmetz pour révérance [1]), il eut une grand' harquebuzade dans l'espaule, mesme coup quasi qu'eut amprès M. de Guyze, dont il tumba à demy et rendit sa gorge [2]. Aussi tost il fut jugé à mort par les chirurgiens et médecins, ainsi qu'après quelques jours qu'on pensoit qu'il en eschapperoit, il mourut repentant (ce disoient aucuns) d'avoir ainsi changé de religion, et résolu de remettre la refformée mieux que jamais, ainsi qu'il le manda à M. le Prince son frère par un sien maistre d'hostel qu'on appeloit Osquerque, qu'il avoit envoyé vers luy le visiter. Cela se disoit parmy aucuns de nous autres, au contraire du roy Henry d'Angleterre [3], qui, sur la fin de ses jours, voulut remettre la religion catholique. Il estoit temps vrayment, après tant de maux faictz.

De sorte qu'il ne fut pas guières regretté, car il estoit en termes de brouiller : d'autres le regrettarent fort, car il estoit tout bon et gentil prince, et mesmes la reyne mère, qui, tousjours appréhensible, avoit opinion que, comme grand qu'il estoit, il retenoit plusieurs capitaines, gentilzhommes, soldatz et autres, qui sans luy fussent de l'autre costé avec le prince, qui aymoient mieux estre avec l'aisné

1.   Ami françois, le prince ici gissant
  Vécut sans gloire et mourut en pissant.

2. *Rendre sa gorge*, vomir. Nous disons encore faire rendre gorge.

3. Henri VIII.

et le chef des armes et du nom qu'avec le cadet, et que, luy mort, à veue d'œil on les verroit tous disparus de l'armée du roy, et les uns après les autres iroient trouver M. le Prince : mais M. de Guyze, qui n'estoit paoureux, assura la reyne et luy dist : « Non, non, madame, n'entrez point en telle « craincte et appréhension; car pour moins d'un « rien je vous en relève. La bande qui en partira « de l'armée du roy en sera fort petite, ce que je ne « croy encore; et, si elle en part, ce sera autant la « purger et bien nettier, et n'y restera que le beau « grain, pur et net, ce qui sera le meilleur pour « nous; car là où il y a des traistres et gens dou- « bles, tout va mal; et s'il y en reste, je les tiendray « si de court et les feray si bien veiller, qu'ilz n'o- « zeront seulement faire trembler une feuille d'ar- « bre. »

Je tiens ce conte d'un grand seigneur qui estoit lors présent, et c'estoit en la chambre de la reyne à son coucher, qui commança à se r'assurer et cognoistre à veue d'œil le vray de ce que luy dist M. de Guyze, qui pourtant regretta ledit roy; car ilz estoient cousins germains[1] et grandz amis de longue main, dès que ce roy estoit M. de Vandosme, lieutenant de roy en Picardie, et appelloit tousjours M. de Guyze *mon compagnon;* cela s'entend quand il estoit en sa grandeur : et M. de Guyze l'appelloit *monsieur,* quelquesfois *monsieur mon cousin;* le roy de Navarre l'y appelloit aussi, et quelquesfois *seigneur cousin;* enfin, souvant ilz se diversiffioient par

---

1. Voyez p. 349, note 2.

appellations, comme il leur venoit en humeur, ainsi que je l'ay veu : mais quand il vint en sa grandeur de régent il ne l'appelloit jamais que *mon compaignon*, car on luy donnoit la réputation que ç'a esté l'homme qui s'est plus perdu en sa prospérité et faveur de fortune, estant devenu fort arroguant[1], pour l'avoir veu, comm' on l'avoit veu, fort petit et bas de fortune, bien qu'il fust très-grand en tout, de race, de maison, de grandeur, d'authorité, de mérite, de valeur et vertu, mais non de fortune, qu'il eust après. Au reste, il devint, disoit-on, ingrat un peu à l'endroict d'aucuns des siens qui l'avoient suivy en son adversité, et peu vindicatif envers ceux qui luy avoient faict du desplaisir et offancé, et l'avoient quicté pour aller ailleurs; ainsi qu'il fit envers M. de Beauvais-Nangy[2], un très-sage, vaillant et brave capitaine, qui avoit eu de belles et grandes charges, et mourut vaillamment (disent les histoires), qu'il avoit poussé et advancé et faict son lieutenant de gens-d'armes quand il estoit en Picardie, qui le quicta pour aller à M. de Guyze, dont il luy en voulut mal mortel, jusques à l'en menacer; ce que l'autre craignit fort quand il vint en sa régence : mais rien pour cela, car plus grandz amys que devant; dont je sçay ce que l'on en dit lors à la court. Telles bontez pourtant sont fort à louer, et telles nonchallances de vindites[3] très à priser parmy les

1. *Var.* Qu'on le portoyt impatiemment, voyre s'en moquoit-on (ms. 6694, f° 332).

2. Nicolas de Brichanteau, seigneur de Beauvais-Nangis, blessé mortellement à la bataille de Dreux (1562).

3. *Vindites*, vindictes.

roys, princes et grandz seigneurs, ainsi que sçayt bien l'ensuivre en cela nostre roy d'aujourd'huy, son filz, qui d'autant plus en approche de Dieu, lequel deffend les vangeances; dont j'en espère aléguer force notables exemples de sa généreuse bonté en sa vie.

On ne donna que ces deux *sis* à ce grand roy Anthoine, sinon aussi qu'il estoit fort adonné à l'amour : mais qui n'ont estez les roys et les grandz qui n'ayent aymé les dames? autrement ilz sont dénaturez et adonnez au grand et énorme vice.

Pour le reste, il estoit très-bien né, brave et vaillant, car de ceste race de Bourbon il n'y en a point d'autres, belle aparence, estant de belle taille, et plus haute de beaucoup que celle de tous messieurs ses frères, la magesté toute pareille, la parolle et l'éloquance très-bonne. Il acquist et laissa après soy une très-belle réputation en Picardie et en Flandres, quand il fut lieutenant de roy et quand il s'en alla roy de Navarre commander en Guienne; car il conserva très-bien à ses roys ces pays, et si en conquesta : de sorte qu'on ne parloit en là que de M. de Vandosme.

Mal récompensé pourtant de ses roys, et mesmes du roy Henry, quand il l'oublia en son traicté de paix entre luy et le roy d'Espaigne, qu'il ne se fist aucune mention du recouvrement de son réaume de Navarre d'un seul petit traict de plume, et en voulut longtemps mal à M. le connestable; et certes il y eut du tort, car ce prince avoit très-fidellement servy la couronne de France, pour laquelle soubstenir, au moins les siens, la reyne Jehanne estoit déshéritée, et estoit aussi cousine germaine du roy, et très-bonne et vertueuse princesse.

Ce brave roy et M. de Guyze contendoient si très-fort ensemble en compétance de gloire, que toutes leurs actions de guerre tendoient à l'envy à qui fairoit mieux. A l'assaut de Linars[1], y voyant aller M. de Guyze, où il fut fort blessé, il y voulut aller, tout lieutenant de roy qu'il fust. Les petites æmulations pourtant se convertirent amprès en innimitiez sourdes, sans se descouvrir pourtant, et mesmes quand il vist M. de Guyze si ennobly de beaux faictz et qu'on ne parloit que de luy, et qu'il le voyoit si bien advancé et favory de son roy; si bien que parmy leurs pages et laquays des uns et des autres on voyoit faire des quadrilles et des parties, et cryer à la court : *Bourbon, Bourbon*[2] *!* à part; *Guyze, Guyze et Lorraine*, à part! Ces petites choses picquent quelquesfois autant ou plus que des grandes, si qu'il en cuyda arriver une grosse batterie entre ceste race de pages et lacquays, sans M. de Brezay, qui les estrilla bien une fois, et ce durant le roy Henry[3].

Le roy François venant en règne, là fut la grand' picque et innimitié, à cause que M. de Guyze ne

1. Voyez p. 263, note 3.
2. *Var.* Et ce que j'ay ouï dire qui plus fascha le roy de Navarre, ce fut que M. le grand prieur de Lorrayne, revenant de Malthe et aiant porté la dance et l'ayr des Canaries, ces meschants pages et laquays allarent composer une chanson sur ledit air des Canaries et la dansoyent en disant et chantant : *Le roy de Navarre a faict un pet, car il embaume le serpollet*. (ms. 6694, f° 332 v°). Ces deux dernières lignes sont biffées sur le manuscrit, de manière à être presque illisibles.
3. Henri II.

luy céda l'autorité et prééminance de tout l'Estat, mais non qu'il en vint grande rumeur et esclandre descouverte. J'en parle ailleurs. Le roy Charles vint après à régner, et le roy de Navarre en vogue, comme j'ay parlé au discours de M. le connestable[1]. Il y eut bien quelque petite brouillerie, mais tout se passa doucement, et, la guerre civile venue, jamais ne furent mieux.

Voylà ce qu'en bref j'en puis dire[2], sinon que, pour bien achever sa gloire et ses louanges, je dis : quand en son temps il n'auroit faict autres belles choses que d'avoir faict et procréé nostre grand roy d'aujourd'huy, Henry IV, il a faict beaucoup et est digne de très-grandes et incomparables louanges, à qui la France doit tout son bonheur, ainsi qu'on dict tout au contraire d'Agrippine, mère de Néron, que, quand elle n'eust faict autre mal qu'avoir conceu et engendré Néron, elle méritoit la mort, et indigne de tous los.

Ce grand roy de Navarre eut encores deux très-braves et vaillans frères, les deux messieurs d'Anguien, l'un celuy qui gaigna la bataille de Cerizolles, duquel j'ay parlé cy-devant, et l'autre qui mourut à la bataille de Sainct-Quentin[3], jeune prince qui promettoit tant de luy, que s'il eust vescu il n'eust rien cédé à tous messieurs ses frères, ainsi qu'il le monstra à sa mort, qu'il pouvoit eschapper comme

1. Voyez plus haut, p. 222, et t. III.
2. *Var.* Car meshuy il est temps que je finisse ce livre; que si je demourois autant à parler de ceux qui viennent apprez, je n'aurois jamais faict (ms. 6694, f° 332 v°).
3. Jean, duc d'Enghien, né en 1528.

d'autres qui fuirent; mais il ayma mieux faire ceste glorieuse fin.

A ceste bataille mesme, M. de Nevers, beau-frère de ces quatre princes de Bourbon pour avoir espousé Margueritte de Bourbon leur sœur, s'y trouva; lequel, amprès avoir combattu et faict ce que prince d'honneur et de valeur peut faire, et voyant devant ses yeux une si misérable perte, fit sa retraicte honnorable dans La Fère, raliant ce qu'il peut des siens à soy, où il servit beaucoup le roy et toute la France; car, avec si peu d'hommes qu'il amassa, il refit encor un petit corps d'armée, et fit tenir l'ennemy en cervelle et en bride, qui vouloit tirer plus advant.

M. de Nevers, François de Clèves[1].

Si bien qu'ayant envoyé un trompette[2] vers le prince de Piedmont pour recognoistre les mortz et recommander les prisonniers : « Comment, luy dist « M. le prince, trompette, vous me venez icy parler « de la part de M. de Nevers? Vous estes un men- « teur, je vous fairay pendre; il est mort, je le sçay « bien. » Mais, quelque parolle que luy peust dire le trompette contraire à la sienne, il ne peut le croyre, le menassant tousjours de le faire pendre, à quoy se soubsmit le trompette s'il n'estoit vray; dont M. le prince en demeura esbahy et fasché, et dist à aucuns

1. François de Clèves, fils de Charles de Clèves, comte de Nevers, et de Marie d'Albret, né à Nogent le 25 octobre 1516, marié le 19 janvier 1538 avec Marguerite de Bourbon, mort le 13 février 1562. Le comté de Nevers fut érigé en duché-pairie en faveur de sa mère et de lui par lettres patentes de François Ier en date de janvier 1539.
2. Voyez de Thou, livre XIX.

des siens : « S'il est vray (comm' il le sceut tost
« après), le roy de France n'a pas perdu tous ses
« bons capitaines, comme en voylà encor un des
« siens sus pied qui nous donra encor bien de l'af-
« faire et nous empeschera de faire tout ce que nous
« eussions bien voulu. »

Ce tesmoignage d'un tel prince ne fut pas petit pour la valeur et suffisance de M. de Nevers, ainsi qu'il le fit parestre, car il fit tousjours bonne mine et teste si bien à l'ennemy, que le roy Henry eut loysir de redresser un' armée bonne et bien gaillarde, dont il l'en fit son lieutenant général, ayant auparavant mis si bel ordre et garnisons dans les places, que l'ennemy ne fit pas ce qu'il pensoit.

Voilà la grand' obligation que le roy et son royaume eurent à M. de Nevers ; car sans luy, sa sagesse et valeur, tout fust allé mal. Ce ne fut pas le premier ny le dernier service qu'il fit à son roy ; car estant lieutenant de roy en Champaigne, comme certes il l'a très-dignement et fidellement servy en ceste charge, il facilita fort le voyage d'Allemaigne[1] et le retour du roy, et luy assura aussi fort son chemin pour entrer au pays du Liège, ayant mis en l'obéyssance de Sa Magesté les fortz dessus la rivière de Meuse, comme Jamais[2] et autres, qui fut la cause de la prise de Dinan et Bouvines.

Il fatigua fort aussi le siège de Metz, si bien qu'il empeschoit fort les courses de l'ennemy qui estoit devant, qui ne se pouvoit estandre guières au loing dans la France ny Champaigne pour recouvrer vi-

---

1. En 1552. — 2. Jametz.

vres, comme il eust bien faict sans les courses ordinaires de M. de Nevers, qui estoit quasy tousjours à cheval, ou y envoyoit pour les en empescher; si bien que cela engendra une grande famine au camp de l'empereur, qu'il falloit qu'il y fist venir les vivres de de là, qui n'y peut à la fin fournir.

Il servit aussi très-bien le roy à l'envitaillement de Mariembourg, avec M. l'admiral, qui, estant venu joindre M. de Nevers en Champaigne, et leurs forces jointes ensemble, envitaillarent ceste place avecques toutes les peines pourtant et tous les maux du monde, tous les froidz et pluyes que jamais hyver produisist; car ce fut au commancement de novembre et à la barbe du prince d'Orange, qui avoit une bonne armée de l'empereur et reyne Marye[1] pour l'empescher, et menassoit à tous coups de les combattre. Mais MM. de Nevers et admiral firent ce coup là fort heureusement, se retirarent de mesmes; qui fut une très-belle exécution, que le roy admira fort, et tout le monde, puisqu'il falut combattre le ciel, qui est une grande impossibilité.

Tant d'autres beaux exploicts a faict ce prince, qu'ilz ne se peuvent escrire par leur prolixité, et aussi que nos histoires en parlent prou; car, de toutes les guerres, l'empereur n'a jamais peu enjamber sur son gouvernement; mais luy souvant gaignoit sur ses terres. Il accompaigna aussi M. de Guyze et l'assista bien à la prise de Théonville.

Bref, ce prince a esté, tant qu'il a vescu, très-utile à son roy; aussi estoit-il très-sage et très-bon capi-

---

1. Marie d'Autriche, veuve de Louis, roi de Hongrie.

taine. Il ne pouvoit estre autrement, estant yssu de ceste grande maison de Clèves, où il y a eu de tout temps de très-bons hommes de guerre et grandz capitaines, comme de fraiz fut son grand père messire Engilbert de Clèves[1], qui accompaigna le roy Charles VIII au royaume de Naples, et qui fut l'un des conducteurs des Suysses à la battaille de Fornoue, qui les y fit si bien et si vaillamment combattre, luy à la teste, comme gentil prince et vaillant couronnel.

Luy et son fils n'estoient que contes d'une des nobles et grandes contez de France, et M. de Nevers, François de Clèves, duquel je parle, en fut le premier duc[2], qui certes monstroit bien qu'il estoit yssu d'une très-grande et très-illustre maison, car il estoit très-grand, très-riche et très-opulant, et avec cela très-magniffique, splandide et très-libéral s'il en fut onc, despensant fort, tenant grande maison tousjours à la court et aux armées, un très-beau et fort paisible grand joueur, ne se souciant point de l'argent, et toutesfois sa maison tant bien réglée et allant tant bien, que nul n'en partoit mal contant. Et paressoit bien par ses grandes despances qu'il y avoit un grand fondz en ceste maison, comme des puis il a apparu aux partages de mesdames ses filles[3] :

1. Engilbert de Clèves, comte de Nevers, mort en 1506.
2. Voyez plus haut p. 373, note 1.
3. Henriette de Clèves, duchesse de Nevers, mariée (1565) avec Louis de Gonzague de Mantoue dont il sera question plus bas. — Catherine de Clèves, comtesse d'Eu, mariée à Antoine de Croy, prince de Porcien, puis à Henri de Lorraine, duc de Guise. — Marie de Clèves, première femme de Henri de Bourbon, prince de Condé.

avec tout cela un très-homme de bien et d'honneur, et nullement coquin, ny pressant demandeur après son roy; car, à ce que j'ay ouy dire à ce grand M. de Vyginayre[1], son segrétayre et grand favory, il s'est peu ressenty des grandz biensfaictz de ses roys.

Il espousa en secondes nopces madame d'Anguien[2], sa cousine du costé de sa feue femme, et qui estoit aussi cousine de feu M. d'Anguien, car ell' estoit fille de M. de Sainct-Pol et de madame de Touteville, héritière. Il n'eut d'elle aucune lignée, mais ell' eut de luy un bon avantage de sa maison. Il mourut de sa belle mort, et laissa son héritier M. le comte d'Heu, que nous avons appellé ainsi et puis M. de Nevers[3], car il ne survesquist guières à son père. Il mourut à la battaille de Dreux par un très-grand inconvénient; car, ainsi qu'il alloit à la charge avec M. de Guyze, il y avoit près de luy M. Blanq[4], enseigne de M. de Guyze, qui tenant son pistollet couché sur le devant de la celle de son cheval, M. de Nevers luy dist : « Mon compaignon, tenez vostre « pistollet haut, car s'il deslasche, vous m'en donrez « dans la cuysse. » Il n'eust pas plustost dict ce mot,

1. Blaise de Vigenère.
2. Il épousa en octobre 1560 Marie de Bourbon, duchesse d'Estouteville, veuve de Jean de Bourbon, duc d'Enghien, et fille de François de Bourbon, comte de Saint-Paul, et d'Adrienne d'Estouteville.
3. François de Clèves, deuxième du nom, duc de Nevers, comte d'Eu et de Rethel, né le 31 mars 1539 ou 1540, mort le 10 janvier 1563 de la blessure qu'il avait reçue le 19 décembre précédent à la bataille de Dreux.
4. Suivant de Thou, liv. XXXIII, cet homme s'appelait des Bordes, et de désespoir se tua ou se fit tuer à la bataille.

que le pistollet se deslache et luy donna le coup qu'il craignoit. Si ne laissa-il de combattre de toute furie et désespoir; mais il falut, de la douleur, qu'il s'allast faire panser. Après il mourut; dont ce fut un très-grand dommage, car il n'eust rien dheu à ses braves prédécesseurs, ainsi qu'il le promettoit par sa belle façon et par la pratique de guerre qu'il avoit jà faict; car, n'ayant pas quinze ans, il fit le voyage de M. de Guyze en Italie, en charge de deux cens chevaux légers, de laquelle il s'en acquitta très-dignement, et puis la continua aux autres guerres jusques à la paix faicte.

C'estoit le plus beau prince, à mon advis, que j'aye jamais veu, et le plus doux et le plus aymable. Nous le tenions tel parmy nous, et lorsqu'il s'en alla espouser madame sa femme en Espaigne, fille à M. de Montpensier[1], il y fut aussi tout tel estimé et admiré, autant de ceux de la court que de tout le pays.

Ce fut très-grand' perte de ce prince. Il laissa son jeune frère, que nous appellions le marquis d'Isle[2], son successeur et héritier, qui mourut aussi fort jeune; et avoit espousé madamoyselle de Bouillon, une très-belle et honneste princesse, et qui l'est encor telle, bien qu'elle s'advance sur l'aage; mais il ne luy faict encor aucun tort à sa beauté.

1. Anne de Bourbon, fille de Louis de Bourbon, duc de Montpensier, mariée en 1561 au duc de Nevers.
2. Jacques de Clèves, duc de Nevers, qui épousa Diane de La Mark, laquelle se maria en secondes noces à Henri de Clermont, vicomte de Tallart, puis en troisièmes à J. Babou, comte de Sagonne. Il était né le 1er octobre 1544 et mourut le 6 septembre 1564.

Ce prince qui s'appelloit Jacques de Clèves, s'il eust vescu, bien qu'il fust de foible habitude[1], si promettoit-il beaucoup de soy, car il avoit en luy beaucoup de vertu. Tous ces deux MM. de Nevers frères ne demeurarent guières possesseurs de ces belles terres et grandz biens que M. leur père leur laissa : car, estans ainsi mortz jeunes, ilz les laissarent à mesdames leurs sœurs, qui furent mesdames de Nevers, de Guyze et princesse de Condé, trois princesses aussi accomplies de toutes les beautez de corps, à mon gré, comme d'esprit qu'on ayt point veu ; si bien, quand nous parlions à la court de ces trois princesses, bien souvent nous les disions les *trois Grâces de jadis*, tant elles en avoient de ressemblance, et, comme de vray, je les ai veues très-belles, très-bonnes et très-aymables. J'espère en parler ailleurs au traicté que je fayray des dames.

Le seigneur Ludovic de Mantoue espousa madamoyselle Henriette de Nevers ou de Clèves, fille aisnée ; et pour ce la duché luy escheut, et ledict seigneur fut duc de Nevers. Il avoit esté nourry du roy Henry près M. le Dauphin et en sa court, si bien qu'il fut très-bon et loyal François ; de telle sorte qu'estant pris fort jeune à la bataille de Sainct-Quantin, où il combatit très-vaillamment et acquist beaucoup de réputation, le seigneur Ferdinand de Gonzague

M. de Nevers de Mantoue[2].

1. *Habitude*, complexion.
2. Louis de Gonzague, prince de Mantoue, troisième fils de Frédéric II, duc de Mantoue, et de Marguerite Paléologue, né le 18 septembre 1539, mort à Nesle le 23 octobre 1595. Gomberville a publié (1665, 2 vol. f°), sous le titre de *Mémoires de M. de Nevers*, le recueil de ses négociations, lettres, discours, etc.

son oncle[1], après l'avoir fort caressé, luy dist qu'il falloit désormais tenir le party du roy d'Espaigne, qui luy laisseroit sa rançon et luy fairoit de très-beaux advantages. Il luy respondit qu'il avoit la croix blanche si gravée dans son cœur, à cause de la belle nourriture qu'il avoit eue du roy de France et le bon traictement qu'il en recepvoit ordinairement, qu'il ne le sçauroit faire. De telle responce si généreuse son oncle l'en estima davantage.

Tout jeune qu'il estoit, il a tousjours promis qu'il seroit un jour grand capitaine. Il estoit de son naturel fort froid et modéré, et n'estoit nullement esvanté, comme plusieurs jeunes gens de sa vollée. Mais pourtant, quand il se faisoit quelques belles parties, ou de cheval ou de pied, il en estoit tousjours, et s'y s'en acquictoit très-dignement, et sa partie paressoit fort, comme il fit à Bayonne en plusieurs endroitz, comme je l'ay veu bien fort parestre, car il estoit fort adroit à tout ; et avoit avec luy tousjours une belle suitte de gentilzhommes, tant de ses vassaux que de la court et de ceux qui avoient suyvy MM. ses beaux-frères.

Il estoit un très-beau prince, agréable et de belle haute taille ; mais elle se gasta par ce malheureux coup qu'il eut à la jambe aux secondz troubles, estant lieutenant de roy en Piedmont et marquisac de Salluces. Il fut commandé d'emmener les vieilles bandes de par delà, avec quelque cavallerie légère ; ce qu'il fit. Et vint trouver Monsieur, nostre général à Vitry, comme je vis, avec de belles forces avec luy. En

---

1. Son grand-oncle.

venant, il fit tout plein de beaux effectz; car il y prit force places que tenoient les huguenotz, dont Mascon en fut une, qui tint bon et se laissa bien battre et assaillir; car il y avoit de bons hommes léans avec le sieur de La Cliette¹ qu'y commandoit, brave gentilhomme, certes, qui avoit d'autresfois suivy M. d'Anville aux guerres du Piedmont. De sa maison estoient sortis autresfois de bons et braves gens, entr'autres le bastard de La Cliette, qui fut en son temps lieutenant des cent hommes d'armes de M. de Bourbon, estant connestable de France. Enfin, ladicte place de Mascon fut prise², avec beaucoup de réputation de M. de Nevers et de ses gens; et si le roy ne luy eust mandé de venir aussitost joindre Monsieur, son frère, il y eust faict de bons services en Dauphiné, Lyonnois et Bourgoigne.

Estant donc arrivé en nostre armée, il demanda congé d'aller jusqu'à Nevers voir madame sa femme, qu'il y avoit longtemps qu'il n'avoit veue³. En y allant, il vint à rencontrer quelques gentilzhommes huguenotz qui alloient à l'armée, dont la pluspart estoient ses vassaux et voysins. Sans dire gare, il les chargea; il en porta par terre un, et son vassal, qui, tout par terre, luy deschargea son pistollet à la jambe vers le genouil, et le blessa tellement, que l'on en attendit plustost et longtemps la mort que la vie. Mais pour avoir esté bien secouru de bons chirurgiens, et par la bonne assistance de madame sa

---

1. Est-ce Marc de Chantemerle, baron de la Clayette, et qui fut gouverneur du Charolais?

2. Le 4 décembre 1567.

3. Elle était malade à la suite de couches.

femme, il eut la vie sauve; mais il demeura ainsi estropié, comme nous l'avons veu, et très-mal sain toute sa vie : dont ce fut un très-grand dommage, car il estoit un très-beau et bon prince[1]. Il ne laissa pour tout cela à bien servir le roy, et se trouver en toutes les bonnes occasions qu'il falloit.

Au siége de La Rochelle je l'y ay veu peiner et travailler comme s'il fust été le plus sain et gaillard du monde. Il faut que je die, avec d'autres avec moy, que l'une des belles choses qui s'y soient faictes fut celle que M. de Nevers invanta et ordonna, qui fut l'escallade que nous donnasmes le plein jour, le matin à six heures en esté : ce que l'on trouva estrange, le matin plain jour donner un' escallade; mais il la débatit si bien au conseil du roy qu'il fut creu; et si l'on s'y fust gouverné, la place estoit nostre.

L'entreprise estoit telle, que toute la nuict devant on ne fist que donner des fauces allarmes à ceux de dedans et tirer si très-tant, qu'ilz furent si fort fattiguez, que le lendemain, les allarmes cessantes, et croyant que tout estoit passé, ilz se mirent tous à dormir, et chascun tirer en son logis, et laissarent la garde du retrenchement si foible, et encor demeura-elle si fort endormie et assoupie, que nous eusmes un bon loysir de faire nostre escallade.

Le roy de Navarre, qui ne venoit que de fraiz dresser sa garde, pria Monsieur qu'elle fist la première poincte, qui la fit très-bien; et la fit beau

---

1. Ceci se passa en février 1568. Le duc, dit de Thou (liv. XLII), n'oublia jamais l'insulte que ses vassaux lui avaient faite.

voir atout leurs beaux mandils[1] neufs de vellours
jaune, avec du passement d'argent et noir. Entr'
autres premiers fut un La Flesche, d'Anjou, un La
Cassaigne et un La Tour, gascons, qui ne venoient
que de fraiz du siège de Montz d'avec M. de La
Noue, très-braves et très-renommez soldatz en ce
siège. On leur avoit commandé que quand ilz seroient montez sur le rampart, qu'ilz avisassent bien
la contenance de l'ennemy, et fissent signe s'il y
faisoit bon, ce qu'ilz firent bien : mais au lieu d'attendre que quatre ou cinq cens montassent, comme
les uns après les autres ilz y alloient tant qu'ilz pouvoient, ilz ne leur en donnarent le loysir, et se mirent tous à crier : *Dedans, dedans! ilz sont à nous!*
Et donnarent si grand' allarme que l'ennemy s'es-
veille, s'assure, prend les armes, commance à tirer
à ceux des nostres qui estoient montez, qui prindrent l'espouvante de telle façon, que nous les vismes tumber avec si grande confusion et peur sur
nous qui estions pretz à monter, et à deux eschel-
lons, qu'ilz nous renversarent par terre; et cuydasmes estre crevez, et mesmes des corcellets.

M. de Longueville, qui estoit ce jour là de garde
à son tour, comme estoient tous les grandz avec
leur suitte, estoit desjà au premier eschellon, tant il
estoit vaillant. M. d'Estrozze et moy, qui estions
avec luy, cuydasmes aussi estre tuez de deux gre-
nades qui nous tumbarent à nos piedz. Par ainsi
tout cessa.

Voylà la faute que nous fismes en ceste belle en-

1. Espèce de casaque.

treprise, sans laquelle nous eussions bien donné de l'affaire à la ville ; car ceux dedans me le dirent bien après, que je fus parlamenter avecqu' eux. Il y en a aujourd'huy encor force vivans qui le peuvent dire. Il y en eut aucuns qui soubçonnarent ces deux soldatz nostres qui estoient huguenotz, avoir donné à dessaing ceste allarme, par l'advis d'un que je ne nomme point, pour les advertir et esveiller, car ilz estoient tous endormis. Toutesfois, ces pauvres soldatz y furent fort blessez et moururent quelques jours après : qui fut dommage, car ilz estoient braves et vieux soldatz.

Le roy de Navarre les regretta fort, qui me les mena voir penser en une salle basse où ilz estoient couchez : il s'en peut bien souvenir possible encor. Je leur demandé sur quoy ilz donnarent ainsi ceste allarme et ce cry ; ilz me dirent qu'ilz les voyoient ainsi esveillez desjà, et grouiller en rumeur, et branler, et crier bellement aux armes, et que s'il y eust eu avecqu' eux seulement deux cens hommes, et eussent donné, ilz gaignoient le retranchement.

Voylà nostre entreprise d'escallade très-bien invantée par M. de Nevers et mal exécutée par nous. Certes il estoit très-ingénieux, et n'avoit faute d'invantions, et les préméditoit et considéroit bien avant, car il n'alloit point viste en besoigne.

Aussi le roy de Navarre et les huguenotz disoient de luy, quand il alla avec son armée encontr' eux en Poictou[1] : « Il nous faut craindre M. de Nevers avec

---

1. Le duc de Nevers arriva au camp de l'armée royale le 31 octobre 1588. (Voyez de Thou, liv. XCIII.)

« ses pas de plomb et son compas en la main. »
Comme de vray il a esté un très-sage et meur capitaine, et le leur fit bien pareistre; car, au beau mitan de l'hyver froidureux, pluvieux et fangeux, prit en peu de temps Mauléon et Montagut, dans lequel y avoit un bon homme dedans, M. du Préau[1], gouverneur de Chastelleraud, qui a faict beaucoup de belles preuves de sa valeur aux guerres de Flandres l'espace de six ans, et en France, comme je dis ailleurs, et acquist beaucoup d'honneur en la deffence de ceste place; car elle ne venoit que d'estre desmentellée par le mareschal de Raiz, et très-mal fortiffiée despuis. Il prit aussi La Ganache[2] et autres places; et sans qu'il fust mandé par le roy, amprès la mort de M. de Guyze, pour aller secourir la citadelle d'Orléans, il eust faict autres conquestes et expéditions.

Lorsque Monsieur, frère du roy, partit de la court et prit les armes[3], il fut faict lieutenant de roy et commandé par luy de le suivre et luy rompre ses dessaings; de sorte qu'à la court cela se disoit que, pour attrapper Monsieur, qui s'en alloit à bell' erre, le roy y avoit envoyé un boiteux. Mais pourtant, si la reyne ne fust intervenue, qui vouloit adoucir tout, il l'attrappoit à bon escient, et luy eust pratiqué le proverbe, *qui va piano va lontano*[4], car il luy dressoit une belle entreprise que je sçay. Il me fit cet honneur de me la communiquer à Bonneval en Beausse, ainsi que nous les suivions vers la rivière

---

1. Hector de Préaux. — 2. La Garnache, en Poitou.
3. En 1578. — 4. Qui va doucement, va long-temps.

de Loire, d'où nous luy allions bien empescher et coupper le passage, et de venir en Guienne ; mais la reyne luy manda une nuict par un courrier et commanda de ne passer plus outre : par quoy il se retira à Paris.

Or, plusieurs s'enquirent, lorsque la ligue commança à s'eslever[1] après la mort de M. de Guyze, que M. de Nevers ne s'y enfonça bien advant ; ce que l'on croyoit, d'autant qu'il avoit esté des premiers avec le mareschal de Raiz à la bastir : mais il n'en fit rien, car ceste guerre se fit plustost contre le roy et pour vangeance que contre la religion[2], et luy estoit fort serviteur du roy et de l'Estat, ainsi qu'il le fit bien pareistre après la mort du roy[3] ; car il tint le party du roy[4], bien qu'il[5] fust de la religion ; et luy voyant que l'Estat s'en alloit perdu et dissipé si nostre roy, qui estoit légitime et de tout droict vray roy, n'estoit maintenu en son siège et auctorité, se mit de son costé ; aussi qu'il avoit le cœur grand et haut, que, pour un demy-royaume, il n'eust pas voulu obéyr à M. du Mayne, car il se sentoit aussi grand que luy en dignité, authorité et tout, et plus vieux et pratiq capitaine.

De plus, il avoit si grande fiance en Dieu que nostre roy se fairoit catholique, et pour ce le royaume en bransle se pourroit relever et appuyer très-bien par ceste conversion, ainsi que nous le voyons à l'œil. Ce ne fut pas tout, car il alla vers le pape[6]

---

1. A s'insurger. — 2. *La religion*, le protestantisme.
3. Henri III. — 4. Henri IV. — 5. *Il*, Henri IV.
6. Le duc de Nevers fut envoyé vers le pape Clément VIII en 1593. (Voyez les *Mémoires de Nevers*, 1665. t. II, p. 453.)

pour intercéder pour le roy à le vouloir recevoir en son giron et de celuy de l'Église : il y peina beaucoup, il y alla à ses propres despans, qui fut grand' peine à ce bon prince, mal dispos[1] et cassé, entreprendre si loingtain et fascheux voyage. Sa Saincteté enfin s'estant ravisée, et voyant les bons effectz de la religion catholique dont le roy usoit, tout est bien allé, Dieu mercy! comme nous voyons. Et ne faut point demander si mondict sieur de Nevers fut ayse de voir une telle conversion; et mieux que jamais le servit, tant en son gouvernement de Champaigne qu'aux armées, avec le roy et ailleurs, son lieutenant général; et si on l'eust attendu lorsque M. l'admiral de Vilars fut desfaict vers Dorlan[2], tout en fust allé mieux; il ne tint pas à luy, car il venoit à belles journées, et se hastant tant qu'il pouvoit, manda bien qu'on l'attendist. Ceste deffaicte porta, ce coup, un grand préjudice au service du roy et une fort grand'perte d'environ quatre ou cinq cens gentilzhommes, comme j'ay ouy dire. Ainsi qu'il fit aussi à la prise de Cambray, là où ce bon prince, très-loyal et très-généreux, y envoya M. son filz[3] se perdre dedans (n'ayant pas encor quinze ans) pour le secourir et le garder; et y entra fort heureusement, autant conduict par son bonheur et vaillance, que par la prévoyance et le bon ordre que luy ordonna ce sage capitaine M. son père; dont en cela

1. *Var.* Maladif (ms. 6694, f° 337).
2. Le 24 juillet 1595. La ville, assiégée par le comte de Fuentès, capitula quelque temps après.
3. Charles de Gonzague, duc de Nevers et de Rethel. Il devint duc de Mantoue en 1628, et mourut le 21 septembre 1637.

on ne sçauroit assez louer sa généreuse bonté et loyal zelle, d'avoir ainsi exposé, pour le service de son roy et du royaume, M. son filz, n'ayant que celuy-là, qui, estant léans, se monstra si assuré et courageux, qu'il se jettoit ordinairement aux hasards comme le moindre soldat de léans.

Mais il falut pourtant céder à la nécessité et à la force. Dont fut faicte une composition belle et honnorable, comme chascun sçait; et ce jeune prince fut fort honnoré de tous ceux de l'armée espaignolle, et mesmes d'aucuns vieux capitaines espaignolz et italiens qui avoient jadis combattu soubz son grand oncle, le seigneur Ferdinand de Gonzague; et tous l'admirarent, et s'esbahirent fort de quoy ce jeune prince s'estoit ainsi allé précipiter; et l'eslevarent jusqu'au ciel, et luy offrirent beaucoup de services, luy trouvant la façon très-belle. J'espère de parler de luy et de ses faictz plus au long dans la vie de nostre roy.

Ne faut point demander si M. son père fut ayse de voir son filz retourné sain et sauve, avecqu' une très-glorieuse réputation qu'il raporta de ce siège; mais au bout de quelque temps il mourut; aucuns disent de tristesse, pour ne voir lors les affaires du roy aller si bien comm' il désiroit, autres disent de malladie; car il estoit tousjours si mal sain despuis son coup. Dont il délaissa madame sa femme très-désollée, car elle l'aymoit et honnoroit fort, et luy en faisoit de mesmes; et le maryage en estoit bon et heureux, duquel est sorty ce jeune prince leur filz que je viens de dire, madame de Longueville, fille aisnée, très-sage, belle et vertueuse princesse et bonne, et madamoyselle de Nevers, très-belle princesse aussi[1].

Ce fut une grande perte de ce prince, car il estoit très-bon prince et tenoit encor de ceste vieille bonne paste que peu voit-on aujourd'huy en tenir parmy nous.

Il estoit fort splandide, comme M. son beau-père et beaux-frères, car il despensoit fort honnorablement à la court, et son train ét ordinaire alloient tousjours bien. Quand il luy falloit faire quelques festes et magnifficences et festins, nul ne l'en a jamais surpassé, car il emportoit tousjours le prix, quand il s'y mettoit. Il jouoit, et peu, et non si souvant comme M. son beau-père; mais quand il y estoit il jouoit fort gros jeu, comm' il fit au voyage de Pouloigne.

Il estoit fort providant en ses affaires, ainsi qu'il le fit parestre au bien de madame sa femme, lequel, encor qu'il fust très-grand, il le trouva un peu brouillé pour les grandz debtes des pères et frères passez; il nettia et accommoda si bien sa maison, qu'ell' estoit des grandes de la France et des aisées. Il estoit fort doux, affable et gracieux, et faisoit très-bon avec luy; il estoit très-grand et proffond discoureur, et parloit bien; et disoit aussi bien le mot comme madame sa femme, qui le disoit aussi bien que dame de France, et qui avoit aussi bonne grâce.

Or, c'est assez parlé de ce prince; j'espère encor

---

1. Catherine, mariée le 27 février 1588 à Henri d'Orléans, duc de Longueville, morte le 2 décembre 1629. — Marie, mariée en 1599 à Henri de Lorraine, duc de Mayenne, morte en 1601.

en parler ailleurs, en la vie de nos deux roys derniers; car je l'honnorois fort, et le tenois pour l'un de mes bons seigneurs et amis, commé madame sa femme m'a esté tousjours l'une de mes meilleures dames de la cour, et que j'ay tousjours honnorée, ainsi que sa vertu et ses mérites me l'ont tousjours commandé.

FIN DU QUATRIÈME VOLUME.

APPENDICE.

§ 1.

Mort du maréchal de Brissac.

Brantôme parle à plusieurs reprises (p. 80 et suiv.) de l'amour du maréchal pour les dames ; cet amour aurait été la cause de sa mort, s'il faut en croire une épigramme qui se trouve au f° 152, v°, de la troisième partie du tome I $\left(\frac{485}{\text{A-B}}\right)$ de la collection Rassé des Nœufs (fonds Gaignières). Mais elle est en termes trop vifs pour que nous puissions faire autre chose que de la mentionner, et d'en citer le premier vers :

De Brissac si bien se pendit....

§ 2.

Affaire de Léon Strozzi, prieur de Capoue.

« Le prieur de Capoue, dit Brantôme (pag. 124), eut très-grand subject de se mescontenter de son roy. Je n'en raconteray point le subject, car on le sçait assez et qui en fut l'auteur, et le tort qu'on luy fit d'usurper sa charge pour un autre qui ne la savoit si bien que luy. »

Strozzi était-il aussi innocent que Brantôme le donne à

entendre, et n'avait-il en rien mérité la destitution dont on le frappait? C'est ce que vont nous mettre à même d'éclaircir diverses pièces inédites qui font partie de la collection Béthune et que nous allons donner.

La première est un réquisitoire du procureur du roi à Marseille, réquisitoire où sont exposés les chefs d'accusation contre le prieur de Capoue. Les deux principaux griefs qui lui sont reprochés sont d'avoir enlevé à Saint-Victor-lez-Marseille, c'est-à-dire en terre ferme, là où sa charge de général des galères ne lui donnait aucun pouvoir, un certain Jean-Baptiste Corso, et de l'avoir ensuite fait mettre à mort.

On l'accuse en outre de s'être enfui avec deux galères, qui, suivant Brantôme, lui appartenaient, mais qui, d'après le procureur du roi, appartenaient en tout ou en partie au roi.

La seconde pièce est une lettre du prieur à sa protectrice et parente Catherine de Médicis. Il y expose ses griefs contre le comte de Tende, gouverneur de Marseille, et les Marseillais, qu'il accuse d'en vouloir à sa vie et à son honneur ; il y raconte les trahisons de Jean-Baptiste Corso ; on y pressent le sort destiné à ce malheureux.

La troisième, écrite le 16 septembre[1], le jour même du départ du prieur, et postérieure de onze jours à la précédente, est une lettre qu'il adresse au roi. Il lui annonce que comme, sans qu'il eût en rien démérité, on allait lui donner pour successeur le comte de Villars, il se décidait à quitter son service et à se retirer à Malte, pour y faire la guerre aux infidèles.

La nouvelle de ce départ paraît avoir fait une grande sensation à la cour; mais la personne qu'elle consterna le

---

1. La lettre de Strozzi à ses frères, citée par Brantôme est, dans les deux manuscrits, datée du 18 *décembre;* c'est sans aucun doute *septembre* qu'il faut lire.

plus fut Catherine de Médicis, parente et protectrice des Strozzi. La fuite du prieur pouvait servir merveilleusement ceux qui cherchaient toutes les occasions de lui aliéner l'esprit de son époux. Les deux lettres qu'elle écrit au roi, celle qu'elle adresse au connétable Anne de Montmorency[1], montrent assez sa douleur et ses inquiétudes. Toutefois, elle ne pensa pas uniquement à elle, et elle mit tout en œuvre pour sauver d'une disgrâce le frère du prieur, le maréchal Strozzi, et elle y parvint[2].

Enfin la dernière pièce est un certificat des consuls de Marseille réclamant le maintien de leurs priviléges, violés par le prieur. Nous ne croyons pas nécessaire de donner le texte d'un autre certificat fort insignifiant de Carlo Sforza, prieur de Lombardie, déclarant que l'honneur et la vie du prieur de Capoue étaient menacés à Marseille[3].

Articles contre le prieur de Capoue[4].

Le procureur du roy veult et entend prouver que Jehan-Baptiste Corso a esté prins et arresté par le prieur de Cappua à S. Victor-lez-Marseille, là où il n'a aucune jurisdiction.

Plus, que après l'avoir prins, il l'a faict amener de nuict, lié et garrotté sur l'une de ses gallères nommée la *Bastardelle*, laquelle pour lors estoit au port dudict Marseille, en laquelle longtemps ayant il avoit faict acoustrer le logis pour ledict Jehan-Baptiste.

---

1. Dans le même manuscrit f° 42 se trouve encore une lettre (mais seulement signée) qu'elle écrivit à Montmorency, aussitôt qu'elle apprit la nouvelle du départ de Strozzi. Ce n'est guère que la reproduction de celle qu'elle écrivait au roi.
2. Voyez, ms. 3129 (*olim* 8648) f° 56, une réponse du connétable à Pierre Strozzi.
3. Ms. 3122 (*olim* 8641) f° 64.
4. Fonds français, n° 3129, *olim* fonds Béthune, n° 8648, f° 49.

Plus, après que ledict Jehan-Baptiste fut mis en ladicte gallère encheyné, en la chambre de poupe, ladicte gallère sortit dudict port le matin ensuivant, et s'en alla au port de Thollon[1].

Plus, que audict port de Thollon, ledict Jehan-Baptiste a esté tourmenté pour luy faire dire par force de tourmens ce que bon a semblé audict prieur.

Plus, que huict jours après, le prieur arriva à Thollon avec les gallères, et ung jour après s'en sortist avec lesdictes gallères et *Bastardelle*, et s'en vint aux isles d'If, là où ledict Jehan-Baptiste fut d'ung coup de poignal tué qui luy perça du cousté dextre de la gueulle[2] au cousté dextre du flanc, après avoir receu ung coup de mailh sur la teste pour l'estourdir à ce qu'il n'eust crié.

Plus, qu'ilz prindrent deux mascles d'artillerie et l'attachèrent au col dudict Jehan-Baptiste, et icelluy gectarent en la mer,

Plus, qu'aucuns jours après, le cadavre dud. Jehan-Baptiste auroit esté trouvé ausdictes isles, ès quelles auroit esté précipité, et par plusieurs recogneu pour icelluy Jehan-Baptiste Corso, que ledict prieur avoit faict prendre, tuer et nyer.

Plus, qu'estant ladicte gallère au port de Thollon, pour colluder à ce que le monde ne sceut ce qu'avoit esté faict dudict Jehan-Baptiste, ne s'il estoit vif ou mort, les ministres dudict prieur feirent sortir de lad. galère, et mectre dans la fragatte roialle ung certain personnaige habillé des habillemens dud. Jehan-Baptiste Corso qui fut amené par lad. fragatte et mis à terre audict Thollon, ce qui n estoit pas toutesfois véritable; car icelluy personnaige fut cogneu, et estoit ung nommé Charles, vallet de chambre dudict prieur.

Plus, que de la mort violente dudict Jehan-Baptiste par

---

1. Toulon. — 2. *Gueulle*, cou.

ordonnance dudict prieur est publique voix et renommée entre les habitants dudict Marseille, et par toute Prouvence.

Plus, que ledict prieur, au moien de ce qu'il avoit communiqué aud. Jehan-Baptiste tous ses secretz depuis quatre ans en ça, à ce que lesd. secretz ne vinssent à cognoissance du roy, a faict mourir led. Jehan-Baptiste, et ne s'attendant miséricorde dudict seigneur, s'en seroit fouy de nuict avec deux gallères appartenantes audict seigneur, sçavoir est la *Lévantine* et la *Catallane;* laquelle *Lévantine* avoit esté mise au roolle dud. seigneur soubz Scipion Strossi, nepveu dudict prieur, et la *Catallane* estoit de la prinse dernièrement faicte à la plage de Barcelonne[1] par l'armée du dict seigneur, en laquelle icelluy seigneur et les cappitaines avoient part.

Plus, que le jour précédent la nuict de sa fuitte, il print plusieurs esclaves des gallères *Royalle* et *Bastardelle*, desquelles led. prieur avoit la charge, ensemble artillerie, cordaiges, tentes, fers et autres armemens, et en arma lesd. deux gallères pour icelles rendre plus promptes et véloces à sa fuytte.

Plus, il s'en est fouy le mercredy au soir xvi₆ de septembre dernier aiant esté paié tant de ses gaiges de général que soulde[2] de ses gallères pour tout le mois de septembre; au moien de quoy il en emporte de l'argent du roy seize jours.

Plus, estant général des d. gallères, après les avoir tirées hors du port de Marseille, là où elles estoient en seuretté, et icelles (ou la plus part) avoir menées au port de Thollon, en s'enfuyant les a illec laissées sans chef, en danger d'estre prinses et desvalisées, mesmement qu'en ce temps là l'armée de l'empereur estoit sortie du port de Gennes pour s'en aller en Espaigne.

1. C'est l'expédition dont parle Brantôme, p. 131.
2. *Soulde*, solde.

Plus, qu'au moien dès choses susdictes et en aiant emporté le serement qu'il devoit au roy, au desceu dudict seigneur, à bon droit doict estre appellé déserteur millitaire, et comme tel avoir confisquée la personne et les biens au roy.

Et se réserve ledict procureur l'action de plus amplement prouver la mauvaise et abominable vie dudict prieur.

Léon Strozzi, prieur de Capoue, à Catherine de Médicis [1].

Madama,

Il capitano Giambatista Corso, doppo essere stato beneficato da me nella roba et nell'honore più che non s'estendevano le forze d'un privato gentilhomo come me et più del merito d'un par suo, alla fine sdegnatosi meco per haverli io levato il maneggio delli miei denari nel quale io lo havevo trovato poco fedele. Haveva procurato vendicarsi per mezzo di monsignor di Carses, et era stato primo inventore et capo di muoverlo a farmi l'affronto che mi fece, con disegnio che io risentendomene fussi manomesso prima dalli homini di monsignor di Carses, li quali erano venuti in gran quantità, et tutti armati, secondo da alchuni della terra di Marsilia, li quali grandissimi amici di Giambatista sopradetto, et con qualche seguito delli altri della terra, erano per consiglio suo stati appostati per fare spalle agli altri, et particularmente nella casa mia, vicino al luogo dove io soglio imbarcarmi, dove egli allogiava, ho inteso dappoi che vene era ragunati alcuni. Doppo questo, essendoli scappato di bocca che non si era possuto vendicar meco per un verso, ma che se ne vendicherebbe per un altro, et essendosi scoperto, com'adviene molti andamenti del maneg-

---

1. Fonds français, n° 3129 (*olim* Béthune, 8148), f° 25.

gio sopradetto; cominciai a dubitare a poco a poco di quel che era vero, tanto che per certificarmi della verità, chiamatolo un giorno, in una camera, in presenza d'altri gentilhomini et amici suoi, mi confessò più di quello che io non harei voluto sapere, perchè mi disse il conte di Tenda haver saputo il tutto avanti che advenisse, et scusossi quanto a se havere saputo il tutto, ma havere errato per ignorantia, et mi dimandò perdono. Questo mi disse spontaneamente, parlando amichevolmente quasi paressi che il peccato lo menassi, et così, doppo molti ragionamenti et remostrationi fatteli, lo lasciai andare, più per haver tempo a consigliarmi nel modo ch'io dovevo procedere con un tal homo che per occasione che mi paressi havere di perdonarli, parendomi che questo fussi un intrigo, da considerarlo molto bene avanti che mettervi le mani per quel che la M. V. si può immaginare. In capo di pochi giorni essendo egli venuto a me per chiedermi licentia per andarsene, secondo che diceva, in corte, et essendomi rimesso in consideratione le parole che egli havea dette di volersi vendicare per un'altra via, deliberai di ritenerlo per sapere quale doveva essere questa vendetta, et de passato come stavano le cose appunto, per sapere da chi et in che modo io mi havessi a guardare, et lo mandai in galera, in una camera bassa, con animo di farlo examinare per agio et advertire S. M. dello assassinamento fattomi. Non fu di tosto in galera che questi della terra che erano conscii in questa cosa mia, con alcuni seguaci loro, sapendo che era ritenuto, feciero deliberatione di volerlo levare per forza di galera, cosa che io harei più presto messo la vita che tolerarla, et andando la galera fuora, per un servitio commandatoli, corsono alla catena [1] per serrarla; della qual cosa havendo io fatto querela al conte di Tenda, come governatore, ne hebbi la risposta che io mando alla M. V., segnata di sua mano, oltre alle

---

1. La chaîne du port.

parole ditte all'homo mandatoli che intendeva aver l'homo in ogni modo nelle sue mani; il che veramente io non hare possuto negargli alla fine, havendo egli l'authorità che ha in questo paese. La M. V. può considerare la causa di tanta instantia, et la consideraria meglio ancora se la sapessi il supporto et favore che è dato a questi tali che hanno usate queste insolentie per dar loro animo a farne delle altre.

Nelle examine sue ha confessato tutto essere stato ordinato contro alla vita mia, et che il disegnio era che paressi una cosa fatta a caso, et più presto tumulto populare che cosa pensata, et ne temevano poco gastigo, havendo il governatore amico; fecemi ricercare che io li volessi salvare la vita, et che mi direbbe cosa appartenente alla vita mia. Fecili promittere, et mi advertì che se io continuaria andare per la terra resolutamente che io porterei grandissimo pericolo, perchè erano risoluti di mettersi insieme et fare attaccare querela con qualcuno delli miei, solamente per havere occasione di voltarsi a me, et che lui se ne voleva andare come quello che conosceva che la giustitia, quando fussi seguito caso alchuno, si saria possuta voltare contra di lui più presto che d'altri. Tutto questo che lui ha confessato io lo cognosco ogn'hora esser vero, per li advertimenti che ho di questi andamenti dalle genti medesime della terra, li quali non ho mancato di fare intendere al conte di Tenda per obviare alli scandali. Alla fine ho preso partito di guardarmi per fino a tanto che havevo agio di sfogare il cuor mio con S. M. Il prefato Giambatista haveva saputo tutti li miei maneggi da iiij anni in qua, tanto publici quanto privati, et havendo l'animo tristo haria possuto nuocere, quando havessi preso deliberatione di cambiar parte del sapere, io credo certo che si trovassino pochi più astuti di lui di sorte che haveria ingannato facilmente ogni persona.

Il non havere io hauto modo di poterlo guardare lunghamente, per la instantia fattami, et non mi parendo honesto di rimettere un tal ribaldo che habbia consentito all'assassinamento d'un suo patrone nelle mani di quelli medesimi che erano conscji del trattato, mi ha forzato a volerne pigliar partito, havendo trovato causa degna di ogni punitione; et lo pigliai tosto che io ebbi la risposta del signor Conte che lo voleva in ogni modo, ne procedetti per via di giustitia, come quello che conoscevô essere più profitto del servitio di S. M. che questa cosa restassi morta in tutti li altri, et che S. M. intendessi la verità più presto che pubblicarla. La M. V. intenderà da questo apportatore il tutto appunto, et si degnerà crederli quanto a me medesimo, alla quale io mi raccomando humilissimamente, et prego Dio che le conceda ciò che desidera.

In Marsilia, alli iiij di settembre MDLI.

Della Maestà Vostra
Humiliss. et obedientiss. servitore

LEONE STROZZI, *Priore di Capua.*

Alla Regina.

Léon Strozzi à Henri II [1].

Sire,

Io ho saputo che la M. V. manda il conte di Villars per haver la superintendentia sopra la sua armata di mare, la quale insin a questo punto è stata governata da me, senza che persona alcuna mi possa con verità improverare di haver fatto mancamento alcuno al suo servitio. Il che mi è grandissimo contentamento, sì per discarico mio et ancora per il desiderio che ho sempre havuto che le cose sue passassino bene. Non posso più servirla con honor mio, poich'ella non si è contentata di me in questa carica, nè crederei, quando vivessi mill'anni, poter far meglio nè con più affettione di

---

1. Fonds français, ms. 2913 (*olim* Béthune, 8453), f° 101.

quello che abbia fatto in sin qui. Per tanto, io mi son risoluto, con buona gratia sua, a ritirarmi a Malta a far servitio alla mia religione, dove io spero satisfare a quel debito che porta l'abito ch'io porto. A me pare il tempo opportuno ritrovandosi l'armata turchesca in quelle bande. Non si maravigli la M. V. s'io mi parto in questo modo senza sua saputa, perchè essendo rimesso in mano di persone, i più prossimi parenti de' quali hanno tenuto mano contra la vita et contra l'honor mio, et constrettomi à guardarmi la persona nelle terre della M. V., in quel tempo ch'io ero intento totalmente al servitio suo, non saria cosa da persona savia rimettersi colla discretione loro et comportare che le mie ragioni di buone sieno fatte cattive, ma sì bene ancora di ridursi di luogo dove, quando la M. V. habbia avuto qualche mala informatione di me, io habbia modo di rispondere a qualunque persona havesse havuto animo di calunniarmi, et fare conoscere alla M. V. la verità, et sostenere quando non possa altrimenti con questa persona che mi è restata che la M. V. non ha mai avuto servitore che l'habbia servito di miglior volontà et affettione di me. Supplicandola humilissimamente, in ricompensa di tutti li servitii ch'io gli ho fatti, si mai gliene feci alcuno, che voglia contentarsi che per l'avenire, senza mala gratia sua, io possa far servitio alla mia religione, alla quale ho destinato tutto il resto della mia vita, durante la quale non lascierò mai di riconoscere verso la M. V. et degli suggetti suoi gli honori che gli è piaciuto farmi; alla cui buona gratia humilissimamente mi racomando, pregando Iddio che la faccia felice.

Di galera, alli XVI di septembre 1551.

Di Vostra Maestà
Humiliss. et affettionatiss. servitore
LEONE STROZZI, *Priore di Capua*[1].

1. On lit au dos de la pièce qui n'est point de la main de

Catherine de Médicis au Roi[1].

Monseigneur, jé antandeu par Brésé cet qui vous a plulx luy comander de me dire, et vous aseure que je né jeamès heu chause qui plulx m'anuyas, non pour luy, synon de panser que yl est anuyé, car le plulx grant plésyr que serès (saurois) avoyr, se seret d'antandre qu'yl eust plulx à Dyeu l'avoyr fayst nayer, cant y prynt sète délibératyon, mès pour voyr la faulte qu'yl a fayste à vostre servysse, asteure que je aysperès quy (qu'il) vous en deut fayre autant que serviteur que vous heusyés, et ancore que je say seure que se nayt (n'est) que déses pouyr (désespoir) et non pas mechanseté, ynsin que voyrés par heune lestre que je vous anvoy, non poynt pour le aysceusez (excuser), car les cease (souhaits) que je veodré fayre pour luy seret le auter de set monde, mès seolement pour vous fayre conestre à mon avys l'aucasion de sa faulte, et me déplayst que Jean-Batyste Corse, aystant si méchant comant luy-même l'a veue, ayst heu la pyusance, an ly fesant sy grant peur de sa vye, de luy avoyr fayst tant fayst fallyr à luy et a seos (ceux) à qui l'ayst tant teneu et aublygé; car je ne veo (veux) croyre que chause quy luy ayst diste souyt vraye, pensant lé jean (les gens) de quoy y parle trop jean de byen; mès pour le mouyns y l'a creu. Mès, Monseigneur, je vous suplye très humblemant que sy layst (s'il est) maleureus, quy ne pyuse (puisse) faire maleureus seos (ceux) à quy teuche (à qui il touche); car je suis seure quy n'y a vye pyese (? ?) qui ne le désyre au font de la mer, et que set y le tenayt y n'an fyse heune aysanple pour tout séos (tous ceux) quy veodret jeamès fayre ynsyn, et prynsypalement son frère le sygneur Pyètre, lequel, Monsygneur, je vous recomande et vous su-

---

Strozzi : *Double d'une lettre que le prieur de Capue a envoyée au Roy, du XVIe de septembre* 1551.

1. Fonds français, n° 3129 (*olim* Béthune, n° 8648); f° 31.

plye très humblement que la faulte de set maleureus né pyusance de vous fayre aublyer le servyse quy vous ha faysts ; car je suys seure de stylà quy moura plulxtôt de san myle mort que de vous fayre jeamès faulte ny aublyer l'aublygasion quy vous ha. Je vous suplye me pardonner set je vous anuy de sy longue lestre aymesceuser (et m'excuser), pansant le déplésyr que je hay que personne dy quy je vous ay tant parlé et metré (montré) set quy lest, vous ayst faist faulte à l'aure (à l'heure) que je ayspéres quy vous deust tant servyr, et ne voy ryen quy me le pyuse auter que de heuy dyre (ouir dire) que Dieu l'aye fayst nayer, et que pour toute sa maleurté, je n'en saye aylongnaye (éloignée) de vostre bonne gràse, an laquèle très humblement me recomande, pryant Nostre Seigneur vous dauner très bonne et longue vye et félysyté an veos afayres.

Vostre très humble et très hobéysante famme,

CATERINE.

Au Roy monseigneur.

Catherine de Médicis au Roi[1].

Monseigneur, le signeur Piètre[2] ay passé par ysi qui m'a fayt tant de pityé de le voir si tormanté de peur que la faulte deu (du) prieur soit cause de lay aylongner de vostre bonne gràse, et ausi que je le conois an plulx grande afayction de mètre sa vie pour vostre servise, sil et posible, qui n'a fayst jeuques ysi, que sela ayst cause, que se jeuques asteure je prins la hardiese de le vous recomander, que meyntenant je vous lay recomande plulx que je n'ay jeamès fayst, vous supliant très humblement, si vous playst ancore qui vive pour vous fayre servise, qui vous playse luy faire conestre coment

---

1. Fonds français, 3129 (*olim* Béthune, n° 8648), f° 29.
2. Pierre Strozzi.

y layst an vostre bonne grâse, et que la faulte deu pryeur n a piusanse de vous fayre aublier le servise qui vous ha fayst, ni de méconestre la volanté qui la de vous an fayre; car, Monseigneur, se je ne aysté byen aseuraye qui ne changeré jeamès d'oupinion, je le désaveurés, et ne veodrés jeamès prandre hardyesse de vous parler pour luy. Mès aystant aseuraye de luy come de moy, je vous suplye très humblement ne trover mauvès, set (si) je le vous recomande, car an fesant pour luy, je l'aystyme come pour moy-même, le voyant si afectioné à vous coment ylé (il est). Je ne vous anuyré de plulx longue lestre, après vous avoyr présanté mes très humbles recomandations à votre bonne grâse et avoyr pryé nostre Seigneur vous dausner aussi longue et heureuse vye que la vous desyre.

    Vostre très humble et très hobéysante famme,

              CATERINE

Au Roy monseigneur.

Catherine de Médicis au connétable de Montmorency[1].

Mon conpère, jé antandeu set que avés donné charge à Alberto d'Albene de dire au signeur Piètre, et sui seure que sela le reconfortera tant de la ynpasiansyon de son frère de voir la volanté que lui portés et l'auneur que le Roy lui fayst de ne leser (laisser) pour la faulte de son frère à le tenir an sa bonne grâse, et se sovenir de servises qui lui ha fays que pour satisfayre à sète aubligasyon qui la (qu'il) hasarderè plulx sa vye qui ne fyst jeamès pour luy fayre servise; et de vous, mon conpère, vous povés asseurer que, an fesant pour luy, que fayré pour heune personne qui n'an serè jeamès yngrat, et de qui vous pourés disposer come de chause

---

1. Fonds français, 3129, f° 38.

vostre, et ausi vous m'aubligerés tanplulx à vous ancore que je n'aye neul (nul) moyen ni vous besoing que je fase pour vous pour le mouyns de volanté, laquele je grarderé teurjeur (toujours) pour le vous monstrer par ayfait quant y vous playrè. Je ne vous fayré plulx longue lestre pour estre ancore fouyble (foible), car de piuys que jé seu ses fâcheuse novelles de set que le prieur avet faist, je né dormy que sete nuy'st seolement, vous pryré de me tenyr an la bonne grase deu Roy, et me mander de ses novelles, en atandent que jé aye le byen de le voyr que je seuplye à Nostre-Sygneur aystre byentôt, et quy vous douynt (doint, donne) set que vous desyré.

Votre bonne comère et amye,
CATERINE.

Mon conpère monsieur le conestable.

Nous soubzsignez consuls de la ville de Masseille, disons estre vray que Monseigneur le conte de Tende nous a par plusieurs fois dict, ordonné et commandé de tenyr les habitants de ladite ville en paix, union et transquillité ; ce que tousjours avons faict, moyennant l'ordre et la main que nous a tenue Mond. seigneur le conte. Bien est vray que estantz advertis que le seigneur prieur de Cappue ayant prins le cappitaine Jehan-Baptiste en terre, chose contrevenent à l'auctorité du Roy et de nos privileiges, dont nous sommes retirez vers Mond. seigneur le conte pour luy demander justice, et nous vouloyr conserver nosdicts privilleiges qu'il a pleu au Roy nous confirmer, ce que Mond. seigneur le conte nous a accordé et promys de rechef, nous commandans de tenyr les habitants de lad. ville en paix et union, à ce que pour la prinze dud. Jehan-Baptiste n'en advint aulcun inconvénient, ce que avons faict, nous promectant d'en advertir le Roy, à celle fin que justice en soyt faicte, et nos privilleiges conservez. Et pour estre les choses cy dessus véritables, nous sommes soubsignez pour en fère foy où il appartiendra.

A Marseille, le douziesme jour d'octobre l'an mil cinq cens cinquante ung,

Suivent les signatures [1].

§ 3.

M. de Nemours et Mlle de Rohan.

« Le roy de Navarre, dit Brantôme (p. 168), haïssoit fort M. de Nemours, à cause de mademoyselle de Roan que ledict roy vouloit qu'il espousast. »

On ne se douterait guère d'après ces lignes de la gravité de l'affaire qui eut lieu entre le duc de Nemours et Françoise de Rohan, dame de la Garnache, fille de René de Rohan et d'Isabelle d'Albret qui était fille de Jean d'Albret, roi de Navarre. Le duc était parvenu à séduire Mlle de Rohan sous promesse écrite de mariage, et lorsque devenue grosse elle le somma de tenir sa parole, il répondit par des tergiversations, puis par un refus, et se conduisit avec la plus insigne déloyauté. Un procès fut intenté par Françoise devant l'officialité de Paris; des enquêtes furent faites en mars et en mai 1559, enquêtes qui, accompagnées de pièces à l'appui, se trouvent dans le manuscrit du fonds français n° 3169 (*olim* fonds Béthune, 8680). Nous avions pensé pouvoir donner quelques extraits des dépositions recueillies par les commissaires au sujet des relations intimes du duc et de Françoise, mais nous avons cru devoir renoncer à ce projet par suite de la longueur et surtout de la teneur de ces dépositions, fort curieuses pourtant au point de vue de l'histoire des mœurs. Nous nous bornerons à dire que la

---

1. Fonds français, 3122 (*olim* 8641), f° 68.

malheureuse Françoise, malgré la bonté de sa cause, malgré l'appui que lui prêta son cousin germain, Antoine de Navarre, ne put obtenir justice. Quoiqu'elle eût interjeté appel d'un jugement qui l'avait condamnée, elle ne put empêcher son séducteur d'épouser la veuve du duc de Guise. Les procédures n'en continuèrent pas moins, et ce ne fut que le 22 janvier 1580 qu'intervint entre eux un contrat de transaction [1]. Enfin, j'ajouterai que le 9 août 1586 fut signée entre la pauvre Françoise et François le Felle, chevalier de l'ordre du roi, seigneur de Guesbriant, une promesse de mariage [2] qui fut sans doute mieux tenue que la première. Il y avait plus de trente ans que Mlle de Rohan avait été séduite par le duc de Nemours !

Quant aux passions et aux violences que ce procès a pu soulever, on pourra se les figurer en lisant la lettre suivante adressée au roi par une parente de Françoise, Jacqueline de Rohan, dame de Gié, femme de François de Balsac, seigneur d'Entragues.

Sire, la nésesité grande en quoy je suis me contrains de prandre la hardiesse de vous etcripre et suplier très-humblement, comme à mon roy et souverain seigneur et seluy qui doit justise, vouloir antandre le tor que me fet M. de Nemours, ou gaus s'avouant à luy, dont j'an connoys quelque ungs ses domestiques, qui sont antré par force et an armes en sète maison de Châteaudun ; m'apelant par mon nom, m'ont dit que je sortiroys, me tenant le pistolet et la dague à la gorge, me trainnant par les chevelx, me batant tant que je m'an trouve fort mal. O parti de là, sont alés o lit hoù ma petite fille dormoit, et l'ont fet sorti toutte andormie, tenant deux aquebutes sus elle, et deus dagues nue sus elles, disant qui la turoys.

1. Voyez ms. 3169.
2. Voyez-en le texte ms. 32155 (*olim* Béthune, n° 8728).

APPENDICE.

Sire, il les vray se que je vous dis ; et m'on dit que s'es par vostre commandemant qui le font, se que je soutienderé devant vostre Majesté.

Sire, comme à mon souverain seigneur et roy, je vous requiers justise, car je n'antrepranderé rien, sans vostre congé et lizance ; encorres qui me tiène enfermée et en la plus grande crainte du monde, sans que gés le moien de parler à mes gans, vous asurant que je ne mès ma forse ni ma fiance fors en Dieu et an vous, la bonté duquel je suplie, Sire, vous donné très-bonne et longue vie.

Vostre très-humble et très-obéisante sugète
et servante
JAQUELYNE DE ROHAN [1].

De Châteaudun se VIIII septambre.

§ 4.

Combat du duc de Nemours et de trois Français contre le marquis de Pescaire et trois Espagnols (p. 172 et suivantes).

La relation de ce combat citée par Brantôme se trouve à la p. 69 d'un opuscule que nous avons déjà eu occasion de citer : *Conquista de Africa* par Diego de Fuentès, Anvers, 1570, petit in-8°. Cet opuscule étant très-rare et, je le pense, fort inconnu, nous croyons devoir le réimprimer ici.

Verdadera narracion de un desafio que passo entre el marques de Pescara y el duque de Nemurs junto a los muros de Aste.

Despues de hauer considerado la materia que trata la primera parte deste nuestro volumen, y que enella el

---

1. Fonds français 3158 (*olim* Béthune 8675), f° 16.

principal intento del autor fue declarar las tan resplandecientes hazañas, del inuictissimo marques de Pescara, me
parecio no ser muy fuera del caso, amodo o por mejor
dezir por postre contar vna particular hazaña, que al illustrissimo Marques de Pescara, despues del arriba nonbrado successo acontecio, en la jornada, que Monseñor de
Brisaco hizo contra el dicho marques, la quel passo desta
manera. El dia que el señor de Brisaco vino con todo su
exercito, (que podia ser de veynte mil infantes y dos mil
cauallos) sobre el inuictissimo y esforçado cauallero marques de Pescara, que estaua ala sazon alojado en la canpaña de Valença, solamente aconpañado con quatro mil
infantes y quinientos cauallos, fue este vn rencuentro, el
qual no muy lexos estaua o estuuo de se llamar jornada,
porque aqui fue bien de menester, que la gente del marques desemboluiessen bien las manos, para se conseruar
contra aquella tan indomestica furia, en especial teniendo
los enemigos tanta ventraja de gentes, y ellos siendo tan
pocos, vno delos que en esta jornada mas muestra hizo
del inuencible esfuerço de su persona, fue el Capitan Milort, el qual con algunos cauallos ligeros (escogidos de los
suyos) se hizo tanto de temer y manifesto tanto su esfuerço
entre los Franceses, que assi huyan de sus encuentros,
como suelen las ouejas quando estan cerca del lobo, passada que fue la ya dicha escaramuça la quel verdaderamente cierto fue llena de mucha sangre, y puestos en sus
conciertos es a saber los Franceses, con los del marques
de Pescara, el capitan Milort con vn gracioso continente,
segun ciertamente lo era, en todas quantas cosas ponia su
mano, y assi se allego al esquadron delos Franceses y llegado
enquel, les dixo desta manera : « Ea, cavalleros, quelquiere
de vos que quisiere en seruicio de su dama, correr comigo
vna dos o tres lanças, yo las correre haziendole en el
campo conocer como siruo yo, ala mas discreta delas hermosas y mas hermosa delas sabias. » Al qual luego ala hora

respondio el señor de la Roca diziendo que el pretendia lo contrario, a cuya causa dando les sus lanças muy gruessas mosiur dela Roca encontro al Capitan Milort que muy valeroso era, por los pechos donde rompio como valiente, y buen hombre de armas su lança, pero que os diremos del esforçado Milort el qual ganoso de precio principal, procuro que fuesse su encuentro en parte señalada (y assi lo encontro en la vista) con tanta furia y braueza que la lança volo en muy menudas pieças; a cuya causa monseñor de Anuylle, que era general de la caualleria lo creo capitan de vna vanda de cauallos ligeros, pareciendole que quien hazia tal encuentro era no de menos merecedor, que de semejante premio. Estando tanto cauallero Frances y tan principal y paraciendo les que la ociosidad en tal sazon no era bien que reynasse, rogaron todos al duque de Nemurs que desafiasse al marques de Pescara, a correr cada quatro lanças por hombre, el y vn conpañero o con cada dos. Estaua ala sazon el marques de Pescara, muy doliente de vna pestilencial calentura, pero como le fue dada la embaxada del duque no pesandole de aquello respondio que cierto agradecia mucho aquellos señores, el se acordar de su persona, para en semejantes actos, y que por estar ala sazon tan fuera de poder tomar armas, que lo dexassen a su cargo que estando para ello, el lo acordaria al duque no passaron muchos dias, que el marques mediante el adiutorio diuino, fuesse libre de su enfermedad; el quel estando para tomar armas no se descuydando delo prometido hizo acordar al duque de Nemurs el plazo que hauia o por mejor dezir el desafio. No el duque fue perezoso para cunplir el caso, sabida la voluntad del marques, antes con cada dos compañeros, el vno y otro contrario salieron al puesto, venian con el inuictissimo marques don George Manrique de Lara, y el capitan Milort. Y con el duque venian Monseñor de Naualle y Monseñor de Vaseu. La justa hauia de ser desta manera, el primer encuentro hauia de ser del Marques y el duque, y el segundo queria el marques que fuesse de don George Manrique, y el tercero de Milort. El de Naualle que venia con el duque, hauia de ser el segundo y como tenia noticia dela valencia y esfuerço de Milort, desseo y aun procuro por todas las vias que pudo, que fuesse Milort el segundo para se encontrar con el, ca no le parecia que don George era para tanto como Milort; pero como el marques tenia en tanto a don George no consentio su encuentro se le quitasse, prometiendo al de Naualle, que saliendo de aquella que el le daria a Milort para correr vna y dos lanças o quantas quisiesse, de suerte que concertados un sabado de mañana el duque amanecio, (baxo las murallas de Aste) lo quel sabido por el marques a la hora fue a punto con su conpañia, pues ya que los dos tan principales señores estuuieron en el campo, y caladas las vistas cada vno pugno para contra su enemigo. Pero fue la degrecia del marques que tres lanças vna empos de otra el cauallo le huyo la carrera de suerte que no jamas el duque a causa desto, se pudo aprouechar de su enemigo. Viendo el marques la causa de tal daño como quien bien sabia gouernarse en tales trances, determino de tener cuenta con su contrario, (y assi mismo de lo salir a buscar al campo), lo qual no fue mal considerado, ca sabed que haziendolo ansi el marques hallando al duque, y lo encontro, de tal manera que lleuandole vna pieça del braço, lo hirio en el muy malamente. El duque viendo a su enemigo cerca de si, como fuesse vno de los buenos hombres de acauallo de toda Faancia, lo encontro algo desatinadamente, pero de tal suerte, que por ser el golpe vn poco baxo le mato el cauallo. Hauia tal postura entre aquellos principes, que el que matasse el cauallo del otro, pagasse quatrocientos ducados. Sabida por el duque la postura y muerte del cauallo, luego mando que se pagassen al marques los quatrocientos ducados, los quales ni quiso el marques recebir, ni passar por la postura, antes mostro penalle mucho de la herida del duque. Passado este encuentro, uego don George Manrique estuuo a punto, y assi mismo dela otra parte el de Naualle, los quales caladas las vistas, partieron de sus puestos el uno contra el otro, de suerte que el de Naualle encontro a don George en la vista, pero don George lo encontro tan poderosamente en los pechos, que passo la lança vna braçada a las espaldas : de cuya herida el triste cauallero cayo muerto ala hora. Luego Milort se encontro con el Vaseu, de tal manera que el Vaseu ronpio su lança en los pechos de Milort, pero Milort le hirio en vna pierna, con tanta furia que se la passo, no valiendole la armadura. En esta justa los nuestros hizieron gran ventaja a los contrarios, de cuya inuida los Franceses por ser a vn muy temprano ordenaron otra justa de cinco a cinco, la qual concertada fue de manera que los quatro de su parte fueron mal descalabrados, y vno muerto. De suerte que los seys fueron heridos, y los dos muertos, y de nuestra parte solo muerto el cauallo del marques, en pago o trueque de tanta honra, esto me parecio contar por postre, para que los que lo oyeren, y por el passaren sus ojos, se aficionen a imitar o por mejor dezir procurar toda honrosa fama para si. Y con esto suplicando a los benignos y clementissimos lectores tomen este mi trabajo en cuenta de muy pequeño seruicio cessare puesto que no en procurar enmienda, para lo que escriuiere adelante.

§ 5.

Entrevue de Henri III et du comte palatin Frédéric III, à Heidelberg.

Le comte palatin avait rédigé un récit de l'entretien qu'il eut avec Henri III, lorsque celui-ci, n'étant encore que duc d'Anjou, passa à Heidelberg, pour aller se mettre en possession de son trône de Pologne. Ce récit fort intéressant a été publié pour la première, et, je crois, pour la dernière fois, dans un recueil assez peu connu, *Monumenta pietatis et literaria virorum in re publica et literaria illustrium selecta*, Francfort-sur-le-Mein, 1701, 4°, pars prima, p. 311 et suiv. Il nous a semblé de nature à compléter le récit de Brantôme, dont la phrase : *Nous en savons toute l'histoire, monsieur*, se retrouve textuellement dans une réponse du comte : *Was sich in Franckreich zugetragen, weisz man auch*[1]. Brantôme a même, on le voit, été mieux informé que de Thou. Celui-ci en effet raconte (liv. LVII) que quand le comte eut fait l'éloge de l'amiral, Henri III dissimula et ne répondit rien.

Verzeuchniß des Gesprächs so zwischen Henrich dem dritten König in Pohlen und Chur-Fürst Friederich dem dritten zu Heydelberg vorgangen, von dem Chur-Fürst eigenhändig auffgezeichnet, den 12. Decemb. des 1573 Jahrs.

Erstlich hab ich Ihm zu seinem erwehlten Königreich Glück gewünscht, und daneben treulich vermahnet, daß Er seine Unterthanen in Pohlen ihme wolt lassen befohlen seyn, sie in Christlichem friedlichen Wesen regieren und erhalten, das würde nicht allein Ihm zu zeitlicher, sondern auch ewiger wohlfahrt dienen.

Darnach hab ich mich entschuldiget, und Ursachen vermeldet, so mich verhindert, daß ich nicht nacher Oppenheim kommen, wie durch meinen Sohn und Graf Ludwig zu Nassau geschehen.

---

1. La préface des *Monumenta* contient au sujet du récit du comte la note suivante :

« Colloquium quod cum Henrico III habuit Thuanus in sua recensione prætermisit, qui remoti tum saltem a Colinii tabula veli, et virtutum ejus a Friderico adjunctas laudes refert. Cisnerus in epistola ad Posthium de illo colloquio hæc scribit : Rex inter Christophorum Palatinum et episcopum nostrum medius incessit, Heidelbergæ duas noctes commoratus est. Aiunt per diem integrum fere cum electore, paucissimis præsentibus, in ejusdem conclavi esse collocutum. »

Mich auch bedanckt, daß er sich so viel gedemüthiget, und mich nicht allein allhier besucht, sondern auch mein Ungelegenheit angesehen, und sich bis daher in mein Gemach begeben.

Hierauff hat er sich erstlich der Glückwünschung bedancket, und ferner gemeldet, weil ihn Gott zu diesem Königreich sonderlich beruffen, so hoffe er mit seiner Hülff, solches also hinauß zu führen, daß er Gott gefalle, und seine Unterthanen mit ihm solten zufrieden seyn.

Meiner Entschuldigung aber bedörffe es nicht, dann Er hätte nicht allein von seinem Bruder dem König in Franckreich dessen außtrücklichen Befehl, sondern in seiner Person auch dahin geschlossen, nicht vorüber zu ziehen, Er hätte mich dann angesprochen.

Darnach zur Haupt=Sach geschritten.

Und Ihme dessen erinnert, was mein Sohn H. C. und Graf Ludwig und ihme angezeigt.

Dann ich Ihn wohl vergewissern könte, daß Er und sein Bruder der König in Franckreich bei den Chur= und Fürsten, der Religion zugethan, in einem solchen Ansehen und reputation gewesen, daß meines Ermessens sein Vatter und Großvatter ihme dergleichen niemahls vermuhtet hätte.

Aber solches wäre nunmehr gefallen auß nachfolgenden Ursachen.

1. Das jämmerliche massacres zu Paris und anders wo in dem Königreich Franckreich angestellt worden.

2. Daß man nun so offt und vielmahls den Unterthanen Glauben zugesagt, aber nicht gehalten.

3. Die Teutsche Chur= und Fürsten, wie auch Engelland unter dem Schein der Confœderation bey der Nasen umgeführet.

4. Unterstünde man noch die Religion außzutilgen.

5. Daß ärgerlich Huren und ander bös Leben, und keine Justitz vorhanden.

6. Er sey so verhafft, daß viel meiner Freunde nicht gerne sehen, daß ich so viel Gemeinschafft mit ihm habe.

Darauff Er geantwortet:

Er sich wohl erinnert, was mein Sohn und Graf Ludwig mit

seiner Frau Mutter und Ihm gehandelt. Daß aber Er und sein Bruder der König in Franckreich durch den Handel zu Paris ergangen, bey einer und andern Chur-Fürsten und Fürsten in Mißtrauen gerahten, davor könt er nicht.

1. Dann was den Admiral anlangt, der hätte wider den König seinen Bruder conspiriret, und wollen in eine Sänffte sitzen, vor das Königliche Louvre ziehen, da er in die 50. armirten verborgen gehabt, dessen wäre der König avisirt, nicht durch einen, sondern mehr dann 30 oder 40 der Religion zugethan, deren noch viel eben. Er wolt mir die Warheit bekennen, daß der König deren Anschläge über 3 Stund zuvor nicht berichtet; nicht ohne wäre es aber, daß er ehe darum gewust.

Allzie hat er uff seine Brust geschlagen, und die Mordthat zum höfflichsten beschönen wollen, mit Vermelden, ich solte ihm trauen, es wären die Dinge nicht also, wie ich berichtet, vorgangen.

2. Die von der Religion hätten allezeit seinen Bruder übereylet, wären die erste in Rüstung gewesen, zu Orleans, zu Rouen und Lion hätten sie die Catholischen allweg geplündert, zum Theil ins Wasser geworffen, und die übrigen auß den Städten verjagt, auch die Häuser geschleifft. Darauß erfolgt, daß an diesen 3 Orten das Todtschlagen auch wie zu Paris vorgangen.

3. Geschehe seinem Bruder und ihm ungütlich, dann sie die Königin zu Engelland vor eine liebe Schwester halten, und sie sie hinwieder.

4. Hierauff wenig geredt, dann der Fried wäre gemacht und publiciret, hoffe solt gehalten werden.

Das 5 hat er anders nicht verantwortet, dann daß ich selbst an seines Altvatters Hof gesehen que ç'a été une Cour fort dissolue, aber seines Brudern und Frau Mutter Hof demselbigen bey weitem nicht zu vergleichen. Die Justitia hätte ihren Lauff.

Auffs 6 nichts geantwortet.

Weil er aber des Admirals und der Seinen jämmerlichen Mordthat versprochen, und ihm den Unglümpff aufflaben wollen, hab ich replicirt.

Wie das glaublich, einer (wie er gewesen) so seiner beyden

Hände und Arm ohnmächtig, ein solches ihm solt in Sinn neh=
men.

Und zusetzen, doch ungestanden, er hätte sich dermassen vergessen, so hätte man mit den andern fortfahren, und ihn vor Recht stellen können, weil man seines Entfliehens wohl gesichert.

So wäre es mir und andern unglaublich, daß jm Louvre in die 50. mit ihrer Rüstung verborgen gewesen, weilen man weiß, daß sie keine Wehr oder Rüstung mit sich gebracht.

Zudem auch die Königliche Guarde ihnen wohl starck genug, zu geschweigen, daß der König so viel hundert tausend Menschen zu seinem besten zu Paris gehabt.

Uff solch mein repliciren hat der König auch wieder repliciret
 und nochmahls darauff beharret.

Dem sey also, ich solt ihm drum glauben, und sey noch das wahr, daß der Admiral in die 500. Pferdt vor der Stadt gehabt, die ihn haben sollen hinweg begleiten, wann er die That vollbracht hätte.

Er wuste auch wohl daß ihm zum Nachtheil die Spanier ein Gespräch gemacht, als solte er selbst beym Handel gewesen sein, und die Hände in des Admirals Blut gewaschen habe, es wäre aber gewißlich nichts, und hätte er sich die Nacht auß des Königs seines Bruders Kammer nicht begeben.

Uff diese Gesetz=Predig hab ich unterstanden wieder das
 Evangelium ihm vorzuhalten eigentlich mit folgenden
 Worten.

Es wäre nichts so bös, man könt mit der Hülff und Gnaden Gottes remedium zur Besserung erlangen.

1. So müsse der Irrthum bekennet sein, und laß sich nicht ver=
schweigen.

Es sey dem Menschen nicht frembdt sündigen, seine Natur sey darzu geneigt.

Ich müsse bekennen, daß in Religions=Sachen, hiebevor auch deren Religion gewesen, die er Catholisch nennte.

Paulus der vornehmste Apostel sey ein Verfolger der Christen gewesen.

Das 2. Remedium ist das, die Religion frey zu lassen durch das gantze Königreich, und daß sie auch zu exerciren männiglich verstattet werde, wie er den Pohlen zugesagt, und ohne Zweiffel ihnen halten werde.

Wie auch im Reich Teutscher Nation, wie auch dieser Käyser und sein Herr Vatter Seel. so der Religion hefftig zuwider gewesen, in seinen Bergstädten habe thun müssen und noch, behielte sonst nicht einen Unterthanen uff allen Bergstädten.

Das 3. Remedium wäre ein innigliches anbächtiges Gebät, da wäre des König Salomons Exempel vorhanden, der wäre gar jung ins Regiment kommen vor den andern seinen Brüdern, und hätte durchs Gebät das erlangt, was er gebäten, wie I. Sam. 3. zu sehen, und gab ihm alsbald eine Frantzösische Bibel.

Darauff antwortet Er:

Daß sein Bruder die Religion in allen Provintzien zugleich solte frey stellen, das thue sich nicht, dann auch nicht in allen Provintzien viel von der Religion seyen, solten dann die wenige eine besondere Predigt haben, so würden sie von den andern tobt geschlagen, dafür der König kein remedium wüste. Was sein Königreich, dazu ihn Gott beruffen, anlangt, hätte ich zuvor seine Meinung verstanden.

Auffs dritte antwortet er: Er wüste sich wohl zu erinnern, er hätte um Weißheit gebäten, und auch von GOTT erlangt, nahm auch die Bibel in die Händ, that sie uff und sahe darinn, ließ die Blätter herum lauffen bis an den Psalm Sangsweiß, da thät er sie wieder zu, und legt sie vor sich uff den Tisch.

Unter andern hielt ich ihm auch für, daß es bey mir und vielen andern ein seltzames Ansehen hätte, daß derjenige, so den Admiral Seel. so schändlich geschossen, noch an des Königs Hof und so stattlich von solcher Schand-That wegen verehret wäre.

Darauff sagte er: Sein Bruder würde ihn abschaffen, dann ihm alle Menschen feind wären.

Hierauff sprach ich ferner:

Daß man vermeint die Religion zu vertilgen, wäre ohnmöglich.

1. Gott und die Warheit lassen sich nicht kriegen.

2. Die Religion sey im Hertzen, und habe er selbst erfahren, ob es möglich sey die Religion mit dem Schwerdt außzurotten.

3. Gamaliel in der Apostel Geschicht hatte recht davon geredt, wo es von Gott, würde es sich nicht erwehren lassen, wo nicht, wird es von sich selbst nicht können bestehen.

4. Cyprianus, ein alter Lehrer, hatte recht davon geschrieben, nemlich: Der Märtyrer Blut wäre der Christen Samen.

5. Im Reich Teutscher Nation hätte man auch lang gekrieget von wegen der Religion, letzlich aber doch einen Religions-Frieden machen müssen.

6. Es wäre auch allen solchen Verfolgern zum bösen Ende gerahten, als Herodi dem Grossen, Herodi Agrippæ, Maxentio und andern.

Wie es Käyser Carol. V. ergangen, bald nachdem er vermeint, er hätte die Religion schier untergedruckt, das ist unverborgen, daß er verjagt wurde.

Was sich in Franckreich zugetragen, weiß man auch.

Uff diese 6. Puncten hat der König wenig geantwortet, allein daß er nochmahls wiederhohlet, es wäre in Franckreich unmöglich die Religion in allen Puncten zuverstatten.

So wäre an dem, daß ich und andere Chur- und Fürsten nur eine Religion verstatten.

Darauff ich geantwortet:

Es wäre ihm also, aber daß ich und andere nicht auch Unterthanen hätten, so im Hertzen Päpstisch, und derer in guter Anzahl, wäre auch nicht ohne.

In den Reichs-Städten aber, als Speyer, Wormbs, ꝛc. da giengen die beyden Religionen ungehindert neben einander, und lebet jedermann friedlich.

Die Verhinderung aber in Franckreich wüste ich wohl.

Nemlich: Wären es die Cardinäl und Bischöffe, ob sie wohl meine Freunde, wüste ich doch, daß sie dem Papst so starck verpflichtet, daß, was sie in der grossen Herren Reich vernehmen, so zu Abbruch seines des Papsts Reich dienet, das müssen sie ihm anzeigen.

Diese wären täglich ins Königs Raht, und beförderten des Papsts Reich.

Hierauff replicirt Er:

Ich solt ihm drum trauen, daß die Cardinäl in des Königs geheime Sachen nicht, sondern nur zu den gemeinen Sachen zu Raht gezogen würden.

Ich sprach weiter:

Neben dem ist es auch nicht nütz die Religions-Verwandten zu vertreiben.

1. Dann jemehr er und sein Bruder den Papst erheben, jemehr stärcken sie Hispanien, so des Papsts executor und darauf der Papst sein Bau gestützt. Ich wolt nicht sein Hencker seyn.

2. Der Papst glaube so weit und lang, bis nur seine Kirche feist, und er Herr bleibe. Es sey bey meinen Zeiten und Gedencken geschehen, daß ein Papst, Julius genannt, ein Büchlein geschrieben, daß keine Ufferstehung der Todten, oder nach diesem ein ander Leben sey. Daß aber Hispanien des Papsts executor sey, hat er damit gnugsam bewiesen, daß er seines eigenes Fleisches und Bluts nicht verschonet.

3. Daß es nichts nutze die Religions-Verwandten zu vertreiben, hat sein Bruder nicht ohne mercklichen Verlust Leut und Gelds erfahren.

4. Und ist das gewiß, daß die eiffrigste unter den Religions-Verwandten, die getreusten Diener und Unterthanen seyen, darauff man sich verlassen.

Hierauff antwortet er:

1. Daß dieses von einem Papst gesagt, der von der allgemeinen Aufferstehung der Todten nichts gehalten, wäre ihm frembd zu hören.

2. Es wäre nicht ohne, sein Bruder hätte viel guter Leute verloren.

3. Die Religions-Verwandten möcht man hier zu Land dafür halten, aber bey ihnen in Franckreich gar nicht.

§ 6.

Antoine de Navarre mourant dans la religion réformée.

« Le roy de Navarre, dit Brantôme (pag. 367), mourut repentant (ce disoient-aucuns), d'avoir ainsi changé de religion, et résolu de remettre la refformée mieux que jamais. » Le récit de notre historien sur les sentiments du prince est pleinement confirmé par une relation de ses derniers moments, qui me paraît être de son médecin Raphaël de Taillevis, sieur de la Mésières. De cette relation, conservée au manuscrit 500 de la collection Dupuy (f°s 52 et suivants), et qui est peut-être encore inédite, je me borne à extraire le passage suivant :

« Ha! Raphaël, dit le prince, je vois bien que je suis mort. Il y a vingt et sept ans que vous me servés, et maintenant vous voiès les jours déplorables de ma vie. » Il failloit au nombre des années ; et ce faict, il commence, les larmes aux yeux, demandant pardon à Dieu, et luy faire confession de sa foy, selon la fasson de l'esglise réformée, protestant que si Dieu luy fesoit la grâce de guérir, qu'il feroit prescher purement l'évangile partout le réaume de France, mais qu'il vouloit tenir la confession d'Auguste (Augsbourg). »

FIN DE L'APPENDICE.

TABLE DES MATIÈRES.

M. LE MARÉCHAL DE TERMES. P. 1 à 5.

Il remplace d'Essé en Écosse, p. 1 ; est envoyé en ambassade à Rome ; mot de Jules III. Il est lieutenant de roi à Parme, à Sienne avec le cardinal de Ferrare, en Corse et en Piémont, 2 ; à Calais et à l'armée de Flandre ; prend Bergues et Dunkerque, et perd la bataille de Gravelines où il est blessé et pris, 3. Monluc cité, 2 et 3 ; prise par le duc de Guise de Thionville où meurt le maréchal Strozzi ; Termes est nommé maréchal ; il est lieutenant de roi à Paris où il meurt ; son éloge ; il tue en duel un gentilhomme de la cour et est obligé de sortir du royaume, 4 ; est pris par des corsaires ; sa belle conduite à la bataille de Cérisoles où il est pris ; tableau représentant cette bataille dans le cabinet de Henri VIII, 5.

M. D'AUSSUN. P. 5 à 26.

Dicton sur lui et M. de Termes, 5 ; discussion à ce sujet, 6 ; sa fuite à la bataille de Dreux ; il en meurt de chagrin, 7 ; les fuyards de Dreux, 8-10. Anecdote de M. de Martigues et d'un des fuyards, 8 ; ancien dicton ; anecdote de M. de Guise et d'un gentilhomme, 9 ; roi des pois pilés au théâtre de l'hôtel de Bourgogne ; fuyards de Coutras, 10, 11 ; mort du duc d'Alençon à Pavie et de son aïeul à Azincourt, 11, 12. Anecdote d'un capitaine gouverneur de place, 12, 13 ; mort du vicomte d'Uza devant la Rochelle, 14 ; anecdote de Bartholomée d'Urbin, tireur d'armes à Rome, 14, 16 ; réflexions sur le suicide ; duel de Perelongue et de Hautefort, qui est tué à Yvoy où le capitaine Bourdeille est blessé, 16-18. Est-il permis de punir les poltrons? 19-22; le capitaine Franget; Vervins, Solignac, 22 ; supplice du comte Alto ; proverbe italien ; Sainte-Soline, 23 ; ce que Coligny dit à Brantôme sur le baron de Mirembeau qui avait rendu Lusignan, 24 ; Hégésias; suicides chez les Égyptiens; punition des poltrons chez les Espagnols et chez les Turcs, 25.

M. DE MONTLUC. P. 26 à 32.

Louanges qu'il se donne dans ses Commentaires; anecdote de M. de Guise et de François de Caumont qui se plaignait de Monluc, 26-30; le capitaine Charry, 28 ; le capitaine Hautefort, 30, 31 ; cruauté de Monluc et du baron des Adrets, dont le fils aîné meurt au siége de la Rochelle, 32.

LE BARON DES ADRETS. P. 32 à 36.

Ses exploits; se fait catholique; emprisonné par les huguenots, 32 ; ses cruautés à Montbrison ; Monluc, maréchal de France, 33 ; sa vieillesse l'empêche de rien faire en Guyenne; Bussy d'Amboise veut soulever son régiment; la conspiration est découverte à Bourdeille, frère de Brantôme par le capitaine Page, 34 ; celui-ci est pris par Bussy qui lui accorde la vie, 35; à quelle condition, 36.

ENCORE M. DE MONTLUC. P. 36 à 59.

Sa mort; sa blessure au siége de Rabasteins; plaisant dialogue d'un soldat rochellois et d'un capitaine de l'armée royale au siége de la Rochelle, 36-40; *La Carraque*, nef vénitienne, 38-39; le capitaine Sore, bon homme de mer; le capitaine Arnauld, bon marinier, 39; enfants de Monluc : Marc-Antoine, tué à Ostie, 40; le capitaine Perrot, tué à Madère, 41 ; Brantôme soupe avec lui chez le vicomte d'Orthe, 42, le fils de Perrot est tué à Ardres, 42; le troisième fils de Monluc, chevalier de Malte puis évêque de Condom, 43; le quatrième, Fabien de Montesquiou, filleul de La Châteigneraie; sa mort, 43, 44; ses fils, 44, 45. Les frères de Monluc : M. de Lioux et Jean, évêque de Valence, 45, 46. Frère Girard, évêque d'Oléron; évêques d'Uzès, de Vienne et de Bayonne, soupçonnés de calvinisme, 46. Observations critiques de Brantôme sur la conduite de Monluc lors du siége et de la capitulation de Sienne,

46-60; conduite de Bernardin Corso assiégé dans San-Fiorenzo, 48, 49 ; Marius et Catulus dans la guerre des Cimbres, 49, 51. Capitulation de Terride dans Orthez, 53 ; exemples de diverses capitulations, 54, 55 ; le duc de Guise au siége de Metz, 56 ; les Lansquenets meilleurs pour la campagne que pour un siége, 57. Immobilité de Strozzi pendant le siége de Sienne, de la Noue pendant le siége de Lusignan, 57-59. Conversations de Monluc avec Brantôme, 59.

M. LE MARESCHAL DU BIÉ. P. 60.

Son éloge par Monluc ; sa disgrâce pour la reddition de Boulogne par son gendre ; il fait Henri II chevalier ; il obtient la moitié de la compagnie de Bayard dont l'autre moitié est donnée à Sansac, 60, 61.

M. LE MARESCHAL DE BRISSAC. P. 61 à 83.

Ses ancêtres ; les Brissac gouverneurs du château d'Angers, 61. Le maréchal est élevé avec les enfants de France dont sa femme était gouvernante ; il devient premier écuyer du dauphin François ; chanson sur la maîtresse du prince ; Brissac, colonel général de la cavalerie légère, et colonel de l'infanterie française devant Perpignan ; son échec à Vitry ; du Bellay et P. Jove, cités, 63, 64. Mémoires de Boyvin du Villars qui le vante trop, 64 ; exploits de Brissac en Piémont, 65 et suiv. Ferdinand de Gonzague cause de la mort de Louis Farnèse, 65 ; soldats français qu'il fait assassiner ; il est obligé de lever le siége de Parme, 66 ; prise d'Yvrée, de Casal, de Montferrat, 67 ; échec du duc d'Albe devant Santia, et de Brissac devant Coni, 68. Destinée malheureuse de quelques villes ; prise et reprise de Valence, 69. Brantôme visite Brissac en Piémont ; ce que celui-ci lui dit au sujet de la restitution du Piémont, 70. Brissac mandé à l'armée après la mort du duc de Guise ; regrets de Brantôme sur la vieillesse et la mort des grands capitaines, 71. Braves capitaines que Brissac avait avec lui, 72-74 ; sa passion pour les échecs, 74 ; mot de François Ier sur l'accueil fait aux grands par les courtisans ; retour de Brissac à la cour, 74-75. Combat à Orléans de deux capitaines de l'armée du Piémont et de deux gentilshommes de

M. de Randan; souper chez le duc de Guise, 77-78; le capitaine la Rivière-Puitailler, 76-78; Pusset, gentilhomme de M. de Randan, 76; son combat contre M. de Kerman; celui-ci se noie dans la Seine, 78. Brissac ne se faisait appeler que monsieur le maréchal en Piémont, 79. Longues promenades à pied de Catherine de Médicis, 80. La maréchale de Brissac, 80, 81. Ce qu'il faut entendre par le bon traitement des maris envers leurs femmes, 80, 81. La señora Novidalle, maîtresse de Brissac en Piémont; il en a une fille qui se fait religieuse, 81, 82. La bande de violons de Brissac est demandée par Henri II et Catherine de Médicis; Jacques Marie et Baltazarin, *dit* M. de Beaujoyeux, 82. Il laissa une fille naturelle et un bâtard, Artus de Cossé, évêque de Coutances, 83.

M. LE MARESCHAL DE COSSÉ. P. 83.

On l'appelait le petit Cossé, 83; gouverneur de Metz et de Marienbourg; surnommé *le maréchal des Bouteilles;* il est créé surintendant des finances; anecdote sur la naïveté de sa femme, 84-85; vers latin sur lui; il est fait maréchal de France; est donné pour conseil à Monsieur (Henri III) commandant l'armée catholique, où était Brantôme; est blâmé de n'avoir pas attaqué les huguenots à Notre-Dame de l'Épine, 85, 87. M. de Terride; défaite de Poncenat par Montsalez, 86. Défaite de Coqueville par les troupes de Cossé où se trouvait Brantôme; prise de S. Valery; mort du capitaine Gouas, 87. Supplice de Coqueville; armée du prince d'Orange dissipée par le duc d'Albe; MM. de Mouy, de Genlis et d'Autricourt en Allemagne; le duc de Deux-Ponts, le prince d'Orange et le comte Ludovic de Nassau en Guyenne, 88. Bouchavanes ôté du gouvernement de Dourlens; la compagnie de Brantôme dans Péronne; le maréchal de Cossé se distingue à Jarnac, Moncontour, Arnay-le-Duc, et au siége de la Rochelle où il empêche Montgommery d'entrer avec le secours qu'il amenait d'Angleterre, 89-90. L'armée royale perd 22 000 hommes au siége de la Rochelle; rôle des morts dressé par un soldat; le maréchal de Cossé est arrêté avec Montmorency et mis à la Bastille, 90. Il s'attache au duc d'Anjou que le roi lui défend de suivre en Flandre; il meurt de la goutte; visite que lui font Brantôme et Strozzi un jour qu'il était malade;

le *bourru*, 91-92 ; plaisante anecdote du maréchal et du duc d'Anjou, 93.

M. DE VASSÉ. P. 94 à 97.

Il surprend S.-Damian; son dévouement au connétable qui le fait nommer gouverneur de Saluces; son caractère violent; mot de M. de Guise sur lui et Monluc, 94. Querelle de Vassé avec le capitaine Montmas, 95-97.

M. DE SALVOYSON. P. 97 à 120.

Son éloge; on disait qu'il avait un esprit familier, comme l'amiral et d'autres grands capitaines, 97, 100 ; le chapeau de François Ier à Pavie; anecdote à ce sujet; la mort empêche Salvoyson d'aller le reprendre, 98. Il prend d'assaut le Castellet près de Casal et, en se retirant, gagne une pleurésie dont il meurt, 99. Il avait étudié à l'université de Toulouse; il accompagne d'Essé en Écosse, est fait prisonnier par les Anglais et présenté au roi Édouard qui le renvoie sans rançon, 101. Les Birague; mot de Henri III sur eux, 102. Entreprise sur Milan de Salvoyson qui y est pris et condamné à mort, 103. Défense habile de Salvoyson qui est gracié avec les autres Français prisonniers; avis aux gens de guerre d'être savants, 104. Son entreprise sur Verceil dont la ville et le château sont pillés; pillage du cabinet de M. de Savoie; Brissac a pour sa part une corne de licorne, et Salvoyson l'escoffion de la duchesse et une planchette d'or, 105, 106. Ses héritiers; le roi lui donne une compagnie; comment il lui est permis de la recruter, 106. Il est nommé gouverneur de Verrue, 107. Son entreprise sur Casal, 107-110 ; récit qu'en fait le capitaine Cluseau à Brantôme, 110. Insuccès de la tentative de M. de Burie sur la même ville du temps de François Ier, 110, 111. Casal est rendu, à la paix, avec le Montferrat, le Piémont et la Corse; réflexions à ce sujet, 112-113. Les Français ne savent pas garder leurs conquêtes, 113-114. Exploits de Salvoyson avec Dampville, 114-116. Il est fait maistre de camp et gentilhomme de la chambre du roi ; projets qu'il formait quand il mourut; le capitaine Saint-Martin, 117, 118. Visite qu'une dame de Milan fait à Salvoyson, 119. Scipion à Linterne, 120.

M. LE PRIEUR DE CAPPUE. P. 120-139.

Léon Strozzi, prieur de Capoue, sa mort à Scarlino ; sa grande réputation comme homme de mer, 121. Son neveu Strozzi, 122 ; éloge du maréchal Strozzi ; le prieur de Capoue prend part au siége de Nice avec une troupe de Florentins bannis, 122. Il est pris en amitié par François Ier ; Henri II préférait le maréchal Strozzi. Il est envoyé en ambassade vers Soliman ; il fait passer dix galères de la mer du Levant dans l'Océan, et prend le château de la ville de Saint-André, 123. Galères aux siéges d'Ostende et de la Rochelle, 124. Son mécontentement du roi ; il quitte son service et se rend à Malte avec deux galères qui lui appartenaient. Réflexions sur la défection de Doria, 125. Trahisons pendant la Ligue, 126. Beau trait de M. de Montespan faisant sa soumission au roi, 126, 127. Trahison de Dizimieu envers M. de Nemours qu'il fait empoisonner, 127, 128. Fidélité de Brantôme au roi lorsqu'il était dans Péronne pendant les guerres de religion. 128. Lettre du prieur de Capoue à ses frères au sujet de son départ, 129, et *Appendice*, p. 392. Ses exploits contre les Turcs ; il rentre au service du roi, 130 ; sa tentative sur Barcelone, 131, 132. Anecdotes au sujet de dames prisonnières : le maréchal Strozzi, le marquis de Marignan ; Fr. Vimercat ; Mlle de Bourlemont, 132, 133. Tentative du prieur sur Zara, 134. Son épitaphe par Joachim du Bellay, 134, 135. Mort de Philippe Strozzi dans sa prison à Florence, 136, 137. Philippe Strozzi, son petit-fils ; sa haine contre le grand-duc Côme de Médicis, 137, 138. Portrait de Philippe Strozzi ; son incrédulité, 138. Anecdote du maréchal Strozzi et de Catherine de Médicis qui veut lui faire lire la Bible, 139.

M. LE BARON DE LA GARDE. P. 139-150.

Il s'appelait le capitaine Poulin ; il est protégé par Langey, 140 ; François Ier l'envoie en ambassade à Constantinople où il montre une grande habileté, 141. Il accompagne dans son expédition contre Nice Barberousse qui devait lui obéir, 142 ; ce qu'il raconte à Brantôme sur son ambassade à Constantinople ; panache de plumes de phénix que porte le Grand Seigneur, 142-143 ; ce que M. de Lansac raconte à Brantôme au sujet des armoiries du roi d'Espagne gravées sur une pierre de foudre,

143. La Garde est créé général des Galères ; sa conduite dans l'affaire de Mérindol et de Cabrières le fait emprisonner trois ans, 143-144 ; son combat contre une flotte espagnole, 144-145. Sa querelle à la cour avec le jeune la Molle ; sa charge lui est enlevée et rendue plusieurs fois ; sa conduite au siége de la Rochelle, 146-147 ; sa galère *la Réale ; la Marquise*, galère du marquis d'Elbeuf, 147. Projet de mariage de Henri III avec Élisabeth d'Angleterre ; magnificence des préparatifs que fait à ce propos le baron de la Garde, 148-149 ; il fait perdre douze mille écus à Brantôme ; son origine, 150.

M. LE GRAND PRIEUR DE FRANCE, DE LA MAISON DE LORRAINE.
P. 150-164.

François de Lorraine, grand prieur de France, est nommé général des galères, 150 ; général des galères de Malte ; son combat devant Rhodes, qu'il raconte à Brantôme, 151-153 ; visite qu'il fait à Gênes à André Doria, 153-154. Projets qu'il avait formés pour prendre Rhodes, 155. Il gagne, le soir de la bataille de Dreux, une pleurésie dont il meurt, 156. Son habileté comme marin, 156-157. Il commande à quarante galères, nombre qui n'a guère été surpassé en France ; il était magnifique et beau joueur comme son lieutenant général, M. de Carces, 157 ; ses capitaines : Tenance, Beaulieu-Chastaigner, Basché-Martel, le comte de Fiesque, Cornelio Fiesque, Pierre Bon *dit* M. de Meuillon, Maurice, Charlus, Albize, 158-159. Il était aussi bon homme de terre que de mer, 159 ; il court la bague à Amboise avec M. de Nemours ; leurs déguisements ; M. de Nemours monte à cheval le grand degré du palais, 161. Belle écurie du grand prieur ; riche costume de ses pages et laquais ; son portrait, 162 ; son combat à la barrière, au faubourg S.-Germain, en compagnie de Béziade-d'Avaray ; bon accueil que lui fait la reine d'Angleterre, 163-164.

M. DE NEMOURS. P. 164-187.

Son éloge ; son adresse dans tous les exercices du corps ; les *Revers de M. de Nemours* ; est fort aimé des dames, 164-166 ; ce qui lui arrive pendant une procession à Naples ; est nommé colonel général de la cavalerie légère : son intimité avec M. de

Savoie, 167-168; est haï du roi de Navarre à cause de Mlle de Rohan, 168 et *Appendice*, 405; il se retire de la cour avec MM. de Guise; il est accusé par Denise, femme de chambre de la reine, d'avoir voulu débaucher Monsieur, 168; emprisonnement de Lignerolles, 169. A la première guerre civile, le duc de Nemours est fait lieutenant en Lyonnais, Forez, etc.; il bat le baron des Adrets; sa maladie; il est nommé gouverneur du Lyonnais, 169. A la journée de Meaux, il commande les troupes qui ramènent le roi à Paris, 170. Il se comporte vaillamment à la bataille de Saint-Denis; au voyage de Lorraine, il commande l'avant-garde avec M. de Montpensier, 171; il est tourmenté de la goutte, 172; défi que lui adresse Pescaire; combat qu'il soutient avec trois Français contre celui-ci et trois Espagnols; récits différents à ce sujet, 172-176, et *Appendice*, 407. Combat de Bayard et de douze Français contre treize Espagnols, 176-180; observation de Brantôme sur ces combats singuliers, 181. Vaillance de ceux qui ont porté le titre de duc de Nemours et de duc de Bourgogne, 182-183; le duc de Nemours fils de celui dont parle Brantôme; sa conduite pendant la Ligue; est emprisonné à Lyon, 183; repousse les royalistes entrés à Vienne; son exploit en Bourgogne, 184; imite en tout M. de Guise son frère; prend part, malgré sa jeunesse, aux joutes qui eurent lieu lors des noces de Joyeuse; sa beauté et sa libéralité, 185; mot de Henri IV sur lui, 185-186; son frère, M. de Saint-Sorlin; leur mère, veuve du duc de Guise, 186.

M. DE GUYSE LE GRAND, FRANÇOIS DE LORRAINE.
P. 187-281.

Il est appelé grand par les Italiens et les Espagnols, 187; ses exploits; sa glorieuse défense de Metz, 188-193; sa conduite généreuse à l'égard des ennemis qui rendent la pareille aux Français à la prise de Thérouane, 189-190; le marquis Albert de Brandebourg; le duc d'Aumale, 190; chanson sur le siége de Metz; escarmouche à la croix de Messin, 191; vers de Ronsard sur la retraite de Charles-Quint, 192. Le duc de Guise refuse de rendre un esclave more à Louis d'Avila, 193. La France n'admet pas l'esclavage; accueil fait par Henri III à des Turcs et Mores échappés des galères de Gênes, 194. M. de Guise le principal auteur de la victoire de Renty ; le comte de Wulfenfourt; les reîtres, 195-196. Leur défaite, par le duc de Guise qui les bat encore près de Montargis et à Auneau; le baron Dhona, 197, 199. Entrevue d'Henri IV et de Mme de Guise, 197-199. Expédition du duc de Guise dans le comté de Montbéliard, 199. Sa lettre au duc de Parme à propos des reîtres, 200; observations sur les reîtres, 201. Lettres du duc de Parme. et de la reine d'Angleterre au prince Casimir, 200, 202, 203. Le chevalier Breton envoyé en Angleterre, 203-204. Le duc d'Albe vainqueur des reîtres; crainte que ceux-ci ont des Turcs, 204, 205. Vienne menacée par les Turcs; le marquis de Bade tué à Moncontour, 205. Vaillance des reîtres à Dreux et à Moncontour, 205, 206. Observations de Brantôme sur le rôle des reîtres, 206-208. Grandes batailles perdues par les Français ; César, 207 ; Lucain traduit par Brantôme; batailles gagnées par les gens de pied et les gens de cheval : Poitiers, Garillan, Saint-Yrieix, 208, 209. Mort du comte de la Rochefoucauld; M. de Chambret ; M. de Pompadour; estime que les Espagnols font de leurs gens de pied, 209. M. de Guise blâmé de la rupture de la trêve de Vauxcelles, 210, 211 ; causes de cette rupture ; ambition de Paul IV ; il envoie son neveu le cardinal Caraffe porter à Henri II une épée et un chapeau, dons qui ont été souvent funestes, 210. M. de Guise lieutenant général en Italie ; tentative infructueuse sur Douai par Coligny qui prend Lens où se commettent de grandes pilleries, 211. Le duc est rappelé en France après la bataille de Saint-Quentin ; son heureux retour ; vers latins de l'Hospital à ce sujet, 212, 213. Coligny est le premier inventeur de l'entreprise sur Calais qu'il avait envoyé reconnaître par Briquemault, 213, 214. Feuquières; Sénarpont; prise de la ville, 214-215; prophétie de Merlin à ce sujet, 215-216. Calais pris par les Espagnols et rendu, 216 ; le capitaine Gourdan en a le gouvernement et refuse de le céder au duc d'Épernon, 217-218; son neveu F. de Saint-Paul de Bidossans hérite de sa charge et est tué en défendant la ville, 218. Le duc de Guise achève de chasser les Anglais hors de France; dicton à ce sujet ; prise de Thionville ; étymologie du nom de cette ville, 219. Déroute de Gravelines; camp d'Amiens, 220. Querelle du duc de Guise avec le baron de Lutzelbourg, 220-222. Henri II résout de chasser les Guises qui sont sauvés par sa mort; leur faveur sous François II, 222. Exil du connétable; proclamation ordonnant de quitter la cour, sous peine de la vie, aux gens de guerre venus pour demander grâces ou argent; pauvreté de la France; réclamations des Vénitiens, des Suisses et des banquiers; le trésor épuisé par les noces de la reine d'Espagne et de Madame de Savoie, 223, 224. Conduite du duc de Guise avec les gens de guerre; conjuration d'Amboise; ingratitude de la Renaudie que le duc avait sauvé des prisons de Dijon, 225, 226. Ce que le duc de Guise pouvait faire après la mort de François II, 227, 228; son pèlerinage à N.-D. de Cléry, 227. Perversité et poltronnerie du cardinal de Guise; projets que l'on prête au duc qui est appelé quelque temps vice-roi; son geste familier, 229-231. Il se retire à sa maison de Guise où Brantôme l'accompagne; il est rappelé à Paris par le roi qui craint une émeute des huguenots; son entrée triomphale à Paris, 232-234; dicton sur le roi de Navarre, 234. Colloque de Poissy après lequel le duc quitte la cour, 234. Massacre de Vassy qui le fait surnommer le *boucher de Vassy*; ce que Brantôme lui entend dire à ce sujet à son lit de mort, 236. Son intrépidité au siége de Rouen; anecdote de lui et de M. de Bellegarde, 237, 239; comparaison du duc et de Lautrec, 240, 241. Devoirs d'un grand capitaine, suivant le marquis de Pescaire, 241, 242. Gaston de Foix à l'assaut de Brescia; Bayard et de Mollard; le *Loyal serviteur*, cité; M. de Bourbon à Rome; le marquis de Pescaire à Gênes; le prince d'Orange à Naples et à Florence; don Juan d'Autriche; le duc de Parme; le duc de Biron; Coligny; Monluc, 243. Bataille de Dreux à laquelle assiste Brantôme, 244-247. Récit que le duc de Guise en fait à la reine à Blois, 247-250. Il assiége Orléans, et est assassiné par Poltrot, 251-256. Le vicomte d'Aubeterre, faiseur de boutons à Genève où Brantôme le voit, est pris lors de la conjuration d'Amboise et sauvé par M. de Guise; il excite Poltrot à assassiner le duc et le présente à Soubise qui, accusé par les Siennois, avait été sauvé par celui-ci, 251, 252. Poltrot est bien reçu de Coligny qui est accusé de complicité dans le meurtre et s'en défend par une apologie, 252, 253. Avertissement que l'amiral avait donné à M. de Guise qui, à son lit de mort, ne l'en accuse pas moins; mot imprudent de Coligny, 253. Chastellier-

Portaut; entrevue de Coligny et de Poltrot; le berger, les chasseurs et le cerf, 253. Poltrot va trouver M. de Guise qui l'accueille avec bonté, et le fait souvent asseoir à sa table ; il achète un cheval à M. de la Mauvissière, renommé pour la pierre philosophale, 255. Comment il blesse mortellement M. de Guise qui refuse de se servir des enchantements de M. Saint-Just d'Allègre, 256, 257. Circonstances qui sont cause de la mort du duc; M. de Serre, 257-258. Poltrot est pris et avoue tout; il est vu par Brantôme; ses aveux; ses tergiversations; il est écartelé, 258. Différend du vicomte d'Aubeterre avec Brantôme son oncle par alliance, 259. Obsèques du duc dont la mort est vengée à la Saint-Barthélemy; devise de René roi de Sicile, 260. Vers de l'Hospital et de Dorat en l'honneur du duc, 261, 262. Épitaphe commandée par la reine à Tortron, d'Angoumois, 262, 263. Blessures reçues par le duc, 263, 264. Anecdote de lui et du capitaine Mazières qui s'était chargé de le tuer lors de la conjuration d'Amboise, 264, 265; anecdote de lui et du capitaine Bonnegarde, 266, 267. Sa querelle avec le prince de Condé, 267, 268. Excuses publiques qu'il fait à M. de Saint-Phal qu'il avait frappé, 269, 270. Dettes qu'il laisse en mourant, 270 ; dettes de son fils et ce que celui-ci en dit à Brantôme, 270, 271. Dicton prêté à François Ier sur les Guises, 271; son mot sur eux; services qu'ils ont rendus à la France, 272. Origine de leurs richesses, 273, 274. Dettes laissées par le duc Henri de Guise; la ville de Paris qui avait tenu un de ses frères sur les fonts de baptême promet de les payer, 274. Le cardinal de Lorraine; son habileté, son éloquence, sa poltronnerie, son hypocrisie, 275-278. Étrange passage de l'un de ses sermons; son éloge par Bèze, 277. Ses bonnes fortunes; son insolence dans la prospérité; son humilité dans la mauvaise fortune; mot que lui dit à ce sujet Mlle de la Guyonnière, 278; meurt empoisonné suivant la *Légende de S. Nicaise*, 279. Le cardinal de Guise; comparaison que fait François Ier des princes Lorrains et des chevaux du royaume de Naples, 279. Le marquis d'Elbeuf, frère du duc; il a pour gouverneur Rance de Champagne; sa conduite indigne envers le chevalier de Tenance qu'il fait mettre aux galères; sa femme et ses enfants, 280.

M. D'AUMALE. P. 281 à 285.

Frère de François de Guise; il est défait et pris par le marquis de Brandebourg, 281, 283; mort de M. de Rohan, 281; colonel général de la cavalerie de France, puis lieutenant de roi en Piémont; ses succès; échoue au siége de Rouen; est blessé à la bataille de Dreux, 282; est loué par le duc son frère après la mort duquel il va commander l'armée, 283; il est tué au siége de la Rochelle, 284; ses enfants, 285.

M. L'ADMIRAL DE CHASTILLON. P. 285 à 337.

Parallèle du duc de Guise et de l'amiral, 285; leur amitié dans leur jeunesse, 286, 289; leur brouille momentanée, 286. Leur démêlé le soir de la bataille de Renty, 287. L'amiral contribue à faire aimer le duc à Henri II; favoris de celui-ci; ingratitude et disgrâce de Dampierre, oncle de Brantôme, 288. Dévouement de la Châteigneraie à Henri II; son duel avec Jarnac, 289. L'amiral fait avertir Mme de Guise d'une conjuration contre son mari; il ne trempe point dans la conjuration d'Amboise, 290; ce que la Vigne valet de la Renaudie dit à Brantôme des projets des conjurés, 291. Différend du duc de Guise et de l'amiral au sujet de la religion, 291; faveur de l'amiral après la mort de François II; première prise d'armes des huguenots; ils manquent de s'emparer de Toulouse; M. de Boyjourdan, 292. Villes tombées en leur pouvoir; mot à ce sujet, 293. Jugement du duc de Parme sur le duc de Guise à propos des Barricades, 293. Ce que Strozzi dit à l'amiral sur les moyens de ruiner la France; mot de l'ambassadeur du pape à François Ier sur les dangers d'un changement de religion dans une nation, 294. Introduction du mot de *nonce du pape* à la cour; plaisanteries à ce sujet; mot de M. de la Fayette, 295. Zèle religieux de Coligny; sa modération quand il avait obtenu le libre exercice de sa religion, 296-297. Sa conversation avec Strozzi et Brantôme sur son projet de guerre contre l'Espagne; opposition qu'il soulève dans le conseil du roi, 297-300. Brantôme va le voir à la Rochelle; ce que l'amiral lui dit de son horreur pour la guerre civile, 300. Le roi le fait assassiner par Maurevel; menaces des hugnenots; le massacre de la Saint-Barthélemy est résolu; le maréchal de Raiz en est le premier auteur; horreur de Dieu pour le sang versé, 301. L'amiral est pansé par Ambroise Paré ; il est visité par le roi et la reine; leur duplicité; il est tué par Besme; son corps, jeté aux pieds du duc de Guise, est insulté et mutilé par la populace ; sa tête est envoyée au pape ou au roi d'Espagne, 303. Comment les nouvelles du massacre sont portées et reçues en Espagne; l'amiral de Castille et le duc d'Infantado, 304-306. Tristesse qu'en ressent le pape Pie V, 306, 307. Estime de Soliman pour Coligny qui lui envoie MM. de Téligny et de Villeconnin ; épitaphe en grec de Coligny, 308. Mariage et fin tragique de Besme, assassin de Coligny, 308-311 ; rigueurs du duc d'Albe contre les habitants de Harlem; son mot sur la mort de l'amiral, 311, 312. Vaillance de l'amiral ; batailles où il s'est trouvé; *Discours* de la Noue cités, 312-316. Coligny détruit un convoi près de Châteaudun, 315,316; ne veut point se garder contre les assassins apostés pour le tuer ; son mot à l'Italien Jean-Baptiste, 316, 317. Refuse de se méfier de Charles IX, 317. Mots de M. de la Brosse et de M. du Gua sur les gens vaillants, 318, 319 ; habileté de l'amiral pour se relever de ses défaites; ce qu'il dit à Brantôme sur les guerres civiles, 319 ; conduite adroite qu'il tient avec les reîtres, 320, 321 ; pour venger la mort de Rapin, il fait brûler les maisons des conseillers du parlement de Toulouse, 322; mène ses troupes en Roussillon; bataille d'Arnay-le-Duc ; estime des reîtres pour lui, 323 ; comment il se faisait obéir ; sa colère contre Genlis le jeune, 323-325 ; effet que produit sa mort dans son parti, 325. Entrevue de Henri III avec le comte Palatin qui lui montre le portrait de l'amiral, 326 et *Appendice*, p. 411. Savoir de l'amiral; son livre sur les guerres civiles brûlé par le maréchal de Raiz, 327 ; dissertation de Brantôme pour prouver que les guerres civiles ont enrichi la noblesse, le clergé, les gens de justice et le tiers état, 328-335. Emploi de soldats étrangers dans les armées des deux partis, 335-337 ; Henri IV a gagné son royaume sans leur aide, 337.

LE PRINCE DE CONDÉ, LOUYS DE BOURBON.
Notice, p. 337 à 361.

Son éloge, 337 ; mot piquant que lui dit la princesse de la Roche-sur-Yon, 338; vaudeville sur lui; mot des Italiens sur ses douces façons et sur le curedent de l'amiral ; son ambition et son penchant à l'amour, 339 ; est appelé le *capitaine muet* lors de la conjuration d'Amboise où pourtant il combat les conjurés ; le sieur de Maligny, 340-341 ; son arrestation à Orléans ; le roi de Navarre et le cardinal de Lorraine, 341-342. Mot sur l'ambition de Condé, 342 ; monnaie qu'il fait battre à son effigie, 343. Il veut devenir lieutenant général du royaume ; rudement traité à sujet par Henri III, 343-345 ; haine de celui-ci pour Condé qui est tué à Jarnac par Montesquiou à qui Brantôme avait sauvé la vie, 345-349. Le duc de Joyeuse à Coutras, 348 ; épitaphe de Condé ; batailles qu'il avait livrées ; pris à la bataille de Dreux et comment traité par le duc de Guise, 349-351 ; beau trait de M. Dampville ; démêlé de Longueville et d'Épernon, 350-352 ; enfants du prince de Condé ; éloge de son fils aîné qui meurt empoisonné, 353-354. Espérance que la mort du prince donne aux catholiques, 354-355. Chefs des huguenots : M. d'Andelot ; M. de la Rochefoucauld, chanson sur lui, 355, 356 ; M. de Mouy ; M. de la Noue ; M. de la Loue ; M. de Téligny ; M. de Boucard, 357. M. de Briquemault ; son mot au prince de Condé, 357, 358. M. de Montgommery, *dompteur de la Gascogne ;* comment il se sauve à la prise de Rouen, 359, 360. Éloge des capitaines huguenots, 360-361.

LE ROY DE NAVARRE, ANTHOYNE DE BOURBON.
Notice, p. 361 à 373.

Il est d'abord protestant ; son ministre David, 361. Reproches de la reine de Navarre à son mari ; il veut s'aider du roi de Fez contre l'Espagne, 362, 363. Il est soupçonné de connaître la conspiration d'Amboise ; il est nommé régent ; édit d'amnistie pour les conjurés ; mot à ce sujet, 363. Le prince envoie chercher des ministres étrangers pour assister au colloque de Poissy ; il fait rendre l'édit de Janvier ; changement que Brantôme trouve à la cour en revenant d'Écosse, 364. Offre du royaume de Sardaigne à Antoine pour le détacher des protestants ; pasquins sur lui, 364, 365. Son envoyé le président de Selve est pris par les huguenots et sauvé par Condé ; supplice du président Esmandreville, 366. Haine des huguenots contre Antoine qui est blessé mortellement au siège de Rouen ; ce qu'à son lit de mort il mande à Condé, 367 et *Appendice*, p. 419; son épitaphe, 367. Craintes que sa mort inspire à Catherine de Médicis, 368. Sa liaison avec le duc de Guise; son peu de ressentiment contre ceux qui l'avaient offensé, 369. Sa vaillance; il est oublié au traité de paix de Cateau-Cambrésis, 370. Sa rivalité avec le duc de Guise; querelles de leurs pages et laquais; chanson sur lui, 371, 372. Sa plus grande gloire est d'être le père de Henri IV; ses frères, 372.

M. DE NEVERS, FRANÇOIS DE CLÈVES. Notice, p. 372 à 379.

Beau-frère des princes de Bourbon; sa retraite à la bataille de Saint-Quentin; anecdote du trompette qu'il envoie au prince de Piémont, 373, 374. Services qu'il rend en Champagne et aux siéges de Metz, de Mariembourg et de Thionville, 375. Son aïeul Engilbert de Clèves; sa magnificence; ses filles, 376; il épouse en secondes noces Mme d'Enghien. Jacques de Clèves, fils de M. de Nevers, est blessé mortellement par accident à la bataille de Dreux, 377, 378. Son éloge; il épouse Mlle de Montpensier; son frère, le marquis d'Isle; ses sœurs, 378, 379.

M. DE NEVERS DE MANTOUE. Notice, p. 379 à 390.

Il devient duc de Nevers par son mariage avec Mlle de Nevers; est pris à Saint-Quentin et refuse de quitter le service du roi; son éloge, 379, 380. Ses succès contre les huguenots; comment il est blessé à la jambe, 381, 382. Escalade qu'il fait exécuter au siége de la Rochelle, 382, 384; mot de Henri de Navarre sur lui; ses succès en Poitou; est envoyé à la poursuite de Monsieur; mot à ce sujet, 384, 385. Sa fidélité à Henri IV qui l'envoie vers le pape, 386 387. Défaite de Villars à Dourlens; le fils du duc pris à Cambrai, 387, 388. Mort du duc; ses qualités; sa magnificence; bon ordre qu'il mettait dans ses affaires; éloge de sa femme; affection de Brantôme pour eux, 390.

APPENDICE.

§ 1. Mort du maréchal de Brissac, p. 391.
§ 2. Affaire de Léon Strozzi, prieur de Capoue, p. 391.
§ 3. M. de Nemours et Mlle de Rohan, p. 405.

§ 4. Combat de M. de Nemours et de trois Français, contre le marquis de Pescaire et trois Espagnols, récit de Diego de Fuentès, p. 407.

§ 5. Relation par le comte palatin Frédéric III, de son entrevue avec Henri III, à Heidelberg, p. 411.

§ 6. Antoine de Navarre mourant dans la religion réformée, p. 419.

FIN DE LA TABLE DES MATIÈRES.

TABLE ALPHABÉTIQUE[1].

Adrets (le baron des).. 32
Aumale (M. d')... 281
Aussun (M. d').. 5
Bié (M. le mareschal du)................................... 60
Bourbon. Voy. Condé et Navarre.
Brissac (M. le mareschal de)................................ 61
Cappue (M. le prieur de)................................... 120
Chastillon (M. l'admiral de)............................... 285
Clèves. Voy. Nevers.
Condé (le prince de), Louys de Bourbon.................... 337
Cossé (M. le mareschal de)................................. 83
Elbeuf (le marquis d')................................... 280
Garde (M. le baron de la)................................. 139
Grand prieur de France (M. le)............................ 150
Guyse le Grand (M. de), François de Lorraine.............. 187
Guyse (le cardinal de).................................. 279
Lorraine (François de). Voy. Grand prieur et Guyse.
Lorraine (le cardinal de)............................... 275
Montluc (M. de).. 26, 36
Navarre (le roy de), Anthoyne de Bourbon.................. 361
Nemours (M. de)... 164
Nevers (M. de), François de Clèves........................ 373
Nevers (M. de), de Mantoue................................ 379
Salvoyson (M. de)... 97
Strozzi (Léon). Voy. Cappue.
Termes (M. le mareschal de)............................... 1
Vassé (M. de)... 94

1. Nous mettons en *italique* les noms des personnages qui, dans les précédentes éditions, ont des articles séparés, bien qu'ils n'en aient pas dans le manuscrit de Brantôme.

FIN DE LA TABLE ALPHABÉTIQUE.

9889 — IMPRIMERIE GÉNÉRALE DE CH. LAHURE
Rue de Fleurus, 9, à Paris

www.ingramcontent.com/pod-product-compliance
Lightning Source LLC
Chambersburg PA
CBHW071109230426
43666CB00009B/1887